中國學術思想 研究輯刊

十八編

林慶彰 主編

第 6 冊

《管子》四篇「精氣論」研究

劉智妙 著

花木蘭文化出版社

國家圖書館出版品預行編目資料

《管子》四篇「精氣論」研究／劉智妙 著 — 初版 — 新北市：
花木蘭文化出版社，2014〔民103〕
目 4+288 面：19×26 公分
（中國學術思想研究輯刊 十八編：第 6 冊）
ISBN：978-986-322-677-2（精裝）
1. 管子　2. 研究考訂
030.8　　　　　　　　　　　　　　　　　103001974

ISBN-978-986-322-677-2

9 789863 226772

中國學術思想研究輯刊
十八編　第 六 冊　　　　ISBN：978-986-322-677-2

《管子》四篇「精氣論」研究

作　　　者　劉智妙
主　　　編　林慶彰
總 編 輯　杜潔祥
副總編輯　楊嘉樂
編　　　輯　許郁翎
出　　　版　花木蘭文化出版社
社　　　長　高小娟
聯絡地址　235 新北市中和區中安街七二號十三樓
　　　　　　電話：02-2923-1455／傳眞：02-2923-1452
網　　　址　http://www.huamulan.tw 信箱 hml 810518@gmail.com
印　　　刷　普羅文化出版廣告事業
封面設計　劉開工作室
初　　　版　2014 年 3 月
定　　　價　十八編 16 冊（精裝）新台幣 28,000 元

《管子》四篇「精氣論」研究

劉智妙　著

作者簡介

劉智妙,高雄師範大學碩士,淡江大學博士,鑽研道家哲學。現任醒吾科技大學副教授。
著有:《《淮南子》「無為」思想之研究》(1989年碩論)、《《管子》四篇「精氣論」研究》(2009
年博論)。兩次參加國際儒學會議,2004年發表〈從文天祥〈正氣歌〉談人文化成與道德實踐〉,
2012年發表〈《孟子》與《管子》四篇心氣論之比較——以「浩然之氣」與「浩然和平」為研究
中心〉;2011年於「第一屆新儒家與新道家學術研討會」,發表〈《管子》四篇「精氣」義
理辨析〉。

提　　要

　　本文主要在探索《管子》四篇的思想內涵。首先剖析「精氣論」的核心概念,再進一步展
示其理論架構,最後確立其思想價值與學術地位。本文分為八章進行討論,內容綱要分述於後。
　　第一章〈導論〉:說明研究動機、方法、進路與問題意識,並概述歷年來相關議題的研究
成果。
　　第二章〈學術背景與思想淵源〉:首先,從稷下學宮與稷下學派,探討《管子》的學術背景;
其次,從《管子》的辨偽考證,探究《管子》四篇的作者、年代,與思想特質;最後,從「氣」
概念的發展,探究「精氣論」的思想淵源。
　　第三章〈「精氣論」的價值根源〉:首先剖析「道」與「德」的涵義,再進一步探究「精
氣論」的價值根源。
　　第四章〈「精氣論」的義理結構〉:分別剖析「精」、「氣」、「神」的精確涵義;其次釐清
「精」和「氣」的混淆之處,以及「精」和「神」的關聯性;最後則展示「精氣論」的義理結構。
　　第五章〈「精氣論」的實踐與發用〉:本章旨在探究「精氣論」如何落實於政治與人生。其
修養工夫乃是「養心」與「養形」並重,政治理想則是「君德」與「君術」兼備。由此可
知,《管子》四篇以「道」為中心,建構出「精氣論」,進而由治身乃至治國,展現出高度
的現實關懷。
　　第六章〈戰國時期「心氣論」的發展與比較〉:本章透過孟子的「養氣」工夫、莊子的「心
齋」工夫,分別與《管子》四篇的「精氣論」做比較,藉以展現戰國時期「心氣論」的發
展概況,以及儒道兩家的思想對話。
　　第七章〈「精氣論」的歷史迴響與思想定位〉:本章分別透過《荀子》、《淮南子》與《管子》
四篇做比較,探討其學術貢獻;最後從「氣論」的發展脈絡,確立「精氣論」應有的價值定位。
　　第八章〈結論〉:總結全文,並檢討研究成果。
　　經過以上八章的概念分析和理論建構,本文對於《管子》四篇的「精氣論」有一整體把握,
並獲得以下研究成果:一、「精氣論」是從道家「氣論」邁向漢代「元氣論」的重要樞紐;二、
「因循無為」的政治思想對於黃老學派的發展,奠定了義理規模。

目

次

第一章　導　論 ………………………………………………… 1
　壹、研究動機與研究目的 …………………………………… 1
　貳、關於《管子》研究概況 ………………………………… 2
　參、研究方法與研究進路 …………………………………… 11
第二章　學術背景與思想淵源 ……………………………… 17
　第一節　稷下學宮與稷下道家 …………………………… 17
　　一、稷下學宮 ……………………………………………… 17
　　二、稷下道家 ……………………………………………… 22
　　三、黃老之學 ……………………………………………… 26
　第二節　《管子》的著作背景 …………………………… 31
　　一、《管子》的真偽考辨 ………………………………… 31
　　二、《管子》與稷下學派 ………………………………… 37
　　三、《管子》四篇的作者 ………………………………… 43
　第三節　「氣論」的思想淵源 …………………………… 50
　　一、戰國以前「氣」概念的形成 ………………………… 50
　　二、道家「氣論」的思想建構 …………………………… 58
　　三、小結 …………………………………………………… 62
第三章　「精氣論」的價值根源 …………………………… 63
　第一節　虛無無形謂之道 ………………………………… 63

一、道的特性 ………………………………………… 63

二、道的作用 ………………………………………… 68

三、關於「道」之形上性格的釐清 ………………… 76

第二節　化育萬物謂之德 …………………………… 79

一、身為德之舍 ……………………………………… 79

二、修身以成德 ……………………………………… 81

三、關於「德」之形上性格的再釐清 ……………… 87

第四章　「精氣論」的義理架構 …………………… 91

第一節　精存自生 …………………………………… 91

一、「精」字辨析 …………………………………… 91

二、「精」字溯源 …………………………………… 96

三、藏「精」於胸中 ……………………………… 102

四、關於「精氣」性質的釐清 …………………… 107

第二節　靈氣在心 ………………………………… 110

一、「氣」字辨析 ………………………………… 111

二、「氣」字溯源 ………………………………… 116

三、搏氣如神 ……………………………………… 124

四、關於「氣即是道」的商榷 …………………… 127

第三節　神通四極 ………………………………… 130

一、「神」字辨析 ………………………………… 130

二、「神」字溯源 ………………………………… 133

三、養神之道 ……………………………………… 141

四、關於「神」與「精」意義的釐清 …………… 145

第五章　「精氣論」的實踐與發用 ……………… 149

第一節　修養工夫 ………………………………… 149

一、心、性、意的關係 …………………………… 150

二、修心而正形 …………………………………… 156

三、從「心意定」到「氣意得」 ………………… 162

四、修道而得道 …………………………………… 165

第二節　政治思想 ………………………………… 168

一、何謂無為 ……………………………………… 168

二、君道無為 ……………………………………… 172

三、因循禮法 ……………………………………… 180

四、學術性格 ……………………………………… 185

第六章 戰國時期心氣論的發展與比較 ·········· 189

　第一節 孟子「知言養氣」 ·················· 189

　　一、君子有三戒 ························ 189

　　二、知言與養氣 ························ 190

　　三、「浩然之氣」與「浩然和平」的學術論

　　　　辯 ······························ 198

　　四、《孟子》和《管子》心氣論的關係 ······ 205

　第二節 莊子「聽之以氣」 ·················· 212

　　一、「心齋」的工夫進程 ················ 212

　　二、莊子以心養氣 ······················ 217

　　三、莊子「心齋」與《管子》四篇的關係 ···· 222

　　四、小結 ······························ 226

第七章 歷史迴響與思想定位 ················ 229

　第一節 「精氣論」與《荀子》的關係 ········ 229

　　一、「心」與「氣」 ···················· 229

　　二、「虛壹而靜」與「援法入禮」 ·········· 233

　　三、小結 ······························ 241

　第二節 「精氣論」與《淮南子》的關係 ······ 241

　　一、宇宙生元氣 ························ 242

　　二、形神合一 ·························· 246

　　三、因循無為 ·························· 250

　　四、小結 ······························ 260

　第三節 「精氣論」的思想價值 ·············· 260

　　一、「精氣」與「魂魄」的關係 ············ 260

　　二、「精氣論」的思想開展 ················ 265

　　三、「精氣論」的思想定位 ················ 267

　　四、《管子》四篇的學術價值 ·············· 270

第八章 結 論 ···························· 273

　壹、研究成果 ···························· 273

　貳、研究心得 ···························· 276

參考書目 ································ 279

第一章　導　論

壹、研究動機與研究目的

　　筆者升大學時選讀中國文學系，志在探究文學心靈的奧秘；進入淡江中文系之後，大三選修老子《道德經》，懵懂之間打開了哲學視野，於是學習興趣從文學心靈轉向哲人智慧的探求。文學心靈和哲學智慧都屬於生命的問題，此即為筆者的學術關懷所在，因此進入研究所深造，便以道家哲學為研究方向。碩士論文以《淮南子》的「無為思想」為研究主題，探究「無為」從形上原理落實為黃老治術，其中思想轉化的歷程。在此一研究過程中，對於《淮南子》書中「形」、「氣」、「神」等觀念深感興趣，埋下日後以「氣論」為研究主題的種子。

　　從事教育工作多年，接觸不同世代的青年學子，也見識到各種不同的生命型態，期許自己引介中國哲學的智慧，豐富學子的心靈深度，並增加其生命強度。當筆者在傳授文天祥〈正氣歌〉之時，引發筆者省思：如何啓迪青年學子，避免「氣」的消耗、盲動，提振其生命能量？筆者深感「氣」的提昇與轉化對於生命教育的重要性，於是撰寫〈從文天祥〈正氣歌〉談人文化成與道德實踐〉〔註1〕一文，發表於國際儒學會議，直抒個人所見。

　　就個人生活經驗而言：面對生死別離，深感「氣」的消長變化；身處人際網絡，深感「氣」的沉墮與提昇；「氣」形成不同的生命型態，也決定生命

〔註1〕第一屆國際儒學會議，2004 年 8 月 7 日至 8 月 11 日於馬來西亞吉隆坡召開會
　　　議。

格局的大小。從以上的生活體驗與生命觀照，筆者體悟到：「氣」的問題與生命問題息息相關。

　　基於上述種種因緣，筆者確立以「氣」為研究方向，藉以回應自家生命與學術關懷，冀能解開長久以來的困惑。

　　就個人學習生涯而言，筆者立基於道家思想，以《淮南子》為研究起點，在研究過程中，體悟了歷代哲人開拓思想的用心，並見證了思想發展的無限可能。於是筆者更進一步追問：從先秦老莊到漢代黃老學派，中間又經歷哪些思想轉化的過程？因此筆者選定成書於老莊之後、《淮南子》之前的《管子》四篇作為考察對象，希望能藉此番研究更深入了解道家思想的傳承與開展。

　　《管子》四篇的學術關懷主要是在於人的精神和心靈世界，早在漢代《淮南子》之前已經提出「精」、「氣」、「神」等重要觀念，因此筆者要追問的是：這些思想觀念與《淮南子》的「精」、「氣」、「神」有何異同？兩者之間是否存在著傳承的關係？另外，《管子》四篇也主張「無為」的政治理想，它與老子的「無為」思想有何關係？它又與《淮南子》所崇尚的黃老「無為」有何異同？因此筆者以老莊道家以及集黃老之大成的《淮南子》作為研究基礎，探究《管子》四篇的思想內涵與義理結構，進一步掌握它在思想史上的地位。

　　總之，本篇論文的研究動機，乃是結合個人生命經驗與學術關懷，作為研究的出發點；至於從老莊道家到《管子》四篇，乃至《淮南子》，探索三者之間思想發展的軌跡，則為本篇論文的研究目的。希望透過此番研究，將戰國學術中有關生命哲學、政治思想的精華闡發出來，俾使後人正視其學術價值。

貳、《管子》的研究概況

　　《管子》一書在《漢書・藝文志》中列入道家，著錄為春秋時代管仲的作品，在漢代流傳極廣，普受好評。晉代傅玄首先質疑《管子》非出自管仲之手，因此關於《管子》的作者、年代和學派屬性，都開始引發討論。南宋葉適則斷定《管子》非一時一人之作，此一說法逐漸取得學界的共識，少有人認定《管子》是春秋時代管仲的作品。〔註2〕

─────────────

〔註2〕詳見本文第二章第二節〈《管子》的著作背景〉，頁31～36。

　　清末辨僞之風盛行，《管子》被視爲僞書、雜湊，研究價值也遭受否定。1956 年郭沫若完成《管子集校》〔註3〕，開啓《管子》的研究風氣，主張《管子》書應當分析成若干類集以進行研究。隨著 1973 年帛書出土，興起黃老之學的研究風潮，《管子》也逐漸受到學界的矚目。早在 1944 年郭沫若發表〈宋鈃尹文遺著考〉〔註4〕、〈稷下黃老學派批判〉〔註5〕等文，對於《管子》四篇的作者問題、孟子與《管子》四篇在心氣論方面的關係，都曾提出大膽的推論。多年後隨著《管子》研究風氣的重新啓動，郭沫若上述觀點，引發學者的討論風潮，遂成爲重要的學術議題。

　　經由郭沫若、馮友蘭、張岱年等人的學術論辯，《管子》四篇逐漸成爲《管子》學的研究焦點，並與黃老學、稷下學的研究互相結合，成爲研究戰國學術的重要素材。以下擇要介紹專家學者的研究成果：

一、學術論文

　　馮友蘭所著的《中國哲學史新編》認爲：《管子》四篇不是宋鈃、尹文一派的著作，它代表一個體系，這個體系就是稷下黃老之學。〔註6〕稷下黃老之學的「精氣說」奠定了中國哲學中唯物主義的基礎，對於往後的哲學發展影響是巨大的，於是進一步提出了元氣、陰陽之氣、五行之氣等，作爲萬物構成的物質原素。〔註7〕他又主張：「精氣說」的主題是養生，所以是經過改造的道家思想，因爲老莊道家所宣揚的是唯心主義思想。〔註8〕

　　張岱年在《中國哲學史史料學》中提到：《管子》四篇既非宋鈃、尹文學派的著作，也非愼到的著作，而是戰國時期齊國管仲學派的著作。其著作年代，約與宋鈃、尹文、愼到同時，當在《老子》以後，荀子以前。因爲〈心術〉等篇中談道說德，是受老子的影響；而荀子所謂「虛壹而靜」學說又是源於〈心術〉等篇。〔註9〕

〔註3〕 郭沫若：《管子集校》，收錄於《郭沫若全集》，（北京：人民出版社，1984 年）。
〔註4〕 〈宋鈃尹文遺著考〉收錄於《郭沫若全集》第一冊，（北京：人民出版社，1982 年）。
〔註5〕 《十批判書・稷下黃老學派批判》，收錄於《郭沫若全集》第二冊，（北京：人民出版社，1982 年），頁 155。
〔註6〕 馮友蘭：《中國哲學史新編》第二冊，（臺北：藍燈出版社，1991 年），頁 215。
〔註7〕 同前註，頁 226～227。
〔註8〕 同前註，頁 231。
〔註9〕 張岱年：《中國哲學史史料學》，收錄於《張岱年全集》第四卷，（石家莊：河北人民出版社，1996 年），頁 316。

　　1985 年吳光的《黃老之學通論》主張：《管子》四篇的內容源於老學而又改造了老學，屬於早期道家著作。《管子》四篇一方面繼承老子的道論，另一方面又加以發揮與改造。這種發揮與改造，表現出兩個面向：一、以「虛靜無爲」爲基礎，提出「因」的思想和「精氣」的學說；二、在政治思想方面，則從老學的排斥禮法轉變爲吸收禮法。吳光反對將稷下道家當成唯物主義學派，因爲《管子》四篇中的「精氣」，固然是對老子唯心主義道論往唯物主義的方向改造，但仍未擺脫客觀唯心主義的束縛，而成爲唯物主義的學說。〔註10〕

　　1990 年李存山的《中國哲學氣論探源與發微》認爲：《管子》四篇不僅揣摩過《莊子》內篇，而且揣摩過《莊子》外、雜篇中的較早作品，孟子、《易傳‧繫辭》、惠施和莊子的思想、言辭都可以在《管子》四篇中找到痕跡。所以《管子》四篇應是作於孟子、《易傳‧繫辭》、惠施、莊子思想之後，此後荀子對於《管子》四篇的思想也有所繼承和改造。〔註11〕

　　1991 年陳麗桂的《秦漢時期的黃老思想》，以《黃帝四經》爲標準，檢視《管子》四篇的黃老思想，認爲它是在《老子》道論的基礎上，以物質性的「精氣」來解說並取代「道」，作爲創生萬物的本源，卻使《老子》的「道」下降爲物質性的內容。四篇的主要論題是相當典型的黃老色彩——由治心而治國，心術、治術兩面通，修養和政治是一條理路上的事；但是在理論的架構過程中，它同時了揭示了不少認識論和唯物論方面的問題。它的心術、治術基本上就架構在唯物的精氣說，這是《管子》裡的黃老思想和馬王堆黃老帛書，乃至申、慎、韓黃老思想最大的不同。〔註12〕

　　1995 年胡家聰發表《管子新探》，全書分成三編：第一編採分類研究，第二編採分篇研究，第三編則探討《管子》的成書及流傳。他認爲整體而言，《管子》書乃田齊變法的時代產物，出自稷下之學的管子學派。至於四篇的學術問題，他主張〈心術〉上下非宋銒、尹文遺著，〈心術下〉乃是〈內業〉的副本，〈白心〉則推衍老子道家學說，以上三篇屬於「短語」組。另外，他將〈內業〉列入「區言」組，並與孟子思想做比較，認爲孟子襲取《管子》四篇而加以改造，並納入孟子儒家思想體系，此一結論大致承襲郭沫若的說法。他

〔註10〕吳光：《黃老之學通論》，（杭州：浙江人民出版社，1985 年），頁 93～99。
〔註11〕李存山：《中國氣論探源與發微》，（北京：中國社會科學出版社，1990 年 12 月），146～174 頁。
〔註12〕陳麗桂：《戰國時期的黃老思想》，（臺北：聯經出版社，1991 年 4 月），頁 144 ～147。

又說：孟子吸取道家思想，可以說儒道互補已開其端緒，這在中國思想史上的研究上值得重視。〔註13〕

　　1996 年楊儒賓的《儒家身體觀》，以「心－氣」的身體觀研究《管子》的〈內業〉和〈心術下〉兩篇，認爲孟子的「養氣」與「踐形」乃是「盡心」理論的生理面支柱，也是輔助性的工夫論。〈內業〉和〈心術下〉兩篇便是以此做爲理論的基本預設，進而發展出「精氣說」與「全心論」，所以《管子》這兩篇應是孟子後學發揮孟子「踐形」觀的作品。〔註14〕

　　1998 年白奚的《稷下學研究——中國古代的思想自由與百家爭鳴》，以稷下學術的發展脈絡研究《管子》四篇，認爲《管子》對道家哲學的特殊貢獻就是「精氣理論」，「無爲」的君術乃是「精氣論」的政治實踐意義。在政治上採道法結合，以道論法，禮法並用，都合乎黃老之學的主要理論特徵。〔註15〕此外，又針對孟子和《管子》的心氣理論做比較，認爲孟子受到《管子・內業》的影響，因爲齊人渴求長生，很早就把「心」和「氣」連繫起來考慮，把行氣、治氣視爲養心、養生的重要手段。〔註16〕他主張「心氣論」源於齊文化，這種說法大致承襲小野澤精一的《氣的思想》。〔註17〕

　　2001 年熊鐵基的《秦漢新道家》認爲《管子》四篇與道家思想有關，「精氣說」是從《老子》發展而來，其中「精」和「氣」都是「道」的同義詞。〈內業〉、〈心術〉等篇的「貢獻」和「發明」就在於突出了「氣」的地位，並且對「氣」作了明確而具體的說明和解釋。至於《管子》四篇和《老子》最大的不同是在道論的運用上，更爲具體而又兼采別家學說，它以「道論」統率仁義禮法的思想，具備黃老之學的特點，但尚未形成黃老學派。〔註18〕

　　2003 年陳鼓應發表《《管子》四篇詮釋——稷下道家的代表作》，認爲四篇在行文上有著一致性，在思想內涵上對老學有所繼承，屬於黃老學派之作。並從「以虛無爲本」、「以因循爲用」、「形神養生問題」等三方面，證明《管

〔註13〕胡家聰：《管子新探》，（北京：中國社會科學出版社，1995 年 5 月）。

〔註14〕楊儒賓：《儒家身體觀》，（臺北：中央研究院文哲所籌備處，1996 年），頁 58 ～59。

〔註15〕白奚：《稷下學研究——中國古代的思想自由與百家爭鳴》，（北京：三聯書店，1998 年 9 月），頁 222～234。

〔註16〕同前註，頁 174。

〔註17〕小野澤精一、福光永司、山井涌合著：《氣的思想》，（上海：人民出版社，1999 年 10 月），頁 37～45。

〔註18〕熊鐵基：《秦漢新道家》，（上海：上海人民出版社，2001 年 3 月），頁 33～37。

子》四篇具有黃老之學的思想成分。〔註19〕

2006 年張固也根據博士論文加以修正補充，出版了《《管子》研究》一書，依循郭沫若、胡家聰的研究方法，以分類分組的方式進行文獻考據，將《管子》四篇放在「短語」一組之中考證其著作年代，但對於思想內涵則論述不多。關於著作年代，他的結論是：《管子》四篇的寫作年代應當早於黃老帛書，與孟子、莊子大致同時而略早。〔註20〕

2006 年日本學者赤塚忠發表〈《莊子》中的《管子》心術系統學說〉，認爲《莊子·人間世》的「心齋寓言」與〈養生主〉「庖丁解牛寓言」，顯然是繼承《管子·心術》系統之學說。總之，《莊子》書中不僅有傳承自《管子·心術上》系統的學說，亦皆受到《管子·心術下》思想的影響，並將此傳承作爲發展其思想的重要一環。〔註21〕

2007 年郭梨華的〈儒家佚籍、《孟子》及《管子》四篇心性學之系譜〉，他認爲從「氣」的觀點來看，《管子》四篇大抵不晚於孟子，甚至與公孫尼子佚文也有關聯性。從「心」之於「道」的思維可以看出：《管子》四篇與《五行》關係極爲類似，從「意、形、思」的思維可以看出：《管子》四篇大致承襲自《大學》之「意」說，與《五行》、《中庸》大致處於同一時代之作品。總之，從儒家佚籍與《管子》四篇的比較，可以看出戰國時期儒道兩家在「心」、「意」、「氣」等問題的探究，呈現出相近與交融的現象。〔註22〕

綜合以上諸家的研究概況，可以發現一個研究趨勢，那就是以《管子》爲研究專著的並不多見，只有胡家聰和張固也兩位學者；以《管子》四篇爲研究專著的只有陳鼓應先生。其他往往將《管子》或《管子》四篇，置於某一研究專題的脈絡下進行討論，例如：黃老之學、稷下學派、氣論思想；另外，身體觀和心性體系則是較爲新穎的研究觀點。筆者以爲，上述研究大致環繞在以下幾個學術問題：

第一、著作年代與學術歸屬：《管子》或《管子》四篇究竟出自哪一家派？

〔註19〕陳鼓應：《《管子》四篇詮釋——稷下道家的代表作》，（臺北：三民書局，2003年 2 月），頁 16～26。

〔註20〕張固也：《《管子》研究》，（濟南：齊魯書社，2006 年 1 月），頁 286。

〔註21〕赤塚忠：〈《莊子》中的《管子》心術系統學說〉，《哲學與文化》386 期，2006年 7 月，頁 3～25。

〔註22〕郭梨華：〈儒家佚籍、《孟子》及《管子》四篇心性學之系譜〉，《哲學與文化》394 期，2007 年 3 月，頁 35～51。

第二、「精氣」與「道」的關係：「精氣說」究竟是唯物主義還是唯心主
　　　義？

第三、「無為」與《老子》的關係：老學如何轉向黃老之學？

第四、孟、管的學術爭議：孟子的「浩然之氣」與《管子》四篇「浩然
　　　和平」的精氣，究竟何者為思想原創，何者因襲前說？

以上這些問題也是筆者的關懷所在，因此本篇論文將緊扣上述問題，展
開論述並探究學術真相。

二、學位論文

（一）博士論文

1、中華民國（1972～2008）

婁良樂：《管子評議》，臺灣師範大學中國文學研究所，1972 年。

徐漢昌：《管子思想之綜合研究》，政治大學中國文學研究所，1988 年。

張忠宏：《戰國黃老的「天道」與「道」——以《黃帝四經》及《管子四
　　　篇》為中心》，臺灣大學哲學研究所，2003 年。

李玫芳：《《管子》形上思想探究——以「道」「氣」「心」為主軸的構建》，
　　　輔仁大學哲學研究所，2004 年。

黃源典：《先秦道家之意義治療意蘊研究》〔註23〕，淡江大學中國文學研
　　　究所，2006 年。

鄭維亮：《聖多瑪斯「獨立自存的存有本身」概念與《管子四篇》「氣」
　　　概念比較研究》，輔仁大學宗教研究所，2008 年。

陳佩君：《先秦道家的心術與主術——以《老子》、《莊子》、《管子》四篇
　　　為核心》，臺灣大學哲學研究所，2008 年。

2、中國大陸（2003～2008）

池萬興：《《管子》研究》，西北師範大學（中國古代文學），2003 年。

周俊敏：《《管子》經濟倫理思想研究》，湖南師範大學（倫理學），2003
　　　年。

楊玲：《先秦法家思想比較——以《管》、《商君書》、《韓非子》為中心》，
　　　浙江大學（古典文獻學），2005 年。

〔註23〕此篇論文以《老子》、《莊子》、《黃帝四經》及《管子》四篇等道家典籍為研
　　　究對象。

翟建宏：《管子經濟思想研究》，鄭州大學（中國古代史），2005 年。

湯曾：《《管子》經濟倫理思想》，東南大學（倫理學），2007 年。

郭麗：《《管子》文獻學研究》，浙江大學（古典文獻學），2007 年。

萬英敏：《《管子》管理哲學思想研究》，華東師範大學（中國古典文獻學），2008 年。

　　從以上資料顯示，早期的研究傾向於整體學術問題的綜合研究，如：婁良樂和徐漢昌的著作；當時《管子》的研究風氣未開，從 1988 年之後，相隔十餘年才陸續出現新的研究論文。近年來的研究方向已經轉向專題研究，如：形上學、心氣關係、黃老思想爲主，其中以「意義治療學」（logo-therapy）〔註24〕屬於較新的研究觀點，這已爲《管子》四篇的研究開啓了新視角。以上論文的研究焦點大多鎖定在《管子》全書，對於《管子》四篇的討論，只有張忠宏、黃源典、鄭維亮、陳佩君等四篇博士論文，但僅佔論文的部分篇幅，並未能完全聚焦於《管子》四篇。

　　至於中國大陸的學位論文，分別從政治、法律、經濟、農業、管理、軍事、文獻學、倫理學等角度去研究《管子》，主要關懷在於《管子》書中經世致用的實效價值。另外值得注意的是，海峽兩岸至今都未出現研究《管子》四篇的博士論文。

（二）碩士論文

1、中華民國（1971～2007）

楊志祥：《管子富強政策之研究》，臺灣師範大學國文研究所，1971 年。

葉明德：《管子政治思想之研究》，政治大學政治研究所，1974 年。

林秀惠：《管子教育思想研究》，中國文化學院中國文學研究所，1980 年。

施昭儀：《管子道法學述義》，輔仁大學中文研究所，1985 年。

韓毓傑：《管子與子產法治思想之研究》，政治作戰學校法律學研究所，1990 年。

趙敏芝：《《管子》戰略思想之研究》，中央大學哲學研究所，1992 年。

莊曙瑜：《《管子・幼官圖》析論》，中山大學中國文學研究所，1996 年。

陳逸昭：《管子法治思想之研究》，政治大學政治研究所，1997 年。

〔註24〕黃源典的《先秦道家之意義治療意蘊研究》，採用傅朗克（Vikter E. Frankl）的意義治療學（logo-therapy）觀點，重新檢視《老子》、《莊子》、《黃帝四經》、《管子》四篇等道家典籍的修養論，試圖找到心靈治療、安頓人生的新方向。

馬耘：《《管子》〈內業〉等四篇研究》，輔仁大學哲學研究所，1999 年。

莊錫濱：《管子的管理哲學》，政治大學公共行政研究所，1999 年。

陳政揚：《「管子四篇」的黃老思想研究》，南華大學哲學研究所，2000 年。

連金峰：《《管子》思想初探》，輔仁大學中文研究所，2002 年。

林怡玲：《試探《管子》「精氣」說中的信息科學》，中山大學中文研究所，
　　　　2003 年。

巫夢虹：《《管子》四篇思想研究》，中央大學中國文學研究所，2004 年。

黃敏郎：《《管子》「德」思想之初究》，輔仁大學哲學研究所，2005 年。

陳秀娃：《稷下《管子》四篇與荀子心論之對比》，政治大學哲學研究所，
　　　　2006 年。

賴姿卉：《《管子》氣論研究》，東吳大學哲學研究所，2007 年。

2、中國大陸（2002～2008）

易德生：《《管子》農學研究》，華中師範大學（歷史文獻學），2002 年。

陳小普：《匡世之方 治國之術——《管子》管理心理思想探析》，陝西師
　　　　範大學（基礎心理學），2002 年。

唐青：《管子的管理哲學與現代企業的戰略管理探討》，武漢科技大學（管
　　　　理科學與工程），2002 年。

楊立宏：《《管子·輕重》篇的貨幣調控思想》，東北財經大學（經濟思想
　　　　史），2003 年。

吳金甌：《《管子》的管理倫理觀及其現代轉化》，湖南師範大學（倫理學），
　　　　2003 年。

呂華僑：《《管子》思想初探——以法律思想為主》，中國社會科學院研究
　　　　生院（中國古代史），2004 年。

管正平：《《管子》及其禮法思想》，華東師範大學（古典文獻學），2004
　　　　年。

葛宗梅：《試析《管子》中的用財思想》，吉林大學（中國古代史），2005
　　　　年。

劉偉鵬：《《管子》思想對企業文化建設的啟示》，山東師範大學（文藝學），
　　　　2005 年。

方曙光：《《管子》社會思想及發展觀的重構》，安徽大學（社會學），2005
　　　　年。

遇方慶:《《管子》政治哲學探析》,山東大學(中國哲學),2005 年。

耿振東:《《管子》的文學價值》,山東師範大學(中國古代文學),2006
年。

楊青利:《《管子》與《孟子》經濟倫理思想之比較》,廣西師範大學(倫
理學),2007 年。

王樂芝:《《管子》行政倫理思想研究》,吉林大學(歷史文獻學),2007
年。

楊晴:《《管子》的社會管理思想研究》,山東師範大學(專門史),2007
年。

趙亞麗:《論《管子》的經濟哲學思想》,華僑大學(馬克思主義哲學),
2007 年。

劉洪霞:《《管子》犯罪預防思想研究》,西南政法大學(法律史),2007
年。

王海成:《《〈管子〉四篇》研究》,陝西師範大學(中國哲學),2007 年。

黃永晴:《《管子》的法律思想探析》,湘潭大學(法學理論),2008 年。

瓦永乾:《《管子》的法律思想研究》,山東大學(法學理論),2008 年。

王潔:《《管子》同義詞語研究》,廣西師範大學(漢語言文字學),2008
年。

孔春英:《《管子》助動詞研究》,西南大學(漢語言文字學),2008 年。

崔增磊:《《管子》農業生產經驗研究》,河南大學(中國古代史),2008
年。

　　從以上論文的數量顯示,兩岸的《管子》研究主要集中在碩士論文,而且近年來研究風氣越來越盛,尤其在 2007～2008 年之間,論文多達十餘篇。以上論文除了延續政治、法律、經濟、農業、管理、戰略等傳統研究路向之外,近幾年則從語法、文學、心理學等方向進行研究。至於研究《管子》四篇的論文,至今已有馬耘、陳正揚、巫夢虹、陳秀娃、王海成(中國大陸)等五篇論文,足見《管子》四篇的研究風氣漸開;而且研究趨勢已轉向黃老學說、氣論、心學等主題的探究。筆者以為此一研究趨勢仍待持續開發,尤其是《管子》四篇的思想內涵更需要進一步探掘和建構,因此筆者選定《管子》四篇的「精氣論」做為論文主題,本文將是首篇研究《管子》四篇的博士論文。

參、研究方法與研究進路

胡適先生於 1917 年在北京大學教授中國哲學史課程，1918 年完成《中國哲學史大綱》〔註25〕，並於次年 2 月出版。這本書是在博士論文《先秦名學史》（英文）的基礎上，加以修改擴充而成。第一篇「導言」部分，討論中國哲學史的研究目的和方法，相當具有啓發性。

胡適先生認爲研究中國哲學史有三個目的：一是明變，二是求因，三是評判。但是首先必須完成一個基本工夫，那就是「述學」。〔註26〕他認爲理想的研究步驟是：第一步須搜集史料，第二步須審定史料的眞假，第三步須把一切不可信的史料先行除去不用，第四步須把可靠的史料仔細整理一番。因此要做到「述學」的基本工夫，要先把本子校勘完好，次把字句解釋明白，最後又把各家的書貫串領會，使其學說都成有條理有系統的哲學。〔註27〕

胡適先生所謂「述學」，也就是依序從校勘、訓詁、貫通著手，釐清文字的意義，掌握義理的內涵，進而找到內在的結構。完成「述學」的基本工夫，接著還須把各家學說依時代的先後，說明他們之間傳授的淵源，交互的影響，變遷的次序，這叫做「明變」。然後研究各家學派興廢沿革變遷的原故，這便是「求因」。研究者以完全中立的眼光，歷史的觀念，一一尋求各家學說的效果影響，再用這種種影響效果來批評各家學說的價值，這便是「評判」。〔註28〕

總之，「述學」只是完成初步的工作，更進一步要做到「明變」、「求因」、「評判」等後續工夫，才能達到理想的研究成果。胡適先生在文章中屢次以《管子》爲例，說明史料審定的重要性，他判定《管子》不是眞書，若用作管仲時代的哲學史料，必然產生三弊：（一）失了各家學說的眞相；（二）亂了學說先後的次序；（三）亂了學派相承的系統。〔註29〕他分析道：

> （一）管仲本無這些學說，今說他有，便是張冠李戴，便是無中生有。（二）老子之前，忽然有〈心術〉、〈白心〉諸篇那樣詳細的道家學說；孟子、荀子之前數百年，忽然有〈內業〉那樣深密的儒家心理學；法家之前數百年，忽然有〈法法〉、〈明法〉、〈禁藏〉諸篇那

〔註25〕收錄於《中國古代哲學史》，（臺北：遠流出版社，1986 年 5 月）。
〔註26〕同前註，頁 10。
〔註27〕同前註，頁 21～25。
〔註28〕同前註，頁 27。
〔註29〕同前註，頁 14。

> 樣發達的法治主義。若果然如此，哲學史便無學說先後演進的次序，
> 竟變成了靈異記、神秘記了！（三）管仲生當老子孔子之前一百多
> 年，已有那樣規模廣大的哲學。這與老子以後一步一步、循序漸進
> 的思想發達史，完全不合。故認《管子》爲眞書，必把諸子學直接
> 間接的淵源系統一齊推翻。〔註30〕

確如胡適先生所言，研究材料必須審愼取捨，否則學說的眞相不明，時代次序錯亂，學派傳承的系統模糊，研究成果必然失去準確性。雖然他認定《管子》是僞書，但是筆者幾經推敲，卻發現他對於某些篇章隱含著另一種肯定。例如：

（一）〈心術〉、〈白心〉的道家學說是「詳細的」。

（二）〈內業〉的儒家心理學有一定的「成熟度」。

（三）〈法法〉、〈明法〉、〈禁藏〉諸篇的法治主義是「發達的」。

他從思想史的發展程序和子學淵源的系統，來批判《管子》的史料價值，間接地否定了《管子》的研究價值。但筆者試想：若調整《管子》的時代次序，將它定位在老子、莊子、三晉法家之後，荀子、韓非之前，如此《管子》便合乎了思想史的演變的程序，與諸子學說的淵源和傳承也不衝突，如此是否就可以給予《管子》合理的學術評價？

《管子》的著作年代若未能確立，採用它來研究春秋時代的思想，或探討思想史的流變，便無法掌握學術的眞相。誠如胡適先生對《管子》的發現：《管子》書中包含「詳細的」道家學說、「成熟的」儒家思想、「發達的」法治思想，所以《管子》必定存在著某種學術價值，不能因爲被判定是僞書就抹煞其研究價值。如果給予適當的時代定位，必然有助於中國哲學史的研究。

胡適先生提到作僞書有兩類，第一類是託古改制，往往有第一流思想家在內，如《周禮》、《黃帝內經》；第二類是託古發財，全是下流人才，思想既不高尚，心思又不精密，故最容易露出馬腳來。〔註31〕如《管子》、《晏子春秋》等書篇幅極長，就是爲了發財的緣故。他的言外之意就是認定《管子》屬於第二類僞書。

胡適先生對於第一類託古改制的僞書，大致肯定其價值，才會說出「必有第一流思想家在內」；但是對於第二類僞書則評價低劣，使用「下流人才」、

〔註30〕同前註，頁16。

〔註31〕同前註，頁16～17。

「不高尚」、「露出馬腳」等字句，充滿鄙夷的意味。經過幾十年來的研究成果，學界肯定《管子》乃是戰國諸子託古之作，雖非眞書，也不算僞書；就算是僞書，也不是下流之輩所爲，更不是思想不高尚、不嚴密的作品。因此胡適先生上述說法有待修正。

雖然筆者不贊同胡適先生判定《管子》是僞書的主張，但是對於其所提出的研究理念卻深表贊同，筆者大致整理如下：

第一、重視學說的眞相

第二、肯定學術思想演變的次序

第三、肯定思想淵源和思想系統

他說：「大凡思想進化有一定的次序，一個時代有一個時代的問題，即有那個時代的思想。」〔註32〕思想的演變是循序漸進的，不可能異軍突起，因爲中國古代的知識份子抱有淑世的理想，往往透過著書立言，針對時代問題提出建言，所以掌握思想的起源和演變的次序，就能掌握理論的總脈絡。但是胡適先生上述的說法，卻未能充分實踐自我的理念。

勞思光先生在《中國哲學史》的〈序言——論中國哲學史之方法〉中提到：胡適先生的《中國哲學史》具有開新紀元的地位，但就書本身而言，則不能算是一本哲學史，因爲他大部分的工作都用在考訂史實，對於先秦諸子的年代子書中的僞造部分都用了很大的力量去考證，但對於這些哲學思想或理論的內容，卻未能做任何深度的闡釋，往往根據常識觀點來解釋前人的理論。所以勞思光先生給予的評價是：這部書具有開風氣之先的功用，但不是「哲學史」，只是一部「諸子雜考」一類的考證之作。〔註33〕依據勞思光先生的說法，則胡適先生的研究工作只停留在考證，並未達到「述學」的工作，遑論「明變」、「求因」、「評判」等後續的工夫了。

爲了避免胡適先生研究上的疏失，所以筆者在《管子》四篇「精氣論」的研究上，將盡力做到「述學」的基本工夫之外，並注重《管子》四篇思想傳承的脈絡，以及思想家所面對的時代問題。在縱向的傳承上，追溯其哲學概念的傳承和演進，並說明其學說的效果和影響；在橫向研究上，透過同時代相關議題的比較和對照，勾勒出當代的學術氛圍，進而給予應有的學術評價。此外，筆者將使用以下研究方法來進行討論：

〔註32〕同前註，頁18。

〔註33〕勞思光：《中國哲學史》第一卷，（香港：香港中文大學崇基書院，1980年11月），頁2～3。

一、比較法

唐君毅先生在《哲學概論》〔註 34〕第十章中，對於哲學方法與態度有所討論，他說：「比較法之所著眼點，則在一哲學思想之本身之內容或系統，與其他哲學思想內容或系統之異同。」〔註 35〕他認爲：「比較法」的價值在於：使思想內容或體系的同異之處皆能凸顯出來，進而使研究者本身的哲學思想能有所升進。〔註 36〕

爲了掌握確實精確的思想概念，筆者將採用「比較法」，針對《管子》四篇中的核心概念，如：「精」、「氣」、「神」等字的使用方式，先進行分析比對，辨別異同，確立其意涵之後，進而建構其內在關聯性與哲學系統。筆者也期許自己誠如唐君毅先生所言：在研究過程中，使本身的思想深度能有所升進。

二、批判法

唐君毅先生認爲：批判法可以重新審核我們已有之知識之有效性，或有效之範圍，並重新評估其思想的價值所在。〔註 37〕筆者將採用「批判法」檢視「精氣論」的修養工夫和政治思想是否有效，並評估其學說價值。

三、辯證法

對於正反對立的命題採用「辯證法」，可以使原本片面的主張得以補充不足，進而獲得全體之眞實；謬誤的命題被修正或推翻，因而獲致眞理、眞相。〔註 38〕對於《管子》四篇的「精氣論」與孟子「知言養氣」的心氣理論，學界一直存在著對立的命題：「孟子抄襲《管子》四篇」，或「《管子》四篇受孟子影響」；因此筆者將採「辯證法」來處理此一學術問題，讓兩種不同主張的見解，展開對話論辯，進而修正命題之謬誤或補充命題之不足。

基於研究主題的設定，筆者將依序解決以下學術問題：

（一）確認作者以及時代問題，（二）探究學術背景，（三）釐清基本概念，（四）建構思想體系，（四）檢證學說效用，（五）評估思想價值。

筆者從兩岸博、碩士論文的觀察所得：《管子》四篇尚未成爲獨立研究的

〔註 34〕唐君毅：《哲學概論》，收錄於《唐君毅全集》卷二十一、卷二十二，（臺北：學生書局，1989 年 10 月）。
〔註 35〕參見《哲學概論》第十章〈哲學之方法與態度〉，頁 201。
〔註 36〕同前註，頁 202。
〔註 37〕同前註，頁 204。
〔註 38〕同前註，頁 205。

核心，大多附屬於某一議題的分支或子題，論者對於文本的掌握不夠周全，往往因襲舊說，未能彰顯《管子》四篇的奧義。因此筆者將透過文本的精讀與分析、比較、辯證，展開以下的研究進路：

（一）確立其時代定位。

（二）針對「精氣論」中的「道」、「德」、「精」、「氣」、「神」等主要概念，進行字義的剖析，和範疇的界定。

（三）展開「精氣論」思想體系的建構。

（四）闡發「精氣論」在治身、治國兩方面的實踐和發用。

（五）以心氣理論爲核心，並與同時代的孟子、莊子、告子等思想家，展開思想的比較，印證戰國百家爭鳴的學術風潮。

（六）評估其思想史上的地位，以及對後世的影響。

　　希望透過以上幾個步驟的進展，闡明《管子》四篇「精氣論」的思想內涵，進而建構其思想體系，確立其學說價值。

　　關於《管子》版本的選定，本論文以唐代尹知章注，清代戴望校注的《管子校正》〔註39〕爲底本，並參考張舜徽《管子四篇疏證》〔註40〕、安井衡《管子纂詁》〔註41〕、顏昌嶢《管子校釋》〔註42〕、郭沫若《管子集校》〔註43〕、陳鼓應《管子四篇詮釋——稷下道家代表作》〔註44〕等諸家的考證和校定，藉以釐清謬誤，掌握更精確的涵義。

〔註39〕《管子校正》，收錄於《新編諸子集成》第五冊，（臺北：世界書局，1983 年 4 月）。

〔註40〕張舜徽：《周秦道論發微・管子四篇疏證》，收錄於《張舜徽集》，（武漢：華中師範大學，2005 年 6 月）。

〔註41〕安井衡：《管子纂詁》，（臺北：河洛圖書出版社，1976 年）。

〔註42〕顏昌嶢：《管子校釋》，（湖南：嶽麓書社，1996 年）。

〔註43〕郭沫若：《管子集校》，收錄於《郭沫若全集》，（北京：人民出版社，1984 年）。

〔註44〕陳鼓應：《管子四篇詮釋——稷下道家代表作》，（臺北：三民書局，2003 年 2 月）。

第二章　學術背景與思想淵源

　　本章主旨在探究《管子》四篇的學術背景。第一節「稷下學宮與稷下學派」，探討稷下學宮的活動概況，與稷下道家的學術內容。第二節「《管子》四篇的著作背景」，先探討《管子》的成書背景，其次討論《管子》四篇的作者及思想大要。第三節「『精氣論』的思想淵源」，從「氣」概念的形成與「氣論」的建構，探討「精氣論」的思想淵源。

第一節　稷下學宮與稷下道家

　　自周平王東遷以後，封建制度崩解，周王室勢力逐漸衰微，徒有虛名，並無實權；相對地，諸侯勢力日益強大，春秋時代遂成為諸侯爭霸的局面。到了戰國時代，諸侯爭霸的局勢越演越烈，諸侯紛紛自立稱王。齊桓公田午為了踵繼春秋時代齊桓公的霸業，於是設立稷下學宮，開創國家養士之風。稷下學士一方面為國家獻策，另一方面則著書講學，形成百家爭鳴的學術盛況。本節分別從「稷下學宮」、「稷下道家」、「黃老之學」三方面進行討論，探究稷下學宮的學術概況，以及稷下道家與黃老之學的關係。

一、稷下學宮

　　齊國稷下學宮乃是戰國時期齊桓公田午所建立，興盛於齊宣王、湣王之時，到襄王、王建時逐漸衰落，約有一百五十年的歷史。[註1] 根據《史記・田敬仲完世家》記載：

〔註1〕胡家聰：《管子新探》，（北京：中國社會科學出版社，1995年5月），頁387。

> 宣王喜文學游說之士，自如騶衍、淳于髡、田駢、接予、慎到、環
> 淵之徒七十六人，皆賜列第，爲上大夫，不治而議論。是以齊稷下
> 學士復盛，且數百千人。〔註2〕

足見稷下學宮網羅當代知名學者，給予尊崇地位、優厚的俸祿，可以不治事
務而專心議論。從《史記》所載：知名學者七十六人，學士達百千人的盛況，
論其體制規模，應是齊國最高學府。至於齊國設立稷下學宮的目的何在？郭
沫若在〈稷下黃老派批判〉一文中，根據《陳侯因資敦》的銘文：「高祖黃帝，
邇嗣桓、文」，推斷齊威王「意在遠則祖述黃帝，近則繼承齊桓、晉文之霸業」
〔註3〕。足見稷下學宮的設立和國家大計有關，所以才能如此禮遇學者。

其實《孟子‧梁惠王上》已透露出齊宣王爭霸稱王的企圖：

> 齊宣王問曰：「齊桓、晉文之事，可得聞乎？」孟子對曰：「仲尼之
> 徒無道桓、文之事者，是以後世無傳焉，臣未之聞也。」〔註4〕

從《史記》所載：「齊威王、宣王用孫子、田忌之徒。而諸侯東面朝齊。」
〔註5〕足見威、宣之時的齊國統治者，以繼承齊桓公霸業爲目標，心懷統一
天下的大志。《管子‧霸言》也說：

> 夫爭天下者，必先爭人。明大數者得人，審小計者失人。得天下之
> 眾者王，得其半者霸，是故聖王卑禮以下天下之賢而王之，均分以
> 釣天下之眾而臣之。〔註6〕

齊君禮賢下士，網羅人才齊聚於稷下學宮，稷下學士則爲君王出謀獻策，設
計典章制度。所以稷下學宮的設立是爲齊國爭霸稱王做準備的，稷下之學便
是適應政治需要而發展起來的。〔註7〕

白奚認爲：稷下學宮是田齊政權變私人養士爲國家養士，並把它作爲一
項既定的國策，使之正規化，制度化。〔註8〕總而言之，稷下學宮具有三種功

〔註2〕司馬遷：《史記‧田敬仲完世家》第十六，（臺北：藝文印書館），頁764～765。

〔註3〕郭沫若：《十批判書‧稷下黃老學派的批判》，收錄於《郭沫若全集》第二冊，
（北京：人民出版社，1982年），頁155。

〔註4〕《孟子》收錄於《四書集註》，朱熹集註，（臺北：世界書局，1989年），頁8
～9。

〔註5〕參見《史記‧孟子荀卿列傳》第十四，頁939。

〔註6〕《管子校正》，唐尹知章注，清戴望校正，收錄於《新編諸子集成》第五冊，
（臺北：世界書局，1983年4月），頁142。

〔註7〕胡家聰：《管子新探》，頁388。

〔註8〕白奚：《稷下學研究中——國古代的思想自由與百家爭鳴》，（北京：三聯書店，
1998年9），頁23。

能：（一）廣納賢才的學府，（二）爲國獻策的智庫，（三）學術交流的中心。
〔註9〕

除了《史記》所羅列的學者之外，另有宋鈃、尹文、彭蒙，荀子則是初遊學於齊，後爲老師。《史記·孟子荀卿列傳》記載：「田駢之屬皆已死，齊襄王時，而荀卿最爲老師。齊尙修烈大夫之缺，而荀卿三爲祭酒。」足見稷下學宮，人才薈萃，學風鼎盛。錢穆先生說：「遊稷下稱學士，其前輩稱先生，尤尊爲老師。」〔註10〕荀子由學士而先生，由先生而老師，足見荀子不僅與稷下學宮淵源深厚，他的學術成就，稷下學宮應是功不可沒。

至於孟子曾於齊威王時遊齊，威王不能用，卻「餽兼金一百」，孟子辭而不受。〔註11〕孟子二度遊齊是在齊宣王之時，曾任齊卿，齊宣王多次向孟子請教治國之道。〔註12〕雖然孟子不隸屬於稷下學宮，〔註13〕但孟子可能在稷下講學，〔註14〕與稷下先生展開學術交流。

稷下先生除了爲國君獻策之外，主要的任務是一方面講學授業，另一方面則是著書立說。根據《漢書·藝文志》〔註15〕著錄：宋鈃著有《宋子》，田駢著有《田子》，環淵著有《蜎子》〔註16〕，接子著有《捷子》〔註17〕，以上

〔註9〕參見陳鼓應：《管子四篇詮釋——稷下道家代表作》，（臺北：三民書局，2003年2月），頁9。
　　　　胡家聰：《管子新探》，頁391～395。

〔註10〕錢穆：《先秦諸子繫年》卷三〈稷下通考〉，（臺北：東大圖書公司，1986年2月），頁233。

〔註11〕參見《孟子·公孫丑下》，頁54。

〔註12〕參見《孟子·梁惠王下》，頁17～29。

〔註13〕錢穆：《先秦諸子繫年》，〈孟子不列稷下考〉一文中，認爲桓寬《鹽鐵論·論儒篇》及徐幹《中論·亡國篇》均將孟子列入稷下先生，因此舉證加以辯駁，考訂孟子不當列入稷下先生。頁235～236。
　　　　白奚也贊同此說，詳見《稷下學研究——中國古代的思想自由與百家爭鳴》，頁154～160。

〔註14〕胡家聰：《管子新探》，頁389。

〔註15〕班固：《漢書·藝文志·諸子略》，卷三十。

〔註16〕根據《漢書·藝文志》班固自注：「名淵，楚人，老子弟子。」《蜎子》作者蜎淵即是環淵。
　　　　吳光、白奚均採此說。
　　　　詳見吳光：《黃老之學通論》，（杭州：浙江人民出版社，1985年），頁89～90。
　　　　白奚：《稷下學研究——中國古代的思想自由與百家爭鳴》，頁71～72。

〔註17〕錢穆先生認爲：接、捷古字通，接子即是捷子。參見《先秦諸子繫年》卷四〈接子考〉，頁428。

著作均已亡佚；今存《荀子》、《慎子》殘本與《尹文子》等書，尤其是《管子》一書，被視為稷下學派的重要著作。

稷下學者的學術背景，包含有法家、道家、儒家、陰陽家、兵家、農家、名家、輕重家等學派，其中以法家、道家聲勢最為浩大。稷下學宮除了例行的講學、著述之外，更定期舉行學術集會。劉向《別錄》云：「齊有稷門，城門也，談說之士期會於稷下也。」〔註18〕就在定期集會中，來自不同家派的學者，站在自己的學術立場，針對同一論題提出不同的見解，形成百家爭鳴的局面。根據以下文獻可以說明百家爭鳴的論學概況：

> 兒說，宋人，善辯者也。持白馬非馬也服稷下之辯者，……」（《韓
> 非子‧外儲說左上》）〔註19〕

> 齊辯士田巴，服狙邱，議稷下，毀五帝，罪三王，服五伯，離堅白，
> 合同異，一日服千人。（《魯仲連子》）〔註20〕

從以上兩個例子，可見得眾多辯士群聚於稷下學宮，彼此言詞交鋒，議論古今。史載一日服千人的盛況，說明了稷下學宮是思想交流的舞台，也是學術發展的沃土。在學者激烈的論辯中，促成了戰國學術的蓬勃發展。

稷下學宮的定期集會，促成了各學派間的學術對話與思想融合，尤以儒、道、法三家思想的交流最為顯著。例如：孟子的「知言養氣」之說和《管子》四篇的「精氣論」，兩者對於心氣關係的論述有交集之處，郭沫若便認定是孟子因襲《管子》之說。〔註21〕此一評斷遂引發各方學者的熱烈討論。〔註22〕荀子〈非十二子〉一方面批判各家學說，但其「虛壹而靜」的心論可能受到老子的影響；〔註23〕此外，荀子「援法入禮」更是儒家轉向法家的關鍵。〔註24〕慎到的學說也有思想演變和融合的軌跡，《四庫全書

〔註18〕參見《史記‧田敬仲完世家》，裴駰《史記集解》引劉向《別錄》所載，頁755。

〔註19〕《韓非子集解》，清王先慎撰，收錄於《新編諸子集成》第五冊，（臺北：世界書局，1983年4月），頁201。

〔註20〕參見《史記‧魯仲連鄒陽列傳》，張守節《史記正義》引《魯仲連子》所載，頁994。

〔註21〕郭沫若：《十批判書‧稷下黃老學派的批判》，頁165～166。

〔註22〕關於此項學術爭議的辨析，詳見本文第六章第一節〈孟子「知言養氣」〉。

〔註23〕參見王邦雄：《中國哲學論集‧論荀子的心性關係及其價值根源》：「荀子心、性、天的觀念，可能來自老子自然的哲學觀點，性天是自然，而心是虛靜，……」（臺北：學生書局，1983年8月），頁43。

〔註24〕詳見本文第七章第一節〈「精氣論」與《荀子》的關係〉。

總目提要》雖然將愼子列入雜家類，卻說：「道德之為刑名，此其轉關，所以申、韓多稱之也。」〔註25〕此說已判定愼到是由道入法的轉關，到了《漢書藝文志》則將愼到列為法家，可見愼到思想不單屬某一家派，才會有究竟是道家、法家，還是雜家的爭議。郭沫若也說：「愼到、田駢的一派是把道家的理論向法理一方面發展了的。」〔註26〕從以上諸例可見，儒、道、法思想融合極為頻繁，這正是稷下學宮促進學術交流的影響所致。

余英時在〈古代知識階層的興起與發展〉一文中，從「士」的角度來評論「稷下先生」在中國文化史上的意義，觀點新穎獨到。他認為：稷下先生「不治」、「不任職」，不隸屬於官僚系統之中，所以他們依然能保持「士」的身分。他們不用向王侯臣服，也毋須為生活擔憂，而且議論的自由受到制度化的保障。由此可見，古代「士」的功能已經發揮到最大的可能限度。〔註27〕既然稷下先生將「士」的功能發揮到極致，那麼稷下學宮當然是居功厥偉。他說：

> 稷下學宮的出現不但是先秦士階層發展的最高點，而且更是養賢之風的制度化，其意義的重大是無與倫比的。〔註28〕

> 稷下學宮雖僅曇花一現，但在中國文化史上的意義則是永恆的。因為議論的自由同時也刺激了思想史的成長。先秦所謂「百家爭鳴」的時代主要是和稷下時代重疊的。〔註29〕

歸納余英時的說法，稷下學宮的貢獻有二：一是「養賢之風的制度化」，二是「刺激思想史的成長」。余英時從「士階層的發展」與「文化發展」的視角來評價稷下之學，更能彰顯稷下先生的文化自覺，以及稷下學宮對中國文化的貢獻。

除了余英時給予稷下之學高度評價之外，白奚的《稷下學研究》也認為稷下學宮雖是基於政治需求而興建的，但是它為學術思想的繁榮發展，提供了難得的機遇和極好的條件。他說：

〔註25〕《四庫全書總目提要》卷一一七，子部二七，雜家類，（臺北：藝文印書館），頁1007。

〔註26〕郭沫若：《十批判書·稷下黃老學派的批判》，頁167。

〔註27〕余英時：《士與中國文化》，（上海：上海人民出版社，1987年12月），頁58～61。

〔註28〕同前註，頁57。

〔註29〕同前註，頁61。

> 在稷下學宮，不僅各家學說都獲得了發展壯大的良機，更爲重要的
> 是，他們經過了充分的交流和爭鳴，不僅互相影響和吸取，而且互
> 相啓發和激盪，從而湧現出許多新的學說和流派。……進入稷下時
> 期，嚴格意義的百家爭鳴才眞正開始，先秦學術才得以迅速發展到
> 鼎盛。有的學者（余英時）認爲：「先秦所謂『百家爭鳴』的時代主
> 要是和稷下時代重疊的」，這是符合歷史事實的。〔註30〕

稷下學宮提供了學術交流的機會和園地，這是春秋後期到戰國前期所欠缺
的。足見先秦學術思想起初並不是迅速發展的，直到稷下時期才進入飛躍發
展的階段，所以白奚呼應余英時的觀點，做出如下的結論：沒有稷下學宮便
沒有百家爭鳴的輝煌。〔註31〕

通過兩位學者的評價，可以確知稷下學宮在先秦學術史上意義非凡，它開
創了思想自由與百家爭鳴的局面，對於思想的融合和進展，具有卓越的貢獻。

二、稷下道家

吳光在《黃老之學通論》中將稷下學者的學派歸屬整理出以下脈絡：儒
家有孟子、荀況，陰陽家有騶衍、騶奭，墨家有宋鈃、尹文，辯家有兒說、
田巴，以及縱橫游說之士淳于髡等等。至於道家學者呢？他說：「根據《史記》、
《漢志》、《莊子》等書的記載，確實可以歸入稷下道家學派的人物是彭蒙、
田駢、宋鈃、愼到、環淵、接子、季眞六人。」〔註32〕足見稷下先生分屬不
同學派，稷下學宮提供了百家爭鳴，學術交流的契機，在這樣的文化背景之
下，促成了黃老之學的興盛。

根據《史記》所載，稷下先生以道家學者居多。〈孟子荀卿列傳〉說：

> 自騶衍與齊之稷下先生，如淳于髡、愼到、環淵、接子、田駢、騶
> 奭之徒，各著書言治亂之事，以干世主，豈可勝道哉！

> 愼到，趙人。田駢、接子，齊人。環淵，楚人。皆學黃老道德之術，
> 因發明序其旨意。故愼到著《十二論》，環淵著《上下篇》，而田駢、
> 接子皆有所論焉。

在兩段引文中可以發現：司馬遷只要提到稷下先生，總會出現愼到、田駢、
接子、環淵等人，足見這幾位學者應是知名的稷下先生，而且都是學黃老道

〔註30〕白奚：《稷下學研究——中國古代的思想自由與百家爭鳴》，頁17～18。
〔註31〕同前註，頁17～18。
〔註32〕吳光：《黃老之學通論》，頁78～79。

德之術，由此可以推斷：「黃老道德之術」應是稷下學派的學術主流。

錢穆先生在《先秦諸子繫年》中羅列稷下學士十七名如下：淳于髡、孟子、彭蒙、宋鈃、尹文、慎到、接子、季眞、田駢、環淵、王斗、兒說、荀況、騶衍、騶奭、田巴、魯仲連等人。除了孟子不列稷下學宮，〔註33〕其他學者如：彭蒙、慎到、接子、季眞、田駢、環淵等人，均與黃老之學有關，「黃老道德之術」確實是稷下顯學。

至於何謂「黃老道德之術」？這和稷下道家有何關係？「黃」指黃帝，「老」指老子，「黃老」之名的出現是在《史記》以後，在先秦典籍中往往是「黃帝」、「老子」分別使用，如《左傳》、《國語》、《逸周書》、《莊子》均有「黃帝」之名，並無「黃」、「老」連稱，或「黃老」合爲一詞的情形。〔註34〕郭沫若認爲這是因爲黃帝被視爲田齊遠祖，所以黃帝的存在已經爲齊國的統治者所信史化了。又說：

> 齊威王要「高祖黃帝」，這應該就是黃老之術，所以要托始於黃帝的
> 主要原因。黃老之術，值得我們注意的，事實上是培植於齊，發育
> 於齊，而昌盛於齊的。〔註35〕

他認爲稷下學者呼應統治者的政治需求，假託黃帝之名，結合老子之學，於是形成「黃老之學」。因此認定「黃老之術」發源於齊國稷下學宮，稷下道家所從事的學術內容就是「黃老之學」。換言之，「黃老之學」的興盛和成熟，得力於稷下道家。

不少學者都認同郭沫若此一說法，如丁原明、白奚等。丁原明在《黃老學論綱》中提到：

> 黃老作爲一個派別，它至少在戰國中後期已經產生，並經過田駢、
> 接子、環淵等中間環節的轉承，而傳播盛行于秦漢間。因此漢人提
> 出「黃老」這個名稱或名詞，只是反映了他們對黃老學這個對象性
> 存在的解悟，而不是對黃老學僅存於漢初的時間定位。〔註36〕

丁原明強調稷下道家對「黃老之學」的傳播，有益於黃老學派的發展。雖然直到漢代才有「黃老」之名，這並不代表漢代才有黃老學派；他主張：黃老學派產生於戰國中後期，也就是產生於稷下道家時期。

〔註33〕 錢穆：《先秦諸子繫年》，頁233～236。
〔註34〕 丁原明：《黃老學論綱》，（濟南：山東大學出版社，1997年12月），頁2～5。
〔註35〕 郭沫若：《十批判書‧稷下黃老學派的批判》，頁155～156。
〔註36〕 丁原明：《黃老學論綱》，頁5。

白奚的《稷下學研究——中國古代的思想自由與百家爭鳴》也說：

> 《史記》所記述的「學黃老之術」者，大都是著名的稷下先生，如
> 慎到、田駢、尹文、接子、環淵等。這就足以證明黃老之學是產生
> 並成熟於稷下，離開了田齊統治者「高祖黃帝」、變法圖強的政治實
> 踐和稷下諸子道法結合的理論嘗試，便沒有戰國的黃老之學。〔註37〕

白奚點出了「黃老之學」的產生和成熟於稷下，它和稷下道家息息相關，所
以說沒有齊國祖述黃帝，爭霸稱王的國家政策，就沒有「黃老之學」。總結上
述幾位學者的看法，可以得出以下的結論：「黃老之學」源於稷下道家，黃老
學派形成於戰國中後期，也就是稷下學宮時期。

但是吳光不贊同上述的論點，認為稷下道家的學術活動不等於黃老之
學。他說：

> 稷下道家的田駢、慎到之流，所謂「皆學於黃老道德之術」，並非
> 就是通常所謂「黃老之學」，而主要是指「學老子道德之術」。因
> 為在司馬遷的著作中，往往是將早期道家理論與黃老之學混為一
> 談的。稷下道家學者可能言及黃帝，但還沒有建立具有「因陰陽
> 之大順，采儒墨之善，撮名、法之要」的黃老之學理論體系，其
> 學說尚不具備黃老之學的基本特點。其所謂「因發明序其旨意」，
> 也主要是發揮「老子之學」的宗旨，同時吸收了法家學說的部分
> 內容。〔註38〕

他認為郭沫若或是延續郭沫若說法的學者，之所以把稷下道家等同於黃老學
派，主要是囿限於司馬遷所說的「皆學黃老道德之術」這句話，於是作出片
面的結論。因此吳光判定：稷下道家應歸屬於早期道家，充其量只能算是具
有齊文化特色的「新道家」而已。〔註39〕

熊鐵基也認為「皆學黃老道德之術」，其實是發揮「老子之學」，因為司
馬遷在《史記》當中，「老子」、「道家」、「道德」、「黃老」這些詞，常常是指
同一意義，於是造成了混淆。他逐字推敲「皆學黃老道德之術，因發明序其
旨意」的涵義，揣摩司馬遷的寓意，作出如下的解釋：「許多學者都學習黃帝、
老子關於道德的思想和理論，並且依據這些思想和理論進一步闡明解釋其主

〔註37〕白奚：《稷下學研究——中國古代的思想自由與百家爭鳴》，頁96。
〔註38〕吳光：《黃老之學通論》，頁80。
〔註39〕同前註。

旨意圖。」〔註40〕他認爲黃帝之言源於《老子》，本來就是稷下先生「發明」
老子道德之意。〔註41〕司馬遷所謂「學黃老道德之術」，重點是在強調學者能
發明《老子》之學，至於是不是黃老學派就另當別論了。

最後他針對「黃老學派」與「黃老之學」一詞，做出區隔：

> 黃老道家在形成過程中不斷變化，不少人對這一派理論學說作了貢
> 獻，既有不少「發明」，又有積極的傳播，但是有些人自身的發展又
> 走向了別的學派，如愼到、宋鈃，乃至騶衍等人的發展變化，他們
> 本來都可說是「發明」黃老道德之意的人，由於其某些內容有獨到
> 之處，如愼到言勢，騶衍談陰陽，因而被後人列入法家、陰陽家，
> 宋鈃被列入小說家。根據以上這些情況，戰國時黃老道家似又不成
> 爲一個派別，故通常只謂「黃老之學」。稷下黃老尚未成爲黃老道家
> 學派，它不像「墨者」那樣有嚴密組織的派別，也不像儒者那樣有
> 明顯的師徒關聯，而是在形成發展的過程之中。派別的形成應是秦
> 漢時期。〔註42〕

歸納熊鐵基的觀點，黃老學派的形成是在秦漢時期，稷下道家沒有嚴密的組
織，也沒有明顯的師承關係，「是在形成發展的過程之中」，說明了稷下道家
是黃老學派的發展過程中的某一個階段，或說是黃老學派的前身。雖然尚未
形成學派，但是已有「黃老之學」，奠定了黃老學派邁向成熟的基礎。

雖然熊鐵基認爲吳光的說法過於拘泥，而且會自相矛盾。〔註43〕對照兩
家的說法，其實同中有異，異中有同。相同之處如下：

1、司馬遷所謂「發明黃老道德之旨」，是闡發老子《道德經》的思想。

2、稷下道家尚未形成黃老學派，是與早期老莊道家有別的「新道家」。

吳光說它是「具有齊文化特色的新道家」，熊鐵基則稱秦漢之際的黃老學
派爲「秦漢新道家」，稷下道家也屬於新道家。

相異之處在於，對「黃老之學」的認知不同，在吳光看來，稷下道家不
僅不算是黃老學派，連「黃老之學」的基本條件也尚未具備。熊鐵基則認爲
稷下道家已具備「黃老之學」。

〔註40〕熊鐵基：《秦漢新道家》，（上海：上海人民出版社， 2001 年 3 月），頁 18。
〔註41〕同前註，頁 23。
〔註42〕同前註，頁 28。
〔註43〕同前註，頁 17。

兩家的爭議點就在「黃老之學」的內涵，學派的歸類必須依據學術內涵來判定，因此必先釐清何謂「黃老之學」的內涵是什麼。以下將探討「黃老之學」的內涵。

三、黃老之學

白奚認為「黃老之學」的界定標準：一是依託黃帝立言者，二是道法結合，以道論法、兼采百家者。他說：

> 從戰國到漢初確實存在著一個黃老學派，……戰國時期也以其道法
> 結合、以道論法、兼采百家的學術特徵符合了當時的政治需要，順
> 應了學術思想發展的潮流，從而成爲戰國中後期人數最多、影響最
> 大的學派，堪稱當時真正的顯學。〔註44〕

這裡白奚也用「學派」來稱呼形成於戰國中後期的稷下道家，這和吳光、熊鐵基的觀點顯然不同。「黃老之學」產生於稷下，並成爲稷下學派的主流顯學，這點並無疑義，但白奚說「黃老之學」產生並成熟於稷下，則有待商榷。因爲光是道、法結合，並不合乎司馬談〈論六家要旨〉〔註45〕對於「黃老之學」的定義。

對照以上幾位學者對於「黃老之學」的認知，都有一個共識：「黃老之學」乃是以《老子》的道論爲思想基礎，黃帝之言只是虛名。至於「思想融合」這一部分就產生觀念上的歧異：白奚認爲道、法思想的融合，即是「黃老之學」；吳光則是依據司馬談的標準，認爲必須「因陰陽之大順，采儒墨之善，撮名、法之要」，才是「黃老之學」的思想體系。因此白奚認定稷下道家即是黃老學派，吳光則否。

究竟「黃老之學」的思想融合，指的是道、法融合，還是以道家爲主，融合儒、墨、陰、陽、名、法各家思想？

丁原明說：作爲「黃老學」的一部專著，它遇到的困難就是對「黃老學」的界定問題。從字面意義上說，「黃老學」就是指托黃帝、宗老子的那派道家，它是黃帝與老子的結合。但是，這種界說並不具有普遍性。〔註46〕足見黃老之學的界定，必須經過細心研究，反覆探求，才能得其究竟。

司馬談〈論六家要旨〉的道家，其實是黃老學派，其所定義的思想特質

〔註44〕白奚：《稷下學研究——中國古代的思想自由與百家爭鳴》，頁93～94。
〔註45〕司馬遷：《史記・太史公自序》卷一百三十，（臺北：藝文印書館），頁1350。
〔註46〕丁原明：《黃老學論綱》，頁3。

代表漢人所認定的黃老之學，《呂氏春秋》、《淮南子》才是黃老學派發展成熟的作品，當然合乎「因陰陽之大順，采儒墨之善，撮名、法之要」的理論體系。至於稷下道家或是稷下黃老，僅是發展過程中的學術現象，當然不具備司馬談〈論六家要旨〉中道家的條件。但是司馬談說：「道家無爲，又曰無不爲，其實易行，其辭難知。其術以虛無爲本，以因循爲用。」其中「無爲而無不爲」、「虛無」、「因循」便是黃老道家的基本特質，相當具有鑑別作用。因此暫時跳開思想融合的爭議，就此三項指標來檢驗稷下道家的作品，應當可以探究出稷下道家是否具備「黃老之學」的內涵。

　　熊鐵基將秦漢之際的道家稱爲「新道家」，因此「黃老學派」被賦予「新道家」之名，便是將它納入以道家思想爲主軸的發展脈絡。他跳開司馬談〈論六家要旨〉的標準，以道家的基本特色來作爲判斷依據，那就是以「自然無爲而無不爲」的道，做爲指導原則和中心思想。他說：

> 道家之道，被認爲是宇宙的本體。這個最高的哲學範疇，是老子第一個提出來的。同時，因爲「道法自然」，「道常無爲而無不爲」，形成了以自然無爲爲特色的思想體系。西漢初的黃老道德之學，從《呂氏春秋》到《淮南子》，都具有這樣的基本特色，所以都應該屬於道家這個範圍。〔註47〕

熊鐵基的標準是：「道法自然」和「道常無爲而無不爲」，《呂氏春秋》、《淮南子》也合乎上述標準，足見「道法自然」和「道常無爲而無不爲」，足以代表道家的思想體系。至於是否託名黃帝並不重要，融合哪幾家思想也不重要。簡言之，熊鐵基的鑑定標準：一是道論，二是無爲。這和司馬談所訂的標準並無多大出入。

　　丁原明也認爲應以司馬談的〈論六家要旨〉作標準。他說：

> 「黃老學」的特點有三：即一是「道」論（「氣化」論或規律論），二是「虛無爲本，因循爲用」的「無爲」論，三是在對待百家之學上「采儒墨之善，撮名法之要」。其中心是環繞著道與治國、治身的問題而開展的。前者是後者的究竟，後者是（治身與治國）前者（「道」）的邏輯展延。「黃老學」關注的就是道與治國、治身怎樣協調一致的問題。這也就是黃老學的理論建構。〔註48〕

〔註47〕　熊鐵基：《秦漢新道家》，頁109。
〔註48〕　丁原明：《黃老學論綱》，頁3～4。

所以回歸司馬談的判定標準，再參酌熊鐵基和丁原明的看法，筆者以為「黃老之學」的內涵應如此界定：以「道論」為理論核心，進而由「無為而無不為」的實現原理轉化為「虛無為本，因循為用」的道術。「虛無」即是「無為」的修養，「因循」即是「無為」的術用。由此可見，黃老之術乃是以「無為」為體，以「因循」為用，追求「無不為」的效益。總之，以「道論」為中心，開展出「因循」治術，形成道術兼備的思想體系，這正是「黃老之學」的內涵。

至於融合各家思想精華，不在於融合多少家，重點是采其「善」，撮其「要」，擷取各家思想的精華。黃老之學便是以道家的「虛無」為本，「因循」各家思想精華為用。如此一來，便可以解開吳光或白奚在融合各家思想方面的爭議。

丁原明點出：由「道論」轉向「氣化」的宇宙規律，這是黃老之學與早期道家最大的不同；換言之，黃老之學的「道論」是以「氣」論「道」，此為重要的指標。他又強調「黃老學」所關注的問題乃是：道與治國、治身怎樣協調一致的問題。將「無為」的形上原理落實於人生和政治，於是有「虛無」的修養工夫和「因循」的政治治術，此即是「由道通向治身，乃至治國的協調一致」。「黃老之學」的內涵是道術兼備，並具有現實關懷，正合稷下學宮設立的宗旨。

綜合以上所述，「道論」、「無為」、「因循」乃是「黃老之學」的三要素，「無為」是銜接「道」和「術」的樞紐，此即是「黃老之學」的理論體系；由修身通向治國則是「黃老之學」的實踐發用。通過這兩項標準來檢視稷下道家的作品，便可判定是否具備「黃老之學」的內涵。

馮友蘭說：《管子》是稷下學派的論文總集，他認為《管子》四篇是一個體系，這個體系就是稷下黃老之學。因為這幾篇所講的就是黃老之學的要點：治身和治國是一個道理。〔註49〕學派的認定往往因論者所設定的標準而有所差異，但是學術內容則是可以客觀檢證的對象，此亦為筆者所要探討的重心，因此筆者擬根據上述標準來檢驗《管子》四篇，看它是否具備「黃老之學」的內涵。

〔註49〕馮友蘭：《中國哲學史新編》第二冊，（臺北：藍燈出版社，1991 年 12 月），頁 215。

（一）就理論體系而言：

1、道論

〈內業〉說：「凡道，無根無莖，無葉無榮，萬物以生，萬物以成，命之曰道。」〔註50〕意謂道是萬物生成的依據，形上根源。〈心術上〉說：「道在天地之間也，其大無外，其小無內，故曰不遠而難極也。」〔註51〕足見道遍在一切，超越時空，具有無限性。〈心術上〉又說：「虛無無形謂之道，化育萬物謂之德。」〔註52〕這裡的「虛無無形」說明道的本體，「化育萬物」說明道的作用，足見《管子》四篇也主張道體是「無」，道用是「有」，「道」化育萬物的作用稱之為「德」。換言之，「道」之「德」化育萬物，並內在於萬物。

由此可見，《管子》四篇的道論大體上承襲老子道論而來，「道」具有形上性格，是宇宙的創造根源，萬物的存在依據。

但是《管子》四篇所建構的「精氣論」，道的生成作用逐漸被「精氣」所取代，如〈內業〉說：「氣，道乃生。」〔註53〕又說：「凡物之精，此則為生，下生五穀，上為列星。」〔註54〕足見《管子》四篇的「道論」逐漸走向「氣化」的傾向，這和老子的「道論」有所不同。

2、無為

《道德經・第三十七章》：「道常無為而無不為。」足見「無為」是道的形上原理，因此在道家思想中，「無為」成為人生修養、政治哲理的依據。《管子》四篇關於「無為」的論述集中在〈心術上〉，由人生哲理轉向君德、君術的闡發。如：「君子恬愉無為，去智與故，言虛素也。」〔註55〕說明虛靜無為乃是君子的基本修養，但又說：「心術者，無為而制竅者也。」〔註56〕由此「無為」的人生修養便轉向「君道無為」的論述核心。所以道家「無為」的形上原理，到了《管子》四篇便落實為「以虛無為本，因循為用」的治術，亦即以「無為」為君德，以「因循」為君術。

〔註50〕《管子校正》，唐尹知章注，清戴望校正，收錄於《新編諸子集成》第五冊，（臺北：世界書局，1983 年 4 月），頁 269。

〔註51〕同前註，頁 220。

〔註52〕同前註，頁 219。

〔註53〕原作「氣道乃生」，依安井衡《管子纂詁》校改。（臺北：河洛圖書出版社，1976 年 3 月），頁 4。

〔註54〕《管子校正》，頁 268。

〔註55〕同前註，頁 222。

〔註56〕同前註，頁 220。

3、因循

〈心術上〉說:「道貴因。」〔註 57〕又說:「無爲之道因也,因也者,無益無損也。以其形因爲之名,此因之術也。」〔註 58〕這裡以「因」解釋「無爲」,「因」是因循形名,所以《管子》四篇「無爲」的眞諦便是「因循」治術。〈心術上〉又認爲義、禮、法出於道,〔註 59〕所以因循治術落實在政治上即是因循禮法。總之,老子「無爲」的政治原理,到了《管子》四篇發展爲以道家爲主,吸納法家、儒家的政治思想。

(二)就實踐發用而言

1、修身

《管子・內業》說:「凡人之生也,必以平正;所以失之,必以喜怒憂患。」〔註 60〕主張人應該「內靜外敬」〔註 61〕,才能回歸本性。所以《管子》四篇以「修心而正形」〔註 62〕展開修道工夫,在心、形交相養的過程中「返於道德」,於是成爲「心全於中,形全於外」〔註 63〕的得道聖人。總之,《管子》四篇所勾勒的得道境界是:「德成而智出」〔註 64〕,「神明之極,照知萬物」〔註 65〕。

2、治國

做好「修心而正形」的工夫,才能具備「無爲」的君德,《管子》四篇所標舉的聖人,即是「無爲」的明君,當國君具備無爲的君德,和觀照的智慧神明,才能因循禮法來治國,更進一步則能達到〈內業〉所說的:「氣意得而天下服,心意定而天下聽」〔註 66〕的感通效果。

〔註 57〕同前註,頁 222。

〔註 58〕同前註,頁 221。

〔註 59〕《管子・心術上》:「義者,謂各處其宜也。禮者,因人之情,緣義之理,而爲之節文者也。
故禮者謂有理也,理也者,明分以諭義之意也。故禮出乎義,義出乎理,理因乎宜者也。法者所以同出,不得不然者也。故殺僇禁誅以一之也,故事督乎法,法出乎權,權出乎道。」同前註,頁 221。

〔註 60〕《管子校正》,頁 272。

〔註 61〕同前註。

〔註 62〕同前註,頁 269。

〔註 63〕同前註,頁 271。

〔註 64〕同前註,頁 269。

〔註 65〕同前註,頁 270。本作「神明之極照乎知,萬物中義守不忒」,依王念孫《讀書雜志》校改。(臺北:商務印書館,1978 年 12 月),第四冊,頁 23。

〔註 66〕同前註,頁 271。

　　所以《管子》四篇所建構「精氣論」，從修身乃至治國，都是以「道」和「無爲」貫通形上和形下，「因循」各家思想精華，成爲政治和人生的圭臬。由此可見，《管子》四篇雖然不屬於黃老學派的作品，但已具備「黃老之學」的思想特質。

　　稷下學宮的設立，提供了戰國思想家專心於學術研究的良機，在講學論辯的過程中，促進思想的融合和轉化，百家爭鳴的風潮，締造了戰國學術的輝煌成果。稷下道家基於國家政策的需求，發展出強調治身與治國合一的「黃老之學」，奠定了黃老學派思想成熟的基礎；但是它屬於早期道家邁向黃老學派的過渡階段，尚未形成黃老學派。《管子》四篇正是稷下道家的代表著作，它的道論已有氣化的傾向；在治身修養方面，對於修道、成德、藏精、摶氣、存神的工夫，〔註 67〕都有獨到的論述；在政治思想方面，發展出因循禮法，融合道家、儒家、法家思想精華的治國之道。由此透過《管子》四篇的研究，可以看出從先秦道家逐漸走向黃老道家，其間思想演變和轉化的歷程。

第二節　《管子》的著作背景

　　自漢代以降，《管子》一書被公認是春秋時代管仲的作品。晉代以後，關於《管子》的作者和成書年代，逐漸遭到學者的質疑，清代以後又被視爲僞書，因此《管子》學術地位下降，研究風氣未開。直到 1973 年長沙馬王堆帛書出土之後，引發黃老之學的研究熱潮，《管子》的學術價值也備受關注。本節首先探討《管子》全書的學術爭議，包括作者、年代、學派歸屬的辨僞考證；再進一步聚焦於《管子》四篇的作者及學派歸屬，進而釐清《管子》四篇的著作背景。

一、《管子》的眞僞考辨

　　《管子》一書舊題爲春秋時代管仲所作，《漢書·藝文志》將它列入道家類，著錄《管子》八十六篇。其下注曰：「名夷吾，相齊桓公，九合諸侯，不以兵車，有列傳。」因爲管仲曾輔助齊桓公稱霸諸侯，書中蘊含富國強兵之道，所以《管子》在漢代頗受重視。《淮南子·要略》有如下的記載：

> 齊桓公之時，天子卑弱，諸侯力征，南夷北狄，交伐中國，中國之
> 不絕如線。齊國之地，東負海而北障河，地狹田少，而民多智巧。

〔註67〕詳見本文第四章〈「精氣論」的義理架構〉。

桓公憂中國之患，苦夷狄之亂，欲以存亡續絕，崇天子之位，廣文

武之業，故《管子》之書生焉。〔註68〕

足見在漢人眼中，《管子》是齊桓公在位時為救亡圖存而作，成書於春秋時代管
仲之手。司馬遷的《史記·管晏列傳贊》曾說：「吾讀管氏〈牧民〉、〈山高〉、〈乘
馬〉、〈輕重〉、〈九府〉及《晏子春秋》，詳哉其言之也。既見其書，欲觀其行，
故次其傳。至其書，世多有之。」〔註69〕這段文字可知，司馬遷對於管仲其人
其書都充滿欽慕之意，而且《管子》在漢初普受重視，〔註70〕廣泛流傳於世。

到了晉代，《管子》的成書背景逐漸受到質疑。關於《管子》所引發的學
術爭議，以下分別說明之。

劉恕《通鑑外紀》引《傅子》曰：「管仲之書，過半便是後之好事者所加，
乃說管仲死後事，〈輕重篇〉尤復鄙俗。」〔註71〕由於書中出現發生在管仲以
後的史事，因此《管子》出自管仲之手的舊說首先遭到質疑。

《隋書·經籍志》法家類有《管子》十九卷，注曰：「齊相管夷吾撰。」
《舊唐書·經籍志》、《唐書藝文志》也是列入法家類，著錄：《管子》十八卷，
管夷吾撰。足見隋唐時代官方記載仍遵循《漢書·藝文志》，延續《管子》乃
管仲自撰的舊說。

但是唐代孔穎達《左傳正義》也曾質疑：「世有《管子》書者，或是後人
所錄。」〔註72〕由於沒有證據的支撐，所以並未突破傅玄的論述。

《宋史·藝文志》著錄：「《管子》二十四卷，齊管夷吾撰。」但是蘇轍
卻針對《管子》的作者問題和思想成分提出質疑。他說：

管仲既沒，齊國因其遺業，常強於諸侯。至戰國之際，諸子著書，

因管子之說而增益之。其廢情任法而遠於仁義者，多申、韓之言，

非管子之正也。〔註73〕

他認為《管子》乃是戰國諸子附益管仲之說而來的，內容多申韓任法之說，
而且遠於仁義，根本與管仲思想不合。所以《管子》不僅不出自管仲之手，

〔註68〕《淮南子·要略》卷二十一，收錄於《新編諸子集成》第七冊，（臺北：世界
書局，1983年4月），頁376。

〔註69〕司馬遷：《史記·管晏列傳》卷六二，頁856。

〔註70〕關於《管子》在西漢流傳的概況，詳見胡家聰《管子新探》，（北京：中國社
會科學出版社，1995年5月），頁403～404。

〔註71〕劉恕：《通鑑外紀》卷一，頁27。

〔註72〕孔穎達：《左傳正義》（莊公九年），（臺北：藍燈出版社），頁1766。

〔註73〕蘇轍：《古史》卷二五《管晏列傳》，頁2。

就連書中內容也不是管仲的思想。劉恕則說：「其術類商鞅，其言如韓非，其寬厚曠大則過之。」〔註74〕他認爲《管子》思想中具有法家傾向，但又較商、韓寬厚。足見到了宋代，學者已從《管子》的作者問題，逐漸往思想內涵去討論，都注意到書中具有法家申、韓的思想成分。

南宋葉適對於《管子》的評斷具有劃時代的意義。他說：

> 《管子》非一人之筆，亦非一時之書，莫知誰所爲。以其言毛嬙、
> 西施、吳王好劍推之，當是春秋末年。又持滿定傾、不爲人客等語，
> 亦種、蠡所遵用也。……其書方爲申、韓之先驅，斯、鞅之初覺，
> 民懼其禍，而不蒙其福也，哀哉！〔註75〕

除了質疑作者和著作年代之外，他認爲書中內容「乃諸子辯士刻薄揣摩者附會其說，並非實事。」作者則是「士以私智窺測，自立言議而被以管子之名。」並推斷其著作年代當在《左傳》之後，《國語》之前，亦即春秋末年至戰國初年。〔註76〕總之，《管子》乃是非一人之筆，亦非一時之書。作者當爲戰國諸子假託管仲之名而著書立說，時代當在《左傳》之後，《國語》之前，思想成分則爲申韓之流的法家先驅。

葉夢得說：「其間頗多與《鬼谷子》相混，管子自序其事，亦泛濫不切，疑皆戰國策士相附益。」〔註77〕葉夢得認爲《管子》作者當爲戰國諸子，書中除法家思想之外，更混入其他家派，思想駁雜。

關於《管子》的作者和思想內容，朱熹說：

> 《管子》之書雜。管子以功業著者，恐未必曾著書。如〈弟子職〉
> 之爲，全似〈曲禮〉；它篇有似《莊》《老》。又有說得也卑，直是小
> 意智處，不應管仲如此之陋。〔註78〕

他認爲管仲政務繁忙，絕不是閑工夫著書底人，其書內容駁雜，推測應是戰國時人收集管仲行事言語，撰寫而成，並非管仲自著。

黃震也說：「《管子》書不知誰所集，乃龐雜重複，似不出一人之手。」
〔註79〕

〔註74〕劉恕：《通鑑外紀》卷一，頁27。
〔註75〕葉適：《習學記言序目》卷四二，頁620；卷四五，頁663～668。
〔註76〕同前註。
〔註77〕引自王應麟《漢書藝文志考證》卷六，頁3。
〔註78〕朱熹：《朱子語類》卷一三七，（臺北：華世出版社，1987年1月），頁3252。
〔註79〕黃震：《黃氏日鈔》卷五五，頁14。

總之，宋代學者已經形成了《管子》非一時一人之作的公論。雖然不是管仲自著，但仍與管仲有所關聯：書中包涵管仲著述，諸子附益其說，反映了管仲思想。此外，宋代學者都注意到書中思想成份的駁雜，因此針對思想成分進行辨析的研究工作。

《四庫全書總目提要》〔註 80〕從傅玄、葉適、晁公武諸人的說法，證明從晉代開始，關於《管子》的作者、年代、內容等方面屢遭質疑。另外又指出清以前僅有唐尹知章《管子》註本，以及明代劉績的《管子補註》。〔註 81〕

《四庫提要》延續葉適「《管子》非一時一人之作」的說法，加以考訂之後，也認同《管子》大抵是後人附會多於管仲之本書。它說：管仲卒於桓公之前，但是篇中處處稱桓公。其不出仲手，已無疑義矣。

《四庫提要》又根據《管子》的篇目分類，推敲其內容屬性：

> 書中稱經言者九篇，稱外言者八篇，稱內言者九篇，稱短語者十九篇，稱區言者五篇，稱雜篇者十一篇，稱管子解者五篇，稱管子輕重者十九篇。意其中孰為手撰，孰為記其緒言如語錄之類，孰為述其逸事如家傳之類，孰為推其義旨如箋疏之類，當時必有分別。觀其五篇明題管子解者，可以類推。必由後人混而一之，致滋疑竇耳。
>
> 〔註 82〕

歸納以上說法，全書內容有一部份是管仲親手撰寫，有些是記載管仲語錄、逸事，或是注解管仲思想的箋疏，當初類目分明，但因後人將上述類別混而為一，才會引發後世的爭議。

姚際恆《古今偽書考》將《管子》列入「真書雜以偽書」一類，章學誠《文史通義》則說：

> 春秋之時，《管子》嘗有書矣。然載一時之典章政教，則猶周公之有官禮也。記管子之言行，則習管氏法者所綴輯，而非管仲所著述也。
>
> 〔註 83〕

文後自注：「或謂管仲之書，不當稱桓公之諡。閻氏若璩又謂後人所加，非《管

〔註 80〕《四庫全書總目提要》卷一○一，子部一一，法家類，（臺北：藝文印書館），頁 1978。

〔註 81〕同前註，頁 847。

〔註 82〕同前註。

〔註 83〕章學誠：《文史通義》，內篇卷一〈詩教上〉，（臺北：華世書局，1980 年 9 月），頁 18。

子》之本文。皆不知古人並無私自著書之事，皆是後人綴輯。」〔註84〕章學誠提出突破性的見解，那就是：「春秋以前，尚無諸子著書之事。」〔註85〕所以諸子之書往往不是親手撰寫，而是後人根據其思想言行綴輯而成。因此《管子》雖非出自管仲之手，但也不能因此就判定《管子》是僞書。

　　清末民初，疑古之風與西學東漸相互激盪，中國古代文獻考證和古史研究呈現出全新的風貌。在這樣大背景下，學術界對《管子》一書的主流看法發生了根本性的變化，胡適的說法具有標誌作用。〔註86〕他說：

> 《管子》這書，定非管仲所作，乃是後人把戰國末年一些法家的議論和一些儒家的議論（如〈內業篇〉，如〈弟子職篇〉）和一些道家的議論（如〈白心〉、〈內業〉等篇），還有許多夾七夾八的話並作一書；又僞造了一些桓公與管仲問答諸篇，又雜湊了一些紀管仲功業的幾篇，遂附會爲管仲所作。〔註87〕

胡適判定此書爲「假造的」，並使用「夾七夾八」、「雜湊」、「僞造」、「附會」等語，充滿了否定、輕蔑的態度。張固也在《管子研究》一書中提到：胡適推翻了前人認定《管子》是「眞僞相參」的共識，把《管子》當成僞作。這個大膽假設，發揮了影響力，梁啓超便接受了胡適的主張。〔註88〕

　　梁啓超《諸子考釋》說：

> 此書決非管仲所作，無待深辨，其中一小部分當爲春秋末年傳說。其大部分則戰國至漢初遞爲增益，一種無系統的類書而已。志以入道家，殆因心術、內業等篇其語有近老莊者。阮孝緒以入法家，（史記本傳正義引）隋唐志以下皆因之，實則援呂氏春秋例入雜家，或較適耳。〔註89〕

梁啓超認爲《管子》大部分屬於無系統的類書，不當列入道家或法家，應當

〔註84〕同前註。

〔註85〕章學誠：《文史通義》，外篇卷一〈述學駁文〉：「夫春秋以前，尚無諸子著書之事，而厚誣商周之初，有如衰世百家自於官守典章之外，特著一書以傳世乎？」又說：「《管子》上溯太公之類，皆是後人撰輯，非其本人所自爲。」頁241～215。

〔註86〕張固也：《《管子》研究》，（濟南：齊魯書社，2006年1月），頁7～8。

〔註87〕胡適：《中國古代哲學史》，（臺北：遠流出版社，1986年5月），頁14～15。

〔註88〕張固也：《《管子》研究》，頁7～9。

〔註89〕梁啓超：《諸子考釋·漢書藝文志諸子略考釋》，（臺北：臺灣中華書局，1976年9月），頁84。

和《呂氏春秋》一樣歸入雜家。他以「類書」和「雜家」來評價《管子》，足見貶抑意味濃厚。

郭沫若在〈宋鈃尹文遺著考〉中說：

> 《管子》書是一種雜膾，早就成爲學者的公論了。那不僅不是管仲作的書，而且非作于一人，也非作于一時。它大率是戰國及其後的一批零碎著作的總集。一部分是齊國的舊檔案，一部分是漢時開獻書之令時由齊地匯獻而來。〔註90〕

在疑古之風推動之下，在胡適、梁啓超、郭沫若等人的評判之下，《管子》被視爲由「零碎」著作「雜湊」而成的大「雜膾」，變成「僞書」、「類書」了。

胡適、梁啓超等人僅根據某些篇目或字句大膽推測，貶抑了《管子》的學術價值。羅根澤於 1929 年〔註91〕發表《管子探源》，採取分組分篇的方式「小心求證」。他依據《管子》書中的術語和虛詞，逐篇考察其所屬年代和學派歸屬，不再籠統地泛論眞僞或時代，這在《管子》研究史上具有劃時代的意義。〔註92〕羅根澤認爲《管子》對於各家學說，保存最多，詮發甚精，乃是戰國、秦漢學術之寶藏。〔註93〕他極力推崇《管子》的學術價值，有別於胡適、梁啓超、郭沫若等人給予低劣的評價。

總之，歷來《管子》書存在著三個學術議題：一是著作年代，二是著作之人，三是學派屬性。自葉適以來，《管子》非一時一人之作幾成定論，《管子》並非出自春秋時代管仲之手，已無疑義。張固也認爲：「宋人實際上是在承認書中有管仲的著述、主要反映管仲思想這一前提下，針對書中的部分篇目和內容來辨僞的。」〔註94〕換言之，宋代學者大致認定作者應是出自春秋、戰國諸子之手，內容包含管仲遺說，以及富國強兵之道。此後學界討論的議題大多集中在《管子》的思想內涵，學派屬性，並依照篇目分類來進行研究。

〔註90〕郭沫若：〈宋鈃尹文遺著考〉，收錄於《郭沫若全集》第一冊，（北京：人民出版社，1982 年），頁 551～552。

〔註91〕羅根澤於文末註明：1929 年 4 月 3 日發表於燕京大學研究所，1931 年由中華書局出版。參見《管子探源》，頁 500。

〔註92〕張固也：《《管子》研究》，頁 10～11。

〔註93〕羅根澤：《管子探源》，收錄於《諸子考索》，（九龍：學林書店，1977 年），頁 424～425。

〔註94〕張固也：《《管子》研究》，頁 5。

二、《管子》與稷下學派

1973 年長沙馬王堆漢墓古佚書《黃帝四經》出土後，學界認定《黃帝四經》為現存最早的黃老思想作品，且為黃老學派的南方代表著作，而《管子》則是北方黃老思想的代表。〔註95〕因此《管子》研究又重新受到重視。今世學者不再從辨偽考證的傳統進路去研究《管子》，而是集中在思想內容的探討，並以分類研究的方式去判定學派歸屬。

值得注意的是，隨著稷下學研究的興盛，《管子》學術的研究逐漸從辨偽考證的傳統方向，轉而聚焦於《管子》與稷下學派兩者之間的關係。郭沫若、馮友蘭、張岱年、胡家聰、白奚等人都是這個研究方向的代表。

《管子》一書歷年來被歸類為道家、法家，甚至被梁啟超視為雜家，張岱年則主張應是齊法家的作品。張岱年認為《管子》書中「經言」內的〈牧民〉、〈形勢〉、〈權修〉、〈乘馬〉等篇是管仲思想的紀錄，保存了管子的遺說，有一部分是管仲遺事的記述，大部分是戰國時代著作，也有漢代附益的部分。他說：

> 《管子》書雖然內容較雜，但是還有主導的思想。這主導的思想是法家思想。我認為，《管子》書的大部分應是齊國法家著作，是當時齊國推崇管仲的法家學者所編寫的。……我認為《管子》書表面上類似「雜家」，而其主要部分事實上是自成一家。〔註96〕

張岱年反駁了梁啟超所代表的「雜家」說，認為《管子》的中心思想在於法家，稱之為「齊法家」，齊法家即是稷下管仲學派。他以「齊法家」的正面肯定，取代了「雜家」的貶抑評語，此說別具意義。

胡家聰《管子新探》延續張岱年的「齊法家」之說，斷定《管子》為田齊變法的時代產物，出於著名的稷下學宮。〔註97〕又說：《管子》其書非一人之書，非一時之作，係伴隨稷下學「百家爭鳴」的開展逐步撰成的。〔註98〕此外，他遵循羅根澤《管子探源》的研究方式，以分篇考證的方式逐篇論證，他的研究成果，扭轉了前人疑古過甚的傾向。

〔註95〕學界大致將戰國時代黃老學派分為：北方以齊國黃老學派為主，南方則以楚國黃老學派為主。
參見吳光：《黃老之學通論》，（杭州：浙江人民出版社，1985年），頁122～128。
丁原明：《黃老學通綱》，（濟南：山東大學出版社，1997年12月），頁41～72。

〔註96〕張岱年：《中國哲學史史料學》，收錄於《張岱年全集》第四卷，（石家莊：河北人民出版社，1996年），頁313～314。

〔註97〕胡家聰：《管子新探》，頁386。

〔註98〕同前註，頁20。

　　首先將《管子》和稷下學者連結在一起的，其實是明代朱長春。〔註99〕
《管子榷》序：

> 故其書雜者，半爲稷下大夫坐議泛談，而半乃韓非、李斯輩襲商君
> 以黨管氏，遂以借名行者也。故其書有春秋之文，有戰國之文，有
> 秦先周末之文。〔註100〕

郭沫若的〈宋鈃尹文遺著考〉曾說：宋鈃、尹文都是稷下先生，他們的著作
在齊國史館裡自會有所保存，因而他們的書被雜竄在現存的《管子》書裡，
也是絲毫不足怪的事。〔註101〕顧詰剛說：「我懷疑管子書竟是一部稷下叢書。」
〔註102〕馮友蘭則說：

> 從《管子》這部書稱爲「管子」，這點看，《管子》這部書必定是和
> 齊國有關的。因爲管仲是當時齊國最大的人物。所以這部齊國的書
> 稱爲「管子」。而當時能夠寫出這麼多文章的人才聚集的組織，只有
> 稷下學宮。因此可以推論，《管子》所收的文章當是當時「稷下先生」
> 們寫的。……《管子》就是稷下學宮的「學報」。〔註103〕

最後他的結論是：《管子》就是稷下學術中心的一部論文總集。〔註104〕以上諸
說不僅將《管子》與稷下學者聯結在一起，更進一步主張《管子》書代表稷
下學術的總成果。

　　張岱年不贊同馮友蘭的說法，因此提出反駁：

> 多年以來，有一種說法，認爲《管子》一書是稷下學者著作的總匯。
> 其實這是沒有根據的。稷下學者中，慎到、田駢、接仔、鄒衍、尹
> 文、荀卿都各有專著，都在《管子》以外，怎麼能說《管子》是稷
> 下學者著作的總匯？〔註105〕

他認爲《管子》是一部綜合性的、系統性的著作，它的中心觀點就是「法教

〔註99〕胡家聰：《管子新探》，頁 20。。
〔註100〕朱長春：《管子榷》，收錄於《續修四庫全書》第九七〇冊，頁 5～6。
〔註101〕郭沫若：《宋鈃尹文遺著考》，收錄於《郭沫若全集》第一冊，（北京：人民出
　　　　版社，1982 年），頁 552。
〔註102〕顧詰剛：〈「周公制禮」的傳說和〈周官〉一書的出現〉，《文史》第六輯，1979
　　　　年，頁 16。
〔註103〕馮友蘭：《中國哲學史新編》第一冊，（臺北：藍燈出版社，1991 年 12 月），
　　　　頁 118。
〔註104〕同前註，第二冊，頁 215。
〔註105〕張岱年：〈齊學的歷史價值〉，收錄於《張岱年全集》，第七卷。

統一」，或說「兼重法教」，作者是推崇管仲的學者，他們可能是稷下學士，但祇是稷下學者的一部分。〔註106〕所以不應將《管子》視爲稷下學術的總匯，它只是稷下學術的一部分。

吳光《黃老之學通論》說：「今存《管子》八十六篇並非管仲自著，而主要是戰國時代齊國稷下學者依托管仲言論事迹而敷衍成文的文章匯編，其中也有一些並非依托管仲的文章而被後人編入《管子》書。」〔註107〕他也大致認同張岱年的說法，但認爲有一部分文章並非依託管仲思想，這點和張岱年的說法略有出入。

白奚的《稷下學研究》則說：《管子》是齊宣王、湣王時期，稷下學宮中一批佚名的齊地土著學者，依託管仲編集創作而成，保存了齊學固有的思想文化。又說：

> 《管子》是在受到異國學術大批湧入稷下的外來刺激後產生的，這
> 樣的作品只能是稷下學宮鼎盛時期的產物，而不可能是學宮初創時
> 期和衰落時期的產物。〔註108〕

他也不贊同將《管子》視爲稷下學者的論文總集，作者是齊國本地的稷下學者，成書年代應在稷下學宮的興盛時期，而且是文化刺激的產物。文化刺激的說法確實合乎百家爭鳴的時代風貌，因爲《管子》包含各家思想，這正是思想融合，文化刺激的結果。

歸納以上諸家說法，可以發現一個學術現象，那就是將《管子》視爲「齊法家」或「管子學派」的作品。例如，張岱年說：

> 《管子》一書是齊國推崇管仲的學者依托管仲而寫成的著作匯集，
> 可稱爲「管子學派」。〔註109〕

> 《管子》書的大部分是齊國法家的著作，是當時齊國推崇管仲的法
> 家學者所編寫的。〔註110〕

胡家聰說：

> 稷下學宮確實存在具有權威性的一個學派——管子學派，他們推崇

〔註106〕同前註。
〔註107〕吳光：《黃老之學通論》，頁93。
〔註108〕白奚：《稷下學研究——中國古代的思想自由與百家爭鳴》，（北京：三聯書店，1998年9月），頁221。
〔註109〕張岱年：《齊學的歷史價值》。
〔註110〕張岱年：《中國哲學史史料學》，頁313。

管仲又依托管仲而立言以弘揚管仲遺說，陸續撰作了大量的論著。
〔註111〕

反映在《管子》全書，首先是其中齊法家作品最多，經過逐篇縝密
考察，約佔現存七十六篇的三分之一。〔註112〕

足見他們所認知的「齊法家」就是「管子學派」。

何謂「管仲學派」？任繼愈《中國哲學發展史》曾對「管仲學派」下過
定義：「管仲學派是戰國時期齊人繼承和發展管仲的思想而形成的一個學派。」
〔註113〕胡家聰認為「管子學派」在稷下學的發展史上具有權威的主導地位，
它是伴隨「百家爭鳴」的學術思想交流而發展著的。〔註114〕任繼愈強調「管
仲學派」是齊人，胡家聰強調管仲學派居稷下學宮的主導地位，白奚則更大
膽推斷：

《管子》是齊宣王、湣王時期稷下學宮中一批佚名的齊地土著學者
依託管仲編集創作而成，目的是為了保持齊學的本土特色，高揚齊
學精神，發展齊地固有之思想文化，從而同外來學者們爭奪在稷下
學宮中的主導地位。〔註115〕

既然是佚名的學者，如何推知他們是齊國本地的稷下學者，何況本土學者與
外來學者奪權之事，並無史書記載，未免推論太過，令人難以採信。

總之，上述學者認為《管子》出自「齊法家」或「管仲學派」，這兩個名
詞其實意義相當。但是吳光卻有不同的看法：

近年來，有人提出了「管仲學派」的概念，並把《管子》書分為齊
國稷下先生和管仲學派兩大類，認為「其中大部分的思想資料是屬
於管仲學派的」。這種分法不為無見，但所謂「管仲學派」的提法恐
難成立。因為管仲既未講學授徒，也無著作傳世，《管子》也非一個
學派的著作，所以算不上有個「管仲學派」。如果根據《管子》書中
有一部分是具有齊國特色的法家著作而認為當時存在「齊國法家學
派」，則比稱「管仲學派」要合適一些。〔註116〕

〔註111〕胡家聰：《管子新探》，頁20～21。
〔註112〕同前註。
〔註113〕任繼愈主編：《中國哲學發展史》，（北京：人民出版社，1985年），頁347。
〔註114〕胡家聰：《管子新探》，頁20～21。
〔註115〕白奚：《稷下學研究——中國古代的思想自由與百家爭鳴》，頁221。
〔註116〕吳光：《黃老之學通論》，頁93。

誠如吳光所言，管仲並未講學授徒，也無著作傳世，因此稱爲學派並不恰當。所以與其稱「管仲學派」、「管子學派」，倒不如採用吳光的說法，稱之爲「齊法家」。

　　既然「管仲學派」的說法並不恰當，那麼更進一步必須探究何謂「齊法家」。張岱年說：

> 齊國推崇管仲的法家有其自己的思想特點：一方面強調法制，另一方面又肯定道德教化的重要性，兼重禮與法。它同商鞅、韓非一派法家不同。商、韓法家的特點是：排斥道德教化，不認識文化的重要性，片面強調法制。〔註117〕

早在宋代劉恕就說：「其術類商鞅，其言如韓非，其寬厚曠大則過之。」他已注意到《管子》中的法家思想有別於商、韓。張岱年則提出「齊法家」的說法，強調《管子》的法家思想修正了商、韓等法家的缺失，不再只重法制，而是禮法兼重，重視道德教化。

　　胡家聰認爲「經言」的思想內涵的主體就是齊法家，其政治理論、政治體制、方針政策，乃是齊法家管理國家的系統學說。又說：

> 齊法家就是以法、道、儒爲特色，法家政治爲主體，道家哲學爲基礎。
> 又吸收儒家的有用成分，從而在先秦各派法家中別樹一幟。〔註118〕

白奚也曾指出：「齊法家也就是後起的以《管子》爲代表的稷下法家。」〔註119〕至於「齊法家」和三晉法家有何不同？白奚說：

> 《管子》書中的法家思想人們習慣上稱之爲「齊法家」，它同作爲法家主流的三晉法家有兩點顯著的不同：第一，它吸收了流行於齊國已久的道家思想，用道家哲理論說法家政治，爲法治找到了形而上學的依據，從而以其較強的理論性而有別於刀筆式的三晉法家。第二，它受到了來自近鄰鄒魯之地的儒、墨等思想的影響，吸收了他們的長處，論證了禮法並用的必要性，從而以其較爲溫和的面目而有別於冷冰冰、陰森森的三晉法家。〔註120〕

他認爲《管子》中的「齊法家」思想反映了齊國變法時期的政治實踐，具有鮮明的戰國中期的時代特色。足見「齊法家」之說強調以法家爲主體，吸納

〔註117〕張岱年：《中國哲學史史料學》，頁314。
〔註118〕胡家聰：《管子新探》，頁28～29。
〔註119〕白奚：《稷下學研究——中國古代的思想自由與百家爭鳴》，頁80～81。
〔註120〕同前註，頁219～220。

儒家的禮制和德化，以及道家的形上道論。具有修正、創新和思想融合的時代意義。

　　吳光主張以「齊法家」取代「管仲學派」的名稱，黃漢光則認爲「齊法家」的說法有待商榷。胡家聰曾說：《管子》以齊法家爲主導，也有一部分屬於黃老之學。至於「齊法家」和「黃老之學」有何不同？胡家聰以思想主從來區分兩者不同；簡言之，齊法家是以法家思想爲優先，黃老道家是以道家爲主。黃漢光的《黃老之學析論》則認爲「黃老之學和稷下學派都是道家法家思想的融合」，無法以道法兩家思想的主從來區分兩者的不同，例如《黃老帛書》雖是黃老學派的著作，但是全書的重心卻是法家。因此以「齊法家」來區分三晉法家，如同以「新道家」來區分原始道家，都只是增加混淆而已。〔註121〕他說：「以『齊法家』指稱黃老之學，很不恰當。」〔註122〕這就可以看出黃漢光之所以不認同「齊法家」之名，關鍵就在於他認定：《管子》屬於稷下黃老之學。〔註123〕然而胡家聰並不認爲《管子》的中心思想是黃老道家，才會區分「齊法家」和「黃老道家」之不同；他認爲齊法家的思想約佔《管子》現存七十六篇的三分之一。所以問題的重點不是「齊法家」一詞是否恰當，而是對《管子》學術性格的認定各有不同。

　　筆者以爲「齊法家」一詞凸顯《管子》以法家思想成分居多，基於變法圖強的需要，必然融合各家思想精華，修正了三晉法家的缺失。因此融合與創新乃是齊法家的特色。但是「齊法家」之名容易使人拘泥於「齊」字，認定必是齊國本地學者，如白奚上述的說法。既然齊法家也是稷下學者，也可以參照「稷下道家」的稱法，稱爲「稷下法家」。因爲稷下學派是基於稷下學宮而發展出來的學術團體，因此直接冠以「稷下」之名，較之冠以「齊」字，更爲適當。因此本文不採「齊法家」之名，改以「稷下法家」稱之。

　　至於《管子》的主導思想是法家還是黃老？就整體而言，《管子》包含儒、道、法、陰陽、兵家、輕重家等思想，若說三分之一是法家主導，那是因爲基於變法的需要，當然以政治思想居多，而張岱年等人所謂的齊法家，其實也是以儒、道、法三家的融合爲主，這樣才能切合治國稱霸的實際需求。黃老道家也是以思想融合爲主導，所不同的是融合的範圍較齊法家爲廣，本質

〔註121〕黃漢光：《黃老之學析論》，（臺北：鵝湖出版社，2000 年 5 月），頁 87～88。
〔註122〕同前註，頁 126。
〔註123〕同前註，頁 117。

上還是與兼采百家之長的黃老之學精神相通，因此不宜歸類爲齊法家。本章第一節已經討論過，《管子》尚未學成黃老學派，它是黃老之學邁向成熟的過渡階段，因此《管子》應當歸屬於黃老前期的作品較爲恰當。就分篇研究而言，如胡家聰所言：三分之一是法家主導，其餘三分之二則是包括各家各派的思想，因此依據各篇的思想內涵來判定學術屬性較爲恰當。

　　《管子》歷來被稱爲道家、法家，近世則有雜家、齊法家、黃老道家的稱呼，足見其思想之雜。《管子》內容駁雜的第一個原因是：學者來自不同學派，學術背景各不相同。第二個原因是：爲了因應政治實務，變法圖強的需要。但是大部分學者都認可《管子》是雜而有統，只是全書統於何家的主導思想，各家認定有所不同：認爲是統於法家的，則稱爲「齊法家」；認定是統於道家的，則稱之爲「新道家」、「黃老道家」或「稷下黃」老。筆者以爲宜統稱爲「稷下學派」，不採「齊法家」或「稷下黃老」之名，直接稱之爲「稷下法家」或「稷下道家」。

　　經過歷年來學者的討論和研究，吾人約略可以得出如下的結論：
（一）《管子》非一人之作，也非管仲之作，乃是齊國稷下學派依託管仲而有的作品。
（二）《管子》非一時之作，不是春秋時代的作品，而是春秋末期直至戰國中後期的作品。
（三）《管子》的思想豐富多元，不屬於道家或法家，也不是雜家，應是崇尚思想融合的黃老前期的作品。內容包含管仲遺說，發揚管仲思想，以及富國強兵之道。

三、《管子》四篇的作者

　　《管子》四篇意指今存《管子》七十六篇中的〈心術〉上下兩篇、〈內業〉、〈白心〉等四篇，許多學者認定此四篇以道家思想爲主軸，具有連貫性，因此統稱爲《管子》四篇。例如陳鼓應就曾指出：四篇「在行文上有著關聯性」，「在思想內涵上是對老學的繼承」，因此認定「四篇屬於黃老學派之作」。〔註124〕近年來《管子》四篇受到學界的注意，舉凡著作背景、思想內容、學派屬性等問題都成爲討論議題。

〔註124〕陳鼓應：《管子四篇詮釋——稷下道家代表作》，（臺北：三民書局，2003年2月），頁16～23。

　　1944 年郭沫若發表〈宋鈃尹文遺著考〉，首先提出《管子》四篇乃是宋、尹學派的作品，引發了學界的關注與迴響。以下列舉郭沫若、張岱年、徐復觀等三位學者的說法，並針對《管子》四篇著作背景展開討論。

（一）郭沫若

　　郭沫若根據《莊子・天下》來推斷《管子》四篇出自宋、尹學派。他的論證大要如下：

1、〈白心〉

　　（1）「白心」是宋尹學派的術語，而〈白心〉篇的內容也大抵都是宋尹學派的不累、不飾、不苟、不忮這類主張。

　　（2）〈白心〉較爲晚出，因爲尹文是宋鈃的晚輩，因此〈內業〉和〈心術〉是宋鈃的著述或遺教，而〈白心〉則出於尹文。〔註125〕

2、〈心術〉上下與〈內業〉

　　（1）《莊子・天下》：「語心之容，命之曰心之行。」「心之行」就是「心術」的意思。〈心術下〉的「心之形」，〈內業〉的「心之刑」、「心之情」，刑與形字通，情與形義近，故「心之刑」、「心之形」、「心之情」就是「心之容」。

　　（2）〈心術〉本分爲上下兩篇，上篇分經分傳，前三分之一爲經，後三分之二爲傳。經蓋先生所做，傳蓋先生講述時，弟子所錄。文極奧衍，與《道德經》無殊。〔註126〕

　　（3）〈心術下〉是〈內業〉的副本，〈心術下〉只是〈內業〉的中段，而次序是紊亂了的。或者說〈心術下〉只是〈內業〉的另一種不全的底本，因爲脫簡的原故，不僅失掉了首尾，而且把次第都錯亂了。〔註127〕

3、思想內容

　　〈心術〉和〈內業〉的內容不外乎是別宥、寡欲、超乎榮辱、禁攻寢兵等思想。四篇包含「黃老意」的根本義，以及「不爲苟察」的名理論。〔註128〕

〔註125〕郭沫若：〈宋鈃尹文遺著考〉，頁 569。
〔註126〕同前註。
〔註127〕同前註，頁 553～557。
〔註128〕同前註，頁 553。

至於何謂「黃老意」？他歸納宋鈃、尹文學說的大概，主要在談心與情，心
欲其無拘束，情欲其寡淺，本「黃老意」，是道家的一派。主張見侮不辱，禁
攻寢兵，因而也頗接近墨子，故荀卿以「墨翟、宋鈃」為類。也談名理，但
不主張苟察，亦被歸為名家。〔註129〕他認為四篇包含宋尹學派的黃老思想和
名家思想。

最後他以〈內業〉為底本，和〈心術下〉互相比對之後，大膽推論：

我敢于說〈心術〉和〈內業〉兩篇，毫無疑問是宋鈃、尹文一派的
遺著。既見「黃老意」，也有「名家言」，而于別宥寡情，見侮不辱，
食無求飽，救鬥寢兵，不求苟察，不假于物諸義無一不合。韓非子
說宋榮子寬恕，〔註130〕莊子又說宋榮子「舉世而譽之而不加勸，舉
世而非之而不加沮，定乎內外之分，辨乎榮辱之境」〔註131〕，也無
一不與這兩篇中的含義相符。〔註132〕

另外，他認為宋鈃這一派無疑是戰國時代的道家學派的前驅，而它的主要動
向是在調和儒墨的，〔註133〕〈心術〉、〈內業〉中旁通儒家的理論，便足以證
明必然是宋、尹的著作。宋鈃以黃老的立場調和儒墨，這和莊子批判儒墨是
截然不同的。

總之，《管子》四篇的內容與《莊子·天下》所描述的宋鈃、尹文思想相
近，並包含黃老和名家思想。分別而言，〈心術〉上下和〈內業〉是宋鈃的著
述或遺教，〈白心〉是出自尹文；整體而言，《管子》四篇應是出自宋、尹學
派。

針對上述的說法，筆者不免質疑：郭沫若說〈心術上〉的「經」是先生
所作的，「傳」是先生所講述的，至於「先生」是指稷下先生，還是宋鈃、尹
文本人，郭沫若並未言明。另外，關於〈內業〉和〈心術〉的作者，有時說
是宋鈃、尹文學派遺著，出自宋鈃的著述或遺教，有時又篤定地說〈白心〉
出自尹文。這些說法莫衷一是，令人費解。最後只籠統地說，四篇出自宋、

〔註129〕同前註，頁551。
〔註130〕《韓非子·顯學》：「漆雕之議，不色撓，不目逃，行曲則違於臧獲，行直則
怒於諸侯，世主以為廉而禮之。宋榮子之議，設不鬥爭，取不隨仇，不羞囹
圄，見侮不辱，世主以為寬而禮之。夫是漆雕之廉，將非宋榮之恕也；是宋
榮之寬，將非漆雕之暴也。」
〔註131〕參見《莊子·逍遙遊》。
〔註132〕郭沫若：〈宋鈃尹文遺著考〉，頁564。
〔註133〕同前註，頁570。

尹學派。因爲說法前後不一的推論，說服力便打了折扣，不免引來批評或修正了。

（二）張岱年

郭沫若提出上述的說法，張岱年則認爲證據不足，他在《中國哲學史料學》中提出辯駁。筆者歸納其重點如下：

1、宋鈃、尹文的主要思想有四點：「接萬物以別宥爲始」、「語心之容」、「見侮不辱」、「禁攻寢兵」，這些思想在《管子》四篇中並沒有反映出來。

2、「以此白心」乃是「以此來表白自己的思想」之意，〈白心〉篇中的「白心」卻是說要使心保持虛靜，「以靖爲宗」。我們不能以文字的偶然相同，作爲論證的根據。

3、宋鈃、尹文都講情欲寡淺，〈心術上〉也有「虛其欲」、「去欲則宣」之語，但是宋鈃講「欲寡」，是認爲人的本性就是要求不多，而《管子》四篇中的「去欲」思想，卻是認爲人應該「寡欲」，而不是本來「欲寡」，「寡欲」的目的是要使心保持虛靜。

4、宋尹不求飽，意在不忘天下；〈內業〉反對過飽，是爲了養生，兩者目的不同。我們不能只看到表面的近似，而應看到其實質的不同。

最後他的結論是：

> 《管子》四篇對於宋尹學派的學說「願天下之安寧，以活民命」、「情欲寡淺」、「見侮不辱」、「禁攻寢兵」諸說，無所反映，並無相合之處。所以，我們可以斷言：《管子・心術》上下等篇決不是宋尹學派的著作。〔註134〕

筆者贊同張岱年上述的觀點，就篇名來說，天下篇的「白心」與《管子》的〈白心〉內涵不同，此項證據便不足以採信。就內容而言，宋鈃所謂情欲寡淺乃是指人的本性，〈心術上〉的寡欲則是修養工夫，兩者根本不同。更重要的是宋鈃、尹文不求溫飽，與〈內業〉的養生之道相比，前者屬於墨家思想，後者近於黃老重治身的思想傾向，兩者思想內涵並不相同。所以郭沫若所提出的證據，無法證明《管子》四篇就是宋尹學派的著作。

〔註134〕張岱年：《中國哲學史史料學》，頁315。

另外，又有人認為《管子》四篇是慎到的著作，張岱年也認為缺乏充分的證據。理由如下：〔註135〕

1、根據《莊子·天下》篇的記載，慎到鼓吹「無用聖賢」，而〈心術〉上下兩篇卻稱讚聖人，認為聖人是重要的。這與慎到的思想根本不同。

2、慎到的中心思想是重「勢」，而〈心術〉等篇並無關於「勢」的言論。

3、《莊子·天下》篇說慎到「棄知去己」，〈心術〉提出「去智與故」、「靜因之道」的思想。慎到的目的是排斥知識，〈心術〉是消除主觀成見，使心保持虛靜，這樣才能客觀地認識事物。

4、《莊子·天下》篇說慎到講「無建己之患」，〈心術〉篇說「舍己而以物為法者也」；前者是道家「至人無己」的思想，後者是拋棄主觀成見而力求客觀地認識事物，兩者也是不同的。

因此慎到的思想和《管子》四篇也是看來相似，意義其實不同。

《管子》四篇確實沒有涉及「勢」的觀念，和老子一樣崇尚聖人無為，這點也和慎到不同。至於慎到的「棄知去己」、「無建己之患」、「因」等思想，都在《管子》四篇的「君道無為」中發揮影響力，未必全然無關。所以《管子》四篇雖然不出於慎到之手，但與屬於稷下道家的慎到，必有思想會通的關聯性。

總之，《管子》四篇既非宋鈃、尹文學派的著作，也非慎到的著作，而是戰國時期齊國管仲學派的著作。其著作年代，約與宋鈃、尹文、慎到同時，當在《老子》以後，荀子以前。因為〈心術〉等篇中談道說德，是受老子的影響；而荀子所謂虛壹而靜學說又是來源於〈心術〉等篇。〔註136〕

張岱年推翻了《管子》四篇出自宋鈃、尹文、慎到之手，主張《管子》書出自管仲學派，當然《管子》四篇也不例外。關於管仲學派之說，前文已討論過，此處不再贅述。

（三）徐復觀

徐復觀先生的《中國人性論史》也是從篇名和內容兩方面來辯駁郭沫若的說法。其論證的大要，筆者整理如下：

〔註135〕同前註，頁315～316。
〔註136〕同前註，頁316。

1、〈白心〉

(1) 就篇名而言：〈天下篇〉「以此白心」，乃是指「古之道術」，並非專屬於宋鈃、尹文，更不由宋鈃、尹文所倡導；而只認爲宋鈃、尹文的行爲思想，是由此啓發出來的。

(2) 就內容而言：宋鈃、尹文思想特徵是以「禁攻寢兵」爲外，以「情欲寡淺」爲內，及「見侮不辱」等，與〈白心〉毫無關係。其謂「兵之勝，從於適……兵不義不可」，這並沒有完全否定「兵」的意義，此與「寢兵」思想而大相逕庭。而通篇亦無一「心」字。〔註137〕

2、〈心術〉、〈內業〉

(1) 就篇名而言：「心術」與「心之行」可以互訓，兩者涵義或者相通，但造詞巧拙有別，因爲「心術」一詞，較爲晚出，流行於戰國末期，當宋鈃、尹文時，「心術」一詞尚未形成。〔註138〕

(2) 就內容而言：宋鈃、尹文是從心的容受性，即「心之容」這一方面以言心；《管子》書中的〈心術〉、〈內業〉，從心的主宰性方面以言心，其中心思想，在於「無以物亂官，無以官亂心」（〈心術下〉），使心能虛靜，以保持心的主宰性。以虛靜言心，蓋始於莊子。此外，〈心術〉、〈內業〉諸篇，認爲心的最大作用在於「思」、「知」；與宋鈃、尹文的「別宥」，及「不苟察於物」的精神也不相合。〈心術〉、〈內業〉中重視思與知，乃是接受了儒家的思想，而與《莊子·天下》篇所述之宋鈃、尹文的思想，並不相符。〔註139〕

總之，郭沫若僅因一名詞之相同，而忽略了名詞自身的演變，而即斷定爲宋鈃、尹文的遺著，正是《荀子·解蔽》所謂「此惑於名以亂實者也」，誤斷了著作的年代。〔註140〕因此結論是：《管子》中的〈心術〉、〈內業〉諸篇的思想，只是戰國末期道家思想中的一支。〔註141〕

徐復觀先生從「白心」、「心術」篇名去破除郭沫若的迷思，又從思想內

〔註137〕徐復觀：《中國人性論史》，（臺北：商務印書館，1987年3月），頁447。
〔註138〕同前註，頁448。
〔註139〕同前註，頁448～449。
〔註140〕同前註，頁447～448。
〔註141〕同前註，頁450。

涵上去說明《管子》四篇與宋鈃、尹文思想無關。尤其是針對心的功能而言，《管子》四篇的「虛靜心」是受到莊子的影響，與宋鈃、尹文對心的看法不同；而重視「知」和「思」又是受到儒家影響想，所以《管子》四篇與宋鈃、尹文學派並無直接而明顯的關係，而與儒、道思想有關。

　　透過張岱年和徐復觀兩位學者的辯駁，都從〈心術〉和〈白心〉的篇名著手，針對其詞意和時代先後進行解析，再考察宋鈃、尹文思想與《管子》四篇的關聯性，進而得出結論：《管子》四篇絕非出自宋鈃、尹文學派。這個結論相當具有說服力，獲得學界普遍的認同。此後，李存山〔註142〕、胡家聰〔註143〕、白奚〔註144〕等多位學者都反駁過郭沫若的說法，《管子》四篇不出於宋鈃、尹文學派，已成學界共識。

　　關於《管子》四篇的著作背景，張岱年認爲是管仲學派，徐復觀先生認爲是戰國末期道家思想中的一支。管仲學派之說已遭到質疑，此處不再贅述。至於《管子》四篇與道家的關係，除了徐復觀先生說的近於莊子的「虛靜心」之外，也包含了「道論」、「無爲」的思想，這說明了《管子》四篇以道家爲主流，因此《管子》四篇當是稷下道家的作品。

　　徐復觀先生又說：《管子》四篇受到儒家思想的影響，因爲「戰國末期的道家思想，已與儒家思想互相影響。」〔註145〕《管子》四篇確實包含儒家思想，因爲思想融合與創新乃是稷下學派的學術潮流，所以《管子》四篇不僅融合儒家思想，也融合法家思想，從「因循禮法」的政治主張，便可獲得印證。這種兼采百家之「善」的學術性格，又近於黃老思想的本質，才會被歸爲黃老學派或稱稷下黃老。

　　總之，《管子》四篇出自稷下道家之手，不是宋鈃、尹文遺著，也不是慎到或是管仲學派的作品。其著作年代約在戰國中後期，屬於老莊道家邁向黃老學派的過渡時期作品。

〔註142〕李存山：《中國氣論探源與發微》，（北京：中國社會科學出版社，1990 年 12 月），頁 147～149。

〔註143〕胡家聰：《管子新探》，頁 299～301。

〔註144〕白奚：《稷下學研究——中國古代的思想自由與百家爭鳴》，頁 187～195。

〔註145〕徐復觀：《中國人性論史》，頁 451。

第三節　「氣論」的思想淵源

「氣」是中國哲學中極為獨特的概念，「氣論」便是由「氣」概念發展而來的學術論題。試問：「氣」代表何種涵義？「氣論」如何形成？這些對於「精氣論」的發展提供了何種思想養分？此為本節所要探討的主題。這個問題必須從「氣」概念的形成討論起。

劉長林在〈說氣〉一文中，將「氣論」的形成與發展分成四個階段：

第一階段：春秋和春秋以前，氣概念逐漸形成。

第二階段：戰國時期，氣概念臻於成熟。

第三階段：兩漢時期，建立起系統的氣學理論。

第四階段：宋、明、清時期，氣概念向更高層昇華。〔註146〕

《管子》四篇不是出自春秋時期管仲之手，而是戰國時期稷下學派的作品，「精氣論」應屬於第二階段。本節擬從第一階段的「氣」概念的形成談起，再進一步探討戰國時期「氣」概念如何臻於成熟，進而掌握「精氣論」的思想淵源。

一、戰國以前「氣」概念的形成

在現實生活中，氣是隨處可見的自然現象，也是可切身感受的日常體驗；例如：煙氣、蒸氣、雲氣、風氣、寒暖之氣、呼吸之氣等，這些都是實質的氣。古人就從煙雲的運動變化中去認識氣，也從人體內部血氣的流通中體察氣的存在。於是由常識意義的「氣」，逐漸發展而為一種抽象概念的「氣」。以下先從戰國以前的典籍考察「氣」的涵義。

（一）「天地之氣」、「六氣」

在《國語・周語上》有一段關於「天地之氣」的記載：

> 幽王二年，西周三川皆震。伯陽父曰：周將亡矣。夫天地之氣，不失其序。若過其序，民亂之也。陽伏而不能出，陰迫而不能烝，於是有地震。今三川實震，是陽失其所而鎮陰也。陽失其所而在陰，川源必塞；源塞，國必亡。〔註147〕

當三川（涇水、渭水、洛水）都發生地震的災變，周太史伯陽父以「天地

〔註146〕劉長林：〈說氣〉，收錄於楊儒賓主編《中國古代思想史中的氣論及身體觀》，（臺北：巨流圖書公司，1993年3月），頁111～117。

〔註147〕《國語・周語上》卷一，（臺北：九思出版社，1978年11月），頁26～27。

之氣」來解釋地震的原因，這是上古時代關於「氣」的最早傳說。爲何「天地之氣」失序就會產生地震？韋昭注：「陰陽相迫，氣動於下，故地震也。」〔註148〕陰陽相迫使天地失序，這是地震產生的原因。後面又說：「陽失其所而鎮陰」，足見「陰陽相迫」其實是「陽失其所」，本該上升的陽氣，卻在陰氣的「鎮」、「迫」之下，導致不能出、不能烝，於是地震災變在所難免。在這段文獻中可以整理出以下的推論：

1、「氣」代表一種動能。

2、天地秩序取決於陰陽二氣的協調。

3、天地之氣可能就是陰陽二氣。

關於上述推論，可以從以下材料來加以檢證。《國語‧周語下》記載靈王二十二年因水患的緣故，周王決定壅塞河川，太子晉勸諫道：

> 共之從孫四嶽佐之，高高下下，疏川導滯，鍾水豐物，……故天無伏陰，地無散陽，水無沈氣，火無災燀，神無間行，民無淫心，時無逆數，物無害生。〔註149〕

他認爲「川，氣之導也」，治水必須疏導其氣，因此共工之從孫「疏川導滯」，於是天地之氣暢通。從這段文字可知，陰陽二氣屬於天地，陰氣不沉滯、陽氣不散逸則是指陰陽二氣維持運動的狀態，天地秩序才得以維繫不墜。足見以上的推論是可以成立的。

除了《國語》的「天地之氣」、「陰陽二氣」之外，《左傳》又有「六氣」之說。《左傳》昭公元年記載：「晉侯求醫於秦，秦伯使醫和視之。」醫和對晉侯說：

> 天有六氣，降生五味，發爲五色，徵爲五聲，淫爲六疾。六氣曰陰、陽、風、雨、晦、明，分爲四時，序爲五節，過則爲菑：陰淫寒疾，陽淫熱疾，風淫末疾，雨淫腹疾，晦淫惑疾，明淫心疾。女，陽物而晦時，淫則生內熱惑蠱之疾。今君不節、不時，能無及此乎？〔註150〕

除了上述的陰、陽二氣，這裡還提出風、雨、晦、明，形成「六氣」。「六氣」可以產生五色、五聲，又代表四時、五節的秩序。張岱年推斷：這是現代漢

〔註148〕《國語‧周語上》卷一，頁27。

〔註149〕《國語‧周語下》卷三，104。

〔註150〕《左傳》收錄於《十三經注疏》第六冊，（臺北：藍燈出版社），昭公元年，頁708。

語「氣象」一詞的來源。〔註151〕醫和認爲：「六氣」失調或脫序，必然引來疾病和災難，所謂「不節、不時」，意謂晉侯生活不知節制，而且不合時序，所以身體染恙。

「六氣」與人生息息相關，影響到人的身心狀態。以下的史料對於「六氣」又有更進一步的論述。《左傳》昭公二十五年：

> 民有好、惡、喜、怒、哀、樂，生于六氣。是故審則宜類，以制六志。哀有哭泣，樂有歌舞，喜有施舍，怒有戰鬥；喜生於好，怒生於惡。是故審行信令，禍福賞罰，以制死生。〔註152〕

由此可見，「六氣」影響天地、四時、五節，發爲五色、五味、五聲，也決定人的身心健康，甚至包括情感內在。所謂好、惡、喜、怒、哀、樂稱爲「六志」，也是生於「六氣」。其中喜、怒、哀、樂等情志，來自於人心的好惡，爲了避免「民失其性」，導致社會昏亂，因此執政者應當審慎施政，透過禮樂法令來加以節制、導正。

從「天地之氣」到「六氣」，可以歸納出古人對於「氣」有以下的認知：「氣」的運動隱然有一種規律，它的規律維繫著某種秩序。例如：「天地之氣」代表宇宙秩序，「六氣」則維繫四時節令的秩序，以及人的身心狀態。相較而言，「六氣」比「天地之氣」涵蓋的層面更廣，與人的生活關係更爲緊密。總而言之，「氣」的功能可以維繫宇宙與人生的秩序。

關於「六氣」之說，黃俊傑認爲醫和以「六氣」解釋疾病的成因，這代表當時的醫學觀念已從巫術邁向理性的階段。〔註153〕又說：

> 古代中國的「六氣」說蘊涵兩個重要的命題：一是自然秩序與人間秩序有其互動關係；二是「氣」在天人二界的流行必須維持動態的平衡。〔註154〕

足見「六氣」說在思想史上極具意義，因此「氣」成爲貫通天人兩界的樞紐，追求「氣」的「動態的平衡」成爲古人的生存之道。何謂「動態平衡」？就自然秩序而言，陰陽二氣暢通，沒有互相鎮迫的現象，風調雨順，晦明適度；簡言之，六氣和諧就是「動態的平衡」。

〔註151〕張岱年：《中國古典哲學概念範疇要論》，收錄於《張岱年全集》第四卷，（石家莊：河北人民出版社，1996 年），頁483。
〔註152〕《左傳》，頁888。
〔註153〕黃俊傑：《孟子思想史論》，（臺北：東大圖書公司，1991 年 10 月），頁36。
〔註154〕同前註，頁40。

至於人間秩序如何達到「動態平衡」？《左傳》昭公元年記載：

> 僑聞之，君子有四時：朝以聽政，晝以訪問，夕以修令，夜以安身。
> 於是乎節宣其氣，勿使有所壅閉湫底以露其體，茲心不爽，而昏亂
> 百度。今無乃壹之，則生疾矣。〔註155〕

子產認爲君子應「節宣其氣」，否則其「氣」壅閉不通，將導致內心不暢達，於是行爲昏亂無度。「節」是節適之意，「宣」是通達的意思，子產建議國君調節內在之氣，使之通暢無礙。這也可視爲子產的養生之道。筆者以爲：「節宣其氣」致力於「氣」的調節與疏通，這也是一種「動態平衡」。從天地之道到人生之道都隱含有一個共同傾向，那就是「氣」的調和，如此才能達到「動態平衡」，進而維繫宇宙、人生的秩序。只是當時尚未提出「和」的觀念，觀念的提出則有待於老子《道德經》。

（二）「血氣」、「勇氣」

「天地之氣」代表宇宙秩序，「六氣」的作用則貫通於天地自然以及人的身心。天地被視爲一個大宇宙，人體則是一個小宇宙，〔註156〕因此存在人體的「氣」稱爲「血氣」，從《左傳》、《國語》都可以找到這些例證：

> 若血氣固強，將壽寵得沒；雖壽而沒，不爲無殃。〔註157〕

> 楚子使蒍子馮爲令尹，……楚子使醫視之。復曰：「瘠則甚，而血氣
> 未動。」乃使子南爲令尹。〔註158〕

兩段引文的「血氣」牽涉到壽命、疾病，應是指人的生理狀態。《左傳》昭公十年記載晏子對桓子說：「凡有血氣，皆有爭心，故利不可強，思義爲愈。」〔註159〕晏子指出凡是有血氣之人，皆有爭鬥好利之心。這裡以「血氣」代稱人，意謂「氣」牽動「心」，兩者之間存在著微妙的關聯性。

《論語》也有關於「血氣」的論述，〈季氏〉曰：

〔註155〕《左傳》，頁706。
〔註156〕黃俊傑《孟子思想史論》：「在『六氣』說之中，人被視爲一個有機體，是一個小宇宙（microcosmos）；這個小宇宙與作爲大宇宙（macrocosmos）的自然界之間，具有聲氣互通的關係。而所謂『氣』既爲自然界與人文界萬物之所自生，也運動於兩界之間，自然與人文兩界也因『氣』之存在而構成爲不斷裂的連續體（continuum）。」頁37。
〔註157〕《國語·魯語上》卷四，頁175。
〔註158〕《左傳》襄公二十一年，頁590。
〔註159〕《左傳》昭公十年，頁782。

孔子曰：「君子有三戒：少之時，血氣未定，戒之在色；及其壯也，

血氣方剛，戒之在鬥；及其老也，血氣既衰，戒之在得。」〔註160〕

這裡用「血氣」來描繪人生中不同階段的生理狀態，此外，也有「辭氣」〔註161〕
（指言辭語氣）、「食氣」〔註162〕（指穀氣）、「屏氣」（指屏藏氣息）〔註163〕等
用法；足見「氣」的意義不單指生理層面的「血氣」或「氣息」，也可以指表現
於外的儀態風度，如：「辭氣」。尤其是《左傳》莊公十年所記載的「曹劌論戰」，
更提出「勇氣」之說：

夫戰，勇氣也。一鼓作氣，再而衰，三而竭。彼竭我盈，故克之。夫

大國，難測也，懼有伏焉。吾視其轍亂，望其旗靡，故逐之。〔註164〕

「血氣」代表人的生理狀態，「勇氣」則由生理狀態延伸到精神狀態。曹劌認
為戰爭是勇氣的對決，所謂「一鼓作氣，再而衰，三而竭」，意謂將充盈的勇
氣發揮到極致，弱國也能攻克敵軍；反之，勇氣衰竭，即使是強國也不免潰
敗。魯軍致勝的關鍵就在「勇氣」，憑恃飽滿的士氣，終能戰勝軍備強盛的齊
國。

曹劌論戰的「勇氣」之說，其中「勇氣」不僅包涵「血氣」的意義，更
包含了精神力量。《孫子兵法・九地篇》說：「謹養而勿勞，并氣積力，運兵
計謀，為不可測。」〔註165〕意謂遠征外地的三軍，應該謹慎地保養體能，不
做無謂的消耗，於是三軍之「氣」便可凝聚成力量。足見「氣」可以轉換成
「力」，這和「勇氣」的意義相當。此外，《孫子兵法》又將「心」和「氣」
對舉。〈軍爭篇〉：

故三軍可奪氣，將軍可奪心。是故朝氣銳，晝氣惰，暮氣歸。故善

用兵者，避其銳氣，擊其惰歸，此治氣者也。以治待亂，以靜待譁，

此治心者也。以近待遠，以佚待勞，以飽待飢，此治力者也。〔註166〕

〔註160〕《論語・季氏》，收錄於《十三經注疏》第八冊，（臺北：藍燈出版社），頁148。
〔註161〕《論語・泰伯》：「君子所貴乎道者三：動容貌，斯遠暴慢矣；正顏色，斯近
　　　　信矣；出辭氣，斯遠鄙倍矣。」頁70。
〔註162〕《論語・鄉黨》：「割不正，不食。不得其醬，不食。肉雖多，不使勝食氣。」
　　　　頁89。
〔註163〕《論語・鄉黨》：「攝齊升堂，鞠躬如也，屏氣似不息者。」頁87。
〔註164〕《左傳》莊公十年，頁146。
〔註165〕《孫子兵法・九地篇》，收錄於《新編諸子集成》第八冊，（臺北：世界書局，
　　　　1983年4月），頁9。
〔註166〕《孫子兵法・軍爭篇》，頁6。

這裡用「氣」說明軍士的勇氣和精神狀態，時間不同，「氣」的狀態也有所不同，所以有銳氣、惰氣、歸氣之分。用兵之妙就在於避開敵人的銳氣，等到對方呈現惰氣、歸氣之時給予痛擊。《孫子兵法》認爲三軍之「氣」是受到主帥心志的引導，最後更提出治心、治氣、治力的方法。這段文獻隱含了「心」主導「氣」的觀念，因此「心」、「氣」之間如同主帥與士兵之間的關係。其實在《左傳》中也有關於「心」、「氣」對舉，或是「心」、「氣」互動的例子，〔註167〕只是《孫子兵法》明白地標舉出兩者的關聯性，這些觀念到了戰國時代的孟子及《管子》四篇，發揮得更爲透澈精到。

（三）魂魄

「魂魄」二字最早出現於《左傳》昭公七年：

> 及子產適晉，趙景子問焉，曰：「伯有猶能爲鬼乎？」子產曰：「能。人生始化曰魄，既生魄，陽曰魂。用物精多，則魂魄強，是以有精爽至於神明。匹夫匹婦強死，其魂魄猶能馮依於人，以爲淫厲，況良霄我先君穆公之冑、子良之孫、子耳之子、敝邑之卿、從政三世矣。鄭雖無腆，抑諺曰『蕞爾國』，而三世執其政柄，其用物也弘矣，其取精也多矣，其族又大，所馮厚矣，而強死，能爲鬼，不亦宜乎！」
> 〔註168〕

根據杜預的解釋，「魄」指形體，「魂」指陽神氣。〔註169〕孔穎達《正義》：「人稟五常以生，感陰陽以靈，有身體之質，名之曰形。有噓吸之動，謂之爲氣。形氣合而爲用，知力以此爲彊，故得成爲人也。……人之生也，始變化爲形。形之靈者名之曰魄也，既生魄矣，魄內自有陽氣，氣之神者名之曰魂。魂魄，神靈之名，本從形氣而有。形氣既殊，魂魄亦異。附形之靈爲魄，附氣之神爲魂。」〔註170〕孔穎達的說法比杜預又更進一步，他以神靈來解釋「魂魄」，認爲「形」、「氣」合而爲人，「魂魄」則是形氣的神靈。「魄」指附在形體上的神靈，魄中有陽氣，「魂」則是陽氣之神。這段文字隱含有如下的涵義：生

〔註167〕《左傳》昭公九年：「味以行氣，氣以實志，志以定言，言以出令。」飲食推動「氣」的運行，「氣」的流通可以充實「志」，心志堅定則將化爲言論和法令。此段文字表達了「氣」推動「志」的觀念，如同《孟子·公孫丑上》所謂「氣壹則動志」。頁779。

〔註168〕《左傳》昭公七年，頁763。

〔註169〕杜預：《左傳注》，收錄於《十三經注疏》第六冊，頁764。

〔註170〕《左傳》昭公七年，孔穎達等《正義》，頁764。

命是「形氣」和「魂魄」的二元結構。

　　除了杜預、孔穎達的註解之外，李存山對於此段史料有如下的詮釋：

> 子產認爲，魄是一種陰氣，魂是一種陽氣，二者相合而成爲人。人
> 死之後，其生前「用物精多」者和「強死」不得善終者，他們的魂
> 魄可以成爲鬼神。〔註171〕

從許愼《說文解字》開始就以「陽氣」釋「魂」，以「陰神」釋「魄」，〔註172〕
後世學者大多遵循此說，李存山也不例外。其實子產並未言明「陰曰魄」，而
所謂「陽曰魂」，未必指「魂是陽氣」。前引「天地之氣」或「六氣」之說，
其中的「陽」字，當屬「陽氣」無疑，除此之外，未必舉凡「陽」字，都是
指「陽氣」，所以用陰陽二氣去解釋「魂魄」，有待商榷。此外，孔穎達《正
義》所謂：「神靈之名，本從形氣而有。」以「形」、「氣」去說明生命的構成，
此乃戰國時代《莊子》、《管子》、《荀子》才出現的說法。所以借用陰陽二氣
和形氣之說來解釋「魂魄」，顯然是採用後起觀念去解釋古典文獻，未必代表
子產或當時的觀念。

　　筆者以爲「魂魄」乃是子產對於人的生命狀態提出一種解釋，無論生前
死後都與「魂魄」息息相關。人初生之時化爲「魄」，接著又有「陽魂」，「魂
魄強」者死後可能化爲鬼神。子產所謂「魂魄強」，隱含著另有「魂魄弱」者
的存在，「魂魄」強弱不同，死後的變化也隨之不同。楊儒賓認爲：魂魄的觀
念與死靈觀念（亦即鬼）有關。〔註173〕他說：

> 在西周以前，人們相信死後的靈魂可以升到天上去，所謂「文王陟
> 降，在帝左右」(《詩經‧大雅‧文王》)、「朕魂在于天昭王之所」(《逸
> 周書‧祭公解》)，所說的都是此事。〔註174〕

足見人死後之「魂」可能升天化爲神，乃是西周早期既有的觀念，因此「魂」
可以解釋爲「靈魂」。人死後的「魂魄」可能化爲鬼或神，筆者贊同李存山所
言：「靈魂、鬼神也是一種氣」〔註175〕，無論是生前的「魂魄」，或是死後「靈
魂」所化成的「鬼神」，都可能是一種「氣」的轉化。

〔註171〕李存山：《中國氣論探源與發微》，(北京：中國社會科學出版社，1990年12
月)，頁66。
〔註172〕許愼：《說文解字》，(臺北：黎明文化事業，1980年10月)，頁439。
〔註173〕楊儒賓：《中國古代思想史中的氣論及身體觀——導論》，頁17。
〔註174〕同前註，頁18。
〔註175〕李存山：《中國氣論探源與》，頁66。

直到《禮記・檀弓下》說：「骨肉歸復于土，命也。若魂氣則無不之也，無不之也。」〔註176〕這裡明白指出人死後骨肉歸於土，魂是氣，無所不在。〈郊特牲〉又說：「魂氣歸于天，形魄歸于地。」〔註177〕又進一步指出「魄」是形，即〈檀弓〉所謂的「骨肉」，人死後形魄骨肉歸於土。此後「魂氣」、「形魄」才成爲明確的觀念。所以杜預、孔穎達、許愼等人對「魂魄」的詮釋，乃是用後起觀念解釋前說，雖然未必合乎子產的原意，但從上述《禮記》的例證可知，子產的話語確實隱含著這種解釋的可能。〔註178〕

總而言之，「魂魄」可能是一種「生命之氣」，但無法斷定「魂魄」與陰陽二氣的關係，更無法證明「魂魄」即是「精氣」。

綜合以上所述，《左傳》、《國語》運用「天地之氣」、「陰陽之氣」、「六氣」來解釋宇宙天人之間的秩序和現象，「血氣」、「勇氣」等用法都在說明人的生理和心理狀態。總之，戰國以前「氣」的意義大致可分爲兩層：一指天地自然之氣，如：「天地之氣」、「六氣」、「雲氣」、「陰陽之氣」等；二指生命精神之氣，如「血氣」、「氣息」〔註179〕、「勇氣」等。這些材料在「氣論」的發展史上具有何種意義？

劉長林指出：「氣」概念在西周已被廣泛使用，「氣」不僅指呼吸之氣、風雲之氣，此一時期的「氣」具有兩個特點：一是更具抽象性和概括性，二是增加功能屬性的內涵。陰陽與氣相聯繫，提高了氣的抽象程度，又突出了氣的功能特徵。春秋時代「氣」概念進一步深化，人們開始用「氣」來說明萬物的生成，爲以「氣」爲萬物之本的理論，開闢了道路。〔註180〕

對於春秋時期的「氣」概念，張立文有如下的看法：

> 儘管在《左傳》、《國語》中氣這個範疇說明了萬物的形成和生殖、萬物的變動和基本屬性的獲得等問題，但氣這一結構系統還只是一些零散的、片斷的說法，並無完整系統的表述。不過它卻開氣的結構系統先河。〔註181〕

〔註176〕《禮記・檀弓下》，收錄於《十三經注疏》第五冊，頁194。

〔註177〕《禮記・郊特牲》，頁507。

〔註178〕楊儒賓：《中國古代思想史中的氣論及身體觀——導論》，頁16。

〔註179〕《論語・鄉黨》：「攝齊升堂，鞠躬如也，屏氣似不息者。」屏氣的「氣」指氣息、呼吸。頁88。

〔註180〕劉長林：〈說氣〉，頁110〜111。

〔註181〕張立文：《中國哲學範疇發展史》（天道篇），頁147。

綜合兩家的說法，可知此一時期的「氣」已是具備抽象性和概括性的概念，並且具有動能的特徵，但仍屬零碎、片段，並未形成完備的理論。例如：「天地之氣」是否即是陰陽二氣？「六氣」如何產生五色、五味、五聲？又如何形成人的「六志」？「六氣」如何影響人的壽命及健康？「血氣」與「勇氣」有何關係？這些問題都有待於戰國時期的思想家更進一步的解答。

雖然戰國以前「氣」的概念已經形成，並未形成理論系統，但卻提供戰國學術發展的養分，具有啟蒙的作用。在劉長林、張立文的論述中，所謂「開闢了道路」、「開先河」都肯定它的重要性。至於從「氣」概念進展到「氣論」，則有賴於老莊道家的理論建構。

二、道家「氣論」的思想建構

曾振宇在〈氣的哲學化歷程〉一文中，將《左傳》、《國語》的「氣」範疇分為四個義項：宇宙本原之氣、血氣、精神之氣、魂魄之氣。〔註182〕筆者以為在《左傳》、《國語》中表達出「氣」與天、地、人的秩序有關，但還不是宇宙本原之氣，因為這些史料並未進一步說明：「氣」的運動規律是什麼？「氣」的動力來自何處？直到老子《道德經》才提出解釋和說明。至於後面三項都與人的生命內涵有關，因此筆者以《左傳》、《國語》代表戰國以前的「氣」概念，並大致區分為兩個義項：一是天地自然之氣，二是生命精神之氣。正如曾振宇所言：「《左傳》、《國語》的氣範疇內在架構初步規定了中國古代氣論的發展方向。」〔註183〕戰國時期的「氣論」大致循著「天地之氣」和「生命之氣」這兩個方向去發展。

首先將「氣」與宇宙本原聯繫在一起的是老子。《道德經・第四十二章》說：

> 道生一，一生二，二生三，三生萬物。萬物負陰而抱陽，沖氣以為和。〔註184〕

老子將「氣」和「道」聯結在一起，「道」透過陰陽二氣的和合來生成萬物，所以「氣」的動力來自於「道」，而氣的運動規律則是「和」，陰陽調和，才

〔註182〕曾振宇：〈氣的哲學化歷程〉，遼寧師範大學學報（社科版）1996年第4期，頁17。

〔註183〕同前註。

〔註184〕王弼：《老子道德經注》，收錄於《新編諸子集成》第三冊，（臺北：世界書局，1983年4月），頁26～27。本論文徵引《道德經》文本，主要依據此一版本，以下不再註明出處頁碼。

能維繫宇宙天地的秩序。春秋時期關於「氣」的描述，已經點出陰陽二氣具
有動能，到了《道德經》，陰陽二氣在宇宙的生化過程中，扮演了重要的角
色。從「道生一，一生二，二生三，三生萬物」的歷程，可知老子的宇宙論
是連著本體論而言，在陰陽二氣的沖和之中，化生天地萬物。李存山認為：
老子第一次提出了萬物由「氣」化生而成的思想，這在中國哲學史上的革命
意義是不容低估的。中國哲學中「天地一氣」、「天人一氣」的思想由此奠定。
〔註185〕由此可見，從春秋時代的「天地之氣」、「六氣」隱含著秩序和規律，
進展到老子則為「道—氣」結構，這是「氣論」發展史上的重大突破。

　　至於《道德經》中「氣」與人有何的關係？《道德經・第十章》說：「載營
魄抱一，能無離乎？專氣致柔，能嬰兒乎？」這裡的「專氣致柔」乃是指修養
工夫，因為人的生命來自陰陽之「和」，所以「專氣致柔」就是要使生命維持在
「和氣」的狀態，才能回歸常道。此外〈第五十五章〉：「心使氣曰強」的「氣」
代表生命之氣。意謂生命內在之「氣」一旦被心中欲念所驅使，不免逞強妄作，
於是失去原有的自然和諧，所以需要「專氣致柔」的工夫來「和」其「氣」。

　　《莊子・內篇》大致承襲天地自然之氣的概念，如：「陰陽」〔註186〕、「六
氣」〔註187〕、「雲氣」〔註188〕等；〈外雜篇〉則對於陰陽二氣有更進一步的發
揮：

> 是故天地者，形之大者也；陰陽者，氣之大者也；道者為之公。（〈則
> 陽〉）

> 至陰肅肅，至陽赫赫；肅肅出乎天，赫赫發乎地；兩者交通成和而
> 物生焉，或為之紀而莫見其形。（〈田子方〉）

〔註185〕李存山：《中國氣論探源與發微》，（北京：中國社會科學出版社，1990 年 12
　　　　月），頁 82。

〔註186〕《莊子・大宗師》：「陰陽於人，不翅於父母。」頁 118。本論文徵引《莊子》
　　　　文本，採用郭慶藩《莊子集釋》，收錄於《新編諸子集成》第三冊，（臺北：
　　　　世界書局，1983 年 4 月）。以下不再註明頁碼出處。

〔註187〕《莊子・逍遙遊》：「若夫乘天地之正，而御六氣之辯，以遊無窮者，彼且惡
　　　　乎待哉！」

〔註188〕《莊子・逍遙遊》：「有鳥焉，其名為鵬，背若太山，翼若垂天之雲，摶扶搖
　　　　羊角而上者九萬里，絕雲氣，負青天，然後圖南，且適南冥也。」
　　　　〈齊物論〉：「至人神矣！大澤焚而不能熱，河漢沍而不能寒，疾雷破山飄風
　　　　振海而不能驚。若然者，乘雲氣，騎日月，而遊乎四海之外。死生無變於己，
　　　　而況利害之端乎！」

在《莊子》的理論系統中，「道」高於陰陽與天地之上，是宇宙秩序的本源，所以說：「道者爲之公」，但〈則陽〉並未闡明陰陽與天地之間的關係。陰陽是「氣之大者」，因此陰陽二氣不再與風、雨、晦、明並列爲「六氣」。此一時期，陰陽二氣已從「六氣」中獨立出來，而且是道生萬物的動能，其重要性也被凸顯出來，這是春秋時期所未曾有的觀念。足見陰陽二氣的地位在戰國時期逐漸提高。

《道德經》對於陰陽二氣著墨不多，僅出現於〈第四十二章〉：「萬物負陰而抱陽，沖氣以爲和」，〈田子方〉則說：「陰陽交通成和而物生焉」，意謂陰陽二氣的和合是道生萬物的動能，這顯然是延續《道德經》「陰陽沖氣以爲和」的思想。足見《莊子》繼承老子的「道－氣」結構，對於陰陽二氣在道生萬物過程中所扮演的角色，有更進一步的發揮。

在《左傳》、《國語》中，「氣」與天地秩序有關，尤其是伯陽父已經點出地震的產生，緣由於陰陽交迫所導致的結果。但是到了老莊道家則發展爲：陰陽和氣化生萬物，充分說明了「和氣」的重要性。此後《管子》四篇又延續此一思想脈絡，強調「和則生」〔註189〕，不和則不生。從「陰陽失調則天地失序」，發展爲「陰陽和而萬物乃生」，老莊道家提出「陰陽和氣」的觀念，這是戰國「氣論」的重大發展。

此外，《莊子》以「氣」的聚散來解釋生死，〈知北遊〉說：

> 人之生，氣之聚也；聚則爲生，散則爲死。若死生爲徒，吾又何患！
> 故萬物一也，是其所美者爲神奇，其所惡者爲臭腐；臭腐復化爲神
> 奇，神奇復化爲臭腐。故曰：「通天下一氣耳。」

天地萬物俱是一氣之化，生死是氣的變化消長，因此理想的人生態度便是〈大宗師〉所謂：「與造物者爲人，而遊乎天地之一氣。」李存山認爲：莊子所謂「造物者」、「氣母」〔註190〕，都與《老子》「道生一」的思想相符。〔註191〕換言之，「氣母」、「造物者」就是道，〔註192〕「通天下一氣」的「一

〔註189〕《管子·內業》：「天出其精，地出其形，合此以爲人，和則生，不和不生。」
〔註190〕《莊子·大宗師》：「夫道，有情有信，無爲無形；可傳而不可受，可得而不可見。……伏戲氏得之，以襲氣母。」成玄英《莊子疏》：「氣母者，元氣之母，應道也。」參見郭慶藩：《莊子集釋》頁112。
〔註191〕李存山：《中國氣論探源與發微》，頁126。
〔註192〕郭慶藩：《莊子集釋》依據《昭明文選》顏延年〈三月三日曲水詩序注〉：「造物者爲道。」頁122。

氣」可能是「道生一」的「一」，「一氣」乃是道所生，所以「道」是最高的創生根源。

總之，從《道德經》的「道生一」，到《莊子》的「通天下一氣」，「氣」與形上之「道」聯結，參與了道生萬物的過程。尤其是《莊子》強調陰陽二氣生化的動能，以「氣」貫通了形上、形下兩界，於是「氣」既是天地自然之氣，也是生命精神之氣，統攝了春秋以來的「氣」概念。

關於「氣論」從春秋到戰國的發展概況，李存山說：

> 春秋時期，氣論哲學的主要範疇是「陰陽」和「六氣」。「陰陽」在當時看作是決定事物變化的重要因素，而不是作爲產生世界萬物的元素或本原。春秋時期的「六氣」與「五行」相對待，天與地還沒完全合成一體。至戰國時期，《老子》「一生二，二生三，三生萬物」的思想將天地合爲一體，將陰陽化爲化生萬物的元素，這就是「一氣」概念的出現成爲必然。……戰國時期「一氣」概念的出現，標誌著當時人們理論思維能力的提高和對世界物質統一性認識的發展。戰國以後，中國哲學的「氣」概念雖有各種發展變化，但「一氣」的含義一直貫徹其中，而且「一氣」概念也一直被沿用。〔註193〕

春秋之時並無「一氣」的觀念，從「六氣」、「陰陽」，到「一氣」，「氣」的抽象性和概括性逐漸強化。從《老子》開創了「道－氣」架構，接著《莊子》又以「一氣」統貫天地萬物，於是「氣」成爲宇宙生化的動能，「氣論」的建構初步完成，這是老莊道家在「氣論」發展史上的重要貢獻。就道家思想體系而言，「氣」之上有「道」，所謂「氣論」仍歸屬於「道論」的範疇之中。

綜合以上所述，「氣」概念發展到戰國，大致包含二義：一指天地之氣，二指生命之氣。前者發展爲「道氣論」，探討「道」與「氣」的關係；後者發展爲「心氣論」，探討「心」與「氣」的關係。筆者以爲：道家「氣論」的思想架構，大致如下圖所示：

〔註193〕同前註，頁121。

　　總而言之，「道氣論」和「心氣論」成爲道家「氣論」的兩大思想主軸，開啓了《管子》四篇「精氣論」的發展方向。

三、小結

　　從春秋時代的《左傳》、《國語》的史料記載，可知「氣」與天地秩序、人的身心狀態息息相關，隱含著一種動能和規律，於是「氣」概念逐漸形成，大致包含有「天地之氣」與「生命之氣」兩個義項。戰國時期的老莊道家將「氣」與「道」結合，用「氣」來解釋道的生成作用，以及生命的消長變化，進而建構出道家的「氣論」；於是從「天地之氣」發展爲「道氣論」，從「生命之氣」發展爲「心氣論」，形成道家「氣論」的兩大主軸。從「氣」概念的形成，到「氣論」的建立，這些思想養分奠定了《管子》四篇「精氣論」的發展基礎，它依循著老莊「氣論」的既有成果，在「道氣論」和「心氣論」兩方面都有所創發。筆者將在以下的篇章展開更深入的討論。

第三章　「精氣論」的價値根源

　　本章探討「精氣論」的價値根源，第一節以「道」的內涵爲主題，第二節則以「德」的內涵爲主題，首先界定其意義範疇，並對照《道德經》及《莊子》的「道」、「德」意涵，區別其同異，進而掌握《管子》四篇與老莊的思想關係。透過釋義與比較，探究《管子》四篇「精氣論」的形上架構。

第一節　虛無無形謂之道

　　老子《道德經》建構了貫通天人的道論，成爲道家思想的基本架構。戰國時代的稷下學派繼承道家這個思想脈絡，著書立說也是由天而人展開論述，從個人修身到君主治國都離不開「道」的範疇。《管子》四篇被視爲稷下道家的代表作品，其思想建構也是以「道」爲起點，進而發展出「精氣論」和「因循無爲」等有關宇宙、人生的哲理。本節以《管子》四篇中關於「道」的論述作爲研究中心，分別從「道的特性」和「道的作用」兩方面進行討論，探討《管子》道論的眞實內涵，進而掌握《管子》四篇如何建立起「精氣論」的思想體系。

一、道的特性

　　在《管子》四篇中，舉凡宇宙生成、人生修養、政治治術都與「道」有所關聯，可見得「道」是貫串一切事理的重要概念。究竟《管子》四篇的道論如何形成？以下先從道的特性談起。

　　何謂「道」？〈白心〉首先提出發問：

天或維之，地或載之。天莫之維，則天以墜矣；地莫之載，則地以

沉矣。夫天不墜，地不沉，夫或維而載之也夫。又況於人？〔註1〕

〈白心〉的作者觀察天地人間，引發了關於宇宙奧祕的探索。他發現天好像
有某種力量在維持著它，地也好像有某種力量在承載著它。如果沒有這個力
量維持著天，那麼天將會下墜；如果沒有這個力量承載著地，那麼地將沉落。
天、地之所以沒有塌陷沉墜，必然是這個力量在背後支持著它們的存在。連
天地這麼廣大壯闊都仰賴神奇的力量去支撐和維護，何況是人呢？這個「或」
指的是什麼？〈內業〉說：

凡道，無根無莖，無葉無榮，萬物以生，萬物以成，命之曰道。

宇宙之間可以維天載地、生成萬物的力量是什麼？〈內業〉明確地指出：那
個力量就是「道」。原來〈白心〉所要探索的正是「道」，可見得文中的「或」，
指的就是「道」。「道」不僅維繫著天地，使它們不會墜落下沉，更能生成萬
物，使大地生生不息。雖然「道」沒有根莖、枝葉、花朵，但卻可以像植物
那樣，開枝散葉，繁衍不息。所以「道」和萬物的關係密切，「道」是萬物的
根，萬物就像「道」的枝葉、花朵。「道」的作用如此偉大，因此《管子》四
篇的作者多方稱頌「道」的廣大無限，且看以下例證：

道之大如天，其廣如地，其重如石，其輕如羽。(〈白心〉)

凡道，必周必密，必寬必舒，必堅必固。(〈內業〉)

道在天地之間也，其大無外，其小無內，故曰不遠而難極也。(〈心
術上〉)

從以上文字可知，「道」是廣大無邊，無所不在，可輕可重，可大可小，具備
周密、寬舒、堅固等特質。既然「道」無所不包，離眾人不遠，為什麼「道」
卻難以把握？〈心術上〉另一段文字提供了問題的線索：

道也者，動不見其形，施不見其德，萬物皆以得，然莫知其極也。

「道」施德於天地萬物，使萬物的生命獲得滋養，但是萬物卻無法明白「道」
的偉大，為何萬物身受潤澤卻「莫知其極」？那是因為道體無形，不見蹤跡。
〈心術上〉又說：「虛無無形謂之道，化育萬物謂之德。」意謂「道」的本體
是無形的，「道」的作用就在化育萬物，又稱之為「德」。無論是「道」的本

〔註1〕《管子校正》，唐尹知章注，清戴望校正，收錄於《新編諸子集成》第五冊，
　　　（臺北：世界書局，1983 年 4 月），頁 226～227。本論文徵引《管子》文本
　　　採用此一版本，以下不再註明頁碼。

體，還是「道」的作用，都是無法目測的，所以「道」雖在吾人四周，卻無法摸索得到。

　　道體無形，道用也是無形，所以「不可聞見」、「難以測知」正是「道」的特性。〈白心〉、〈內業〉也針對「道」的此種特性加以描述：

> 視則不見，聽則不聞。灑乎天下滿，不見其塞，集於顏色，知於肌膚。則其往來，莫知其時。薄乎其方也，韕乎其圓也，韕韕〔註 2〕乎莫得其門。(〈白心〉)

> (夫道者) 謀乎莫聞其音，卒乎乃在於心，冥冥乎不見其形，淫淫乎與我俱生。不見其形，不聞其聲，……道也者，口之所不能言，目之所不能視也，耳之所不能聽也。(〈內業〉)

為何「道」不可聞見，無法掌握？因為道周徧萬物，無所不在，所以無法測知它何時往、何時來。這和〈心術上〉說：「動不見其形，施不見其德」意義相通。道體虛無無形，可方可圓，所以渾沌、冥冥，無法聞見。既然如此，如何確知「道」是真實的存在呢？〈白心〉又指出：「道」灑滿天下，無所阻塞，雖然無法透過耳目得而聞見，但它卻展現在吾人的容顏、肌膚之上，因此「道」仍是可知的存在。〈內業〉所謂：「淫淫乎與我俱生」，便是強調廣大無邊的「道」不僅呈現在吾人形體之中，更與我們的生命共同存在。因此，「道」雖然渾沌無形，往來無時，不可聞見，但是卻可以透過感官之外的途徑去體悟道的存在。〈內業〉說：「卒乎乃在於心」，意謂著「道」就在吾人心中，所以捨棄耳目官能，純粹以「心」去體悟，便可「知」道的存在。〈內業〉說：「道滿天下，普在民所，民不能知也。」「道」普遍存在，天下之民不能「知」道的存在，正是因為眾人只知憑藉「耳目」，而不能通過「心」去體悟，因此「道」變得遙遠不可知。

　　總之，「道」雖不可聞見，難以測知，但是只要通過心去體悟，「道」便是可知的真實存在。

　　至於《管子》四篇所描述的道，和《道德經》的道論是否有所關聯？《道德經》對於「道」有如下的描述：

〔註 2〕張舜徽：《周秦道論發微・管子四篇疏證》，收錄於《張舜徽集》，(武漢：華中師範大學，2005 年 6 月)。頁 288。

陳鼓應：《管子四篇詮釋——稷下道家代表作》：「韕」，即「淳」，「淳乎」形容天體運轉。「韕韕」同「沌沌」，昏然無別的樣子。(臺北：三民書局，2003年 2 月)，頁 193。

視之不見名曰夷，聽之不聞名曰希，搏之不得名曰微。此三者不可
致詰，故混而爲一。其上不皦，其下不昧。繩繩〔註3〕不可名，復
歸於無物。是謂無狀之狀，無物之象，是謂惚恍。迎之不見其首，
隨之不見其後。(〈第十四章〉)〔註4〕

道之出口，淡乎其無味，視之不足見，聽之不足聞，用之不足既。(〈第
三十五章〉)

在這兩章的描述中，「道」也是無法透過耳目去視聽，無法透過味覺去品嚐，
甚至也無法用觸覺去掌握，舉凡一切感官知覺都不能捕捉道體的存在，所以
老子用「夷」、「希」、「微」來說明「道」是看不見、聞不到、摸不著的。總
之，道體渾然不可分，沒有上下、前後之別；玄深幽遠，無狀、無象，惚惚
不可測；這種超越感官經驗的特性，難以形容，無法追問，因此以「無」來
總說道體。

稱之爲「無」的道，又爲何能用之不盡？《道德經》說：

道之爲物，惟恍惟惚。惚兮恍兮，其中有象；恍兮惚兮，其中有物。
窈兮冥兮，其中有精；其精甚眞，其中有信。(〈第二十一章〉)

有物混成，先天地生。寂兮寥兮，獨立而不改，周行而不殆，可以
爲天下母。吾不知其名，字之曰道，強爲之名，曰大。大曰逝，逝
曰遠，遠曰反。(〈第二十五章〉)

道體恍惚不可見，但是萬物、萬象依恃道而生成，所以說：「其中有象」、「其
中有物」；「道」雖深遠不可知，從它生成萬物的作用，便可驗證「道」是精
純而實有，所以說：「其精甚眞，其中有信」〔註5〕。連續四個「有」字，說

〔註3〕王淮：《老子探義》：「繩繩即玄玄，……蓋道體虛無，玄之又玄。」卷上，(臺
北：商務印書館，1985年3月)，頁57。
〔註4〕《老子道德經注》，晉王弼撰，收錄於《新編諸子集成》第三冊(臺北：世界
書局，1983年4月)，頁7～8。本論文徵引《道德經》文本，採用此一版本，
以下不再註明頁碼。
〔註5〕此章關於「精」的注解，河上公以「精氣」解之，朱謙之《老子校釋》、王淮
《老子探義》等均引用《管子‧內業》的「精也者，氣之精者也」，來對照印
證，無論是否爲確解，可知《管子》四篇的「精氣」與《道德經》關係密切，
此一論題留待後文再做討論。
此外，王弼注：「窈、冥，深遠之歎，深遠不可得而見。然而萬物由之，其可
得見，以定其眞。……信，信驗也。物反窈冥，則眞精之極得，萬物之性定。」
其中「精」並不作「精氣」解，而是解作「眞」，所以下文「眞精」連詞。證
諸《莊子‧大宗師》：「夫道，有情有信」，「精」與「情」都作「眞」解。《道

明了道是「無」，也是「有」。道的「有」就表現在「獨立而不改，周行而不殆」，遍在萬物之中，而「可以爲天下母」。總之，道雖非有形物質，也非空無一物，道用無窮，確是眞實的存在，所以〈第三十五章〉說：「用之不足既」。

　　「道」是眞實的存有，在天地尚未形成之前，「道」就存在了，所以「道」具有「先在性」。它是天地萬物的根源，無所不在，恆常不變、無窮無盡，所以「道」又具有「獨立性」、「遍在性」和「無限性」。

　　《莊子・大宗師》說：

> 夫道，有情有信，無爲無形；可傳而不可受，可得而不可見。自本自根，未有天地，自古以固存；神鬼神帝，生天生地；在太極之先而不爲高，在六極之下而不爲深，先天地生而不爲久，長於上古而不爲老。〔註6〕

所謂「有情有信」，即是「其中有精」、「其中有信」、「其精甚眞」；「可傳而不可受，可得而不可見」即是恍惚、窈冥、夷、希、微；「自本自根」、「生天生地」正是「爲天下母」之意；「未有天地，自古以固存」即是「先天地生」之意；「不爲久」、「不爲老」，正說明「道」具有永恆性，所以能「獨立不改」、「周行不殆」。總之，先秦老莊的道論都強調道體是「無」，道用是「有」；「道」是自本自根，超越於萬物之上的創造根源，天地、鬼神、萬物都依賴它的生成化育，所以道具有「先在性」、「獨立性」、「遍在性」、「無限性」。〔註7〕對於天地萬物而言，「道」是既超越而又內在的形上實體；換言之，「道」不即不離於萬物，〔註8〕因此不可聞見，卻又無所不在。

　　以上從文獻考察和義理分析，可以得出以下的結果：

1、《道德經》的「道」是恍惚、窈冥、夷、希、微，《管子》四篇的「道」是冥冥、渾沌，兩者都是無聲、無色、無味，不可聞見，難以測知。

2、《道德經》的「道」是天地萬物的形上根源，存在依據；《管子》四篇

德經》中出現兩次「精」，除此章之外，〈第五十五章〉：「精之至也」，與下文「和之至也」，互爲對偶，都表示一種狀態，意指精純、和諧到了極致。因此筆者採王弼注「精」作「眞」解，與〈第五十五章〉的「精之至也」相通。

〔註6〕《莊子集解》，清郭慶藩集釋，收錄於《新編諸子集成》第三冊（臺北：世界書局，1983年4月），頁111～112。本論文徵引《莊子》文本，採用此一版本，以下不再註明頁碼。

〔註7〕牟宗三：《才性與玄理》，（臺北：學生書局，1980年3月），第五章〈王弼之老學〉，頁152。

〔註8〕王邦雄：《老子的哲學》，（臺北：東大圖書公司，1982年3月），頁80。

的「道」也是化育萬物，使萬物得以生成的根源、依據。

總之，《管子》四篇的「道」是道體無形，道用無窮，不可聞見，具有「先在性」、「獨立性」、「遍在性」、「無限性」，這些都掌握了老子之「道」的特性。所以《管子》四篇的道論大致承襲自老子《道德經》，具有形上性格，而爲萬物之本源。

二、道的作用

〈心術上〉說：「虛無無形謂之道」，意謂道體無形而不可聞見，「虛」和「無」只是就「道」的本體說的。又說：「化育萬物謂之德」，「動不見其形，施不見其德，萬物皆以得」。可見得道體雖是無形，但是道用無窮，「道」的作用就表現在化育萬物，使萬物得以生成。因此「道」也是萬物的創造根源。〈心術上〉：

> 虛者，萬物之始也。故曰可以爲天下始。

「道」是萬物的存在依據，更是天下的始源。這種「道」爲萬物始源的說法，可以上溯到老子《道德經》，且看以下三章的例證：

> 無名天地之始，有名萬物之母。〔註9〕（〈第一章〉）

> 天下萬物生於有，有生於無。（〈第四十章〉）

> 天下有始，以爲天下母。（〈第五十二章〉）

王淮《老子探義》說：「『始』與『母』皆謂道也。『始』字喻『道』是就理論上講：道必先於萬物而存在，且爲萬物之根本（先驗基礎）；『母』字喻『道』是就作用上謂：道有生成萬物之作用（萬物由道所生，萬事由道所成）。老子此謂理論上道乃天下萬物之原理，此理就宇宙言可生萬物；就人生言，能成萬事。」〔註10〕所以《道德經》的「道」是萬物的生成原理，就其生成作用稱之爲「母」，就其先於萬物而存在，且爲萬物的根本，稱之爲「始」。如前所述，〈內業〉和〈心術上〉都肯定道有「生成作用」，是「萬物始源」，所以《管子》四篇繼承老子道論是顯然可見的。

道是天下之「始」，也是萬物之「母」，《道德經‧第一章》又以「無名」、「有名」指稱這兩項特性。〈心術上〉則以「虛」來指稱道之「始」，那麼「虛」是否即是「無名」？然而《道德經》此段經文歷來已有斷句的歧見，宋代以

〔註9〕河上公本與王弼本，均是「無名」、「有名」連讀。
〔註10〕王淮：《老子探義》，頁 206。

後注家〔註11〕主張另一種讀法：

> 無，名天地之始；有，名萬物之母。

此處將「無」與「名」斷開，「無」成爲一個獨立概念，「名」爲動詞，是「指稱」之意。至於「無」和「無名」意義有何不同？「虛」究竟是「無名」還是「無」？因此必先解決《道德經》原典的爭議，才能進一步釐清上述問題。

先來探討何謂「無名」，河上公、王弼兩家註解如下：

1、河上公：「無名者謂道。道無形故不可名也。始者道本也，吐氣布化，出於虛無，爲天地本始也。有名謂天地。天地有形位，陰陽有柔剛，是其有名也。萬物母者，天地含氣生萬物，長大成熟，如母之養子。」〔註12〕

2、王弼：「凡有皆始於無，故未形無名之時則爲萬物之始，及其有形有名之時，則長之育之，亭之毒之，爲其母也。言道以無形無名始成萬物，以始以成而不知其所以，玄之又玄也。」〔註13〕

河上公以「無形」、「虛無」來解釋「無名」之意；王弼以「有始於無」立論，將「未形」和「無名」並列，認爲道在無形、無名之時，爲萬物之始；可見得兩家都以「無形」來解釋「無名」，意指「道」的狀態是無形的；因爲「道」是無形的，惚兮恍兮不可名狀，所以稱之爲「無名」。「有名」即是「有形」，河上公用來指涉天地。王弼則解釋爲：及其「有形」、「有名」之時，「其」字若指「道」而言，則與上句「道體無形」文義相悖；若指「萬物」，意謂萬物有形有名之時，道長養萬物而爲其母。如此「無名」指涉道，「有名」指涉萬物，則又文義前後不一致。

如果「無名」與「有名」，一指道體，一指天地。那麼「道」的作用便爲天地所取代，「道」就難以稱爲萬物之「母」了。河上公說：「天地含氣生萬物」，於是道生萬物即是氣化的過程，宇宙創生過程便形成三層結構：

〔註11〕魏源：《老子本義》：「無名無欲四句，司馬溫公、王安石、蘇轍皆以有無爲讀，河上公諸家皆以名字欲字爲讀。」收錄於《新編諸子集成》第三冊，（臺北：世界書局，1983年4月），頁1。

〔註12〕河上公：《老子道德經河上公章句》，（北京：中華書局，1993年8月），頁1。

〔註13〕王弼：《老子道德經注》，收錄於《老子周易王弼注校釋》，樓宇烈校釋，（臺北：華正書局，1981年9月），頁1。

河上公意謂：道體無形故稱之為「無名」，「道」為天地之始，天地有形故稱之為「有名」；接著，天地又含氣化生萬物。

　　此章下文接著說：「此兩者同出而異名，同謂之玄。玄之又玄，眾妙之門。」王弼注：「兩者，始與母也。」「始」即是「無名」，「母」即是「有名」，都是指「道」而言；但是河上公說：「有名」是天地，天地來自「道」的生成，兩者層次不同，如何能說「同出而異名」？所以「有名」指天地並不符合此章原意。

　　牟宗三先生《才性與玄理》第五章〈王弼之老學〉提出不同的看法：

　　　　「兩者」指始與母言，亦即指無與有言，以「無」為始，以「有」為母也。……

　　　　道有雙重性，一曰無，二曰有。……有與無，始與母，渾圓而為一，則謂之玄。〔註14〕

以「無」稱謂道之「始」，以「有」稱謂道之「母」，前引王淮《老子探義》也指出：「『始』與『母』皆謂道也。」所以「有」、「無」不應一指道，一是天地。「無」與「有」皆是道的兩面相，不同的是，「無」就道體無限而言，「有」是就道的生成作用而言。此處已將「無」和「有」視為獨立概念，而不採「無名」、「有名」連讀的解法，便可避開河上公、王弼將「有名」視為天地或萬物，而無法解釋「同出而異名」的困局。

　　河上公和王弼以「無名」連讀，掌握了道體是「無」的涵義。但是河上公以「有名」指涉天地，「道」的作用遂為天地所取代；而王弼將「有名」解作「有形」，若指「道」在有形的狀態，才展開生成萬物的作用，這又與道體「無形」的基本說法互相矛盾。袁保新先生認為：此章斷句爭議的關鍵，主要在於「道」兼具「始」與「母」兩重性格，既然「道」超越於天地萬物之上，就不當為任何形名所限。〔註15〕總之，「有名」連讀，無論是指「天地」還是「萬物」，都不符合老子道論的義理架構。因此當以「無」、「有」為單詞，

〔註14〕牟宗三：《才性與玄理》，頁136。
〔註15〕袁保新：《老子哲學之詮釋與重建》，（臺北：文津出版社，1991年9月），頁 104。

形成獨立概念較佳。

　　老子《道德經》中「無」和「有」代表兩個獨立的概念，〔註16〕涵蓋「道」的本體與作用。至於天地和萬物的層次如何區分？牟宗三先生說：

　　　　「天地」是萬物之總稱，萬物是天地之散說。天地與萬物其義一也。

　　　　只隨文異辭耳。〔註17〕

「天地」和「萬物」若做兩層來解，不僅「道」的作用被天地所取代，成爲氣化宇宙論，如此便顯不出「道」的內在性。因此「天地」、「萬物」同屬一層，僅是「總稱」和「散說」之別，彼此互文足義。所以「無」與「有」一指道體，一指道用，與天地萬物分屬形上、形下兩層，凸顯「道」既超越又內在的形上性格。因此「道」的創生過程應爲兩層結構，簡圖如下：

$$
道
\begin{cases}
（始—無）\quad 體 \\
（母—有）\quad 用
\end{cases}
$$

$$\downarrow$$

$$
\begin{array}{cc}
天 & 萬 \\
地 & 物
\end{array}
$$

　　由以上論證可知：道之「無」是天地之「始」，道之「有」是萬物之「母」。「無」、「有」代表道的雙重性，「無」指道體，「有」指道用。

　　《管子・心術上》說：「虛者，萬物之始也。」又說：「虛無無形謂之道。」顯然是以「虛」來描述道的性格，意謂道體無形，且爲萬物的始源。〈心術上〉又說：「天之道，虛其無形。虛則不屈，無形則無所位赶；無所位赶〔註18〕，故遍流萬物而不變。」此義應是源於《道德經・第四章》：「道沖而用之或不盈，淵兮似萬物之宗。」因爲道體沖虛而妙用無窮，既不會盡也不會滿，道體以其沖虛遍在萬物之內。所以《管子・心術上》的「虛」，是「沖虛」之意，也和老子的「無」相通。

〔註16〕　《道德經・第四十章》：「天下萬物生於有，有生於無」之外，〈第二章〉：「故有無相生，難易相成。」〈第十一章〉：「有之以爲利，無之以爲用。」可見得「無」和「有」在《道德經》中各自代表獨立的概念。

〔註17〕　牟宗三：《才性與玄理》，頁130。

〔註18〕　王念孫：《讀書雜志》以爲當作「低赶」，即抵牾（牴牾）之意。凡物之有所抵牾者，以其有形也。道無形則無所抵牾。（臺北：商務印書館，1978年12月），第四冊，頁137。

至於「道」的作用，〈心術上〉用「德」來說明：

> 虛無無形謂之道，化育萬物謂之德。

「道」的作用在於化育萬物，稱之爲「德」。對照上述關於《道德經·第一章》的討論可知：道之「始」是「無」，道之「母」是「有」；順著老子道論的義理規模加以推論：《管子》四篇的道之「始」是「虛」，道之「母」是「德」。所以《道德經》的「無」和「有」，相當於《管子》的「虛」和「德」。雖然《管子》四篇沒有沿用老子「無」和「有」兩組概念，但是以「虛」代替「無」，以「德」代替「有」，其實仍是延續老子道論的基本架構。至於爲何強化「虛」和「德」，這是值得進一步探索的問題。

〈心術上〉對於「德」又有如下論述：

> 德者道之舍，物得以生生，知得以識[註19]道之精。故德者得也，
> 得也者，其謂所得以然也，以無爲之謂道，舍之之謂德。

道以「無」的方式化育萬物，所以「德」是道的館舍；萬物藉著「德」而得以生成，所以「德」是萬物的存在根據。所謂「德者得也」，乃是萬物有「得」於「道」之意。所以「德」亦是「道」的別稱。《莊子·天地》也說：「物得以生，謂之德。」上述兩者意義相同，此說應是源自《道德經》。且看以下兩章經文：

> 大道氾兮，其可左右。萬物恃之而生而不辭，功成不名有。（〈第三
> 十四章〉）

> 道生之，德畜之，長之，育之，亭之，毒之，養之，覆之。（〈第五
> 十一章〉）

這兩章經文大意是說：「道」遍在一切，萬物依恃它而生成，「道」的作用就是透過「德」來畜養、長育、照護萬物；道體雖無形，但是萬物仍可得「道」之滋養。

《韓非子·解老》說：

> 柢也者，木之所以建生也；曼根者，木之所以持生也。德也者，人
> 之所以建生也。[註20]

[註19] 張文虎：《舒藝室隨筆》以爲：「知」字似衍，「職」、「識」古通假。（臺北：
文海出版社，1966 年），頁 397。筆者以爲「知」非衍字。

[註20] 《韓非子集解》，清王先慎撰，收錄於《新編諸子集成》第五冊，（臺北：世
界書局，1983 年 4 月），頁 103。本論文徵引《韓非子》文本，採用此一版本，
以下不再註明頁碼。

〈解老〉以樹木的根柢來闡明「德」的涵義，換言之，「德」就是萬物的生命根柢。總而言之，「德」是道的作用，是萬物的存在依據。關於「道」與「德」的關係，王邦雄先生說：

> 就道家思想體系而言，老子說：「道生之，德畜之」，從超越講道，
>
> 從內在講德，從整體說道，從個別說德，〔註21〕……

「道」具有超越和內在雙重性，所以就超越性來說，「道」就是「德」；就內在性來說，「德」是「道」內在於萬物的作用。《管子‧心術上》也是以「德」來代表「道」的生成作用和內在性。所以「道」和「德」是「同出而異名」。〈心術上〉說：「故道之與德無間。故言之者不別也，間之理者，謂其所以舍也。」「道」和「德」只是名稱不同，差別之處僅在於「德」是「道」的停駐之所。總之，「德」是「道」的別稱，「道」生萬物並且內在於萬物，因此萬物的存在本質稱之為「德」。

　　關於「道」的生成作用，《管子》四篇用除了以「德」來強調道的「內在性」，更以「天」來指涉道的作用，〈心術上〉：

> 天曰虛，地曰靜，乃不伐。
>
> 天之道虛，地之道靜，虛則不屈，靜則不變，不變則無過，故曰不伐。

〈心術上〉說「道」是「虛無無形」，這裡又用「虛」來指「天」或「天之道」，足見「天」即是「道」。這個用法也可上溯至老子《道德經》，以下分別闡明「天地」或「天」與「道」之間的關係。

（一）「天地」與道的關係

　　《道德經》中「天地」大致有三種涵義：

1、空間義的「天」和「地」，指「道」生萬物的場所。例如：

〈第五章〉：「天地之間，其猶橐籥乎？」

2、泛指自然界或自然現象。例如：

〈第六章〉：「谷神不死，是謂玄牝。玄牝之門，是謂天地根。」

　　此處「天地」泛指自然界。

〈第二十三章〉：「希言自然。故飄風不終朝，驟雨不終日。孰為此者？
　　　　　　　　天地。天地尚不能久，而況於人乎？」

　　此處「天地」意指自然現象。

〔註21〕王邦雄：《老子的哲學》，頁170。

3、代表「道」的作用。例如：

〈第五章〉：「天地不仁，以萬物爲芻狗。」

〈第七章〉：「天長地久，天地所以能長且久者，以其不自生，故能長生。」

（二）「天」與道的關係

《道德經》中「天」亦可單獨使用，代表「道」的作用。例如：

〈第七十三章〉：「天之所惡，孰知其故？……天網恢恢，疏而不失。」

〈第六十七章〉：「天將救之，以慈衛之。」

總之，《道德經》中的「天地」可歸納爲三層涵義：一是空間義，二是自然義，三是形上義，意指道的作用。除了可簡稱爲「天」來代表「道」，更以「天之道」來說明道的法則。如〈第九章〉：「功遂身退，天之道。」此外，另有其他篇章〔註22〕關於「天之道」的闡述，足見「天之道」在《道德經》中有其重要性。

在《管子》四篇中，有時「天」、「地」分開使用，如：「天曰虛，地曰靜」；有時「天地」合稱，指空間義的天地，如〈心術上〉：「道在天地之間也。」正說明了天地是道生萬物的場所。無論「天地」合稱或分開使用，都可泛指自然現象，《管子》說：

> 日極則仄，月滿則虧。極之徒仄，滿之徒虧，巨之徒滅，孰能己無己乎？效夫天地之紀。（〈白心〉）
>
> 天主正，地主平，人主安靜。春秋冬夏，天之時也。山陵川谷，地之枝也。（〈內業〉）

日月的盈虧消長、四季天時、山川地形都是自然現象，它們的運行都有一定的規律，如「天主正，地主平」，所以稱之爲「天地之紀」。「天地」不僅是道生萬物的場所，也涵蓋整體自然現象，更可指涉「道」的作用，從以下兩段引文可知：

> 是故聖人若天然，無私覆也；若地然，無私載也。（〈心術下〉）
>
> 天不爲一物枉其時，……天行其所行，而萬物被其利。（〈白心〉）

道生萬物是無所偏私的，所謂「天無私覆」、「地無私載」，正是「道」的精神。足見在《管子》四篇中，「天地」或「天」都可作爲「道」的代稱。

〔註22〕《道德經・第七十三章》：「天之道：不爭而善勝，不言而善應，……」
〈第七十七章〉：「天之道，其猶張弓與？……天之道，損有餘而補不足。」
〈第八十一章〉：「天之道，利而不害；聖人之道，爲而不爭。」

〈內業〉又說：

> 凡人之生也，天出其精，地出其形，合此以為人；和乃生，不和不
> 生。

人類的生成是天賦予「精」，地給予「形」，才能和合而為人。由此可知，
「天地」參與了「道」的生成作用。總之，「天」參與了「道」的生成作
用，所以可作為「道」的代稱，「天之道」便是「道」的法則，以下兩例
亦可證明：

> 天之道，虛其無形。（〈心術上〉）

> 名進而身退，天之道也。（〈白心〉）

如前所述，《管子》四篇的「天地」概念大致承襲自老子《道德經》；所不同
的是，「天地」加入「道」的化育作用，就連「精」也參與其中。〈內業〉中
有多處表現出這種思想特質：

> 凡物之精，此則為生，下生五穀，上為列星。流於天地之間，謂之
> 鬼神；藏於胸中，謂之聖人。

> 精也者，氣之精者也。氣，[註23] 道乃生，生乃思，思乃知，知乃
> 止矣。

前面說過：在人類生成過程中，「精」和「形」是天地所賦予的，而不是直接
得自於「道」的化育；換言之，「道」的生成作用是透過「精」來完成的。可
見得《管子》四篇中，「道」的形上性格不如《道德經》那麼純粹，雖然保存
了道的「超越性」和「內在性」；但是道的生成作用卻被「天」、「地」、「精」
所取代，於是「道」與萬物之間的關係，不再是《道德經》的兩層結構，而
是天地、萬物各一層，形成三層結構。簡圖如下：

```
        道      （無形）
    精   ↓
      天  地
          ↓
      萬  物   （有形）
```

這和河上公《老子章句》所隱含的義理結構相通，甚至如河上公所言：「天

〔註23〕原作「氣道乃生」，依安井衡《管子纂詁》校改。（臺北：河洛圖書出版社，
1976 年 3 月），頁 4。筆者以為此「氣」當是「精氣」，簡稱為「精」。詳見本
文第四章第一節〈精存自生〉。

地含氣生萬物」，近於氣化宇宙論了。可見得河上公以「精氣」註解《道德經・第二十一章》的「精」字，〔註24〕可以看出《管子》的「精氣論」和漢代的氣化宇宙論，兩者息息相關。

　　《管子》四篇雖然承襲《道德經》的道論，但是並非全盤接受，而是有所改造：它承襲了「道」的「超越性」和「內在性」，「無」換成「虛」，「有」只剩內在之「德」；至於「道」的生成作用，則交給「精」去執行，「道」變成靜態純理的存在。

三、關於「道」之形上性格的釐清

　　從《道德經》的形上之道到《管子》四篇的道論，在學術演進上有繼承也有轉化；學界對此有所討論，尤其是質疑《管子》四篇中「道」的形上性格，本文將針對此類質疑加以釐清。

　　〈心術上〉說：「道在天地之間也，其大無外，其小無內。」許多學者根據這句話來判定《管子》之「道」是唯物，是有限的。馮友蘭《中國哲學史新編》將《管子》的道歸類為「唯物」，他認為：〈心術上〉說「道在天地之間也，至大無外，至小無內」，足見「道」是極細微的物質，不可再分割了。〔註25〕任繼愈的《中國哲學發展史》也說：

　　　用「其大無外，其小無內」來形容道的空間性質，可是道既然在天
　　　地之間，就是有限的。〔註26〕

他認為「道」不僅有大小之形，而且有空間性，既然有空間性就是有限制，所以「道」是有限的。陳麗桂在《戰國時期的黃老思想》中，肯定《管子》四篇的「道」基本上是從《老子》承繼過來的，並對兩者做出比較：

　　　《老子》的「道」，正是絕對、非相對，虛無而非感官知覺對象，既
　　　大又小，似近而遠，包含了一切質性，是宇宙萬物的根源。不過在
　　　文字表達上，《老子》總是用象徵、譬喻的手法去擬況，然而〈內業〉
　　　等篇是直述式，彷如對《老子》的詮釋。……《道德經》說「道」

〔註24〕「窈兮冥兮，其中有精」，河上公注：「道唯窈冥無形，其中有精實，神明相薄，陰陽交會也。」此外，「其精甚真」，河上公注：「言存精氣，其妙甚真，非有飾也。」（北京：中華書局，1993年8月），頁86。

〔註25〕馮友蘭：《中國哲學史新編》第二冊，（臺北：藍燈出版社，1991年12月），頁224。

〔註26〕任繼愈：《中國哲學發展史——先秦卷》，（北京：人民出版社，1983年），頁481。

是恍惚、窈冥中的「象」、「精」和「信」（二一章），〈內業〉等篇直
接說：「虛無無形之謂道」。這些地方很明顯看出作者顯實《老子》、
詮釋《老子》理論的用心。只是，經這一顯實，道的層次便不免要
跟著落實和下跌了。因此，在《老子》裡，「道」是先天地生的「混
成」物，高於天地。到了〈心術上〉，「道」儘管「其大無外」，卻終
究只「在天地間」、「滿天下」。作者儘管努力要恢廓這個「道」是如
何地「無所」，說來說去卻仍只是在「天」之下、「地」之上、「九州」
之中轉來轉去，跳不出這個「天地間」的範圍。〔註27〕

陳麗桂認為老子用譬喻的筆法描述「道」，《管子》四篇則用直述法去顯實老
子之「道」，而顯實就是物質化。其實以物譬喻才容易顯實，何況「道在天地
間」、「滿天下」、「遍九州」，說的不是「道體」，而是「道」的作用，不能因
為天地是物質性，便據此推斷：充滿其間的「道」，也是物質性的。〔註28〕《莊
子・知北遊》也肯定「道」在螻蟻，在稊稗，在瓦甓，在屎溺，那麼《莊子》
的「道」是不是比《管子》四篇的「道」更狹小，更顯實？天地有形本無疑
義，然而天地可以容納有形的萬物，但是無所不在的「道」也可以充滿天地、
人間，據此斷言「道」是物質，未必合理。

陳麗桂在舉出上述例證之後，便做出如下的結論：

道不再是具備《老子》「道」的超高屬性。換言之，「道」不再是超
自然的了。「道」只是自然界的東西。……道終究還是摸索得到的。

照這樣的結論再推衍下去，「道」竟等於物質性的「精氣」。〔註29〕

由以上論述可知，陳麗桂認為《管子》四篇的「道」不僅失落老子之「道」
的形上特性，更淪為自然界的物質，於是「道論充滿了唯物色彩」〔註30〕。「精
氣」究竟是不是物質性容後再論，但是從以上三家論述可知：學界大多視《管
子》四篇的「道」具有唯物色彩，不具形上性格，屬於有限而非無限。

但是筆者從「道的特性」和「道的作用」兩方面證明：《管子》四篇繼承
老子道論，雖然道的作用一部分為「天」和「精」所取代，但是它仍保存了

〔註27〕陳麗桂：《戰國時期的黃老思想》，（臺北：聯經出版社，1991年4月），頁120
～121。
〔註28〕陳麗桂以〈內業〉：「春夏秋冬，天之時也，山陵川谷，地之枝也」，證明天地
是物質性，進而推論道也是物質性。同前註，頁121。
〔註29〕同前註，頁121。
〔註30〕同前註，頁131。

「道」的超越性和內在性，是萬物的形上根源和存在依據。所以若主張《管子》的「道」是「唯物」，顯然是不能成立的。

　　《管子》的「道」不是「唯物」，而且是具備了老子道論的形上特性。陳鼓應肯定《管子》四篇對於老學道論的繼承，並從兩方面來證明：

　　　　1、老子認為「道」乃「視之不見，聽之不聞，搏之不得」（《老子‧第十四章》），「且不可致詰」是超越名象而無法用感官知覺的。〈白心〉的「視之不見，聽之不聞，灑乎滿天下，不見其塞」，正是承自老子道論。

　　　　2、《道德經‧第五十一章》：「道生之，德畜之」，闡明「道」之創生萬物，以「德」畜養萬物，使其生長、發展；而《管子‧心術上》：「虛無無形之謂道，化育萬物之謂德」，以及「道也者，動不見其形，施不見其德，萬物皆得以生」，〈內業〉所言「萬物以生，萬物以成，命之曰道」，這些文字都可證明老子關於「道」、「德」的內涵，也被《管子》四篇繼承下來。〔註31〕

陳鼓應從「道體」與「道用」兩個角度，來證明《管子》四篇繼承《道德經》的道論，筆者在前文也已論證過，所以「道」不是「物」，乃是無庸置疑的。換言之，既然「超越名象而無法用感官知覺」，就不是如陳麗桂所言：「道終究還是摸索得到的」；「道」之「德」畜養萬物的觀念，被《管子》四篇繼承下來，那麼「道的超高屬性」依然存在，「道」便不是「自然界的東西」。

　　吳光在《黃老之學通論》中提到：「從『道德之意』的論述，說明四篇理論的基礎還是老子哲學中的『道』論，它們無疑是道家著作。」〔註32〕所謂「道德之意」即是《道德經‧第五十一章》的「道生之，德畜之」，他從「道」的超越性和「德」的內在性來證明：老子的「道」論在《管子》四篇中得到了繼承和發展。這和陳鼓應的說法大同小異。

　　從陳鼓應和吳光兩位學者的論述中，可以確知《管子》四篇的「道」仍是承襲老子道論而來，儘管道之「有」被天地和「精」所取代，道之「無」則以「虛」來代替，但是仍保有其形上性格，因此不可據此斷言《管子》四篇的「道」是有限的物質。

〔註31〕陳鼓應：《管子四篇詮釋——稷下道家代表作》，頁18。
〔註32〕吳光：《黃老之學通論》，（杭州：浙江人民出版社，1985年），頁96。

總之,《管子》四篇的「道」不是物質性,而是宇宙人生的價值根源、存在依據。它一方面繼承老子的道論,另一方面又加以轉化改造,形成獨特的思想體系。

第二節 化育萬物謂之德

在第一節〈虛無無形謂之道〉中已經說明了《管子》四篇繼承了老子《道德經》的道論,《管子》四篇的「道」也具有形上性格,具有超越性與內在性。就其超越義來說,「道」是本體,「德」是作用;就其內在義來說,「道」通過「德」的作用內在於萬物。所以「德」有二義:一指「道」之德,二指「人」之德;「德」是溝通「道」和「人」之間的重要概念,既是形上之道的生成作用,也是吾人的存在本質。以下分別從「身為德之舍」、「修身以成德」來探討「德」的涵義。

一、身為德之舍

「道」生萬物的作用稱之為德。所以「德」總是連著「道」來展開論述。〈心術上〉說:

> 虛無無形謂之道。化育萬物謂之德。
>
> 德者道之舍,物得以生生,知得以職道之精。〔註33〕故德者得也,得也者,其謂所得以然也,以無為之謂道,舍之之謂德。故道之與德無間。
>
> 道也者,動不見其形,施不見其德,萬物皆以得,然莫知其極。

這裡的「化育」是說明「道」對萬物的作用,而「物得以生」、「萬物皆以得」,說明萬物有賴於「道」的化育。所以「化育」是因,「萬物得以生」是果。值得注意的是:《管子》用「舍」和「得」來詮釋「德」,這是老莊前所未有的觀點。「舍」說明「道」和「德」之間的關係,「得」則說明了「道」和萬物之間的關係。所以「德」是道和萬物之間的聯繫。《韓非子‧解老》也採用這種說法來詮釋「德」:

> 德者,內也。得者,外也。上德不德,言其神不淫於外也。神不淫

〔註33〕張文虎:《舒藝室隨筆》以為:「知」字似衍,「職」、「識」古通假。(臺北:文海出版社,1966 年),頁 397。筆者以為「知」非衍字。

於外則身全，身全之謂德。德者，得身也。凡德者，以無爲集，以
無欲成，以不思安，以不用固。爲之欲之，則德無舍，德無舍則不
全。

首先，〈解老〉以內、外來區分「德」和「得」之不同，後面又說：「德者，
得身也。」所以「內」就是「得身」，據此推斷：「內」指身之內，「外」當是
身之外。「德」是身內之得，「得」是身外之得。兩者都是「得」，只是所得的
內容不同。「身內之得」即是得道，而「身外之得」，應是指得有形、有價的
物質財貨。所以說：「身全之謂德」。〈心術上〉並不以內、外來區分「德」和
「得」的不同，而是直接用「德者得也」來說明「道」、「德」和「萬物」三
者之間的關係。此後王弼注《道德經》也是以「得」釋「德」。《道德經・第
三十八章》：「上德不德，是以有德。」王弼注：

德者，得也。常得而無喪，利而無害，故以德爲名焉。何以得德？
由乎道也。

意謂「德」是有「得」於道，有益而無害。〈心術上〉的「德」是萬物「所得
以然」，也是「得道」之意。以上三家均以「得」字來詮釋「德」的涵義，意
謂「德」即「得道」之意。

〈心術上〉：「德者道之舍。」這裡用「舍」字說明「道」和「德」之間
的關係。〈白心〉說：「德之來，從於身。」《韓非子・解老》則說：「德者，
得身也。」兩者觀念極爲相近，都用「身」來闡釋「德」與「人」之間的關
係，意謂德之舍在「身」。綜合上述兩段引文可以推論出：道之舍在「德」，
德之舍在「身」，因此「道」、「德」與人之間的關係，如圖所示：

道........德　　　　　　　　　　　┌ 得道－存有論
————————→　　　　　　德 ┤
　　　　身　　　　　　　　　　　└ 得身－修養論

總之，居於「道」和人之間的「德」，包含「得道」和「得身」兩種涵義。
「得道」是存有論的描述，「得身」則是修養論的工夫；由「得身」而「得道」，
「身」與「道」合一，修德正是關鍵所在。這種修養「人之德」的觀念即是
源自《道德經・第五十四章》：

修之於身，其德乃眞；修之於家，其德乃餘；修之於鄉，其德乃長；
修之於國，其德乃豐；修之於天下，其德乃普。

有得於道的「德」，必須修之於身，於是「道之德」才能眞正成爲「人之德」。

從個人乃至家庭、鄉里、國家,透過「德」的修養和實踐,「道之德」才能餘裕、綿長、豐厚地體現出來。因爲「道」普在人心,〔註34〕所以「道滿天下」〔註35〕成爲可能的關鍵就在於「修」,由此可見修德的重要性。

《道德經·第二十三章》又說:

> 故從事於道者:道者同於道,德者同於德,失者同於失。同於道者,
> 道亦樂得之;同於德者,德亦樂得之;同於失者,失亦樂得之。

從事於「道」的修養,就能與「道」同在;勤於修德,「德」也樂於爲人所得,這就是前面所說的「得身」。反之,「身」不能成爲「德之舍」,離道失德,如何能「得道」?因爲「同於失者,失亦樂得之」,所以《管子》四篇也重視由「得身」而「得道」的修德工夫。

《管子》四篇繼承老子的道論,從形上之「道」的探討,乃至「德」的內涵,都延續《道德經》的基本架構;尤其是以「得」和「舍」來詮釋「德」字,不僅別出新意,更著意於「德」的落實,修身成德便是首要的工夫。

二、修身以成德

如前所述,「德」是道與人之間的聯繫,如何使「道之德」爲我所「得」,必先使身成爲「德之舍」,這便有賴於修養工夫的實踐。〈內業〉說:

> 凡道必周必密,必寬必舒,必堅必固。守善勿舍,逐淫澤薄。既知
> 其極,反於道德。

「道」是周密、寬舒、堅固的,它無所不在,人必須固守而不捨離,才能知「道」之極。反之,人不能將「道」固守於身,道「其往不復,其來不舍」〔註36〕,一去不復返,即使降臨也無法使它停駐,於是人與「道」越離越遠。所以人必須「返」於道德,才能與「道」同在。其實「反於道德」的「返」即是老子的「歸根復命」,《道德經·第十六章》說:

> 致虛極,守靜篤。萬物並作,吾以觀復。夫物芸芸,各復歸其根。
> 歸根曰靜,是謂復命。

《道德經》指出:達到「虛」、「靜」的極致,即是回歸生命之根。生命的本

〔註34〕 〈內業〉:「夫道者所以充形也,而人不能固。其往不復,其來不舍。謀乎莫聞其音,卒乎乃在於心,冥冥乎不見其形,淫淫乎與我俱生。」此段文字意謂著:道普在人心,與我俱生。

〔註35〕 〈內業〉:「道滿天下,普在民所。」

〔註36〕 〈內業〉:「夫道者所以充形也,而人不能固。其往不復,其來不舍。」「舍」是動詞,意指棲止於屋舍,有依止、停駐之意。

根是什麼？〈第五十一章〉說：「道生之，德畜之。」所以生命的本根就是「道」、
「德」。試問：如何返於道德？〈白心〉說：「德之來，從於身。」可見得做
好修身的工夫才能返於道德。《管子》又說：

> 形不正者德不來，中不精者心不治。正形飾德，萬物畢得。(〈心術
> 下〉)

> 形不正，德不來。中不靜，心不治。正形攝德，天仁地義，則淫然
> 而自至。(〈內業〉)

這兩段文字意義相近，[註37] 都在說明「德之來」，必須「形正」，接著又指
出「心治」，可見得「形正」和「心治」都是修身的內容。最後又總括地說：
「正形攝（飾）德」的效能是「萬物畢得」，天地之道「淫然而自至」。由此
可見，「正形」、「治心」是修德的重要工夫。

何謂「正形」、「治心」？〈心術下〉說：

> 無以物亂官，毋以官亂心，此之謂內德。

這段文字意謂著：不因外物的牽動而迷亂耳目之官，不因耳目之官的迷失而
擾亂內心，這就是「內德」。由此可見，成德的首要條件必須守住心，而守心
的先行步驟便是守住耳目之官。〈內業〉也說：

> 不以物亂官，不以官亂心，是謂中得。

兩段文字說法相近，修養工夫相通，都是針對治心而言，足見「內德」即是
「中得」。由〈心術上〉的「德者得也」，已知「德」含有「得」之義，因此
可更進一步推知：「內」和「中」都是「心」的同義詞。因此前文所說的「德
之舍在身」，更精確地說應是：「德之舍在心」。除了「中得」之外，〈內業〉
又提出「內得」的說法：

> 敬慎無忒，日新其德。遍知天下，窮於四極。敬發其充，是謂內得。

這段文字大意是指：內心敬慎則行為無差錯，做好不間斷的修身工夫，使內
在之德日新又新。如此便能明照天下，無所不知。最後的結論是：敬慎地擴
充內在之德，這就是「內得」。由此可見，「內得」即是「內德」、「中得」，使
「德」內在於己，便是返於道德的工夫。

〔註37〕〈心術下〉和〈內業〉多處文字相近，郭沫若《管子集校》以為〈心術下〉
即〈內業〉之別本之散簡，前後遺失，僅餘中段而簡次凌亂。
陳鼓應採此說法，認為〈心術下〉即〈內業〉副本。參見陳鼓應：《管子四篇
詮釋——稷下道家代表作》，(臺北：三民書局，2003 年 2 月)，頁 161。

筆者更進一步追問：使「德」內在於己的工夫如何展開？〈內業〉說：

> （此氣也）不可止以力，而可安以德；不可呼以聲，而可迎以音
> 〔註38〕。敬守勿失，是謂成德。

這段大意是說：此「氣」不可以「力」止之，而應以「德」安之；不可以「聲」呼之，而應以「意」迎之。敬守而不差失，就是「成德」。其中「音」當作「意」，乃是針對「心」而言，因為外在聲音一旦進入耳之官，耳之官若是被牽動，心也隨之迷亂，此即是「以物亂官，以官亂心」。所以「不可呼以聲」，意謂不以聲色來呼應此「氣」，便可守住耳之官，進而守住心。為何又說「可迎以意」？《道德經・第三十八章》的「上德不德」，王弼注：「何以得德？由乎道也。何以盡德？以無為用。」王弼指出：「以無為用」，可以盡德；這裡的「無」應指「虛靜無為」的修養工夫，意謂人若能以「無」修心，便可以保有道之德。所以「迎以意」的「意」，應指「虛靜無心」；意謂應當以虛靜心（意）來迎接此「氣」。總而言之，敬慎地守住「虛靜心」，不因耳目官能的迷失而離道失德，這樣才能成德。由此可見，成德之道就在敬守其心，所以「修德」就當從「修心」做起。

前面說過：調節耳目官能是修心的重要環節，《道德經》也主張「為腹不為目」。〈第十二章〉說：

> 五色令人目盲，五音令人耳聾，五味令人口爽，馳騁畋獵令人心發
> 狂，難得之貨令人行妨。是以聖人為腹不為目，故去彼取此。

當人的耳目官能受到五色、五音、五味的誘惑，沉迷於物欲的追逐，便會導致心亂發狂；心一旦流蕩於外，不免有為妄作而偏離常道。所以聖人只須維持基本的生存需求，〔註39〕捨棄耳目官能的追逐，常保虛靜心，即可固守生命根本。如此，外在的聲色財貨，都不會通過耳目之官導致其人心亂行妨。〈內

〔註38〕 王念孫：《讀書雜志》：「音」即「意」字也，「音」與力、德、得為韻，明是「意」之借字。（臺北：商務印書館，1978 年 12 月），頁 22。

張舜徽：《周秦道論發微・管子四篇疏證》：「音」字蓋本作「意」，傳寫者誤脫下半而為「音」耳，不必謂為「意」之借字也。此數語，言氣之為物，不可以強力制止，不可以聲音呼召，但可養之以德，逆之以意。收錄於《張舜徽集》，（武漢：華中師範大學，2005 年 6 月），頁 306。

筆者按：若「音」無誤，則「不可呼以聲」卻又「可迎以音」，前後文矛盾。所以「音」當改為「意」。

〔註39〕 王弼：《老子道德經注》：「為腹者以物養己，為目者以物役己。」所以「為腹」當指基本的生活供養。頁 28。

業〉主張以「敬守勿失」來對治耳目官能的盲動，這種成德工夫即是「致虛極，守靜篤」，足見《管子》的修養工夫不離《道德經》的思想體系。

前文提到：「是故此氣也，不可止以力，而可安以德」，意謂著：「德」可以安「氣」；換言之，修心可以「成德」，更可以「安氣」，此說不僅顯示「修心」的重要性，更可發現《管子》四篇的「成德」工夫和「養氣」息息相關。總而言之，修心是「成德」、「養氣」的基本工夫，《韓非子・解老》也有相近的觀點：

> 思慮靜，故德不去。孔竅虛，則和氣日入。故曰：「重積德。」夫能
> 令故德不去，新和氣日至者，蚤服者也。

「思慮靜」即是無思、無欲的虛靜心，敬守此心而不失道，所以說「故德不去」。「孔竅虛」即是守住耳目之官，「不以物亂官，不以官亂心」，於是孔竅暢通，則「和氣日入」。因爲「心使氣曰強」〔註40〕，違反常道而逞強妄作，勢必導致血氣生命提早衰頹。所以修德的工夫重在「積」，唯有不間斷地保持虛靜心，才能一方面守住「故德」，一方面吸納新的和氣；於是就在守故納新、心靜氣和的境界中服道成德。可見得《韓非子・解老》也認爲「成德」和「養氣」息息相關。〈解老〉又說：

> 凡德者，以無爲集，以無欲成，以不思安，以不用固。爲之欲之，
> 則德無舍，德無舍則不全。

無爲、無欲、不思、不用，都是修心的工夫，如此則「德」有所「舍」，可以集德、成德、安德、固德。簡言之，「虛靜無爲」是修德的基本工夫。反之，「爲之欲之」乃是「有心有爲」，如此「德」將無所安住，終究不能成德。足見修德的關鍵就在於修心——「虛靜無爲」則具備「德之舍」的條件，「多欲有爲」則「德無舍」而「不全」。《管子》也以修心正形來整頓「德之舍」，可見得〈解老〉和《管子》四篇的成德工夫，兩者可以互相發明。

爲了避免「德無舍」，〈心術上〉提出整頓「德之舍」的方法：

> 潔其宮，闕其門。宮者，謂心也。心也者，智之舍也。故曰：宮，
> 潔之者，去好過也。門者，謂耳目也，耳目者，所以聞見也。

「舍」是屋舍之意，〈內業〉將心比成「舍」，又比成「宮」，所以心是「宮」

〔註40〕《道德經・第五十五章》：「知和曰常，知常曰明。益生曰祥。心使氣曰強。物壯則老，謂之不道，不道早已。」「不道」意指不守常道，「已」即是「止」，「早已」即是血氣早衰。

也是「舍」。「門」指耳目，耳目乃是與外物交接的門戶，所謂「闔其門」就是〈解老〉的「孔竅虛」，守住耳目之官，才能不爲外在的聲色所妨礙，於是耳目暢通。因此「潔其宮，闔其門」，意謂滌除心中的好惡雜染，暢通耳目，保持虛靜潔淨的心，「德」才會常駐不去。總而言之，潔淨的屋舍、宮門——虛靜心，乃是「德之舍」的必要條件。

至於「潔其宮，闔其門」的工夫是否有先後之別？前面說：「不以物亂官，不以官亂心」，似乎是「闔其門」在先，「潔其宮」在後，但是〈內業〉又說：「我心治，官乃治；我心安，官乃安。」可見得「心治」在前，「官治」在後，也就是先「潔其宮」，後「闔其門」。爲何如此？《莊子·刻意》說：

> 悲樂者，德之邪；喜怒者，道之過；好惡者，德之失。故心不憂樂，
> 德之至也；一而不變，靜之至也；無所於忤，虛之至也；不與物交，
> 惔之至也；無所於逆，粹之至也。

這段文字談到「德」與心的關係，悲、樂、喜、怒、好、惡都會牽動心的安定，只有保持淡泊、虛靜、純粹，才能達到至德的境界。所以調節情緒的浮動，才能達到寧靜平和的境地，不致因外物的牽動而「亂官」、「亂心」，所以說：「我心治，官乃治；我心安，官乃安。」可見得《莊子·刻意》篇的作者也主張「修德」必先「治心」，使心達到安和的狀態，至德的境界才能朗現。也就是先「潔其宮」，而後使「德」來舍。

〈內業〉對於「治心」的工夫也有類似的看法：

> 凡心之刑，自充自盈，自生自成；其所以失之，必以憂樂喜怒欲利。
> 能去憂樂喜怒欲利，心乃反濟。彼心之情，利安以寧，勿煩勿亂，
> 和乃自成。

據張舜徽先生考證：「刑」當作「形」，指心之本體。〔註41〕但是道家的「心」並無主宰義，所以將「心之形」解爲「心之本體」，與道家義理不合。另外，〈內業〉也有「凡心之形，過知失生。」所以「刑」當作「形」，而「形」有「實情」之意，指事物的實際狀況。而且下文說：「彼心之情，利安以寧」，「情」是「實情」之意，「形」和「情」相對成文，都在說明「心」的實情，所以「形」就是「情」。總之，「刑」是「形」的假借，和「情」同義，意指「實情」；「凡

〔註41〕張舜徽：《周秦道論發微·管子四篇校證》：「凡心之刑」，「刑」當爲「形」字之誤也。下文「凡心之形，過知失生」，亦作「形」，不作「刑」，可證也。「形」謂心之本體。頁307。

心之刑」不是「心之本體」，而是「心之實情」，亦即心的實際狀態。此段大意是在說明：心的實情總是自生自成，而不虞匱乏。心爲何能自生自成，自充自盈？那是因爲「道」充滿心中，〔註 42〕所以內在動力源源不絕，充實而又飽滿。但因人受到「憂樂喜怒欲利」等情緒和欲望的盲動妄作，便失去原有的充盈飽滿，導致內心煩亂不安。所以治心首在治理「憂樂喜怒欲利」的妄動，心才能恢復充盈、寧靜、平和。這裡和《莊子‧刻意》所強調的修德工夫意義相通──治心的目標在追求心境的安和。由此可見，先「潔其宮」，後「闢其門」，「修心」而後「正形」；因爲情緒的發動往往是耳目與外物交接所導致的結果，心若安定平和，自然能達到「闢其門」的成效。

〈內業〉說：「夫道者所以充形也，而人不能固。其往不復，其來不舍。謀乎莫聞其音，卒乎乃在於心，冥冥乎不見其形，淫淫乎與我俱生。」道無所不在，充滿在人的形體之中，但是人們不能固守它，於是道來去往返而無法停駐。然而道最終的停駐之所，是在人的心中；如何讓道常駐心中，那就必須「修心而正形」〔註43〕了。心是道之舍，德之舍，也可以是精之舍〔註44〕、智之舍〔註 45〕，足見心是修德、養氣的起點，所以《管子‧內業》和《韓非子‧解老》總是「成德」連著「養氣」而言，兩者密不可分，原因就在這裡。

做好「潔其宮，闢其門」的修心正形的工夫之後，於是身爲德之舍，而與「道」同在。修德而成德之後，虛靜、安和的心更可帶來智慧。〈內業〉說：

敬守勿失，是謂成德。德成而智出，萬物果〔註46〕得。

敬慎無忒，日新其德。遍知天下，窮於四極。

「德成」而後「智出」，「智」就表現在「萬物畢得」，也就是「遍知天下，窮於四極」；因爲虛靜可以明照，當「萬物並作」之時，吾以虛靜心「觀復」，〔註47〕於是天地萬物都在「智」的觀照之下，顯現本然眞相，所以說「萬物

〔註42〕〈內業〉：「夫道者所以充形也，而人不能固。」

〔註43〕〈內業〉：「道也者，口之所不能言也，目之所不能視也，耳之所不能聽也，所以修心而正形也。人之所失以死，所得以生也。事之所失以敗，所得以成也。」

〔註44〕〈內業〉：「定心在中，耳目聰明，四枝堅固，可以爲精舍。」

〔註45〕〈內業〉：「宮者，謂心也。心也者，智之舍也。」

〔註46〕王念孫：《讀書雜志》：「果」當爲「畢」，字之誤也。〈心術下〉亦曰：「正形飾德，萬物畢得」。頁 22。兩段文字都在說明修德之後的成果，意義相通，因此「畢」字較佳。

〔註47〕《道德經‧第十六章》：「致虛極，守靜篤。萬物並作，吾以觀復。夫物芸芸，各復歸其根。」

畢得」。如此便意謂著「德」與「智」同在，修德可以養智，關鍵就在虛靜心；因爲「虛靜」可以修心成德，「虛靜」亦可觀照萬物。所謂「德成而智出」，代表成德之人同時也具備觀照萬物的智慧，「智」是虛靜明照，「出」便是智慧的朗現。

《管子》四篇除了指出「德成」而「智出」之外，也指出德成之後呈現出「神」和「神明」的境界：

> 正形飾德，萬物畢得。翼然自來，神莫知其極。昭知天下，通於四
> 極。(〈心術下〉)

> 正形攝德，天仁地義，則淫然而自至。神明之極，照知萬物，中守
> 不忒。〔註48〕(〈內業〉)

這兩段文字相近，意義也相通。〈內業〉此段引文後半，王念孫以爲應讀爲：「神明之極，照知萬物，中守不忒。」在正形修德之後，「智」的朗現猶如有翼之鳥翩然降臨，稱之爲「神」，可以「昭知天下，通於四極」，〈內業〉則稱之爲「神明」，它可以「照知萬物」，內心守住它，便可以處事合宜而無偏差。「遍知天下，窮於四極」和「昭知天下，通於四極」，都在說明成德之後具有觀照的智慧，可以遍照天下萬物，而無所不知，自然可以「萬物畢得」。總之，「神」、「神明」帶來「知」，此與「德成而智出」意義相通。由此可見，「德」而後有「智」，「神」而後有「明」，「神明」就是虛靜明照的智慧，也是「德成而智出」的「智」。

修心是成德的基礎，也是智慧的來源，所以〈內業〉說：「正心在中，萬物得度」。

三、關於「德」之形上性格的釐清

如前所述，「德」有二義，一指超越義，二指內在義：就超越義而言，「德」就是「道」，「道」就是「德」；就內在義而言，「德」是「道」內在於人心的存在本質。「道之舍」在德，「德之舍」在心，因此成德的工夫就在於「修心而正形」。此外，成德之後將會帶來智慧神明，稱之爲「智」、「神」、「神明」。所以「德」既是道的作用，也是萬物之所以存在的本質。

〔註48〕依據王念孫《讀書雜志》考證：「乎」字，「義」字衍文，當讀爲「神明之極」
爲句。「照知萬物」爲句。參照〈心術下〉云：「神莫知其極，昭知天下，通
於四極。」足見其說可信。頁23。

但是有些學者受到唯物論的影響，否定「德」的形上性格，主張「德」是物質性。例如：陳麗桂在《戰國時期的黃老思想》一書中提到：

> 「道」一旦賦生萬物，寓居於萬物之上就叫做「德」。「德」是物上所呈顯的「道」性，是道下降爲物的形態。就原委同根而言，「道」、「德」自然是「無間」、「不別」；但若就其一爲根源，一爲顯性而言，則仍是有別。〔註49〕

陳麗桂認爲「道」是根源，德是道呈顯在物上的「道性」，所以德是「顯性」；又以「道下降爲物的形態」來界說「德」，尤其是「下降」二字更使形上性格不見了，變成物質形態。筆者在本章第一節〈虛無無形謂之道〉中已經指出：陳麗桂認爲《管子》四篇的「道」不僅失落老子之「道」的形上性格，更淪爲自然界的物質，於是「道論充滿了唯物色彩」。既然「道」是物質，而與道同根的「德」，被視爲顯性的物質形態，也屬必然。試問：「德」若是物質性，又如何內在於人？倘若因爲「人」有「物質性」的成分，就斷定「德」也是「物」，而將「道」內在於萬物的作用，視爲道的「下降」，則是取消了「道」作爲萬物根源的形上地位。將「德」定位爲物質形態，連帶地也將「道」的地位一起下降了，這與道家義理系統不合，所以此說不可能成立。

此外，陳鼓應在《管子四篇詮釋——稷下道家代表作》一書中，解釋「德」字往往以「精氣」來代替。〔註50〕例如：〈內業〉說：「形不正，德不來。」陳鼓應解釋爲：「形體不端正，精氣就不來。」他認爲「德」之來，等於是「精氣」之來。於是「德」和「精氣」成爲同義詞。因爲〈內業〉說：「敬除其舍，精將自來。」陳鼓應或許是著眼於精氣可「來」的能動性，所以將「德來」詮釋爲「精氣來」。此外，〈內業〉說：「有神自在身」，陳鼓應也是將「神」解釋成「精氣」。〔註51〕如此「德」和「神」都是「精氣」，那麼《管子》書中的「道」、「德」「精」、「氣」、「神」等概念混淆不清，勢必失落原有義理架構的豐富性，因而顯得平面化。其實「德之來」旨在強調修養的功效，而非存有論的描述，而「德來」即是「道來」，指道的「朗現」，不必凡是「來」都指「精氣」，否則《管子》四篇的形上之「道」，只剩「精氣」的流行而已。

〔註49〕陳麗桂：《戰國時期的黃老思想》第三章〈《管子》中的黃老思想〉，（臺北：聯經出版社，1991年），頁142。

〔註50〕陳鼓應：《管子四篇詮釋——稷下道家代表作》，頁103。

〔註51〕同前註，頁105。

　　總之，「德」不是物質，也不是「精氣」，《管子》四篇的道論大致承襲老子《道德經》而來，所以「德」是道的作用，也和「道」同樣具有形上特性。

　　雖然《管子》四篇中，「道」、「德」的義理架構承襲自老子，但是在「德」的內容、效用方面和老子有所不同。《管子》四篇重視「德」的落實，所以特別強調「德之得」和「德之舍」，此外，更將「德」的內容從個人修身延伸到人間秩序。〈心術上〉在「虛無無形謂之道，化育萬物謂之德」之後，接著說：

> 君臣父子人間之事謂之義。登降揖讓，貴賤有等，親疏之體，謂之
> 禮。簡物小大一道〔註52〕，殺僇禁誅謂之法。

可見得，道化育萬物之「德」，落實而爲人間的「義」、「禮」、「法」，雖然三者在職能上各有不同，但是都統攝在「德」的範圍之中。這和《道德經》對仁、義、禮、法的批判極爲不同。〔註53〕老子認爲：仁、義、禮、法是「道」、「德」失落之後，人爲造作的產物，所以說：「夫禮者，忠信之薄而亂之首。」《管子》四篇則將「道」、「德」視爲「義」、「禮」、「法」的總綱領，如此「德」的內涵便與老子不同。陳鼓應說：

> 透過「德」的中介，道得以落實於人文層面而展現其價值根源意
> 涵。……稷下道家將禮、法等視爲道的延伸，在道的準則下，倡導
> 法制與禮儀教化的作用。〔註54〕

他認爲在「德」的中介之下，「義」、「禮」、「法」有了形上根源和價值依據，於是「道」得以落實而爲人間秩序。他又進一步指出：由此可以看出黃老稟承自老子，而爲社會規範奠立一形上價值依據的思維脈絡。〔註55〕陳鼓應的說法掌握了《管子》四篇對於「德」與實際政治聯結的用心，筆者大致贊同。但使用「中介」一詞來描繪「德」，筆者以爲不妥。因爲「德」確實是「道」與萬物之間的聯繫，但使用「中介」一詞，容易落入「物質性」的質疑，而且「中介」的說法，便顯示「道」與「德」並非無間。〈心術上〉說：「德者道之舍」，「舍」具有虛而能容的特質，所以「道」之「德」可以涵蓋「義」、

〔註52〕張舜徽：《周秦道論發微‧管子四篇疏證》：「未」一作「末」，丁士涵、郭嵩燾二家以爲「末」爲「大」字之誤。「簡物小大一道」，指法之本體言；「殺僇禁誅」，乃就法之作用言。頁219。

〔註53〕《道德經‧第三十八章》：「故失道而後德，失德而後仁，失仁而後義，失義而後禮。夫禮者忠信之薄而亂之首，前識者道之華而愚之始。」

〔註54〕陳鼓應：《管子四篇詮釋——稷下道家代表作》，頁144。

〔註55〕同前註，頁140。

「禮」、「法」，使人間秩序有了形上根源，於是《管子》四篇的政治治術便有了合理性、正當性。總之，筆者以為用「中介」來指稱「德」，並不妥當。

陳鼓應的說法，一者肯定「道」和「德」的形上特性，這和陳麗桂主張「道」、「德」為物質性，顯然大不相同；再者，正因為「道」、「德」是萬物的形上根源，才可以作為人間秩序的價值依據，否則物質性的「道」、「德」如何成為人間秩序的規準？從「道」、「德」二字的義理架構可看出：《管子》四篇「既重視指導人生的形上律則，更看重落實後的德之具體意義。」〔註56〕這種從形上到人間，重視實際效用的思維脈絡，正是黃老學說的思想特質。

熊鐵基則認為：〈心術〉等篇雖然以「道論」統率仁、義、禮、法，具備了黃老之學的特點，為往後黃老新道家打下理論基礎，但是尚未形成黃老學派。〔註57〕所以《管子》四篇的道論以「德」吸納仁、義、禮、法，雖未形成黃老學派，卻奠定了黃老之學的理論基礎，對於學術的演進具有不可抹滅的貢獻。

總而言之，「道」和「德」是義、禮、法等人間規範的形而上價值根源。「德」包含「義」、「禮」、「法」，正是形上之道落實人間政治的明證，《管子》四篇由老莊出發，過渡到黃老學派，展示了思想傳承的軌跡。

〔註56〕同前註，頁181。
〔註57〕熊鐵基：《秦漢新道家》，（上海：上海人民出版社，2001年3月），頁36～37。

第四章 「精氣論」的義理架構

　　《管子》的「精氣論」除了有形上根源之外，更以「精」、「氣」、「神」來建構其存有論，形成「精氣論」的義理架構。本章分為三節，第一節〈精存自生〉探討「精」的內涵，第二節〈靈氣在心〉探討「氣」的內涵，第三節〈神通四極〉探討「神」的內涵；「精」、「氣」、「神」是「精氣論」的精華所在，透過三者意義的闡發，展現《管子》四篇在思想史上的獨特成就。

第一節　精存自生

　　「精氣論」是《管子》四篇的理論核心，何謂「精氣」？「精」和「氣」有何異同之處？這都是問題的關鍵所在。本節以「精」的內涵為主軸，探討「精」和「道」之間的關係，「精」、「氣」、「神」三者之間的關聯性，以及修養工夫如何展開。以下分為四個單元進行討論：一、「精」字辨析，二、「精」字溯源，三、藏「精」於胸中，四、關於「精氣」性質之釐清；希望經過這些分析和探討，能夠確實掌握「精」的真實內涵，以及「精氣論」的內在結構。

一、「精」字辨析

　　在《管子》四篇中「精」、「氣」、「神」三者息息相關，因此總是相連而出現，有時不免造成語意的混淆不清；以下分別檢視三者在文本中使用的情形，藉以釐清三者之關係，並給予意義的界定，再進一步探討「精」和「道」之間的關係。

（一）「精」和「氣」的關係

《管子》四篇中「精」和「氣」獨立成詞，也有「精氣」合爲一詞，究竟「精」和「氣」之間有何關係？「精」和「精氣」有何異同？這都亟待釐清的問題關鍵。

首先檢視「精」的用法，〈內業〉對於「精」有如下的界定：

> 精也者，氣之精者也。（〈內業〉）

「精純之氣」稱爲「精」，可見得「氣」有精純、不精純之別。由此可以約略推論出：「氣」可能是個泛稱，「精純之氣」涵蓋在「氣」的範疇之中；換言之，「精」亦是「氣」的一種。

至於「精氣」又是何義？且看以下兩段文字：

> 思之而不通，鬼神將通之，非鬼神之力也，精氣之極也。（〈內業〉）

> 思之思之，不得，鬼神教之。非鬼神之力也，其精氣之極也。一氣能變曰精，一事能變曰智。（〈心術下〉）

以上兩段文字極爲近似，意謂：當思慮不通之時，鬼神將「教之」、「通之」，使思慮通暢；但下一句又進一步說明：思慮通暢並非「鬼神之力」，而是「精氣之極」的結果。這裡的「極」乃是極致之意，足見「精氣」到達極致時，思慮通達有如鬼神來助。

〈心術下〉接著又說：「一氣能變曰精，一事能變曰智。」尹知章認爲：「一」是「專一」[註1]之意，意謂「專一其氣」可以應變，稱之爲「精」；「專一其事」可以應變，稱之爲「智」。這裡的「變」意謂著思慮通達，所以能應變無窮，足見上述二句旨在解釋「精氣之極」與「思慮通達」的關係。換言之，「專一」是「精氣之極」的修養工夫。通過「一」的修養工夫，可以使「氣」達到「精純之極」；稱之爲「精」，如此便可思慮通暢，轉成「一事能變」的「智」。由此可見，「一氣能變曰精」的「精」，「一事能變」的「智」，乃是「精

〔註1〕尹知章注：「謂專一其氣能變，鬼神來教，謂之精。」參見《管子校正》，頁222。

張舜徽：《周秦道論發微・管子四篇疏證》：尹知章注釋「一」爲「專一」是也。……此篇言及主術，亦主於專一也。本書收錄於《張舜徽集》，（武漢：華中師範大學，2005年6月），頁256。

筆者按：本篇的主旨環繞著「專一」展開論述，此段前文：「專於意，一於心，耳目端，知遠之證。能專乎？能一乎？能毋卜筮而知吉凶乎？」兩次出現「專」、「一」之詞，可見得「一氣能變曰精」亦是主題的延伸，所以本文遵循兩家註解，「一」作「專一」解。

氣之極」的結果。換言之，「精氣之極」可以轉化成「智」，使思慮通暢、應
變無窮。既然專一其「氣」可以到達「精氣之極」，而「精」乃「氣之精純者」，
足見「精氣」與「精」同義。筆者由此推斷：精純之氣稱爲「精氣」，簡稱爲
「精」。

　　綜合以上所述，可以推斷出「精」和「氣」之間的關係：「精」也是「氣」，
但是「精」指精純之氣，「氣」可能雜而不純，透過「專一」的工夫，可以使
雜而不純的「氣」，達到「精氣」的極致。此外，「精」和「精氣」是同義詞，
兩者都是「氣之精純者」。

（二）「精」和「神」的關係

《管子》四篇中，「精」連著「神」而言者，有以下兩段文字：

> 世人之所職者精也，去欲則宣，宣則靜矣；靜則精，精則獨立矣；
> 獨則明，明則神矣。（〈心術上〉）

> 形不正者德不來，中不精者心不治。正形飾德，萬物畢得。翼然自
> 來，神莫知其極。昭知天下，通於四極。（〈心術下〉）

尹知章認爲「精」是生命的來源，將「職」解釋爲「主」。〔註2〕但是筆者認
「職」當爲「職掌」、「管理」的意思，〔註3〕意謂世人應當致力於「精氣」的
修養，若能去除嗜欲，使內心通暢而寧靜；當內心寧靜則「精」就能獨立，
意謂「精」不受嗜欲牽制，所以能獨立自如；當「精」在心中靈動無礙，那
麼心智就會清明；這種狀態就稱之爲「神」。從這段文字可知：心靜則心中有
「精」，心中有「精」而後有「明」，「明」即爲「神」；換言之，「精」在心中
便會產生觀照之明，「精」就是「神」的來源，先決條件必須是做到虛靜的工
夫。

　　〈心術下〉說：「中不精者心不治」，說明了「心」的修養和「精」的存
在關係密切；此處的「中」和「心」乃是互文足義，所以「中」意指「心中」，
「治」則是治理、修養之意；這段話意謂著：心若能修養得當，則「精」必
能常駐於心。後面的「神」可能是「鬼神」之「神」，但是下文說：「昭知天

〔註2〕尹知章注：「職，主也。言所稟而生者精也。宣，通也。去欲則虛自行，故通
　　　而靜。」參見《管子校正》，頁220。

〔註3〕尹知章認爲「精」是萬物的生命來源，所以將「職」解釋成「主」。但此段文
　　　字旨在闡明修養工夫的展開，對照前文的「虛之與人也無間，唯聖人得虛道」，
　　　便可明瞭。因此筆者認爲「職」當作「職掌」，意謂世人當以「養精」、「得道」
　　　爲職志。

下，通於四極」，可以推斷出「神」的內涵是「知」。另外，〈心術上〉說：「獨則明，明則神」的「神」，內涵是「明」。因此「翼然自來，神莫知其極」，不是實指鬼神翩然降臨，而是比喻智慧神妙不可測。若將此句解釋為：「與鬼神相感通，讓鬼神來提供答案」〔註4〕，那麼仰賴外來的神力感通，便不是自己修養得來的智慧。總之，此處所謂「神」不是鬼神之意，而是包含「知」和「明」的智慧。

〈內業〉說：「思之而不通，鬼神將通之，非鬼神之力也，其精氣之極也。」已經指出靈活變化的智慧，不是得自鬼神之力，而是「精氣」到達極致的結果；換言之，「精氣之極」的成效即是「神」。

綜合以上所述，「精」和「神」存在著因果關係，心中有「精」則帶來「神」，足見「精」可以產生清明的智慧。另外，心中有「精」和「精氣之極」都是「神」的來源，再次證明：「精」和「精氣」同義。

（三）「精」和「道」的關係

如前所述，「精」是精純之「氣」，而「神」是精氣至極的結果。那麼「精」和「道」又有什麼關係？〈內業〉說：

> 凡物之精，此則為生，下生五穀，上為列星。流於天地之間，謂之鬼神；藏於胸中，謂之聖人。是故民〔註5〕氣，杲乎如登於天，杳乎如入於淵，淖乎如在於海，卒乎如在於己。

在天地創造的過程中，「精」化生為天上的群星、地上的五穀，上天、下地都有「精」的存在。當「精」流動在天地之間便成為鬼神，藏在人的胸中，便成為聖人；無論是鬼神還是聖人，都有「精」流動或含藏其中。所以「精」是天地萬物生命的來源，這和「萬物以生，萬物以成」〔註6〕的「道」極為相近；因為「精」參與了道生萬物的過程，所以也是遍在於萬物之中。後面又說：此氣「如登於天」、「如入於淵」、「如在於海」；換言之，氣遍佈四方，無

〔註4〕張忠宏：《戰國黃老的「天道」與「道」：以《黃帝四經》與《管子》四篇為中心》，國立台灣大學哲學研究所，2003年博士論文，頁163。

〔註5〕丁士涵曰：「民」乃「此」字之誤。氣即精氣也，下文云「是故此氣也」是其證。參見《管子校正》，頁279。
陳鼓應以為當做「是故此氣也」，下文「是故此氣也」，與此正為排比句（按：應為對偶句）。參見《管子四篇詮釋——稷下道家代表作》，（臺北：三民書局，2003年2月），頁88。

〔註6〕〈內業〉說：「凡道，無根無莖，無葉無榮，萬物以生，萬物以成，命之曰道。」

所不在。前文已點出:「精」可以「上爲列星」,後面又說:「氣」乃是「杲乎如登於天」,足見「精」和「氣」都可流佈在天上。接著又指出:「精」若是「藏於胸中,謂之聖人」;「氣」則是「卒乎如在於己」;換言之,「精」和「氣」都可內在於人,成爲生命內涵。由此可見,「精」和「氣」都具有源源不絕的動力,而且參與了「道」的生成作用。張舜徽先生說:「此言氣之運行天地,無所不在。高若不可際,深若不可測,遠若距海洋,近若在己身。氣之所在,即道之所在耳。」〔註7〕最後那句「氣之所在,即道之所在」,其實已認定「道」和「氣」相即不離,甚至隱含著「氣」就是「道」。

筆者在前文探討「精」和「氣」的關係時,已推斷出:「氣」是個泛稱,涵蓋了「精純之氣」的「精」(「精氣」),而〈內業〉中「是故此氣也」整段文字,應是延續前文「凡物之精,此則爲生」的論述,並做出總結——「精」的作用無所不在;更精確地說,「此氣」是「精」的代稱,或是「精氣」的簡稱。總而言之,參與「道」的生成作用,並且內在於萬物,成爲生命來源的是「精」,並不是泛稱的「氣」,因爲並非所有的「氣」都是精純之氣。

以上是關於宇宙創生的描述,至於人的生成過程又是如何?〈內業〉說:

凡人之生也,天出其精,地出其形,合此以爲人;和乃生,不和不生。

這段文字大意如下:在人的生成過程中,天賦予「精」,地賦予「形」,並且在「和」之中完成創生作用;反之,天地若不能和合,人便無由生成。所以「精」是人的生命內涵,「形」是精的棲止之所,「和」是天之「精」、地之「形」合成爲人的必要條件。此外,「天出其精」一詞,說明了人生命中的「精」源於天,那麼「天」之「精」又源於何處?〈內業〉指出:在道的創生過程中,「精」化生天上的列星、地下的五穀,遍佈於萬物之中,所以「先天地生」〔註8〕的「道」才是「精」的最高根源。道創生宇宙的次序是先有天地,後有萬物,〔註9〕而「道」透過「天」將「精」內在於人的生命之中,因此「道」和「人」之間的關係,簡圖如下:

〔註7〕 張舜徽:《周秦道論發微・管子四篇疏證》,頁306。

〔註8〕 《道德經・第二十五章》:「有物混成,先天地生。寂兮寥兮,獨立而不改,周行而不殆,可以爲天下母。吾不知其名,字之曰道,強爲之名,曰大。」這裡指出「道」是先天地生,是一切的創造根源。

〔註9〕 〈白心〉:「天或維之,地或載之。天莫之維,則天以墜矣;地莫之載,則地以沉矣。夫天不墜,地不沉,夫或維而載之也夫。又況於人?」從這段文字可以推究出:道是維繫天地於不墜的根源動力,所以道是先天地生,而後展開萬物和人的創生。

「精」是內在於吾人形體之中的動力來源,〈內業〉又說:「夫道者所以充形也。」那麼充滿吾人形體之中的是「精」,也是「道」;換言之,「道」在「精」中,「精」與「道」合一。

綜合以上所述,在《管子》四篇中「道」的創生作用,其實是透過「精」化生天地萬物,而為其生命來源。所以「精」是「道」的動能,當然也和「道」一樣無所不在。就人而言,得之於「天」的「精」,其實是得自於「道」,「精氣」必須藏於胸中,才可以成為聖人;因此如何將「精氣」藏於胸中,是極為重要的修養工夫。

二、「精」字溯源

《管子》四篇雖然繼承老子道論,但是在道生萬物的過程中,特別提出「精」來說明道的作用,「精」的概念和道家思想有何淵源?這個問題值得深入探究。以下先從《道德經》來檢視「精」的涵義,〈第二十一章〉說:

> 道之為物,惟恍惟惚。惚兮恍兮,其中有象;恍兮惚兮,其中有物。
>
> 窈兮冥兮,其中有精;其精甚真,其中有信。

此章出現「精」字,一般註解都採用《管子‧內業》:「精者,氣之精者也」,來證明此處的「精」就是「精氣」,足見兩者關係密切,甚至有意義上的關聯。「其中有精」一句,河上公注:「其中有精實。」〔註10〕至於「其精甚真」一句,河上公則直接點出:「言道精氣神妙甚真,非有飾也。」〔註11〕總之,河上公分別用「精實」、「精氣」來解釋「精」字,認為萬物是「從道受氣」,萬物皆得道之「精氣」而生。〔註12〕

〔註10〕《老子道德經河上公章句》:「道唯窈冥無形,其中有精實,神明相薄,陰陽交會也。」(北京:中華書局,1993 年 8 月),頁86。

〔註11〕同前註,頁86。

〔註12〕《道德經‧第二十一章》:「自今及古,其名不去,以閱眾甫。吾何以知眾甫之然哉?以此。」
《老子道德經河上公章句》:「自,從也。自古至今,道常在不去。閱,稟也。甫,始也。言道稟與萬物始生,從道受氣。我何以知萬物從道受氣?此,今也。以今萬物皆得道精氣而生,動作起居,非道不然。」頁87。

　　至於「窈兮冥兮，其中有精」一句，王弼注：「窈、冥，深遠之歎，深遠不可得而見。然而萬物由之，其可得見，以定其眞。」〔註13〕他認爲「道」雖深遠不可見，但從萬物由「道」而生，便可知「道」是眞實的存在。足見王弼並未將「精」視爲一個獨立的概念，而是以「道之眞」來註解「其中有精」，意指道的眞實內涵。下文云：「其精甚眞，其中有信」，王弼注爲：「信，信驗也。物反窈冥，則眞精之極得，萬物之性定。」〔註14〕意謂萬物回歸窈冥的道，道的「眞精之極」便內在而爲萬物之性；可見得做到歸根復命的工夫，則萬物內在的道性才能堅定不移。這裡的「眞精之極」即是「道之眞」的極致，也是指道的眞實內涵。總之，王弼總是以「道之眞」來詮釋「其中有精」、「其精甚眞」；由此可見，「道之眞」即是「道之有」。

　　另外，〈第五十五章〉也出現「精」字：

　　　　含德之厚，比於赤子。蜂蠆虺蛇不螫，猛獸不據，攫鳥不搏。骨弱
　　　　筋柔而握固。未知牝牡之合而全作，精之至也。終日號而不嗄，和
　　　　之至也。

赤子的「精之至也」，河上公認爲乃是「由精氣多之所致也」，並將「至」解爲「致」，當動詞解。〔註15〕此處也是用「精氣」代替「精」字。王弼注：「無爭欲之心。」〔註16〕足見王弼所認知的「精」不是「精氣」，而是純眞無欲之心。此處仍是以「眞」解釋「精」，可知在王弼的注解中，「精」和「眞」幾乎是同義詞。

　　綜合兩家所述，《道德經‧第二十一章》的「精」，一指「精氣」，一指道的眞實內涵。筆者以爲：「精」字在《道德經》僅出現兩次，而且用法也不同，〈第二十一章〉的「精」是名詞，〈第五十五章〉的「精」則是形容詞。就後者而言，「精之至也」與「和之至也」互爲對句，都在描述一種狀態的極致，所以「精」不宜解釋成「精氣」。足見河上公此章的解法並不恰當，王弼的說法較能切合《道德經》文本。至於〈第二十一章〉的「精」是否即是「精氣」，並無具體的證據足以證明，河上公的「精氣」說仍應存疑。至於王弼以「眞」來詮釋「精」，意指道的眞實內涵，闡明了道是「無」也是「有」。所以筆者贊同王弼的說法：「精」不是「精氣」，而是道之「有」。

〔註13〕王弼：《老子道德經注》，頁53。
〔註14〕同前註。
〔註15〕《老子道德經河上公章句》，頁212。
〔註16〕王弼：《老子道德經注》，頁145。

　　《道德經》的「精」未必是指「精氣」，那麼《莊子》的「精」字又做何解釋？全書「精」字可以單獨使用，也有「精神」合為一詞，以下分別從「精」和「精神」的用法來考察其中的涵義。

（一）「精」字單獨使用

1、與道有關

〈在宥〉：「至道之精，窈窈冥冥；至道之極，昏昏默默。」

〈天下〉：「不離於宗，謂之天人。不離於精，謂之神人。不離於眞，謂之至人。」

　　〈在宥〉的「窈窈冥冥」、「昏昏默默」兩句，都在說明道的特性。〈天下〉此段文字旨在探討「道術」，所以兩處的「精」都與道有關。

2、與天地自然有關

〈在宥〉：「吾欲取天地之精，以佐五穀，以養民人，吾又欲官陰陽，以遂群生，爲之奈何？」

　　　　　「天氣不和，地氣鬱結，六氣不調，四時不節。今我願合六氣之精以育群生，爲之奈何？」

〈天運〉：「三皇之知，上悖日月之明，下睽山川之精，中墮四時之施。」

　　以上「天地之精」、「六氣之精」、「山川之精」，都顯示了「精」與天地自然有關。

3、與人有關

〈德充符〉：「今子外乎子之神，勞乎子之精，倚樹而吟，據槁梧而瞑。」

〈在宥〉：「必靜必清，無勞女形，無搖女精，乃可以長生。」

〈達生〉：「棄事則形不勞，遺生則精不虧。夫形全精復，與天爲一。……形精不虧，是謂能移；精而又精，反以相天。」

〈刻意〉：「形勞而不休則弊，精用而不已則勞，勞則竭。」

　　後面三段引文「形」和「精」對舉，「形」指人的外在形軀，足見「精」當指人的內在狀態；至於〈德充符〉的「精」和「神」並列，有待進一步考察二者之關係。筆者初步推斷：「精」的涵義與人的內在狀態有關。

（二）「精神」合為一詞

〈天道〉：「水靜猶明，而況精神，聖人之心靜乎？」

〈列禦寇〉：「小夫之知，不離苞苴竿牘，敝精神乎蹇淺，而欲兼濟道物，

太一形虛。若是者，迷惑於宇宙，形累不知太初。彼至人者，歸精神乎無始，而甘冥乎無何有之鄉。」

〈知北遊〉：「汝齊戒，疏瀹而心，澡雪而精神，掊擊而知！」

〈刻意〉：「精神四達並流，無所不極，上際於天，下蟠於地，化育萬物，不可為象，其名為同帝。」

〈天下〉：「獨與天地精神往來而不敖倪於萬物，不譴是非，以與世俗處。」

關於「精神」一詞的用法，〈天道〉是「精神」與「聖人」連文，〈列禦寇〉則是與「至人」連文；〈知北遊〉是針對修養工夫而言，〈刻意〉則是指修養之後的效果。綜合以上四個例證，可推斷出以下結果：「精神」也和「精」一樣，可用來指涉人的內在狀態，它必須通過修養工夫才能達成，只有聖人、至人可以擁有明白四達的「精神」。僅有〈天下〉的「精神」屬於天地，但是「往來」二字又說明了「精神」可以互相流通，於是人與天地精神往來之後，形成內在精神或處世態度。

通過文獻的考察，得知「精」字可以用來描繪道、天地自然，以及人的內在狀態。而且「精」字大多出現在《莊子》外雜篇，內篇僅見於〈德充符〉、〈人間世〉。〈德充符〉的「精」與「精神」同義，〈人間世〉的支離疏「鼓筴播精」，「精」指精良的白米，這些都與「道」無關；〈在宥〉提出「至道之精」的說法，「道」和「精」才有明顯的聯繫；而〈天下〉的「不離於精，謂之神人」，則將「精」和「人」連接在一起；如此「精」在「道」和「人」之間有了不可忽視的關聯性。〈知北遊〉則將三者連結在一起：

夫昭昭生於冥冥，有倫生於無形，精神生於道，形本生於精，而萬物以形相生。

這裡直接點出萬物生成的過程：「精神生於道，形本生於精」。「精神」得自於道，「形」來自於「精」，而「精神」寓居在形體之中，萬物便藉著此一蘊含「精神」的「形」，得以生生不息。對照《道德經‧第四十章》的「天下萬物生於有，有生於無」，兩者可能有相通之處。「昭昭」是「有」，「冥冥」是「無」，「昭昭生於冥冥」，即是「有生於無」，總之，「昭昭」和「冥冥」指涉道的「有」、「無」。「倫」是「類」，意指萬物，「無形」指涉道，所謂「有倫生於無形」，意謂萬物來自「道」的生成；而《道德經》的「天下萬物生於有」，也是指天下萬物來自道之「有」的生成作用，足見兩句意義相通。前兩句是道生萬物的原理總說，後三句則是道生萬物的具體細說：「精神」無形，是「道」賦予

萬物的內涵，「形」是「道」透過「精」賦予萬物的外在形體，有了「精神」和「形體」，道生萬物才算完成，而萬物便藉著道所賦予的形體，得以生生不息。可知〈知北遊〉此段文字已將《道德經‧第四十章》道生萬物的過程具體化。總之，〈知北遊〉所呈現的萬物生成次序如圖所示：

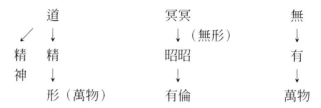

「精」在道的生成作用中，貫串了道與萬物，於是形上、形下之間有了聯繫。《莊子》書中「精」有二義：一指道創生萬物的動能，二指天地萬物的生命內涵，又稱為「精神」。在道生萬物的過程中，「精」遍在於天、地、人之間，所以天地有「精神」，山川、六氣有「精」，而人也有「精」或「精神」。因此「精」和「精神」都可用來指人的內在狀態。

〈達生〉說：「夫形全精復，與天為一。天地者，萬物之父母也。合則成體，散則成始。形精不虧，是謂能移。精而又精，反以相天。」意謂形體和精神來自於天地和合，所以天地是萬物的父母；當形體不勞、精神不虧，其人便能與大化俱進，與物推移。〔註17〕反之，當形體勞累、精神虧損，生命將復歸於無。這個創生架構和《管子》四篇說法相近，不同的是〈內業〉更進一步指出天地之所以成為萬物之父母，原因就在於「天出其精」，「地出其形」，並且在「和」的狀態下，天地相合使「精」、「形」合體，於是造就人的生命。這個創生架構簡圖如下：

所以天地如同人的父母，使人具備精神與形體，完成道的生成作用。〈內

〔註17〕郭象《莊子注》：「與化俱也。」成玄英《莊子疏》：「移者，遷轉之謂也。夫不勞於形，不虧其精者，故能隨變任化而與物俱遷。」郭慶藩：《莊子集釋》，（臺北：萬卷樓圖書 1994 年），頁 633。

業〉和〈達生〉思想架構極爲近似，但與〈知北遊〉略有不同。〈知北遊〉〉的不同之處在於：「精」和「精神」直接來自於道，形來自於「精」，天地並未參與道的作用。〈知北遊〉和〈達生〉的不一致，說明了「精」與「道」的關係，應是《莊子》外雜篇逐漸發展而成的思想觀念。從《管子・內業》和《莊子》的〈知北遊〉、〈達生〉互相對照比較，可知《管子》「精」的概念和《莊子》外雜篇的關係，比《道德經》更爲密切。因爲《道德經》用「精」來說明道之「有」，意謂道體雖然恍惚不可見，但從萬物的有形可見，便知萬物依恃道的生成作用，所以「道」是「其精甚眞，其中有信」。總之，《道德經》並未指出「精」就是「氣」，且二者分屬不同層次，〔註18〕不可就此斷定「其中有精」就是「精氣」。反倒是《莊子》書中「精」字出現頻繁，從道的生成作用，到人的生命內涵，都與「精」有關，突破了老子道論的既有規模，發展出更豐富多元的思想觀念。到了《管子》四篇不僅有「精」的概念，更直接提出「精氣」〔註19〕一詞，可見得從老子《道德經》到《莊子》外雜篇，「精」的概念逐漸發展成熟，進而形成「精氣論」。其中思想發展的脈絡可以在《莊子》外雜篇得到印證。

　　綜合以上所述，從《道德經》到《莊子》，乃至於《管子》四篇，道生萬物的過程依次比較如下：

（1）《道德經》中「道」爲最高創造根源，天地萬物則同屬一層級。〈第二十一章〉的「其中有精」一句已點出道的作用是「有」，「精」和「道」之間的關聯性大致萌芽於此，簡圖如下：

（2）《莊子・知北遊》中，「精」和「精神」已加入道生萬物的行列；〈達生篇〉則將天地和萬物的層級分開，由《道德經》的兩層結構變成三層，

〔註18〕《道德經・第四十二章》：「道生一，一生二，二生三，三生萬物。萬物負陰而抱陽，沖氣以爲和。」足見「氣」與萬物同一層次，而「精」是道之「有」，與道同一層次。所以「精」和「氣」分屬不同層次。

〔註19〕〈心術下〉：「思之思之，不得，鬼神教之。非鬼神之力也，其精氣之極也。」〈內業〉：「思之而不通，鬼神將通之，非鬼神之力也，精氣之極也。」

簡圖如下：

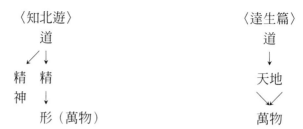

（3）《管子‧內業》關於道的生成結構，沿襲〈達生篇〉的思想體系，天地
　　加入道生萬物的行列；和〈知北遊〉一樣，「精」參與了道的作用；關於
　　人的生成，特別討論了「精」和「形」的來源。簡圖如下：

　　總之，《管子‧內業》在《莊子》外雜篇基礎上，關於道生萬物的過程，
大致融合〈達生〉和〈知北遊〉的架構，明確地將「精」定位在天地、萬物
之上，在道的生成作用中，「精」內在於天地萬物之中，而爲其生命來源。此
外，〈內業〉又特別針對人的生成，提出「天出其精，地出其形」的說法。因
此《管子》四篇「精」的概念也大致承襲《莊子》外雜篇的思想：一指道創
生萬物的動能，二指天地萬物的生命內涵；就後者而言，《莊子》的「精」和
「精神」同義，《管子》四篇則並未出現「精神」一詞。

三、藏「精」於胸中

　　「精」是道創生的動能，也是萬物的生命來源，〈內業〉說：「凡物之精，
此則爲生，下生五穀，上爲列星。流於天地之間，謂之鬼神；藏於胸中，謂
之聖人。」「精」具有「生」的作用，遍在於天地萬物之間，作者以列星和五
穀涵蓋天地之間所有的物類，說明天地萬物都有「精」內在其中。但是後半
段以「鬼神」和「聖人」並舉，略過眾人只提聖人，並且用「流」和「藏」，
對比出「鬼神」和「聖人」的不同。就人而言，「精」已內在於形體之中，這

裡又透過聖人強調「藏」的重要，隱含有聖人和常人的分野就在於「藏」。由此可見，「藏」字寓意深遠，是值得深究的線索。

根據上述的「藏」字，可以延伸出以下幾個問題：一、聖人所藏為何？從主詞「凡物之精」可以確知：聖人所藏的是「精」，亦即「精氣」。二、為何要藏？前面說：「流於天地，謂之鬼神」，可知「精氣」是流動不息的，所以必須「藏」，才不致散失。三、藏於何處？「胸中」即是「心中」，意謂「精氣」要藏於心中，所以修養工夫就在心上展開。四、如何藏？此當為修養工夫所在。針對修養工夫如何展開的問題，《管子》四篇提出「精舍」之說。

何謂「精舍」？〈內業〉說：

> 定心在中，耳目聰明，四枝〔註20〕堅固，可以為精舍。

有屋舍才能儲藏，所以必須準備藏「精」之舍。〈內業〉指出：心要正定，耳目官能要健全，四肢要穩固，才可以成為「精舍」。「精舍」的概念首見於此。耳目、四肢屬於形體，所以成為精舍的條件必須是「心定」和「形正」；換言之，身心合一才能成為「精舍」。這也是鬼神和聖人不同之處：鬼神無形，「精氣」流動於天地之間，無處可藏；人有形體，因此精氣有「舍」可藏。

至於如何做到定心和正形，使「精」藏於「舍」？〈內業〉說：

> 敬除其舍，精將自來。精想思之，寧念治之。嚴容畏敬，精將至定，
> 得之而勿捨，耳目不淫，心無他圖。正心在中，萬物得度。

其中「除」是掃除之意，意謂：保持「舍」的潔淨，「精氣」就會自然來到。試問：如何「敬除其舍」？那就是聚「精」於思慮，意念寧定，以此治心而後能「定心在中」。下一句又說：端正儀容、內心恭敬謹慎，如此「精氣」將「至」而「定」，常駐於「舍」中。〈內業〉這一段文字說明了：「精氣自來」之後，更進一步要使「精氣至定」，甚至要做到「得之」而「勿捨」。足見必須經過這一連串的進階工夫，才能達到終極目標——「藏精於胸中」的境界。

從「自來」、「至定」到「勿捨」，是涵養「精氣」的漸進工夫，由此可知：「精氣」是流動不息的，若要「精氣」來而不去，那就必將「精舍」準備妥當，並且持續地固守「精舍」，「精氣」才不會流散捨離。

「敬除其舍」是「精舍」的準備工夫，其中「精想思之，寧念治之」，便是治心、定心的工夫，而「嚴容畏敬」意指形體端正、內心恭敬，乃是定心與正形兼備，足見「敬除其舍」就是治心和正形的準備工夫。「精舍」準備妥

〔註20〕「四枝」即是「四肢」。

當之後，「精氣」便能常駐心中。

　　〈內業〉又說：當精舍之中的「精氣」至定而不捨之後，於是耳目之官不迷亂，心中虛靜無欲，不再向外追逐物欲的滿足。其中「耳目不淫」當是「嚴容畏敬」的結果，「心無他圖」則是「定心在中」的結果。文末又說：「正心在中，萬物得度」，這兩句究竟何意？而「定心在中」與「正心在中」又有何關聯性？

　　「定心在中」的「定」，是動詞，「中」是心中，意謂心中意念正定，不離「精舍」，直到「心無他圖」，便是「正心在中」之意。由此可見，「定心」是修養工夫，「正心」是修養的成果。至於「萬物得度」的涵義當與〈心術下〉的「萬物畢得」相通，意謂「正心在中」的人，虛靜無欲、心無他圖，所以能觀照萬物，此即是〈心術下〉所謂「昭知天下，通於四極」之意。前文提到，〈內業〉和〈心術下〉都主張：「精氣之極」可以使思慮暢通，應物無窮；足見這種「萬物得度」的智慧，就是「精氣之極」的結果。換言之，「正心在中，萬物得度」意指：從「藏精於胸中」修練到「精氣之極」的境界，便能使人獲致神明智慧。因此「正心在中，萬物得度」二句，乃是總結前文，點出藏「精」於「舍」的成果和境界。

　　如前所述，「敬除其舍」是「精舍」的準備工夫，亦即「治心」與「正形」兼修。至於，《管子》四篇除了「定心在中」的修養工夫之外，又強調耳目、儀容、四肢等「正形」的工夫，其中原因何在？

　　〈心術上〉說：「潔其宮，闕其門。宮者，謂心也。心也者，智之舍也。故曰：宮，潔之者，去好過也。門者，謂耳目也，耳目者，所以聞見也。」因為耳目是聞見的門戶，當它與外物相接之後，若耽溺於外在的聲色，終致耳目麻木而失去聰明；心若執著於物欲，內心將盲動不安，汲汲於外物的追逐，於是形體疲憊不再堅固。一旦「以物亂官，以官亂心」〔註21〕，終究無法達到「正心在中」的目標。試問：其人內心浮躁不安，形軀官能失序，如何能成為「精舍」？所以做到治心的工夫，守住心之「宮」，還須暢通耳目之「門」；亦即守住心之「宮」和形之「門」，使心形皆正，才能成為「精舍」。〈心術上〉指出「潔其宮」的方法就在「去好過」，亦即去除好惡嗜欲，如此即是〈內業〉所言的「心無他圖」；至於「闕其門」的「闕」

―――――――――

〔註21〕〈內業〉：「不以物亂官，不以官亂心，是謂中得。」足見外在聲色足以擾亂耳目官能，而耳目官能放逸也足以擾亂內心的安寧。

是「虛」〔註22〕的意思，亦即暢通耳目、不耽溺於外在聲色，如此便是〈內業〉所謂的「耳目不淫」；唯有心定、形正，固守「精氣」之舍，最後才能「正心在中，萬物得度」。總之，「潔其宮，闕其門」與「敬除其舍」，都是維護「精舍」的修養工夫，唯有「治心」與「正形」兼修，才能涵養「精氣」。

〈內業〉以身心爲精舍，〈心術上〉則以「宮」比喻心，又說心爲智之「舍」，足見《管子》四篇重視「修心」的成效。宮、舍是「精氣」的儲存之所，也是智慧的源頭，因爲〈內業〉說：「精之所舍，而知之所生。」「知」就是「智」，藏「精」於胸中，便能「精想思之」，「智」也隨之產生。〈心術上〉則說：「靜則精，精則獨立矣；獨則明，明則神矣。」意謂內心靜定，則「精氣」來駐，藏「精」於胸中，則心中靈明，這種靈明的狀態稱之爲「神」。前面說的「正心在中，萬物得度」，說明了心中有「精」，於是智慧通達，便能掌握萬物之理。綜合以上二說，可知「神」包含了「知」和「明」，代表精明的智慧，而「精」正是「神」的泉源。簡言之，「精氣」乃是智慧的泉源。

精氣是流通變動的，所以要用「精舍」來安頓它。但是「精氣」的變動也可以生生不息，〈內業〉說：

　　精存自生，其外安榮，內藏以爲泉原，浩然和平，以爲氣淵。

「精氣」存於心中，便能自生自成，當它充滿了形體，顯現於外便是安泰榮盛；若能將自生自成的精氣「藏」於胸中，可以做爲生命的泉源，當「精氣」蓄積到浩然和平的境界時，便可以成爲集「氣」的深淵。「自生」說明了「精氣」具有創造動力，「泉原」和「氣淵」說明了「精氣」自充自盈，具有滋養潤澤的功能。足見修養「精氣」的步驟次序如下：第一步是將「精氣」存於精舍，第二步則是將自生自成的「精氣」藏於胸中，於是「精氣」源源不絕、浩然充沛。修道之人必須不間斷地維護「精舍」，保持身心的和諧，才能將「精氣」存而藏之，進而達成聖人的理想目標。

經過這一連串「存精」、「藏精」的工夫，其修養成效如何？〈內業〉說：

〔註22〕「闕其門」又做「開其門」。張文虎：《舒藝室隨筆》卷一：「闕其門」案上文作「開其門」，疑皆「關」字之誤，此言收視返聽也。（臺北：文海出版社，1966 年），頁 397。

　　　　筆者案：參照《韓非·解老》：「思慮靜，故德不去。孔竅虛，則和氣日入。」筆者以爲「思慮靜」就是「潔其宮」、「心無他圖」，「孔竅虛」就是「闕其門」、「耳目不淫」，因爲「孔竅虛」才能耳目暢通，所以「開其門」與「闕其門」，不當做「關其門」解；換言之，「開」和「闕」都是「虛」的意思。

> 淵之不涸，四體乃固，泉之不竭，九竅遂通，乃能窮天地，被四海。
> 中無惑意，外無邪菑。心全於中，形全於外，不逢天菑，不遇人害，
> 謂之聖人。

此段大意是說：從「泉源」的自生，到「深淵」的涵藏，經過不間斷地存養，浩然充沛的「精氣」使人九竅通暢、形體穩固，於是心智清明而心中無惑，必能避免天災人禍的傷害。所謂「四體乃固」即是四肢堅固，「九竅遂通」即是耳目聰明；唯有四體堅固、耳目聰明，身心整全才能成為「精舍」。「心全於中，形全於外，不逢天菑，不遇人害」，此四句乃是總結前文，點出涵養「精氣」的具體成效。由此可見，當「精氣」存於「精舍」，不外馳散逸，進而「藏」於胸中，於是「精氣」凝聚於心，便具備了虛靜觀照的智慧；而當胸中「精氣」不斷地積聚而達到極致，這種虛靜觀照的智慧，便是「精氣之極」的「神」。足見聖人之所以成為聖人，關鍵就在「藏」的工夫，聖與凡的分野也在此。存「精」、藏「精」的工夫必須持續不間斷，才能「心全於中，形全於外」，智慧通達，精明有神。常人不能專注於存養工夫持續漸進，當然不能成為聖人。總之，「精氣」透過不間斷的存養、涵藏，使人「心」與「形」俱全，「精」與「神」兼備，終能修養成理想境界的聖人。

　　「精」可以成為「氣」之淵，代表「精」的位階高於「氣」，此處的「氣」是何義？上文指出「淵之不涸，四體乃固，泉之不竭，九竅遂通」，意謂當「精舍」成為「氣淵」之後，「氣」獲得「精」的潤澤，於是四體堅固，九竅暢通，足見此「氣」與四體、九竅同在形體之中，才能「固」四體，「通」九竅，所以此處的「氣」當指形軀血氣。在《管子》四篇的思想體系中，「精」源於道，「氣」在形體之中，所以「精」是「氣」的形上根源，於是涵養成為「氣淵」的「精」，提供「氣」源源不絕的動能，隨著血氣流通於形體之中；此一境界即是「精」在「氣」中，「精」、「氣」合一。〈內業〉說：「夫道者所以充形也」，足見「精」、「氣」合一即是「道」充滿形體之中，而聖人藏「精」於胸中，可以「窮天地，被四海」，此即是得道的境界。

　　「精氣」源於道，可以自生自成，不涸不竭，當它通過「精舍」的存藏之後，達到浩然和平的境界，反過來滋養了「精舍」，潤澤了生命。所以「心全於中，形全於外」，正是調理「精舍」達到身心和諧的結果。這和《莊子・達生》的「形精不虧」的道理相通。總之，涵養「精氣」必先有「心全」、「形全」的精舍，才能藏「精」而有「神」，終能臻至與道合一的理想境界。

《管子》四篇將「舍」字用於「精舍」，也用於〈心術上〉的「德者道之舍」，強調「舍」是「修德」、「藏精」的起點。「精舍」概念的提出，正說明了《管子》四篇的「精氣論」，主張以身心爲道場的實踐進路。

四、關於「精氣」性質的商榷

「精」與「道」產生關聯，始於老子《道德經》，發展於《莊子》外雜篇，成形於《管子》四篇。「精」在《莊子》已經形成概念，到了《管子》四篇已確定「精」的地位：「道」透過「精」生成萬物，並成爲人生命內在的動力來源，因此安頓「精氣」乃是人生的重要課題。

「精」是道生萬物的作用，所以「精」和「道」一樣都具有形上性格。但「精氣」是否等於「道」？陳鼓應在《管子四篇——稷下道家代表作》中提到：

> 稷下道家繼承了老子道論中的形而上之道，並加以轉化，……將原本抽象邈遠之道具象化而爲精氣。所謂「精氣」，即是指極精靈細微之氣，……「精氣」與「道」是異文同義的，……〔註23〕

他認爲「精氣」是「道」的具象化，兩者爲同義詞，其實已肯定了「精氣」具有「道」的形上性格。他舉出〈內業〉兩個例子，來證明「道」和「精氣」是同義詞：

(1)「夫道者所以充形也」，其實「充形」之道，就是「精氣」。

(2)「靈氣在心，一來一逝。其細無内，其大無外，……心能執靜，道將自定。」其中「靈氣」即是「精氣」，「道將自定」即是精氣留止於心，所以「道」是「精氣」的同義詞。「一來一逝」，乃描述精氣之運動；「其細無内，其大無外」，則意謂精氣彌漫宇宙，無所不在。〔註24〕

老子道論的義理架構是：「道」兼攝有無，「無」是就道體的恍惚無形而言，「有」是就道的作用而言。《管子》四篇以「精」或「精氣」來闡述道之「有」，強調道生萬物的作用；既然「精」是道的具象化，使道不再「抽象邈遠」，所以「精」的内涵並不具備「抽象邈遠」的「無」；換言之，「精」是「有」，不是「無」，所以認定「精」是「道」的同義詞，這個說法有待商榷。

至於第二個例證，旨在透過「靈氣」來證明「精氣」即是「道」。他認爲

〔註23〕陳鼓應：《管子四篇——稷下道家代表作》，頁50。
〔註24〕同前註。

「靈氣在心」是「精氣」留止於心，也是「道」的朗現，所以「精氣」即是「道」。就「精氣」的運動而言，「精氣」即是「道」，因爲「精氣」的運動即是道之「有」的作用。「精氣」之所以能瀰漫宇宙，無所不在，原因就在道是「無」，所以〈心術上〉說：「虛無無形謂之道。」若非道的「虛」，「精氣」如何能靈動無方，不滯於物？若說「精氣」和「道」異文同義，取消了「無」的超越性，道就不成其爲道。

總之，關涉「道」的運動和化育作用時，「精氣」代表道之「有」，所以「道」和「精氣」同義。但是「道」是「無」也是「有」，所以「精氣」源於道，卻不全然是「道」的同義詞。

〈心術上〉說：「虛無無形謂之道，化育萬物謂之德。」「德」是道之「有」，並且爲萬物的內在本質；而「精氣」也代表道之「有」，爲萬物的生命之源；那麼「精氣」是否等同於「德」？有些學者認爲「精」是「德」，例如陳鼓應將「德」視爲「精氣」的同義詞，筆者在第三章第二節中已經加以辨析、釐清，〔註25〕此處不再贅述。更有論者因此認爲「精氣」代表人性。李玫芳說：

> 精氣是人對道性道理之分受，是人之所以爲人之性，人之所以爲人之理，人心若能掌握此性此理加以發揚，才能夠「藏於胸中，謂之聖人」。〔註26〕

> 精氣則是人性的內涵，當精氣出舍時，意謂人性的泯滅、人理的淪喪，此時人的生命仍然存在，只是一種動物性的存在罷了，故精氣正是人與禽獸相距幾希之處。〔註27〕

作者認爲「精氣」代表道之「理」，當「精氣」內在於人心，道理、道性也成爲人性的內涵。至於人性的內容是什麼，作者並未說明。作者又說當「精氣」出舍，則人性泯滅，人與禽獸相距不遠；換言之，人與禽獸的分野就在「精氣」。此處作者也並未舉例證明。根據〈內業〉：「精也者，氣之精者也。氣，道乃生，生乃思，思乃知，知乃止矣。」只能證明「精氣」是生命和智慧的來源，看不出「精氣」和人性有何關聯。另外，〈內業〉確有「反性」之說，以及儒道合流的跡象，如：

〔註25〕詳見本文第三章第二節之〈三、關於「德」之形上性格的釐清〉，頁87～90。
〔註26〕《《管子》形上思想探究——以「道」「氣」「心」爲主軸的構建》，輔仁大學哲學研究所，2004年博士論文，頁116～117。
〔註27〕同前註，頁118。

> 凡人之生也，必以平正，所以失之，必以喜怒憂患，止怒莫若詩，
> 去憂莫若樂，節樂莫若禮，守禮莫若敬。內靜外敬，能反其性，性
> 將大定。

> 形不正，德不來。中不靜，心不治。正形攝德，天仁地義，則淫然
> 而自至。

第一段引文，旨在說明以儒家的詩禮樂來調理情緒，便可返性而趨於穩定；至於「返性」之意，乃是去掉喜怒哀樂，回歸「平正」，因此「返性」當指歸根復命，虛靜無為。第二段引文中「天仁地義，淫然而自至」，是說天地中的仁義來到心中，「仁義」二字合乎儒家人性論，但這是來自修德的結果。兩段文字都看不出人性和「精氣」有何關聯性，反倒是和「德」關係密切，所以說：「精氣出舍」可能淪為禽獸，不如說「失德」則離禽獸不遠。作者將「精氣」和「德」觀念混淆，這和陳鼓應的觀點極為相近。涵養「精氣」和修德的工夫都在於修心正形，那是因為《管子》四篇的作者將人的身心視為修行的道場所致。不能因此混淆「德」和「精」在意義上的區隔。何況「精氣」出舍的結果，應是心神不靈，形氣衰敗，不必然喪失人性，而趨於禽獸。所以，以儒家的人性論和孟子的「人禽之辨」〔註28〕來解釋「精氣」，並不恰當。

「精氣」不是「道」的同義詞，也不等同於「德」，那麼「精氣」是什麼？丁原明在《黃老學論綱》中以「質料」來解釋「精氣」：

> 「道」在本質上是虛空的，是純粹想像中的一種存在，一種境界，
> 而不是指某種實體。……（《管子》）四篇看來構成世界本源的質料
> 不是別的什麼東西，而是「精氣」。〔註29〕

他認為：老莊的道論將構成宇宙萬物本源的「道」，與構成世界的質料割裂開來，於是「道」變成抽象的境界；《管子》四篇將「道」詮釋為由精氣所構成的物質性實存，正好克服了老莊道論的缺憾。如此道氣合一，「道」由一種抽象性的存在，演變成一種物質性的實體。〔註30〕這觀念背後隱含著一個前提：構成世界的基本元素必須是物質，所以老莊道論的抽象境界是一種缺憾。問題是：「道」若是物質性的實體，那麼「道」的形而上性格便消失不見；以物

〔註28〕《孟子・離婁下》：「孟子曰：『人之所以異於禽獸者幾希，庶民去之，君子存之。舜明於庶物，察於人倫；由仁義行，非行仁義也。』」孟子認為人和禽獸的差別，就在於人有仁義之心，並且實踐仁義，而有仁義之行。

〔註29〕丁原明：《黃老學論綱》，（山東：山東大學出版社，2000 年 10 月），頁 143。

〔註30〕同前註。

質性的「精氣」來解釋宇宙的構成，那麼《管子》四篇所建構的世界將變成一個物理世界。此外，作者已肯定《管子》四篇繼承老子道論的思維框架，如果「精氣」使「道」變成物質性的實體，便與老子道論的架構有所衝突，如此便顯現作者的論調前後不一致。所以把「精氣」解釋成物質性，和《管子》四篇具有形上性格的「道」並不相符。

另外，白奚不僅用「物質」來解釋精氣，更強調「精氣」與「精神」之間的關係：

> 《管子》以「精氣」來說明世界的統一性和自然萬物的生成變化，比起老子用性質不明的「道」來做統籌的解釋是前進了一步，此時的「精氣」大體是物質性的。但作者的主要興趣在於用「精氣」來解釋人的生命特別是精神現象，……〔註31〕

白奚和丁原明都認定「精氣」是物質，關於這點，前文已經予以辯駁、澄清，此處不再贅述。至於白奚點出，以「精氣」來解釋生命和精神現象，這確實是《管子》四篇的論述重心。由「精」而有「神」，解釋了智慧的來源，此外，生命包含「精神」和「形體」二元，已是今人所普遍認同的觀念；這說明了《管子》四篇從老莊學說出發，建構成為「精氣論」，學說獨到而影響深遠。

總之，「精氣」與「道」不是同義詞，「精」與「德」的涵義也有所不同，將「精氣」解釋為人性的內涵，或是物質性的質料，都是不恰當的說法。「精」是「道」的生成作用，也是萬物生命的來源；「精氣」決定人的心智狀態，影響形體的健全，所以「精舍」是修養的起點；這些都是《管子》四篇「精氣論」中極為重要的思想成分。

第二節　靈氣在心

在《管子》四篇中關於「氣」的討論，多集中在〈內業〉和〈心術下〉兩篇，而且有多處重複。〔註32〕「氣」所涉及的範圍比「精」還要廣，除了與形上之道有關之外，也涉及人的身體、心靈、情緒，涵養之後則展現出不

〔註31〕白奚：《稷下學研究——中國古代的思想自由與百家爭鳴》，（北京：三聯書店，1998 年 9 月），頁 168～169。

〔註32〕郭沫若：《管子集校》：認為〈心術下〉即「〈內業〉篇別本之散簡，前後遺失，僅餘其中段而簡次凌亂。」陳鼓應採用郭沫若的說法，也主張〈心術下〉乃〈內業〉之副本。參見《管子四篇詮釋——稷下道家代表作》，（臺北：三民書局，2003 年 2 月），161。

同的生命氣象。本節以「氣」爲問題核心，分成以下四個部分展開討論：一、「氣」字辨析，二、「氣」字溯源，三、摶氣如神，四、關於「氣即是道」的商榷；希望藉此釐清「精」和「氣」的區分，以及「氣」在「精氣論」中的地位。

一、「氣」字辨析

在《管子》四篇的「精氣論」中，道透過「精氣」來化生萬物，但有時以「氣」指稱「精」，因此必先釐清「精」和「氣」重疊互用的部份，才能進一步展開討論。例如〈內業〉：

> 凡物之精，此則爲生，下生五穀，上爲列星。流於天地之間，謂之鬼神；藏於胸中，謂之聖人。是故此〔註33〕氣，杲乎如登於天，杳乎如入於淵，淖乎如在於海，卒乎如在於己。是故此氣也，不可止以力，而可安以德；不可呼以聲，而可迎以意〔註34〕。

這一段文字在探討「精」的化生作用無所不在，後面兩句「是故此氣」都是延續「凡物之精」的描述，整句是「精」的代稱，意指：「此一精氣」，間接點出「精」也是「氣」的一種。《管子》四篇中「精」和「氣」的混用或互用，造成理解上的困難，而兩字的混用其實代表彼此有互通之處。簡而言之，「精」和「精氣」是同義詞，都屬於「氣」的範疇，精純之氣稱爲「精氣」，簡稱爲「精」；所以「氣」字所涵攝的範圍較大，舉凡精氣、血氣、自然之氣都是「氣」。筆者以爲：〈內業〉的「是故此氣」，乃是以總類的「氣」來代稱前文「凡物之精」的「精」；因此「是故此氣」的「氣」，更精確地說，是「精氣」或「精」。

除了上述例證之外，是否仍有以「氣」指稱「精氣」的用法？〈內業〉說：

〔註33〕丁士涵曰：「民」乃「此」字之誤。氣即精氣也，下文云「是故此氣也」是其證。參見戴望《管子校正》引，頁279。
　　陳鼓應以爲當做「是故此氣也」，下文「是故此氣也」，與此正爲排比句（按應爲對偶句）。參見《管子四篇詮釋——稷下道家代表作》，頁88。

〔註34〕王念孫：《讀書雜志》：「音」即「意」字也，「音」與力、德、得爲韻，明是「意」之借字。（臺北：商務印書館，1978年12月），頁22。
　　張舜徽：《周秦道論發微‧管子四篇疏證》：「音」字蓋本作「意」，傳寫者誤脫下半而爲「音」耳，不必謂爲「意」之借字也。此數語，言氣之爲物，不可以強力制止，不可以聲音呼召，但可養之以德，逆之以意。頁306。
　　筆者按：若「音」字無誤，則「不可呼以聲」卻又「可迎以音」，前後文矛盾。所以「音」當改爲「意」。

精也者，氣之精者也。氣，﹝註35﹞道乃生，生乃思，思乃知，知乃止矣。

「氣，道乃生」原作「氣道乃生」，「生」是動詞，「氣道」擔任主詞，兩字合為一詞，意義並不明確；後面連續三組句子都是相同的句法，因此若將「氣」和「道乃生」斷開，形成四組排比句，「氣」獨立成詞做為主語，後四句擔任判斷句的斷語，用來說明「氣」的功能，如此全句較易解讀。至於「氣」的涵義，因為前文是「精」，所以應指「精氣」而言。全句意謂：「精氣」是道生萬物的力量，使人產生思慮，由思慮而產生知；換言之，「知」來自於「道」的留駐。所以「精氣」具有「生」的動能，也是「知」的來源。足見在《管子》四篇中，以「氣」指涉「精氣」共有兩處，必先加以區別，才能釐清「氣」的內涵。

《管子》四篇中除了上述二例之外，「氣」大多指形體之中的氣，〈心術下〉說：「氣者，身之充也。」因此筆者據此稱其為「形氣」，藉以區別「氣」的不同涵義。

首先要探討的是：「形氣」與「道」有何關係？〈內業〉說：

凡道無所，善心安處﹝註36﹞，心靜氣理，道乃可止。

這段話的意思是說：道無所不在，只有「善心」才是道可以安止之處。何謂「善心」？後面指出「心靜氣理」才能使「道」安處可止，足見「善心」當是「心靜氣理」之意。此外，〈內業〉又說：「凡人之生也，必以其歡，憂則失紀，怒則失端，憂悲喜怒，道乃無處。」憂、悲、喜、怒等情緒的鼓盪，必定造成行為失紀、失端，如此心不靜，氣不理，「道」將無法安處；所以必須調節情緒的起伏，達到「心靜氣理」的境地，「道」才能安處。由此可見，「善心」的「善」，非關道德意義的善惡，而是「完善」之意，意謂「心靜氣理」就是心的最佳狀態，如此才能得道。

如前所述，「心靜氣理」是身心的整體和諧，足見「心」和「氣」的調養兩者缺一不可。〈心術下〉說：「氣者，身之充也。……充不美，則心不得。」充滿在形體之中的是「氣」，「充不美」的「充」乃是就「氣」而言，意謂「形氣」不和諧，如此則心也不得安寧，足見「氣」會影響「心」，所以調養「形氣」是極為重要的工夫。〈內業〉說：

﹝註35﹞原作「氣道乃生」，依安井衡《管子纂詁》校改。（臺北：河洛圖書出版社，1976年3月），頁4。

﹝註36﹞王念孫：《讀書雜志》：「愛」當為「處」字之誤。

> 凡食之道，大充，傷而形不臧；大攝，骨枯而血沍。充攝之間，此
> 謂和成。……飽不疾動，氣不通於四末。

關於人的生成，〈內業〉指出：「天出其精，地出其形，合此以為人。和乃生，不和不生。」由此可見，「和」是維持生命的重要條件，因此飲食之道仍以「和」為最高原則，飲食「大充」或「大攝」都違反「和」的原則，因為「大充」乃是飲食過度，結果傷害健康而形體不佳；「大攝」則是飲食不足，造成骨骼枯槁和血液不暢。所謂「形不臧」即是形體狀態不夠完善，試問：體能不健全如何使道「安處」？〈內業〉主張飲食過度之後，必須儘快運動，促使血氣運行，否則血氣無法流通四肢，必定害形傷身。飲食的飢飽會影響血氣，所以修養的首要目標就在養「形氣」之「和」，亦即使「形氣」保持和諧，一如初生的狀態。

身心和諧之後，更進一步要追求「形氣」的提昇和轉化。「形氣」經過修養之後將達到何種生命境界？〈內業〉說：

> 大心而敢，寬氣而廣，其形安而不移，能守一而棄萬苛。見利不誘，
> 見害不懼，寬舒而仁，獨樂其身，是謂雲氣，意行似天。……彼道
> 自來，可藉與謀。靜則得之，躁則失之，靈氣在心，一來一逝。其
> 細無內，其大無外，所以失之，以躁為害，心能執靜，道將自定。

這段大意是說：在「氣通於四末」之後，更進一步要調養「心」、「氣」，於是便可達到「寬氣」、「雲氣」、「靈氣」等不同境界的生命氣象。所謂「寬氣」是指內心開闊而勇敢，於是生命氣象寬廣，形體安定而不受外物牽引，保存內在的精純，捨棄外在的種種紛擾。達到「寬氣」的境界之後，更進一步做到不為利誘，不懼迫害，內心便由寬廣進展到舒暢、悅樂、仁厚，生命如雲氣悠遊天際，自在自得，這就是「雲氣」的境界。心氣寬大勇敢、舒暢自由之後，致虛守靜而不躁動，於是達到「靈氣」的生命境界。由此可見，所謂「其細無內，其大無外」，正說明了生命如「道」一般，可以窮通四極，無所不在，這種境界即是得道。足見〈內業〉將養氣之後的生命境界分出不同層次，而最高的境界即是得道。其中「靜則得之，躁則失之」，和「心能執靜，道將自定」，都在說明「靜」才能得道；換言之，「靜」是到達「靈氣」境界的重要工夫。心從「大」而「舒」到「靜」，生命氣象由「寬氣」而「雲氣」，進至「靈氣」，展現了心氣修養的層層進境。由此可見，《管子》四篇的養氣進路是以養生為起點，以得道為終極理想。

當心氣和諧，道來安止之後，生命氣象便可顯現於外。〈內業〉說：

> 全心在中，不可蔽匿。和於形容，見於膚色。善氣迎人，親於弟兄。
> 惡氣迎人，害於戎兵。不言之聲，疾於雷鼓。心氣之形，明於日月，
> 察於父母。賞不足以勸善，刑不足以懲過。氣意得而天下服，心意
> 定而天下聽。

「全心在中」就是心達到「善」、「和」的狀態，亦即「心靜氣理」之意。何
謂「不可蔽匿」？後面提到「善氣」和「惡氣」，所以「不可蔽匿」的就是「氣」。
因為當內心「和」、「善」，這種「和氣」便展現於容貌、膚色。接著又說：「心
氣之形，明於日月」，其中「心氣」當是指「心靜氣理」之後，「心」和「氣」
合一的狀態。當內在「心氣」強大到無法蔽匿，便凝聚而為善氣或惡氣：善
氣可以使陌生之人親如兄弟，惡氣便會造成對立和紛爭。「心氣」的傳播極為
迅速，不必透過言語，卻比雷鼓之聲還要迅疾；所以吾人應當審慎修養「心
氣」，養成善氣，避免形成惡氣。當「心氣」展現於外，比日月還要顯著，如
同父母對於子女瞭然於心。所以「形氣」可以維繫生命，只要善加調養，便
可達到養生長壽的效果；更進一步可以凝聚為生命氣象，顯現於形體之外，
與人互相交流感應。足見「心」帶動「氣」，產生所謂的「心氣」，「心氣」可
以顯現於外，使人感受到內在之氣，於是彼此心意交流，生命感通。〈內業〉
作者更將這種感通力量引向政治效用，認為執政者的「氣意」或「心意」可
以傳達於天下，使人民信服，這種感通力量超越賞罰的功能。

「氣意」、「心意」究竟代表何種涵義？「氣意得」和「心意定」當是互
文足義，「得」和「定」都是動詞，「氣意」和「心意」指存於「心氣」中的
意念。當執政者的意念堅定，貫通於「心氣」，顯現於形體之外，於是意念傳
達至人民之「心」，並與其生命之「氣」互相感通，於是「天下服」、「天下聽」。
所以「心全於中」，意念必流通於整體「形氣」，因此「意氣」迎人，必能使
人知其「心意」，感其「意氣」，而有感通之效。

前面說過：生命之氣可以轉化提昇，試問其根源動力來自何處？〈內業〉
說：

> 精存自生，其外安榮，內藏以為泉原，浩然和平，以為氣淵。

當存藏於精舍的「精」達到浩然和平的境地，便可以成為「氣」的淵源，
於是使四肢堅固，九竅通暢。「精」提供「形氣」轉化的能量，於是生命氣
象由「寬氣」、「雲氣」，進而到達「靈氣」的境界；當「精氣」蓄積越豐厚，

提供「形氣」轉化的能量也越強大，所以「精氣」是提昇生命氣象的根源動力。

至於「形氣」的轉化又必須具備何種條件？〈內業〉說：

> 凡食之道，……充攝之間，此謂和成。精之所舍，而知之所生。

前面提到調養「形氣」的首要條件就在「和」，〈內業〉說：「充攝之間，此謂和成。」飲食的充攝必須合乎「和成」的原則，也就是飲食多寡適度，才能使血氣流通四肢、九竅，乃至整個形體，如此「形氣」和諧，便可以成為「精舍」〔註37〕。所以「精氣」存藏於胸中，「知」就產生了。這個「知」，使「寬氣」之人「能守一而棄萬苛」，使「雲氣」之人「見利不誘，見害不懼」，使「靈氣」之人，窮天地，被四海。心的「知」使生命氣象轉化、昇越，所以「知」是「寬氣」、「雲氣」、「靈氣」成為可能的關鍵，至於「知」則是來自「精氣」的存藏。所以從「存精」、「藏精」，進而達到「精氣之極」，生命氣象才能逐次轉化。在本章第一節已經歸結出：精氣之極的「知」是「智」，也是「明」，稱為「神」或「神明」；換言之，心的「神」、「神明」引導了「形氣」的轉化。

綜合以上所述，「形氣」轉化的條件，一是「和」，二是「知」。「形氣」要「和」才能成為「精舍」，然後「存精」、「藏精」達到「浩然和平」的境界，於是產生「知」，並成為「氣淵」。「知」使「心大而敢」，於是生命氣象變得寬闊；「知」使心寬舒而仁，於是生命氣象自在如雲；「知」使心虛靈不昧，於是生命氣象靈動無方。足見「心」和「氣」之間關係密切：心要能「知」，「氣」要能「和」。由「精」到「氣」的轉化過程，簡圖如下：

心氣和→精舍→存精→藏精（浩然和平）
{ 氣淵
  神明（知） } →寬氣→雲氣→靈氣

〈內業〉又說：「淵之不涸，四體乃固，泉之不竭，九竅遂通，乃能窮天地，被四海。中無惑意，外無邪菑。心全於中，形全於外，不逢天菑，不遇人害，謂之聖人。」當人存藏精氣成為「氣淵」之後，使心全且形全──心全是「中無惑意」，「神明」通於四極；「形全」即是四體健全，九竅暢通；這就是〈內業〉所謂聖人的境界。這種「心全於中，形全於外」的聖人和「靈氣在心」的得道之人，都是因為藏「精」於胸中，所以「靈氣在心」即是藏

〔註37〕〈內業〉：「定心在中，耳目聰明，四枝堅固，可以為精舍。」

「精」於胸中；由此可見,「靈氣」即是「精氣」。總而言之,養氣的過程是以「精氣」爲泉源,使「形氣」逐步提昇轉化,於是「精」在「氣」中,兩者合而爲一,如此便達到養氣的理想境界——得道。

　　總之,《管子》四篇中的「氣」包含「精氣」和「形氣」兩層涵義,「精氣」是道生萬物的動力,並內在於萬物生命之中;「形氣」是維持生存的能量,流通於人的形體之中。若能將「精氣」存藏於形體之中,涵養至浩然和平的境地,一方面成爲「形氣」轉化的淵源,一方面產生神明之「知」,使生命氣象由「寬氣」、「雲氣」、「靈氣」逐漸提昇,終至成爲得道的聖人。「形氣」轉化的動力是「精氣」,而「精氣」來自形上之道,所以「精氣」是「形氣」的形上根源。兩者之間的關係,簡圖如下:

$$
氣\begin{cases} 精氣（道乃生） & 形上 \\ \\ 形氣（身之充也） & 形下 \end{cases}
$$

上圖是「氣」的意義界定:形上「精氣」爲形下「形氣」的泉淵,當「形氣」修養至「靈氣」的境界,即是藏精於胸中的得道境界。所以《管子》四篇「精氣論」始終不離《道德經》「人法道」〔註38〕的義理規模。

二、「氣」字溯源

　　《管子》四篇的「精氣論」對於《道德經》的道論有繼承也有開展,至於「氣」的概念和《道德經》有何關聯?以下先從《道德經》開始溯源。

（一）《道德經》的「氣」

　　《道德經》中「氣」字共出現三次,其中〈第四十二章〉和「道」的生成作用有關,〈第十章〉、〈第五十五章〉則和人的心氣修養有關。以下先討論〈第十章〉:

　　　　專氣致柔,能嬰兒乎?

這裡的「專氣致柔」是針對人的形軀修養而言,《河上公章句》:「專,守精氣使不亂,則形體能應之而柔順。」〔註39〕此處河上公以「精氣」來解釋「氣」。王弼則注曰:「專,任也。致,極也。言任自然之氣,致至柔之和,能若嬰兒

〔註38〕《道德經・第二十五章》:「人法地,地法天,天法道,道法自然。」人從法地、法天,最終便是法道的自然無爲。

〔註39〕河上公:《老子道德經河上公章句》,(北京:中華書局,1993 年 8 月),頁34。

之無所欲乎？則物全而性得矣。」〔註40〕王弼認爲「氣」指自然之氣。兩家的說法並不相同。

〈第十章〉的「氣」可以上溯到〈第四十二章〉：

> 道生一，一生二，二生三，三生萬物。萬物負陰而抱陽，沖氣以爲和。

關於「沖氣以爲和」，《河上公章句》：「萬物中皆有元氣，得以和柔，若胸中有藏，骨中有髓，草木中有空虛與氣通，故得久生也。」〔註41〕道內在於萬物之中的稱爲「元氣」，而「專氣致柔」的「氣」，河上公稱爲「精氣」，足見「元氣」即是「精氣」。關於道生萬物的過程，河上公認爲：

> 道始所生者一也。一生陰與陽也。陰陽生和、清、濁三氣，分爲天地人也。天地共生萬物也，天施地化，人長養之也。〔註42〕

在這段注文中，「二」是陰、陽二氣，「三」可能是和氣、清氣、濁氣或是天、地、人，至於何謂「一」並未言明，「一」可能是「精氣」，因爲河上公以「精氣」來解釋〈第二十一章〉的「其中有精」。因此「沖氣以爲和」的「氣」乃是陰陽二氣，意謂萬物的元氣來自陰陽二氣的和合。

關於〈第四十二章〉，王弼注爲：

> 萬物萬形，其歸一也。何由致一？由於無也。由無乃一，一可謂無？已謂之一，豈得無言乎？有言有一，非二如何？有一有二，遂生乎三。從無之有，數盡乎斯，過此以往，非道之流。故萬物之生，吾知其主，雖有萬形，沖氣一焉。〔註43〕

王弼認爲道生萬物是從無到有，生生不息。一來自「無」，所以一、二、三都是「有」的系列繁衍。道是萬物之主，雖然萬物有萬形之別，但是「沖氣」而生成萬物的原理卻是一致的。至於何謂「沖氣」，王弼則並未言明。總之，王弼的注解僅指涉道的生成原理，而不涉及宇宙演化的歷程，所以一、二、三與「精氣」或陰陽二氣無關。就「氣」與人的關係，河上公認爲生命之中的「氣」，稱爲「元氣」或「精氣」；王弼只說是「自然之氣」，意指虛靜無爲的生命之氣。《管子》四篇中的「氣」，與道合一的稱爲「精」或「精氣」，在

〔註40〕王弼：《老子道德經注》，收錄於《老子周易王弼注校釋》，樓宇烈校釋，（臺北：華正書局，1981年9月），頁23。
〔註41〕河上公：《老子道德經河上公章句》，頁169。
〔註42〕同前註，頁168～169。
〔註43〕王弼：《老子道德經注》，頁117。

人生命之中的稱爲「氣」，依據修養進程而有寬氣、雲氣、靈氣的境界之別。
〈內業〉說：「和乃生，不和不生。」這也和老子一樣強調「和氣」的重要。
《管子》四篇的「精氣論」先於河上公，而且觀念相近，可能是河上公注老
的重要依據，不過《管子》四篇並無「元氣」的概念。

　　〈第五十五章〉的「氣」又代表何種涵義？

　　　　知和曰常，知常曰明，益生曰祥，心使氣曰強。物壯則老，謂之不
　　　　道，不道早已。

「含德之厚」的赤子，生命是「精之至也」、「和之至也」，所以修養之道就
在保持常道之「和」。「心使氣曰強」，意謂「心」的造作逞強牽動了生命之
氣，一旦違反常道之「和」，便會衰老早已。關於「心使氣曰強」一句，「曰」
字河上公作「日」，注：「心當專一和柔而氣實內，故形柔。而反使妄有所
爲，和氣去於中，故形體日以剛強也。」〔註44〕河上公認爲應當保持心的
專一柔和，則「和氣」充實於體內，因此形體也柔和；反之，妄作有爲，
則「和氣」必離「心」遠去，形體便日益剛強。王弼注：「心宜無有，使氣
則強。」〔註45〕意謂心應當處於「無有」，亦即「無爭欲之心」〔註46〕，「使
氣則強」則是有心有爲，意謂心有爭欲則必逞強妄作。所以心、氣之間要
維持「和」的狀態，必先使心「專一和柔」（河上公注）和「無有」（王弼
注）；反之，心若執著於「有」，不能專一和柔、虛靜無欲，於是形體強壯，
乃至強行有爲。足見「物壯」之「強」，違反常道之和，必將老衰早凋。從
「心使氣曰強」的涵義，便知心與氣調和，才是合乎常道，這也是「人法
道」〔註47〕的重要基礎。

　　在《道德經》中「氣」指涉宇宙創生時，指的是陰陽二氣；牽涉到人的生
命內在時，相當於《管子》四篇的「形氣」。人生命內在的「氣」來自陰陽二氣
沖和，此即是「和氣」；赤子「含德之厚」是因爲保住「和氣」，所以修養工夫
就在「專氣致柔」，使「形氣」專一柔和，達到「德厚」的境地。所謂「德厚」
便是生命精純和諧，不離常道，如同赤子一般。反之，因爲心亂而干擾自然之
氣的運行，便是逞強造作，當生命失去內在之德的淳厚，不免疲弊早衰。

〔註44〕河上公：《老子道德經河上公章句》，頁212。
〔註45〕王弼：《老子道德經注》，頁146。
〔註46〕《道德經・第五十五章》：「精之至也」，王弼注爲「無爭欲之心」。同前註，
　　　　頁145。
〔註47〕《道德經・第二十五章》：「人法地，地法天，天法道，道法自然。」

　　《道德經》中關涉存有論的「氣」，河上公所謂「精氣」、「元氣」乃是後起的觀念，王弼的「自然之氣」較能切合《道德經》的原意。因爲〈第二十五章〉說：「道法自然」，「自然」相對於「他然」而言，「心使氣曰強」的有爲造作便是「他然」，「專氣致柔」則是純任「自然」，透過虛靜無爲的修養工夫，回歸常道。總之，關涉宇宙論的「氣」是陰陽二氣，存有論的「氣」是自然之氣。

（二）《莊子》的「氣」

　　在《莊子》內篇中，「氣」大多指天地自然之氣。例如：〈逍遙遊〉的鵬鳥「絕雲氣，負青天」；藐姑射之山的神人「乘雲氣，御飛龍，而遊乎四海之外」；而所謂無待，乃是「乘天地之正，而御六氣〔註48〕之辯，以遊無窮者」。〈齊物論〉的「夫大塊噫氣，其名爲風」；以及至人「乘雲氣，騎日月，而遊乎四海之外。」以上所謂「雲氣」、「六氣」、「大塊噫氣」（風），都是指天地自然之氣。

　　此外，〈在宥〉：「天氣不和，地氣鬱結，六氣不調，四時不節。」〈知北遊〉：「天地之強陽氣也，又胡可得而有邪！」〈庚桑楚〉：「夫春氣發而百草生」，〈則陽〉的「四時殊氣」，從天氣、地氣、雲氣、六氣，到春夏秋冬四時之氣，這些都屬於宇宙自然之氣。

　　《莊子》書中的「氣」，除了指涉天地自然之氣，也指涉萬物的生命之氣。例如：〈人間世〉有「人氣」、「氣息」，以及〈在宥〉的「血氣」，都與生命之氣有關。生命之氣有強有弱，氣強的稱爲「盛氣」（〈達生〉），展現於神采，稱之爲「神氣」〔註49〕，氣弱則雙目茫然無見，色若死灰，「不能出氣」（〈盜跖〉）。氣有平與不平之別，不平之氣稱爲「忿滀之氣」（〈達生〉），氣隨於心稱之爲「志氣」（〈盜跖〉），所以修養工夫就在「養其氣」（〈達生〉）。例如：〈庚桑楚〉說：「欲靜則平氣，欲神則順心。」其中「平氣」和〈盜跖〉的「純氣之守」，〈說劍〉的「定氣」，都是養氣的工夫。反之，不能養氣則將「耗氣」（〈達生〉）。

〔註48〕　「六氣」之說眾說紛紜，《左傳・昭公元年》醫和指出：「六氣曰陰、陽、風、雨、晦、明」，王逸、支遁以天地四時爲六氣，郭慶藩依據《尚書・洪範》認爲雨、暘、燠、寒、風爲五氣，五氣合時則爲六氣，以上諸說雖各有不同，但可以歸結出「六氣」與天地自然有關。參見郭慶藩：《莊子 集釋》，收錄於《新編諸子集成》第三冊，頁11。

〔註49〕　參見《莊子・天地》：「汝方將忘汝神氣，墮汝形骸，而庶幾乎！」〈田子方〉：「夫至人者，上闚青天，下潛黃泉，揮斥八極，神氣不變。」

　　從以上例證可知，《莊子》外雜篇的「氣」已從宇宙自然現象的描述，轉向對萬物生命之氣的探討。

　　「氣」貫串宇宙天地，並且內在於萬物，此一生成過程究竟如何完成？〈田子方〉說：

> 至陰肅肅，至陽赫赫。肅肅出乎天，赫赫發乎地。兩者交通成和而物生焉，或爲之紀而莫見其形。消息滿虛，一晦一明，日改月化，日有所爲，而莫見其功。生有所乎萌，死有所乎歸，始終相反乎无端，而莫知乎其所窮。非是也，且孰爲之宗！

陽氣下發至地，陰氣上升於天，於是在陰陽和合中完成化生萬物的作用。有一種不見其形的力量，維繫著天地陰陽的綱紀，天地之間的消長、滿虛、明暗，以及日月變化，這些現象都是它的作爲。生是起始，死是終點，無論生、死、始、終，萬物都將回歸於無，然而生死循環卻無窮無盡。試問：維繫天地陰陽，生成萬物、造就萬象的宗主是誰？〈則陽〉說：

> 是故天地者，形之大者也；陰陽者，氣之大者也；道者爲之公。

宇宙之間形體最大的是天地，最強大的氣是陰陽二氣，在天地陰陽之上，公而無私的是道。足見〈田子方〉所謂「不見其形」的力量就是道。道是維繫天地秩序、陰陽消長的宗主；換言之，陰陽生化的根源動力就是道。《道德經·第四十二章》：「萬物負陰而抱陽，沖氣以爲和。」意謂道生萬物是透過陰陽的沖氣和合，這與《莊子·田子方》的觀念相通。

　　除了陰陽之外，在道生萬物過程中，天地擔負了何種任務？《道德經·第三十二章》：「天地相合，以降甘露，民莫之令而自均。」這段文字意謂侯王法道無爲，如同天地相合，降下甘霖而潤澤百姓，雖然百姓不求甘露，卻能普受潤澤而一體均霑。此處並未指出天地參與道的生成作用，但是《莊子·達生》說：

> 夫形全精復，與天爲一。天地者，萬物之父母也，合則成體，散則成始。

形體和精神來自於天地相合，所以天地是萬物的父母；反之，形體和精神一旦分散，生命便復歸於無。天地是萬物的父母，但是〈大宗師〉說：「陰陽於人，不翅父母。」〔註50〕陰陽無異於人的父母，足見天地及陰陽都是萬物生

〔註50〕成玄英：《莊子疏》：「陰陽造化何啻乎二親乎？」「翅」乃「啻」之通假，意謂陰陽造化如同人的父母雙親。參見《莊子集釋》，收錄於《新編諸子集成》

命的來源。〈知北遊〉說：

> 舜問乎丞曰：「道可得而有乎？」曰：「汝身非汝有也，汝何得有夫
> 道？」舜曰：「吾身非吾有也，孰有之哉？」曰：「是天地之委形也；
> 生非汝有，是天地之委和也；性命非汝有，是天地之委順也；孫子
> 非汝有，是天地之委蛻也。……」

吾人之形體乃是天地所賦予，吾人之生機、性命來自天地所賦予的和順之氣，
吾人之子孫乃是天地所賦予而蛻變、繁衍的，所以說天地是萬物之父母。在
這段文字敘述中可知：天地委以陰陽之和順，賦予人生機、性命，足見天地
在陰陽之上。此外，〈德充符〉也說：「道與之貌，天與之形。」萬物的形貌
來自於天地，也是來自於道，足見此處天地與道同義，乃是道的化身；所以
道生萬物的作用，是天地賦予萬物形體，陰陽二氣賦予萬物性命；歸根究柢，
道才是萬物的源頭。誠如《道德經・第一章》所言：「無，名天地之始；有，
名萬物之母。」無和有是道的代稱，意謂道乃是天地萬物的始源、父母。

　　關於「道」生萬物的過程，《道德經・第四十二章》：「道生一，一生二，
二生三，三生萬物。萬物負陰而抱陽，沖氣以爲和。」此章旨在說明道的生
成原理，所以並未指出「一」、「二」、「三」是何義。到了《莊子》外雜篇則
將道生萬物的過程，具體化而爲天地、陰陽，形成宇宙論的說法。其中「委
之以和」、「委之以順」，皆就「氣」而言，天地交付陰陽和順之氣，賦予萬物
性命，此與「萬物負陰而抱陽，沖氣以爲和」，有其相通之處。因此《莊子》
宇宙論的架構應是如下圖所示：

　　此外，〈大宗師〉：「以天地爲大鑪，以造化爲大冶，惡乎往而不可哉！」
莊子將「道」比成造物者，將道生萬物的過程稱爲「造化」，而天地正是造化
的大爐。所以天地參與了「道」的造化，更提供了萬物生長繁衍的空間。所
以得道之人可以乘雲氣，遊於天地之間。總之，天地是「道」的化身，也是

第三冊，頁118。

萬物生存的空間；陰陽二氣則是萬物生命的動力。

如前所述，萬物的形體來自天地，生命則是來自陰陽二氣，所以氣的聚散，決定萬物的生死。〈知北遊〉：

> 生也死之徒，死也生之始，孰知其紀！人之生，氣之聚也；聚則爲生，散則爲死。若死生爲徒，吾又何患！故萬物一也，是其所美者爲神奇，其所惡者爲臭腐；臭腐復化爲神奇，神奇復化爲臭腐。故曰：「通天下一氣耳。」

生和死是同類，死是生的開始，萬物的生命來自於「氣」的聚集，死亡則是因爲「氣」散逸消失，所謂「萬物一也」，意謂萬物都是「一氣之化」，生死都是氣的聚散，所以說「通天下一氣耳」。眾人往往好生惡死，將生視爲神奇，厭惡死後形體臭腐。其實生變爲死，神奇的生命終將變成臭腐的形體；死亡又轉成新生，於是臭腐的形體又變成神奇的生命。整個天下萬物都是「氣」的轉化，生命的動力是「氣」，「氣」又如何化爲神奇的生命？〈至樂〉說：

> 察其始而本無生，非徒無生也而本無形，非徒無形也而本無氣。雜乎芒芴之間，變而有氣，氣變而有形，形變而有生，今又變而之死，是相與爲春秋冬夏四時行也。

生命從無到有，從生到死，如同四季的循環。在茫然恍惚之間有了「氣」，「氣」再變而有形體，形體變化於是才有生命，如今生命又經歷變化而死亡，「氣」便散逸於天地之間，與四季一同運行。總之，「氣」聚集在形體之中，於是開始神奇的「生」；氣散而離開形體，於是形體轉爲臭腐的「死」。足見先有「氣」後有「形」，「氣」在「形」中，和合而有生命。

因爲主張萬物是一氣之化，莊子的生命觀與常人不同，〈大宗師〉說：

> 父母於子，東西南北，唯命之從。陰陽於人，不翅於父母。彼近吾死而我不聽，我則悍矣，彼何罪焉！夫大塊載我以形，勞我以生，佚我以老，息我以死。故善吾生者，乃所以善吾死也。

生死來自「氣」的聚散，所以陰陽二氣如同人的父母。人們對於父母往往唯命是從，但是接近死亡的時候，卻悍然不肯聽從陰陽之命。生是自然，死也是自然，因此拒絕死亡的到來就是悖離自然。天地用形體來承載我，用生存來勞役我，用老化來使我安逸，用死亡來讓我休息，所以無心自然地面對「生」，就可以無心自然地面對「死」。陰陽的消長決定生命的強弱，「氣」強則生命強健，「氣」弱則老、死隨之而來；簡言之，氣聚而生，氣散則死。

氣散之後，也許轉化爲鼠肝、蟲臂，這是道的造化之功。〔註51〕生、老、死是生命的循環，也是陰陽之氣的消長，若能順應造化自然，如同聽從父母之命，便不致好生惡死。但是眾人不聽從天地之化與陰陽之變，執著、妄作，逃避老、死的到來。〈至樂〉說：「生者，假借也；假之而生生者，塵垢也。死生爲晝夜。」生命本是假借而有，借來的形體如同塵垢，死生一如晝夜交替，因此毋須厭棄死亡的到來。〈秋水〉說：「道無終始，物有死生。」道是永恆無限的，萬物是有限的，生命所寄的軀殼終將化爲塵垢，氣聚氣散各有其時，生死之間短暫一如晝夜。生死只是「氣」的轉化，神奇化爲臭腐只是自然之化，因此莊子主張順應自然，超脫生死，「遊乎一氣之化」〔註52〕，「上與造物者遊」〔註53〕。

氣聚氣散不僅決定了生命的始終，也決定生命的強弱，因此調養陰陽二氣極爲重要。陰陽不協調則產生病恙，此即是〈大宗師〉所謂的「陰陽之氣有沴」。「沴」〔註54〕同「戾」，意謂陰陽不和導致氣亂，使人身心失調，因此必須注意陰陽的調和。〈在宥〉說：

> 人大喜邪？毗於陽；大怒邪？毗於陰。陰陽並毗，四時不至，寒暑
> 之和不成，其反傷人之形乎！

人情近於陽則大喜，近於陰則大怒，大喜大怒其實是陰陽失和所致，結果不僅是情緒失調，更使形體受損，人體如同宇宙一般，和諧才能使形體穩固。因此〈德充符〉說：「不以好惡內傷其身，常因自然而不益生也。」足見心之好惡導致大喜大怒，必然氣亂而傷身。〈達生〉說：「未嘗敢以耗氣也，必齋以靜心。」惟當內心虛靜，保持陰陽之氣的和諧，才不致因好惡喜怒、盲動妄作而耗損生命之氣。所以〈應帝王〉說：「遊心於淡，合氣於漠。」淡是無心，漠是無爲，讓「心」保持虛靜，讓「氣」自然無爲，如此才能調和陰陽之氣。

綜合以上所述，《莊子》認爲在道生萬物過程中，透過天地、陰陽賦予萬物形體和生命；換言之，道透過氣化流行創造了萬物。因爲天下萬物都是一氣之

〔註51〕〈大宗師〉：「俄而子來有病，喘喘然將死，其妻子環而泣之。子犁往問之，曰：『叱！避！無怛化！』倚其戶與之語曰：『偉哉造化！又將奚以汝爲，將奚以汝適？以汝爲鼠肝乎？以汝爲蟲臂乎？』」

〔註52〕〈大宗師〉：「彼方且與造物者爲人，而遊乎一氣之化。」

〔註53〕《莊子・天下》：「彼其充實不可以已，上與造物者遊，而下與外死生無終始者爲友。」

〔註54〕王先謙：《莊子集解》：「郭云陵亂也，同戾。」收錄於《新編諸子集成》第四冊，頁42。

化，因此《莊子》書中「氣」有二義：一指天地自然之氣，二指生命之氣。

關於「氣」的涵義，在《道德經》是「負陰而抱陽，沖氣以爲和」的生成論，和「專氣致柔」的修養論；《莊子》則提出天地、陰陽化生萬物的宇宙論，和萬物「受氣於陰陽」〔註55〕（〈秋水〉）的存有論；《莊子》認爲生命只是一氣之化，吾人應當破除好生惡死的執迷，並提出「聽之以氣」、「虛而待物」（〈人間世〉）的工夫論。關於宇宙生成，《道德經》強調道是天地萬物的始源，生成之母；但是《莊子》雖上承老子道論，卻又強調天地、陰陽是萬物的父母，足見《莊子》的道論已從生成原理，轉向形構之理的探討，形成氣化宇宙論，這是老子和莊子的不同之處，也是學術思想的演進。《管子》四篇，關於宇宙生成的過程，不涉及陰陽二氣，只提出「精」的化生作用，認爲人的身上有「精」也有「氣」，並且主張以「精」涵養「氣」，這和老莊極爲不同。此外，老子並未有「精氣」之說，只有「專氣致柔」的修養工夫；莊子並未將「精氣」合稱，也不涉及「精」和「氣」二者關係的探討；到了《管子》四篇才展開「精」和「氣」關係的討論，其中「精」、「氣」二字的混用，正顯現「精氣」觀念的發展歷程。「精氣論」正是《管子》得自老莊思想傳承，又進一步發展的成果。

三、搏氣如神

前文已辨析了《管子》四篇中「氣」的涵義，並且追溯了「氣」涵義的演進，本單元則進一步探討「形氣」的修養工夫。《管子》四篇如何養氣？〈內業〉說：

> 搏氣如神，萬物備存。能搏乎？能一乎？能無卜筮而知吉凶乎？能止乎？能已乎？能勿求諸人而得之己乎？思之思之，又重思之。思之而不通，鬼神將通之，非鬼神之力也，精氣之極也。四體既正，血氣既靜，一意搏心，耳目不淫，雖遠若近。

「搏氣如神」的「搏」是集聚、結合之意，「搏氣」即是凝聚「形氣」，如老子「專氣」〔註56〕之意。「搏氣如神，萬物備存」，意謂專氣之後，萬物之理收攝於心，無所不知猶如神明一般。此段文字採用提問的方式層層逼近，探

〔註55〕《莊子・秋水》：「北海若曰：『而吾未嘗以此自多者，自以比形於天地而受氣於陰陽，吾在於天地之間，猶小石小木之在大山也，方存乎見少，又奚以自多！』」

〔註56〕《道德經・第十章》：「專氣致柔，能嬰兒乎？」

討養氣的工夫和成效。養氣的工夫如何開展？所謂「能摶乎？能一乎？」其中「一」是指心的專一，「摶」是指氣的凝聚，意謂專一心意，凝聚形氣。養氣可以達到何種成效？所謂「能無卜筮而知吉凶乎？」當指「萬物備存」，無所不知的智慧，因此不必透過占卜便能掌握吉凶；「能止乎？能已乎？」其中「止」是安止，「已」是停止之意，意指守住「形氣」於而不外馳散逸；「能勿求諸人而得之己乎？」意謂「精氣之極」的「知」是內得於己，而非求助外力。足見養氣的工夫首在專一凝聚，守氣而不耗氣，終能達到「精氣之極」的境界。「精氣之極」代表思而通之的智慧朗照，猶如鬼神來助，〈內業〉作者特別強調「非鬼神之力」，而是「萬物備存」的內在精通，足見「摶氣」是因，「精氣之極」是果。總之，「摶氣」是修養工夫，「萬物備存」是修養的功效，「如神」即是描述「萬物備存」、「精氣之極」的神奇妙用。

　　在討論完養氣的工夫和成效之後，〈內業〉作者做出如下的結論：形體端正，血氣平靜之後，專一心意，耳目不眈溺於外在聲色，那麼即使最遠的事物，彷如近在眼前，瞭若指掌。「四體既正，血氣既靜」是「摶氣」的先決條件；因為心氣調和之後，才能專一心意，固守「形氣」，不隨耳目官能、心知物欲而放逸於外。至於「雖遠若近」意指窮通四極〔註57〕，而「萬物備存」；所以此句指「摶氣」的功效。如前所述，「摶氣」的前提是心氣調和，換言之，「摶氣」的工夫包含「心的專一」，與「氣的凝聚」。〈內業〉說：「心靜氣理，道乃可止。」心靜氣理才能一意摶心，於是道止於精舍，所以「摶氣如神」的「神」不是「鬼神來助」，而是得「道」之助。

　　〈心術下〉與〈內業〉此段文字也有類似的論述：

> 專於意，一於心，耳目端，知遠之證，能專乎？能一乎？能毋卜筮而知凶吉乎？能止乎？能已乎？能毋問於人，而自得之於己乎？故曰：思之思之，不得，鬼神教之。非鬼神之力也，其精氣之極也。
> 一氣能變曰精，一事能變曰智。

其中「專於意，一於心」即是「一意摶心」，足見「摶」和「專」同義。「耳目端」即是「耳目不淫」，「知遠之證」即是「雖遠若近」。所以整段話也是「摶氣如神，萬物備存」之意，進而凸顯了「心」和「氣」的關係，所以「摶氣」的工夫必須做到「專心」和「專氣」的修養。但是〈心術下〉於「其精氣之

〔註57〕　〈心術下〉：「昭知天下，通於四極。」〈內業〉：「遍知天下，窮於四極。」以上文字都有「知」無遠弗屆之意。

極也」之後，緊接著說：「一氣能變曰精，一事能變曰智。」其中「一氣」當指「摶氣」、「專氣」之意，如此便能變通無礙；這裡的「精」與「智」相對成文，不應解釋成「精氣」，而是精通、精明之意。這兩句說明了「能變」的依據就在「萬物備存」，所以才能變化如神，智慧通達。

〈心術下〉說：「一氣能變曰精，一事能變曰智。」〈內業〉也有相似的敘述：

> 一物能化謂之神，一事能變謂之智。化不易氣，變不易智，惟執一
> 之君子能為此乎！執一不失，能君萬物。

「一」是專一之意，遇物能化而成之是謂「神」，遇事能變而成之是謂「智」，「神」與「智」同義。但是後面說「化不易氣，變不易智」，意謂「氣」與「智」不因遇事變化而失其存在本質，只有「執一」的君子才能辦到。因為「摶氣」的結果是「精氣之極」，是「心靜氣理，道乃可止」，所以「執一」〔註 58〕即是守道，守道的君子具備「摶氣」的工夫，並將「精氣」藏於胸中，「形氣」得「精氣」之涵養，提昇轉化，於是「形氣」即是「精氣」，因此才能「化不易氣」。常人往往修養不足，遇事變化則動搖心智，擾亂「形氣」，如此「精氣」不能留駐精舍，生命失去泉源的潤澤，必將困頓不安。足見「摶氣」之外更須「藏精」，因為「精氣」的根源是形上之道，是修養工夫的保證，也是得道的路徑。

由此可見，《管子》四篇的養氣包含兩種工夫：一是「摶氣」，二是「藏精」，兩者缺一不可。首先要做到「形氣」和，才能成為「精舍」，這是「摶氣」的工夫；「精氣」來舍，進而存藏於胸中，這是「藏精」的工夫。當「精氣」達到浩然和平的「氣淵」之後，「形氣」獲得滋養而不致散逸耗竭；否則面對人間萬象的流轉，難免「化而易氣」、「變而易智」，於是形氣失調而心智變質。「藏精」之後，更進一步追求「形氣」的提昇和轉化，生命氣象展現不同的進境，終能獲致「精氣之極」而與道合一。關於養氣工夫的進程，簡圖如下：

$$精氣 \longrightarrow 存精 \rightarrow 藏精$$
$$\downarrow \quad \downarrow \quad \Big\} \quad 寬氣 \rightarrow 雲氣 \rightarrow 靈氣 \rightarrow 精氣之極$$
$$形氣 - 摶氣 \rightarrow 精舍 \rightarrow 氣淵$$

〔註 58〕《道德經·第三十九章》：「昔之得一者，天得一以清，地得一以寧，神得一以靈，谷得一以盈，萬物得一以生，侯王得一以為天下貞。」高亨《老子正詁》：「此所謂一即道之別名也。蓋道本為一獨立之箇體，故老子又謂之一。」（臺北：開明書局，1979 年 3 月），頁 88。

無論是「精氣」的存藏，還是「形氣」的調養，都必須在「和」的條件下展開，這和《道德經》的「專氣致柔」有關。河上公將「專氣」解釋爲「守而不亂」〔註59〕，和「摶氣」的專一凝聚，意義相通，柔是柔和之義，所以「專氣致柔」所朗現的正是柔和之氣〔註60〕，足見《管子》四篇養氣工夫所強調的「和」，與《道德經》的修養論相通。所以高亨《老子正詁》〔註61〕、朱謙之《老子校釋》〔註62〕都認爲老子之「專氣」與《管子》之「摶氣」意義相同。《莊子‧人間世》心齋工夫的「若一志」，強調心志的專一，〈達生〉的「純氣之守也」，強調守住生命之氣而不外馳，其實是「守氣」也是「專氣」的工夫。由此可見，《管子‧內業》的「摶氣如神」正是從老子的「專氣致柔」、《莊子》的「純氣之守」，一脈相承而來的養氣工夫。

四、關於「氣即是道」之商榷

《管子》四篇的「氣」包含形上和形下兩層，一指「精氣」，二指「形氣」。這是延續《莊子》天地萬物乃是「一氣之化」的宇宙論而來。「形氣」和「精氣」最大的不同，就是「氣」必須落在形體中，「精氣」雖是無所不在，但人必須靠修養工夫才能存藏它。唯有心氣調和，「精舍」才能留住「精氣」，所以先有「摶氣」的工夫，繼而展開「藏精」的工夫，最後則是「摶氣」和「藏精」兩路合而爲一。足見《管子》「精氣論」的修養工夫，其最終目的就是「精」和「氣」合一。

學界在評論《管子》「精氣論」時，往往認爲「氣」就是「道」。例如陳麗桂說：

> 爲了強調「道」的遍流和普在性，它們每每用「氣」去說明「道」，〈內業〉等篇裡的「道」，每每就等於「氣」。〈內業〉說：「道者所以充形」，〈心術下〉說：「氣者身之充」，清楚顯示了「氣」就是「道」。
>
> 〔註63〕

〔註59〕《老子道德經河上公章句》：「專，守精氣使不亂，則形體能應之而柔順。」雖然《道德經》的「專氣」未必是指「精氣」，但將「專」解釋爲守而不亂，與專一凝聚相通。

〔註60〕 王弼注曰：「專，任也，致極也，言任自然之氣。致，至柔之和，……」

〔註61〕 高亨：《老子正詁》，頁24～25。

〔註62〕 朱謙之：《老子校釋》，（臺北：世界書局，1968年11月），頁25。

〔註63〕 陳麗桂：《戰國時期的黃老思想》，（臺北：聯經出版社，1991年4月），頁121～122。

熊鐵基認爲《管子》「精氣論」和老子道論雖然大體相同，但是必須強調以下重點：

> 《老子》中也有「精」和「氣」，雖然極爲簡略（全書皆簡略），重要的是已經說明了「精」和「氣」實際都是「道」的同義詞。「精」、「氣」或者「精氣」和「道」一樣，萬物必得氣而後生成流動，它存在於萬物之中。〈內業〉、〈心術〉等的貢獻和「發明」在於：更突出了「氣」的地位，並且對氣作了具體而明確的解釋和說明。〔註64〕

《道德經》中的「精」和「氣」都與道的作用有關，但不能據此推斷：「精」和「氣」都是「道」的同義詞。正因爲《道德經》的簡略，啓發了後代學者的引申發揮，因此《莊子》外雜篇的論述、《管子》四篇的「精氣論」，正是思想拓展的產物。筆者已在本章第一節〈精存自生〉中，討論過「精氣」不等於「道」，至於「氣」是否等於「道」，其實和「精氣」等於「道」的說法，本質上是相同的，因爲這是「精」和「氣」不嚴格區分的結果。〔註65〕例如〈心術下〉說：「氣者，身之充也。」這個「氣」是「形氣」，不是「精氣」，更不可能是「道」的同義詞。所以說「精」、「氣」是「道」的同義詞，不可能成立。不過誠如熊鐵基所言，《管子》四篇的確突出了「氣」的地位，並作了具體的說明和發揮，這是從《道德經》進一步發揮創造而來的學術成果。

「氣」在《管子》四篇的地位如此重要，那麼「氣」究竟是什麼？馮友蘭認爲：「稷下道家特別用氣來解釋生命的意識和起源以及構成生命和精神的要素」〔註66〕，這是學術史上值得注意的事。又說：「氣是一種極其細微的流動性的物質。這種物質沒有固定的形式，本身又能運動，可以在任何地方存在，也可以轉化成各種具體的東西，……」〔註67〕此外，「精」是「氣」中更精微的部分，其他則是「氣」之比較粗的一部分，例如：「天是比較細的一部

〔註64〕熊鐵基：《秦漢新道家》，（上海：上海人民出版社，2001 年 3 月），頁 34～35。

〔註65〕陳麗桂：《戰國時期的黃老思想》說：「『氣』也是生命的本原，生五穀、化列星、生鬼神，也成聖賢，又充滿天地之間。這一切的功能和性徵，和描繪『道』的完全一樣，『氣』當然等於 『道』。」頁 121～122。
筆者案：〈內業〉此段的主詞是「凡物之精」，所以指的是「精氣」，作者混淆了「精」和「氣」的界限，才會得出「氣等於道」的結論。

〔註66〕馮友蘭：《中國哲學史新編》第二冊，（臺北：藍燈出版社，1991 年 12 月），頁 220。

〔註67〕同前註，頁 227。

分氣所構成，地是比較粗的一部分氣所構成的。」〔註68〕馮友蘭主張「氣」是「物質」，所以才能分成粗細之別。陳麗桂大致承襲馮友蘭的觀點，又說：

> 根據〈心術下〉和〈內業〉的描述，「氣」至少有「善氣」、「惡氣」、
> 「意氣」、「精氣」多種，這些辭氣下的「氣」都是指原始生理生命
> 力之表現於外者，或運動著的細微物質，其中「精氣」當然是最純
> 粹、最細緻、層次最高的，……〔註69〕

在這個論述下，便有較粗糙、低品質的「形」氣。於是得出如下的結論：天正是細緻「精」氣的總聚，地是粗糙「形」氣的總聚集。人的生命則是這細緻「精」氣和粗糙的「形」氣適度結合的完成體。〔註70〕馮友蘭的精粗相對論，到了陳麗桂變成高品質和低品質的差別，足見《管子》四篇的「氣」被視為唯物論。〔註71〕

在《管子》四篇中除了強調「精氣」的「精純」，並不強調其他「氣」的粗劣、低品質；〈內業〉的「天出其精，地出其形」，旨在說明人的形構之理，並未強調天地的精粗之別，所以說「地」是粗糙的「形」氣總聚集，似乎推衍太過。「精」來自於「道」，所以「精純」而不雜，倘若不能將「道」留存，「氣」便雜而不純，如「形氣」因憂樂喜怒導致心亂，由心亂而氣亂，足見「精」和「氣」的不同在於「精純」與否，不是品質精粗高低之別。所以修養工夫就在「心靜氣理」，保住「精」的純粹，進而涵養「形氣」，使生命恢復精純，終能與道合一，而有靈氣的境界。就人而言，代表原始生命力的「氣」，需要「精」提供轉化的能量，所以生命的動力來源是「道」。若將「道」、「氣」混為一談，那麼「氣」已是萬物生命的根源動力，又何須仰賴「精氣」作為轉化的「氣淵」？

《莊子》所謂的「氣」不是水、火、木、金、土一類的物質，而是「道通為一」〔註72〕、「遊乎天地之一氣」〔註73〕的形上概念。《管子》四篇則將「氣」的概念一分為二，屬於形上層次而與「道」相通的部分，稱為「精」

〔註68〕同前註，頁221。

〔註69〕陳麗桂：《戰國時期的黃老思想》，頁123。

〔註70〕同前註，頁126～127。

〔註71〕馮友蘭：認為稷下道家的「精氣說」奠定了中國哲學中唯物主義的基礎。參見《中國哲學史新編》，頁227。

〔註72〕語見《莊子‧齊物論》。

〔註73〕語見《莊子‧大宗師》。

或「精氣」，並無陰陽二氣的概念；屬於形下層次，落在形軀血氣之中的稱爲「氣」。（筆者爲區別兩者層次之不同，稱之爲「形氣」。）所以廣義的「氣」是包含形上、形下兩界，狹義的「氣」只限於有形世界的生命之氣。雖然「氣」不等於「道」，但是通過修養工夫，將道的「精氣」收攝於「心」，凝聚於「氣」，成爲生命的能量，如此「氣」終能與「道」合一。

第三節　神通四極

在古代典籍中，「神」字多用於「鬼神」〔註74〕或「神祇」〔註75〕，「精神」則是後出的新義，於是「神」字的內涵更爲豐富，至今仍是諸義並行於世。在《管子》四篇的「精氣論」中，「神」字究竟代表何種涵義，乃是本節的問題核心。以下分成四個部分來進行討論：一、「神」字辨析，二、「神」字溯源，三、養神之道，四、「神」與「精」之釐清。希望通過層層探究和剖析，逐步勾勒出《管子》四篇「精氣論」的思想架構。

一、「神」字辨析

在《管子》四篇中，「神」除了單獨出現之外，還以「神明」、「鬼神」等複詞出現，以下先檢視「神明」的意義。《管子》四篇中「神明」共出現兩次：

潔其宮，開其門，去私毋言，神明若存。（〈心術上〉）

形不正，德不來。中不靜，心不治。正形攝德，天仁地義，則淫然而自至。神明之極，照知萬物，中守不忒。〔註76〕（〈內業〉）

〔註74〕《周易·乾卦》：「夫大人者，與天地合其德，與日月合其明，與四時合其序，與鬼神合其吉凶。
先天而天弗違，後天而奉天時。天且弗違，而況於人乎？況於鬼神乎？」
《論語·先進》：「季路問事鬼神。子曰：『未能事人，焉能事鬼？』」

〔註75〕《尚書·商書·湯誥》：「王曰：『惟皇上帝，降衷于下民。若有恆性，克綏厥猷惟后，夏王滅德作威，以敷虐于爾萬方百姓，爾萬方百姓罹其凶害，弗忍荼毒。並告無辜于上下神祇。天道福善禍淫，降災于夏，以彰厥罪：肆台小子，將天命明威，不敢赦，敢用玄牡，敢昭告于上天神后，請罪有夏。』」
《論語·述而》：「子疾病，子路請禱。子曰：『有諸？』子路對曰：『有之。誄曰：禱爾于上下神祇。』子曰：『丘之禱久矣。』」

〔註76〕原作：「神明之極，照乎知萬物，中義守不忒。」依據王念孫《讀書雜志》考證：「乎」字，「義」字衍文。參照〈心術下〉云：「神莫知其極，昭知天下，通於四極。」足見其說可信。參見王念孫《讀書雜志》第四冊，（臺北：商務印書館，1978年12月），頁23。

此段文字中，何謂宮？何謂門？〈心術上〉：「宮者，謂心也。心也者，智之舍也。故曰：宮，潔之者，去好過也。門者，謂耳目也，耳目者，所以聞見也。」意謂心是智之所在，所以滌除心之好惡，「神明」便彷若存在。足見「神明」和心智有關。〈內業〉的「神明之極」可以照知萬物，但前提必須先使心治、形正，正形修德之後才可能達到「神明」的極致，而後可以知萬物。所以此處「神明」也是和心的修養有關。總之，「神明」是心靈修養之後的結果，效用是使心之「智」能「知」萬物。所以此處「神明」並非指神祇之意。

至於「鬼神」一詞，在《管子》四篇中共出現三次，例如：

> 凡物之精，此則爲生，下生五穀，上爲列星。流於天地之間，謂之鬼神；藏於胸中，謂之聖人。（〈內業〉）

> 思之思之，不得，鬼神教之。非鬼神之力也，其精氣之極也。（〈心術下〉）

> 思之思之，又重思之。思之而不通，鬼神將通之，非鬼神之力也，精氣之極也。（〈內業〉）

〈內業〉明白指出：「鬼神」是精氣流佈在天地之間的存在，〈心術下〉和〈內業〉兩段文字極爲相近，意謂當思慮不通的時候，「鬼神」將會「教之」、「通之」，使其暢通，但又進一步澄清：不是「鬼神」之力，而是「精氣之極」。總之，「鬼神」來自於精氣，散佈於天地之間，具有神秘的力量。此處的「鬼神」與神靈、神祇意義相近。

至於「神」以單詞出現時，是否與「鬼神」或「神明」有關？以下先探討「神」的涵義。〈心術下〉：

> 形不正者德不來，中不精者心不治。正形飾德，萬物畢得。翼然自來，神莫知其極。昭知天下，通於四極。

「正形飾德」之後「神莫知其極」，那麼「神」究竟是何義？後面說：「昭知天下，通於四極」，足見「神」可以「知天下」、「通四極」，所以「神」可能不是「鬼神」，而與「知」有關。前引〈內業〉：「形不正，德不來。中不靜，心不治。正形攝德，天仁地義，則淫然而自至。神明之極，照知萬物，中守不忒。」與此段文字極爲相近，都是強調「治心」、「正形」之後，可以「正形攝德」或「正形飾德」，進而達到「昭知天下，通於四極」的「神」，或是照知萬物的「神明之極」，因此可以進一步推斷：「神」和「神明」的意義，必有相通之處。

另外，〈內業〉在此段文字之後，又提出「神」的概念：

　　不以物亂官，不以官亂心，是謂中得；有神自在身，一往一來，莫
　　之能思，〔註77〕失之必亂，得之必治。

心治之後稱爲「中得」，於是「神」可以朗現於身，「神」來去自如，無法以思慮來測知其動向，失去「神」必定混亂，得到「神」便能順當，足見「神」的重要性。從上述文字可知，必須透過「治心」的工夫，「神」才會降臨。〈心術上〉更進一步提出「心治」、「中得」的方法：

　　世人之所職者精也，去欲則宣，宣〔註78〕則靜矣；靜則精，精則獨
　　立矣；獨則明，明則神矣。

「去欲」是治心的基本工夫，「宣」、「靜」、「精」、「明」則是「治心」之後的成效。因爲「欲」是「亂官」、「亂心」的根本原因，去除了欲望，外物不致擾亂耳目之官，於是內心通暢而平靜；內心寧靜就會精明，精明就能不受制於外物；內心獨立自由就顯現「明」，「明」就是「神」。從這段文字便可確定，「神」並非「鬼神」，而是「明」。「明」來自於內心的寧靜、自由；換言之，「明」是內心清明之意。足見上述的「神明」和「神」都是心智之「明」。前文所謂「神莫知其極」，意指「神」的效用是不可測知，沒有極限；「神明之極，照知萬物」，意謂「神明」的極致可以照知一切。「神」本身隱含有「明」的意義，「神明」則更強調其效用，亦即「神之明」或「神而明」。因此《管子》四篇中稱爲「神」或「神明」，意義其實相通。因爲「神」或「神明」都是來自心治，與鬼神無關，所以〈心術上〉和〈內業〉都強調「非鬼神之力」，而是「精氣之極」。

　　上述文字再和〈心術上〉的「去私毋言，神明若存」、「虛其欲，神將入舍」，互相對照，便知「神」和「神明」同義，而「去私」、「去欲」、「虛其欲」都是養神的工夫。這個修養工夫也和「精舍」的概念相近，〈心術上〉：

　　神者至貴也，故館不辟除，則貴人不舍焉，故曰不潔則神不處。

前面說「潔其宮，開其門」，將心比成「宮」；又說「虛其欲，神將入舍」，將心比成「舍」；這裡則將心比成「館」，將「神」比成「貴客」，所以必須將館舍宮室打掃潔淨，才能留住貴客。這種潔淨館舍的工夫，就是「去私」、「去

〔註77〕尹知章注：「神不測者也，故往來不能思也。」《管子校正》，唐尹知章注，清戴望校正，收錄於《新編諸子集成》第五冊，（臺北：世界書局，1983 年 4 月），頁 270。
〔註78〕尹知章注：「宣，通也。去欲則虛自行，故通而靜。」同前註，頁 220。

欲」的治心工夫。想要獲得「神」或「神明」，必須做好治心的工夫，捨此無它。〈心術上〉說：「虛者無藏也。」簡言之，這個治心的工夫，就是無思無慮，虛靜無爲。去欲才能「虛而無藏」，無藏才能照知一切，通於四極。所以「神」從心來，修養工夫就在治心，虛靜而能觀照，「神」而能「明」。

〈內業〉：「一物能化謂之神，一事能變謂之智。」兩句互文足義，意謂專一面對事物而能夠變化自如的能力，稱爲「神」，也稱爲「智」。足見「神」和「智」同義。〈心術下〉：「極變者，所以應物也。」因爲「神」充滿「明」、「智」，可以「昭知天下，通於四極」，當然遇事「能化」、「能變」，應物無窮。

〈內業〉：「摶氣如神，萬物備存。」意謂「摶氣」、「專氣」之後，去除心知執著，於是虛心明照萬物，所以說「萬物備存」。由此可見，上述的「如神」也是「非鬼神之力也，精氣之極也」的意思。此處的「神」雖是以鬼神爲喻，其實也是描述包含「明」、「智」的「神」。

綜合以上所述，《管子》四篇中，「神」字意指包含「明」、「智」的智慧，「神明」則是強調「神」的妙用在「明」，兩者意義相通。

二、「神」字溯源

《管子》四篇的「神」不是神祇之意，而是來自虛靜心的「智」，是觀照之「明」，也是「精氣」的極致。這和道家思想有何淵源？以下先從《道德經》來加以檢驗。《道德經》出現「神」字共有四章。

首先是〈第六章〉：「谷神不死，是謂玄牝。玄牝之門，是謂天地根。綿綿若存，用之不勤。」關於「谷神」二字，高亨認爲「谷神」是道的別名也。〔註79〕王淮則說「谷神」比喻道之虛無恬淡，變化不測。〔註80〕換言之，「谷」是虛無之意，「神」是變化不測之意，這些都是道的特性。

〈第二十九章〉：「天下神器，不可爲也，爲者敗之，執者失之。」其中「神器」一詞，王弼注曰：「神，無形無方也。器，合成也。無形以合，故謂之神器也。」〔註81〕意謂天下乃神妙的組合，「無形無方」指道的作用神妙不可測，所以「神」指涉道體。王淮則認爲「神器」是「至神至聖之名器」，指

〔註79〕 高亨：《老子正詁》：「谷神者，道之別名也。……生養之神。道能生天地養萬物，故曰：谷神不死。」（臺北：開明書店，1979年3月），頁16。

〔註80〕 王淮：《老子探義》：「此章完全爲描述道之特性。蓋『谷神』即所以喻道之虛無恬淡，變化不測。」頁28。

〔註81〕 王弼：《老子道德經注》，（《老子周易王弼注校釋》，樓宇烈校釋），（臺北：華正書局，1981年9月），頁77。

「帝位」與「政權」而言。〔註82〕足見「神」乃是神妙、神聖之意,不是智慧之意。

〈第三十九章〉:「昔之得一者,天得一以清,地得一以寧,神得一以靈,谷得一以盈,萬物得一以生。侯王得一以爲天下貞。」前引〈第六章〉、〈第二十九章〉「神」字均以複詞出現,此處才是以單詞出現。「一」是道的別名,〔註83〕天、地、神、谷,乃至萬物都仰賴「道」的滋養,才能獲得生機,人間侯王也不例外。侯王以「道」治國,天下必可安定。所以「神」和天、地、谷、萬物並列,當是神祇、神靈之意;至於「靈」則代表神體明用,亦如人的智慧明照。

〈第六十章〉:「治大國若烹小鮮。以道蒞天下,其鬼不神。非其鬼不神,其神不傷人。非其神不傷人,聖人亦不傷人。夫兩不相傷,故德交歸焉。」此章「神」字兩見,用法各有不同。關於「其鬼不神」,高亨《老子正詁》:「其鬼不靈。」足見「神」指的是神奇靈異的威力〔註84〕。另外,「非其鬼不神」和「其神不傷人」,「鬼」、「神」對舉,足見「神」是名詞,當指「神祇」之義。

從以上四章看來,《道德經》中的「神」多指「神祇」或「神妙」之意。與《管子》四篇代表明智的「神」並無直接的傳承關係,但卻與「明」有所關聯。《道德經·第十六章》:

> 歸根曰靜,是曰復命。復命曰常,知常曰明。

當生命回歸常道,心也隨之虛靜,便能「知」道所蘊含的「常」理,此「知」稱之爲「明」。〈第五十五章〉也說:「知和曰常,知常曰明。」由此可見,《道德經》的「明」是一種虛靜觀照的智慧。《管子》四篇的「神」也是清明神妙的智慧,兩者意義相通。總之,《管子》四篇的「神」雖與《道德經》的「神」無關,卻與《道德經》的「明」相近。

《莊子》內篇中「神」以單詞出現者,〈逍遙遊〉中神人「其神凝,使物不疵癘而年穀熟」,意謂神人凝聚精神則萬物不受災害,使穀物成熟。〈養生主〉中描述澤雉若是畜養在籠中,必定是「神雖王,不善也。」這兩個例子

〔註82〕王淮:《老子探義》,頁119。
〔註83〕高亨、王淮均作此解。高亨《老子正詁》,頁88。王淮《老子探義》,頁156。
〔註84〕王邦雄:《老子道德經的現代解讀》:「『不神』即失去展現神威的空間,……就算是擁有神奇靈異的威力,……」(臺北:遠流出版社,2010年2月),頁276。

可以看出「神」指形體之中的精神狀態。〈大宗師〉中子輿認為死亡之時形體將轉化為其他物類，例如：左臂可能化為雞，右臂可能化為彈弓，尻可能化為車輪，精神可能化為馬。﹝註85﹞左臂、右臂、尻等都屬於外在形軀，「神」則是指內在精神，整段文字旨在說明死亡之時形軀和精神轉化的狀況。另外，〈德充符〉中用「神」與「精」並舉，來指稱內在精神狀態：

> 今子外乎子之神，勞乎子之精，倚樹而吟，據槁梧而瞑。天選子之
>
> 形，子以堅白鳴！

惠施為倡言「堅白」之論，「行則倚樹而吟，坐則據梧而眠」﹝註86﹞，在莊子看來其實是自困傷身。「外」和「勞」都是動詞，意指使「神」外馳，使「精」勞累；簡言之，就是耗費精神。其中「外」字已說明「神」當守於內不該放逸於外，外馳便是耗損。郭象《莊子注》：「夫神不休於性分之內，則外矣；精不止於自生之極，則勞矣。」足見「精」和「神」都屬性命之內。

《莊子》內篇的「精」、「神」往往單獨出現，到了外雜篇則將兩者合為「精神」一詞。如以下例證：

> 精神四達並流，無所不極，上際於天，下蟠於地，化育萬物，不可
>
> 為象，其名為同帝。（〈刻意〉）

> 汝齊戒，疏瀹而心，澡雪而精神，掊擊而知！（〈知北遊〉）

> 獨與天地精神往來，而不敖倪於萬物，不譴是非，以與世俗處。（〈天
>
> 下〉）

〈刻意〉的「精神」和道一樣無所不在，化育萬物。〈知北遊〉則指出修養工夫必須保持「精神」的潔淨，〈天下〉的「精神」雖然流佈在天地之間，但是莊周可以與之交流往來。〈知北遊〉更進一步指出：「精神生於道」，足見「精神」之所以貫通天人，無所不在，正因為「道」是「精神」的形上根源。外雜篇才開始出現「精神」一詞，而且例子不少，﹝註87﹞這說明了從內篇的「精」

﹝註85﹞〈大宗師〉：「（子輿）曰：『亡，予何惡！浸假而化予之左臂以為雞，予因以求時夜；浸假而化予之右臂以為彈，予因以求鴞炙；浸假而化予之尻以為輪，以神為馬，予因以乘之，豈更駕哉！』」

﹝註86﹞郭象：《莊子注》：「故行則倚樹而吟，坐則據梧而睡，言有情者之自困也。」（臺北：藝文印書館，1983 年 6 月），頁 127。

﹝註87﹞〈天道〉：「水靜則明燭鬚眉，平中準，大匠取法焉。水靜猶明，而況精神，聖人之心靜乎！」

〈知北遊〉：「夫昭昭生於冥冥，有倫生於無形，精神生於道，形本生於精，而萬物以形相生。」

和「神」，到外雜篇的「精神」，可以看出思想發展的軌跡。筆者初步推斷：「精」和「神」必有相通之處，所以用「精神」來涵蓋人的內在狀態；至於「精」和「神」的差異之處，尚待進一步探究。

「精」和「神」相異之處何在？在本章第三節中已歸結出：《莊子》中「精」一指道創生萬物的動能，二指天地萬物的生命內涵；就後者而言，「精」和「精神」同義。因此必須進一步掌握「神」的涵義，才能區別兩者的差異。〈養生主〉中庖丁以「神」解牛，吾人可透過這段寓言來探究「神」的內涵。庖丁解牛共經歷三段進境：

> 始臣之解牛之時，所見無非全牛者。三年之後，未嘗見全牛也。方今之時，臣以神遇而不以目視，官知止而神欲行。依乎天理，批大郤，導大窾，因其固然，技經肯綮之未嘗，而況大軱乎！

庖丁從「所見無非全牛」，進而「未嘗見全牛」，直到現階段則是「以神遇而不以目視，官知止而神欲行」。其中「官知止」的「官」是耳目感官，指第一階段的「所見無非全牛」；「知」是心知，當指第二階段的「未嘗見全牛」；第三階段則是目不見牛，心不知牛，完全以「神」遇牛。換言之，第一階段是以「目」視牛，所見皆是牛體肉身；第二階段是以「心」知牛，不再只見肉身，而是以思慮去判斷牛隻的骨架結構；第三階段則是以「神」遇牛，放下視覺和思慮，去感應牛隻的整體生命和天然結構。每當面對骨節盤結處，庖丁總是謹慎專注，不以目視，放慢動作，[註88] 順隨「神」之所欲，行其所當行，止其所當止。如此才能以無厚的刀刃遊走於骨節的空隙，不必割傷筋肉，砍折骨節，動刀甚微而順利解牛，所以十九年來刀刃如新。足見「神」是「官知止」的虛靜無心，也是「怵然爲戒」的謹慎專心。

庖丁解牛由「目視」、「心知」，進展到「神遇」的境界，「神」的虛靜無心，和「虛而待物」的「心齋」似乎有相通之處。何謂「心齋」？〈人間世〉：

> 若一志，無聽之以耳而聽之以心，無聽之以心而聽之以氣！聽止於耳，心止於符。氣也者，虛而待物者也。唯道集虛。虛者，心齋也。

「聽之以耳」相當於庖丁以「目」視牛，純粹只是感官活動；「聽之以心」相當於庖丁以「心」知牛，屬於思慮活動；由此可見，「無聽之以耳」與「無聽

〈列禦寇〉：「小夫之知，不離苞苴竿牘，敝精神乎蹇淺，而欲兼濟道物，太一形虛。若是者，迷惑於宇宙，形累不知太初。彼至人者，歸精神乎無始，而甘冥乎無何有之鄉。」

[註88] 〈養生主〉：「雖然，每至於族，吾見其難爲，怵然爲戒，視爲止，行爲遲。」

之以心」，亦是「官知止」之意。至於「聽之以氣」的涵義，下文更進一步點出「氣也者，虛而待物者也」，而「虛」就是「心齋」的修養工夫，亦即摒除耳目、心知的干擾，使「心」合於「道」，因爲下文說：「唯道集虛」。所以「聽之以氣」就是通過「心齋」的修養工夫，才能「虛而待物」，以「道」觀天下。由此可見，「聽之以氣」的「氣」，不只是形軀「血氣」的層次而已，而是「道」在「氣」中，與道合一的層次。

當庖丁「官知止」便能「虛而待物」，而後以「神」遇牛，依循天道常理，因應牛隻的天然結構，於是「以無厚入有間」，遊刃而有餘。〔註89〕所謂「無厚」意指無心無知，反之，「有厚」則是指心知執著；當主體無心無知，以「神欲行」，便是「虛而待物」，否則如何「依乎天理」，「因其固然」？足見「神欲行」的「欲」，應是來自「神」的虛靜明照，更是來自「唯道集虛」的「道」。因此庖丁解牛的「神欲行」相當於「聽之以氣」，因爲兩者都具備「心齋」的修養工夫，並且達到與道合一的境界。

要達到「聽之以氣」的境界，必先做好「若一志」的工夫，也就是必須專一心志，才能「聽之以氣」。〈達生〉說：「用志不分，乃凝於神。」意謂心志不分散外馳，才能專注凝聚於「神」。「若一志」和「用志不分」都是指心的虛靜專一之意，如此才能「凝神」而「聽之以氣」。因爲「唯道集虛」，所以「凝神」和「聽之以氣」都是道的體現。所不同的是：「凝神」是就主體修養而言，「聽之以氣」則是就主體融入萬物而言。由此可見，庖丁解牛的「神乎其技」，早已超越技術層次，所追求的是道的境界。

「庖丁解牛」的寓言並非眞正血淋淋的解剖牛隻，「解牛」其實是「解心」，化解感官遮蔽和心知的執著，刀刃無厚，即是虛靜無心，於是「解心釋神」，達到神遇的化境。因此庖丁解牛遊刃有餘的境界，正是〈齊物論〉所謂「道通爲一」的境界。

如前所述，從「唯道集虛」可知「神」和「氣」（「聽之以氣」的「氣」）都是道的朗現。就「神」而言，因爲虛靜專一，所以能觀照萬物，因此「神」是一種觀照之明，含有智慧之意。所以「神」有兩層涵義：一指內在精神，二指智慧之明。就第一義而言，「精」就是「神」，所以「精」和「神」的區別之處，就在於「精」是生命動能，「神」是智慧之明，因此能待物用世，應變無窮。

〔註89〕〈養生主〉：「彼節者有閒，而刀刃者無厚；以無厚入有閒，恢恢乎其於遊刃必有餘地矣。是以十九年而刀刃若新發於硎。」

〈齊物論〉說：「道隱於小成，言隱於榮華。」於是有儒墨是非的對立，莊子提出化解之道就在於「莫若以明」，亦即以道爲樞，「照之於天」。「明」自道來，所以才能照之於天，化解是非對立。「神」也有觀照之「明」，且源於道。因此〈天下〉將「神」、「明」並列，並指出兩者皆源於道：

> 古之所謂道術者，果惡乎在？曰：「無乎不在。」曰：「神何由降？
> 明何由出？」「聖有所生，王有所成，皆原於一。」

若問「神」從何而降？「明」從何而出？〈天下〉作者用「聖有所生，王有所成」，來回答「神」、「明」所從來的問題，意謂聖之所以爲聖，在於「神」，王之所以爲王，在於「明」。更進一步說，而聖之「神」與王之「明」，都是源於一。何謂一？成玄英《疏》：「原，本也。一，道。」〔註90〕所以「神」、「明」都是源於道。

「神」的妙用無窮，有別於世俗的心知聰明，所以如何養神極爲重要。〈刻意〉：

> 純粹而不雜，靜一而不變，惔而無爲，動而以天行，此養神之道也。

此處以水爲喻，〔註91〕點出養神之道在於純粹不雜、虛靜專一、淡泊無爲，才能發揮「動而以天行」的「神」效。何謂「動而以天行」？庖丁的「神欲行」，因爲其「神」能照之於天，於是聽任「神欲」順天而行。簡而言之，養神之道即是養心，工夫就在虛靜無爲。所以〈在宥〉說：「意！心養。汝徒處無爲，而物自化。」此外，〈庚桑楚〉也認爲當人不受情緒、心知的干擾，胸中保持端正，於是「正則靜，靜則明，明則虛，虛則無爲而無不爲也。」保持心的虛靜，清明而能觀照，於是動靜合宜，此即是無爲而無不爲。總之，養神之道就在虛靜無爲。

〈刻意〉一方面提出養神之道，另一方面又強調守神的重要，守神和養神有何不同？

> 純素之道，唯神是守；守而勿失，與神爲一；一之精通，合於天倫。……
> 故素也者，謂其無所與雜也；純也者，謂其不虧其神也。

使生命純粹素樸，首要之道就在守神，與神合一。「素」是就「神」的純粹不雜而言，「純」指「神」的守而不失，因此能夠保住「神」的純粹，並且守而

〔註90〕成玄英：《疏》收錄於《新編諸子集成》第三冊，《莊子集釋》，頁461。

〔註91〕〈刻意〉：「水之性，不雜則清，莫動則平；鬱閉而不流，亦不能清；天德之象也。」

不失，即是眞人。「一之精通，合於天倫」，意謂與神合一的眞人，即是與道合一。不離於道，才能守住「神」的純粹，所以守神即是守道。

如何做到守神的工夫？〈在宥〉說：

> 無視無聽，抱神以靜，形將自正。必靜必清，無勞女形，無搖女精，
> 乃可以長生。目無所見，耳無所聞，心無所知，女神將守形，形乃
> 長生。愼女內，閉女外，多知爲敗。

心若不清靜，必定勞累形體，搖蕩精神，所以長生之道貴在「形」、「神」合一。使形神合一的工夫，就是「愼內」和「閉外」。「愼內」就是「心無所知」、「抱神以靜」；「閉外」就是「無視無聽」，當「目無所見，耳無所聞」，隔絕外在的干擾，便能「心無所知」。因爲耳目感官使心有所知，產生喜怒好惡的執著，此即是心知，於是汲汲於追逐心知的喜好，導致勞形搖精，耗損精神，所以說「多知爲敗」。足見「愼內」所以養心，這就是養神的工夫；「閉外」所以正形，這就是守神的工夫。既「愼內」又「閉外」，養神與守神不可偏廢。

養神之道首在養心，守神之道重在正形。〈知北遊〉又進一步指出「神」的根源：

> 若正汝形，一汝視，天和將至；攝汝知，一汝度，神將來舍。德將
> 爲汝美，道將爲汝居，汝瞳焉如新生之犢而無求其故！

「正汝形」是端正你的形體，「一汝視」即是端正耳目官能，如此便能保有天然的和諧。「攝汝知」、「一汝度」意指收斂思慮，端正意念。換言之，正形、修心是「神將來舍」的修養工夫。端正思慮之後，神將來舍，足見「舍」即是心，而「神」乃朗現於心。更進一步說，心中的神明智慧，其實是「道」、「德」的朗現，因爲〈知北遊〉說：「德」將爲你美化屋舍，「道」將爲你停駐留止。總之，形神合一才能守神，「神」的觀照之明，其實來自「道」、「德」。所以守神即是守道。

關於「神」和「道」、「德」之間的關係，除了〈知北遊〉之外，〈天地〉、〈刻意〉也有所闡述：

> 執道者德全，德全者形全，形全者神全。神全者，聖人之道也。(〈天地〉)

> 平易恬惔，則憂患不能入，邪氣不能襲，故其德全而神不虧。(〈刻意〉)

> 其神純粹，其魂不罷。虛無恬惔，乃合天德。(〈刻意〉)

〈天地〉的大意是指：守道之人必然德全，德全之人必是形全，形全之人必是神全，神全之人乃是成爲聖人的基本條件。前文已從〈在宥〉的論述中，歸結出：養神的工夫就在「愼內」以養心；守神的工夫就在「閉外」以正形。〈天地〉認爲「形全者神全」，那麼「形全」即是從養心到正形的結果，而「神全」即是指經過養神到守神的成效。所以〈刻意〉的「虛無恬惔」、「平易恬惔」，都是「愼內」的養心工夫；而「憂患不能入，邪氣不能襲」已是做到「閉外」的正形工夫，因此「德全」而「神不虧」。〈刻意〉又說：天德就像水一樣，〔註92〕保持「神」的純粹，就是合於天德；因此「德全」即是「神全」。足見修德和養神的工夫是相通的，關鍵就在執道，亦即以道爲依歸，從養心、正形到形全，必然是「德全」而且「神全」了。總而言之，「道」是「神」的形上根源，因此從養神、守神而後神全的歷程，就在執道守德。

「神」與「道」、「德」有關，此外，「神」與「眞」也有所關聯。〈漁父〉說：

眞在內者，神動於外，是所以貴眞也。

內守其眞之人，「神」才能朗現於外。〈刻意〉也認爲能體純素的眞人，守神不虧，〔註93〕足見「眞」是「神」的內涵。何謂「眞」？〈漁父〉說：「眞者，所以受於天也，自然不可易也。」由此可見，「眞」得之於天，所以稱之爲「天眞」。〈天地〉說：「形體保神，各有儀則，謂之性。」因爲「德」和「眞」使形體保有精神，所以「德」和「眞」都是道家定義的「性」。換言之，「性」是道內在於人的「德」，也是得之於天的「眞」。〈知北遊〉說的「汝瞳焉如新生之犢而無求其故」，意謂神全之人，眼瞳如出生之犢一般天眞，那是因爲心無所求的緣故。總之，能夠守住道德、天眞的本性，才能保「神」於形內。

綜合以上所述，道家認爲人的本性就是道德、天眞，全性之人即是形全之人，形全才能守神。至於「正形」和「形全」不同之處就在：「正形」指修養的工夫，「形全」則是指養心、正形之後的成果。

〈逍遙遊〉的神人是「其神凝」，神全之人才能凝神專注，所以神人當是神全之人。而〈刻意〉認爲不虧其神，保有純粹天眞的人即是眞人；〈天下〉

〔註92〕 《莊子・刻意》：「水之性，不雜則清，莫動則平；鬱閉而不流，亦不能清，天德之象也。」

〔註93〕 《莊子・刻意》：「純素之道，唯神是守；……故素也者，謂其無所與雜也；純也者，謂其不虧其神也。能體純素者，謂之眞人。」

則說：「不離於眞，謂之至人。不離於精，謂之神人。」足見神全之人不離於道、德、精、眞，所以守神即是返性於初〔註94〕的修養工夫。〈天地〉說：「神全者，聖人之道也。」神全之人是聖人，也是眞人，所以聖人、眞人、至人、神人並無不同，都是修養境界的不同名稱而已。

　　《莊子》的「神」有「精神」和「智慧」之意，藏於形體之內的是「精神」，顯現於形體之外，可以應物解物的是「智慧」，因此《莊子》外雜篇發展出養神以心，守神在形的修養工夫；換言之，「神」是體，「明」是用，內斂涵藏即是養神、守神，觀照外物之明則顯現而爲智慧。養神、守神正是眞人、神人、至人、聖人的修養之道。《管子》四篇並無「精神」一詞，而是以「神」來強調觀照之明的「智慧」，此與《莊子》略有不同。

　　綜合以上所述，《管子》四篇的「神」來自道家思想的傳承，淵源於《道德經》的「明」和《莊子》的「神」。

三、養神之道

　　《莊子》養神以心，守神於形，至於《管子》四篇如何養神？〈心術上〉說：「虛其欲，神將入舍。」其中「虛」是動詞，「虛其欲」，即是去掉心中的欲求，如此「神將入舍」。足見「舍」就是心，養神必先從修心做起。〈知北遊〉說：「攝汝知，一汝度，神將來舍。」足見〈心術上〉和〈知北遊〉的養神工夫有相通之處，也是從養心做起，如同《莊子・在宥》所言的「心養」。

　　〈心術上〉又說：

> 潔其宮，開其門，去私毋言，神明若存。

「潔其宮」，即是潔淨其心，「去私毋言」則是「虛其欲」，所以「宮」和「舍」都是「心」的比喻，「門」則比喻耳目孔竅。至於此處作「開其門」，下文則作「關其門」，而且此段旨在解釋前文，但是前後用字不同，兩者似乎有所衝突。張文虎認爲當作「關其門」，〔註95〕究竟何者正確？〈心術上〉說：

> 心之在體，君之位也。九竅之有職，官之分也。耳目者，視聽之官也，心而無與視聽之事，則官得守其分矣。夫心有欲者，物過而目不見，聲至而耳不聞也。

〔註94〕《莊子・天地》：「形體保神，各有儀則，謂之性。性修反德，德至同於初。」「反德」即是返於道德，回到初生的天眞自然。故稱之爲「返性於初」。

〔註95〕張文虎：《舒藝室隨筆》卷一：「關其門」案上文作「開其門」，疑皆「關」字之誤，此言收視返聽也。（臺北：文海出版社，1966年），頁397。

心如同君主具有主導地位，九竅各有其功能，如同官員各有其職分，所以心當主導耳目九竅，耳目九竅才能施展其功能。「心而無與視聽之事」的「與」是動詞，指參與、干預之意，意謂心若參與了耳目視聽之事，則耳目之官必將失其職分。因爲「心有欲者」，勢必干預耳目視聽的功能，於是目不見色，耳不聞聲。〔註96〕「心有欲」便產生心知，所以《莊子・在宥》說：「多知爲敗。」若要維持心的主導地位，就必須虛其欲，虛靜無爲。所謂「物過而目不見，聲至而耳不聞也」，即是耳目不通，所以「開其門」，暢通耳目九竅，不因心中嗜欲充益而妨害耳目功能。無欲無知，心不失其位，才能使耳目各盡其分。簡而言之，「潔其宮」，就是保持虛靜心，「開其門」就是耳目暢通，自然無爲。由此可見，「開其門」不當作「閉其門」，《莊子・在宥》的「閉外」是關閉外物的牽引，此處「開其門」是耳目暢通，兩者不可混淆。至於「闕其門」一詞，參照《韓非・解老》：「思慮靜，故德不去。孔竅虛，則和氣日入。」則「思慮靜」即是「虛其欲」，「孔竅虛」意謂耳目不受思慮和心知所遮蔽，足見「闕」與「虛」相通。總之，作「開其門」或「闕其門」，雖然用字不同，但意義並不衝突。〈內業〉說：「一物能化謂之神。」倘若「關其門」，如何能「極變」而「應物」？〔註97〕

〈心術上〉說：「虛其欲，神將入舍。」接著又說：「掃除不潔，神乃留處。」似乎意味著從「神將入舍」到「神乃留處」，有工夫先後之別。其中「虛其欲」是養神工夫，「掃除不潔」是否即是守神工夫？此一問題可以參照以下文字來加以驗證，〈心術上〉說：

> 世人之所職者精也，去欲則宣，宣則靜矣；靜則精，精則獨立矣；
> 獨則明，明則神矣。神者至貴也，故館不辟除，則貴人不舍焉，故
> 曰不潔則神不處。

「去欲」是治心的工夫，如此便能宣明而靜定；心若虛靜則精存自生，於是靈動而清明，這便是「神」，所以「神」來自「精」的凝聚而朗現。此即是養神的工夫。接著又說：館舍若不能掃除污穢，貴人必定不願居住，如同形體若不潔淨，「神」將無法留處。所以「掃除不潔」和「館不辟除」，意謂不僅

〔註96〕〈心術上〉：「心處其道，九竅循理。嗜欲充益，目不見色，耳不聞聲。」嗜欲就心而言，心若嗜欲充益，於是心不處其道，導致耳目九竅失序。

〔註97〕〈心術下〉：「一氣能變曰精，一事能變曰智。慕選者，所以等事也；極變者，所以應物也。慕選而不亂，極變而不煩，執一之君子，執一而不失，能君萬物。」

要做到「虛其欲」，更要安頓整體身心的潔淨，才能留住「神」，所以兩句都指守神的工夫。

「養神」使神來舍，「守神」使神留止，修養工夫有先後之別；本章第一節「精存自生」中也歸結出：從「存精」到「藏精」，修養工夫有次第之別；兩者都有相通之處。《管子》四篇「精氣論」的修養工夫不外乎「修心而正形」〔註98〕：修心才能「存精」、「養神」，正形才能「藏精」、「守神」。此外，成為「精舍」的條件在於「定心在中，耳目聰明，四枝堅固」（〈內業〉），使「神」留處的館舍必須「潔其宮，開其門」，兩者可互相對照。由此可知：「定心在中」是「潔其宮」，屬於修心的工夫；「耳目聰明」是「開其門」（或「闢其門」），屬於正形的工夫；「四肢堅固」和「館舍潔淨」代表經過「修心」和「正形」之後，生命達到整體和諧。總而言之，《管子》四篇的修養工夫乃是以「修心」和「正形」為總綱，也就是「養心」和「養形」兼備。因為「心」在「形」中，兩者若不能達到「天和至」〔註99〕的境地，修養工夫便無法展開，更無法精進。所以「養形」的目的不在於長生，而在於持續不間斷的「守」和「藏」。

證諸《道德經·第十六章》的「致虛極，守靜篤」，意謂「致虛極」是首要工夫，「守靜篤」則是後續的工夫，「極」和「篤」便是工夫的極致和深化。〈第四十八章〉也說：「為學日益，為道日損，損之又損，以至於無為。」其中「日」和「又」充分說明了修養工夫必須持續不間斷。所以《管子》四篇由「存精」而「藏精」，由「養神」而「守神」的工夫次第，正是道家修養工夫的一貫精神，唯有精進不輟，才能臻於理想境界。

綜合〈心術上〉所言，由心靜而「精」存，由「精」明而有「神」，足見「神」是「精氣」凝聚於心的結果，如同《莊子·達生》所說：「用志不分，乃凝於神。」當「精氣」凝聚於心，於是心思靈明，所以〈心術下〉說：「思之思之，不得，鬼神教之。非鬼神之力也，其精氣之極也。」來自「精氣之極」的靈思，猶如鬼神來助，因此稱之為「神」。「鬼神教之」的比喻應是源於〈人間世〉的「鬼神將來舍」和〈知北遊〉的「神將來舍」。〈人間世〉的「鬼神將來舍」也是比喻，因為「虛室生白」〔註100〕說明了修養工夫在「虛」，

〔註98〕 〈內業〉：「道也者，口之所不能言也，目之所不能視也，耳之所不能聽也，所以修心而正形也。」

〔註99〕 《莊子·知北遊》：「若正汝形，一汝視，天和將至。」

〔註100〕 《莊子·人間世》：「瞻彼闋者，虛室生白，吉祥止止。夫且不止，是之謂坐馳。夫徇耳目內通而外於心知，鬼神將來舍，而況人乎！」

亦即「徇耳目內通而外於心知」,「白」其實是「唯道集虛」的道之「光」,所以「鬼神將來舍」只是比喻得道的妙處,並非宗教意義的「神通」。到了〈知北遊〉的「神將來舍」,此句與下文的「德將爲汝美,道將爲汝居」並列,足見「神」是修心正形之後的得道成果,於是內在之「神」通向萬物,而不是得自「鬼神」的感通和啓示。總之,〈人間世〉的「虛室」和〈知北遊〉的「舍」,都說明了「神」的朗現必須具備「虛靜心」的條件。〔註101〕足見從《莊子》到《管子》四篇,「神」已經從「鬼神教之」的比喻,確立爲「非鬼神之力」的靈明智慧。如此,「神」的涵義便跳脫了「鬼神」啓示的神祕成分,釐清了民間信仰對於「神通」的宗教附會。

「神」源於「精氣之極」,其功效如何?〈心術下〉說:

> 正形飾德,萬物畢得。翼然自來,神莫知其極。昭知天下,通於四極。

「正形飾德」之後,「神」如展翼自行飛來,而不知其極限,於是心中昭然,能通萬事萬物之理。足見「萬物畢得」應是「昭知天下,通於四極」之意。〈內業〉則說:「德成而智出,萬物畢〔註102〕得。」萬物畢得也是「德成智出」的結果,足見「神」和「智」同義,修德可以養神,並且獲得智慧。總而言之,「精」帶來「思」,「德」帶來「智」,「思」和「智」是「神」的內涵,修德和養精的成果是「神」的朗現,所以「萬物畢得」和「昭知天下」都是「神」的功效。其實「德」和「精」從「道」來,因此歸根究柢,「神」的最高根源是「道」。〈內業〉說:「氣,〔註103〕道乃生,生乃思,思乃知,知乃止矣。」這段話大意是:「精氣」是道的作用,在道生萬物的過程中,精氣「生」而有「思」,進而由「思」轉化而爲「知」;足見「神」乃是精氣所生之「思」、「知」。所謂「知乃止」即是「神乃留處」,得道之人「知」止於心,內化而爲智慧,如同養神之人「神明」入舍,守神之後則「神明」常存。反之,「知」不能止,

---

〔註101〕《莊子‧人間世》:「唯道集虛。虛者,心齋也。」足見心齋是「虛靜心」。〈知北遊〉:「攝汝知,一汝度,神將來舍。」這裡的「舍」也是端正思慮意念的「虛靜心」。所以說「神」的朗現必須具備「虛靜心」的條件。

〔註102〕王念孫:《讀書雜志》:「果」當爲「畢」,字之誤也。尹知章《管子注》「物皆得宜」,其中「皆」字正釋「畢」字,〈心術篇〉亦云:「正形飾德,萬物畢得。」頁22～23。

筆者贊同此說,「萬物果得」當作「萬物畢得」。

〔註103〕原作「氣道乃生」,依安井衡《管子纂詁》校改。(臺北:河洛圖書出版社,1976年3月)。

雖然「神明若存」，但只是靈光乍現，不能「昭知天下，通於四極」。

〈心術上〉又說：「道不遠而難極也，與人並處而難得也。虛其欲，神將入舍。」意謂道與人並處而無所不在，常人卻不易得道，因此若要得道，必須做到「虛其欲」，「神」才能入於心。在這段文字中，「道」和「神」連結在一起，如同《莊子·人間世》所謂「唯道集虛」，心要虛靜，道才能留止，所以「神將入舍」即是「道（將）止於舍」，足見「神」是「道」的朗現。

綜合以上所述，「神」是形上之道朗現於心，因此「神」和「道」、「德」、「精」之間的關係如下：

道　　　　　　　　　　　　　超越
↓

德（性）　　　精（氣）　→　　　神（明）　　　　內在

《莊子》的「神」來自返性修德，不離於精，歸根究柢是「唯道集虛」；修養工夫是「養神」、「守神」兼具。《管子》四篇的「神」代表觀照的清明智慧，也強調「神」的形上根源是「道」，「修心而正形」則是從養神到守神的一貫工夫。從「神」的涵義、根源到修養工夫，可知《管子》四篇對於《莊子》學說有所繼承和改造；此外，經由此番的對照比較，亦可推知道家思想發展的脈絡。

四、「神」與「精」意義的釐清

古籍中「神」指「鬼神」、「神祇」，其後又衍生出「精神」、「心神」之義，《莊子》當是思想轉變的重要關鍵。唐君毅先生對於《莊子》中「神」的涵義有如下的說明：

> 神在傳統思想與墨子中，乃指鬼神。鬼神非人知之所及。孟子言神，乃以之指聖而不可知之境界，唯君子所過者化，所存者神，此化與神皆非可以說常人之心者。莊子之單言神，則指人不思慮、不預謀，能隨感而應，變化無方，以與物直接相遇之人心之功能，初不只屬於聖人與神人，而亦人所共有者。〔註104〕

從傳統的「鬼神」之義，到孟子言「神」，代表「聖而不可知」的境界，〔註105〕

〔註104〕唐君毅：《中國哲學原論·原性篇》，（臺北：學生書局，1984年2月），頁46。
〔註105〕《孟子·盡心上》：「夫君子所過者化，所存者神，上下與天地同流，豈曰小補之哉！」

但並非常人可及;《莊子》言神則是常人可以修養而得的心靈境界,這是孟、莊不同之處。《莊子》所謂「神」純就心靈修養而言,不思慮、不預謀即是虛靜無為,外於心知;至於「隨物而應,變化無方」,則是「神」與外物相遇之後,極變應物的功能。這是《莊子》對於「神」範疇的轉移與開發。《管子》四篇大致繼承《莊子》「神」的涵義,所不同的是《莊子》的「神」兼有「精神」之義,往往「精」、「神」互用,《管子》四篇則將「精」、「神」截然二分,「精」是生命的動能,「神」是智慧之明,所以並無「精神」一詞。另外,《管子》四篇的「神」繼承《道德經》的「明」,所以修養工夫也是強調「虛靜無欲」,如〈第十章〉:「滌除玄覽,能無疵乎?」意謂滌除心中的不潔,達到無疵的境地,心恢復玄鑑之明﹝註106﹞,如此便能「明白四達」﹝註107﹞。足見「潔其宮,開其門」與「滌除玄覽」,兩者修養工夫相通。總之,「神」是虛靜無欲,外於心知,因此心是清明的,耳目是暢通的,這就是「神明」。這種「神明」與世俗所謂「聰明」﹝註108﹞,兩者大不相同:「神明」是外於心知,「聰明」則是出於心知;「神明」乃是天道的朗現,「聰明」則是人為的智巧。

　　「神」是虛靜心,才能得「道」、「德」、「精」的涵養,因此論者難免將「神」與三者混為一談,例如陳鼓應在《管子四篇詮釋——稷下道家代表作》中,將〈心術上〉「神明若存」的「神明」,指道、精氣;﹝註109﹞也將「神將入舍」的「神」指道、精氣。﹝註110﹞至於「虛其欲,神將入舍」則解釋為:「虛心摒欲,精氣就將進入心裡。」﹝註111﹞「神」或「神明」的源頭是「精氣」,但前提是「精」在「氣」中,並且達到極致,才會朗現而為「神明」,所以並

〈盡心下〉:「可欲之謂善。有諸己之謂信。充實之謂美。充實而有光輝之謂大。大而化之之謂聖。聖而不可知之之謂神。」

﹝註106﹞高亨:《老子正詁》:「『覽』讀為『鑒』,『覽』『鑒』古通用。……玄者形而上也,鑒者,鏡也,玄鑒者,內心之光明,為形而上之鏡,能照察事物,故謂之玄鑒。」,頁24。

﹝註107﹞《道德經·第十章》:「載營魄抱一,能無離乎?專氣致柔,能嬰兒乎?滌除玄覽,能無疵乎?愛民治國,能無知乎?天門開闔,能無雌乎?明白四達,能無為乎?」

﹝註108﹞《莊子·大宗師》:「墮肢體,黜聰明,離形去知,同於大通,此謂坐忘。」其中「離形去知」的「形」指肢體,「知」指聰明。所以「聰明」是來自心知的智巧。

﹝註109﹞陳鼓應:《管子四篇詮釋——稷下道家代表作》,(臺北:三民書局,200年2月),頁147。

﹝註110﹞同前註,頁131。

﹝註111﹞同前註,頁132。

非「精氣」入於心便是「神明」。正如〈心術上〉所言：「去欲則宣，宣則靜矣；靜則精，精則獨立矣；獨則明，明則神矣。」從「精」到「神」必須經過一連串治心、存精、藏精的修養工夫，才能有「神」；如同必須具備「德成」的條件，才能「智出」。所以將「神」解釋成「道」和「精氣」，完全省略了工夫歷程，充其量只能說「道」和「精氣」是「神」的根源動力。

　　陳鼓應根據司馬談〈論六家要旨〉：「凡人所生者神也，所託者形也。……形神離則死。」〔註112〕認為司馬談所謂「形本神具」的觀念，見於《莊子・達生》（如「神全精復」），而〈內業〉中形神關係講得更清楚，並且特別突出「道者充形」這一面向。〔註113〕根據筆者的考察，《莊子・達生》並無「神全精復」的記載，當是「形全精復」之誤，而《莊子》書中「精」和「神」往往混用，此句或可視為形神關係的論述；至於《莊子》對於形神關係的討論，見於多處：

> 無視無聽，抱神以靜，形將自正。……目無所見，耳無所聞，心無所知，女神將守形，形乃長生。（〈在宥〉）

> 若正汝形，一汝視，天和將至；攝汝知，一汝度，神將來舍。（〈知北遊〉）

《莊子》認為：唯有摒除耳目心知的遮蔽，正形而形全，才能守住「神」，所以〈天地〉說：「形全者神全」。總之，「神」居形中而朗現，形不離「神」，乃是長生之道。《管子》四篇並未針對形神關係加以討論，如前所述，《莊子》的「神」包含「精神」和「神明」兩種涵義，《管子》的「神」僅有「神明」之義，所以《莊子》的形神關係在《管子》四篇則為「形」和「精」的關係。司馬談〈論六家要旨〉的「凡人所生者神也」，在《管子・內業》則為「凡人之生也，天出其精，地出其形。」至於「形神離則死」在《管子》四篇當為「形『精』離則死」，因為「精」是生命的動能，「神」代表靈明智慧，失去「神」未必等於死亡。至於「道者充形」也不是形神關係的證明，因為充形的是「精」（精氣），不是「神」。所以認定《管子・內業》對於形神關係闡釋得更為清楚，其實是混淆了《管子》四篇中「精」和「神」意義的界限。由此可見，釐清每個獨立概念的精確涵義極為重要。

　　總之，在《莊子》中「精」、「神」有重疊之處，到了《管子》四篇則將

〔註112〕司馬遷：《史記・太史公自序》卷一百三十，（臺北：藝文印書館），頁1350。
〔註113〕陳鼓應：《管子四篇詮釋——稷下道家代表作》，頁94。

「精」界定爲生命的動能，「神」代表靈明智慧，這是《管子》繼承《莊子》而有所改造之處。「精」和「神」的判然區分，闡發了兩者之間的辯證關係，對於中國哲學中有關心性之學的詮釋，有其不可忽視的貢獻。

「神」字多出現在〈心術〉篇，往往由內聖修養轉向外王事業，例如〈心術上〉：從「一物能化謂之神，一事能變謂之智」，最後導向「天下治矣」〔註114〕。從「神明若存」歸結爲人主「陰則能制陽矣，靜則能制動」〔註115〕，足見「神明」使君主動靜合宜，君臣不失其道。〈心術〉的主旨不離君術，〔註116〕所以「神」是君道無爲的內在依據。〈內業〉說：「是故聖人與時變而不化，從物而不移，能正能靜，然後能定。」若非心中有「神」，如何能與時變化，進而安定天下？從「神」的與時變化，並與無爲治術相聯結，便可窺知《管子》四篇追求由內聖而外王的思想歸趨。

〔註114〕〈心術上〉：「一物能化謂之神，一事能變謂之智。化不易氣，變不易智，惟執一之君子能爲此乎！執一不失，能君萬物。君子使物，不爲物使。得一之理，治心在於中，治言出於口，治事加於人，然則天下治矣。一言得而天下服，一言定而天下聽，公之謂也。」

〔註115〕〈心術上〉：「故曰：上離其道，下失其事。故曰：心術者，無爲而制竅者也。位者，謂其所立也，人主者立於陰，陰者靜。故曰動則失位。陰則能制陽矣，靜則能制動矣，故曰靜乃自得。」

〔註116〕張舜徽：《周秦道論發微‧管子四篇疏證》：「心術者，猶云主術也；君道也。篇首開端即曰：『心之在體，君之位也。』不啻自釋其題旨矣。」頁211。
陳鼓應：《管子四篇詮釋——稷下道家代表作》：「心術」即心的功能，〈心術〉是稷下道家藉「心術」而推衍「主術」的一篇重要論文。頁125。

第五章 「精氣論」的實踐與發用

從春秋時代開始，面對封建制度的崩潰瓦解，百家爭鳴莫不扣準時代問題而發聲，進而提出對治之道。及至戰國時代，諸侯紛紛自立爲王，形成群雄割據的局面，於是學術問題不再是如何拯救傾頹的周王室，而是走向富國強兵，追求大一統的時代課題。因此諸子之學逐漸由形上原理的探求，轉向探究如何落實於政治、人生的術用；於是心性問題由形上價值根源，轉向「心」、「氣」關係的探究；政治主張逐漸由德化禮治，轉向形名法術的實踐。在學術方面，《管子》四篇提出「精氣論」回應了「氣」的時代問題；在政治方面，則是以「君道無爲」回應了「術」的時代課題；足見《管子》四篇的學說極具時代意義。

本章分爲兩節，第一節〈修養工夫〉，探討《管子》四篇的心性觀、修養工夫，以及「精氣論」理想境界的實現。第二節〈政治思想〉，探討君道無爲的實現原理、因循的政治治術，以及思想定位的問題。「精氣論」的理想境界在於成爲聖人，君主若能具備「精氣論」的聖人境界，無爲的原理便可落實於政治，所以《管子》四篇提出「精氣論」，乃是以心性修養爲基礎，以「無爲而治」爲終極目標。《管子》四篇回應老子「聖人」效法天道，無爲而無不爲的政治理想，透過「精氣論」的建構，逐步由個人身心修養，拓展爲「聖人無爲」的政治思想。

第一節 修養工夫

心性論是中國哲學重要的思想觀念，儒家主張人皆有仁義之心，人性本善，道家主張無心自然，常德不離。《管子》四篇中也討論「德」和「性」，

其心性觀和儒道兩家思想有何關聯？心性的內涵是什麼？心性觀是修養工夫的基礎，其修養工夫究竟如何展開？理想境界又是什麼？以上問題乃為本文所要探討的主旨。本節分為四個部分來進行討論：一、心、性、意的關係；二、修心而正形；三、從「心意定」到「氣意得」；四、修道而得道。希望藉此掌握《管子》四篇心性論的思想定位，並闡發「精氣論」的實踐進路。

一、心、性、意的關係

《管子》四篇的篇名——〈心術〉上下、〈白心〉、〈內業〉，前三者可明顯看出與心有關，足見「心」乃重要論題。陳鼓應說：

> 道論為哲學理論的基石，而稷下道家思想的核心實則是心學。我們只要從《管子》四篇的篇目的命名，就可知曉。「心術」意謂心之功能；「內業」意謂心的修養；「白心」意謂潔白其心。在內容上，更可見四篇皆以「心」為論述之主題：「心術上」經由論述心與其他知覺官能地位之關係以喻君主治人之術；「內業」與「心術下」以養形、修心、聚氣為通篇主旨所在；〈白心〉則突顯聖人如何運用道德以修身治國。由此可見，儘管四篇宗旨略有不同，卻皆以「心」為重點申論之一致性。〔註1〕

本文第三、四章探究「精氣論」的價值根源和義理架構，根據筆者的研究成果，可歸納出如下的結論：《管子》四篇舉凡修道、成德、存精、搏氣、養神都是環繞著「心」而展開論述，所以「心學」是《管子》四篇的思想核心。心性修養是「精氣論」的實踐基礎，所以必先探討其心性內涵，才能進一步討論修養工夫如何開展。

心性論是中國哲學中重要的思想觀念，孔子罕言性與天道，〔註2〕認為人的價值在於仁；〔註3〕孟子主張人皆有不忍人之心、怵惕惻隱之心，〔註4〕認

〔註1〕陳鼓應：《管子四篇詮釋——稷下道家代表作》，（臺北：三民書局，2003年2月），頁40。

〔註2〕《論語·公冶長》：「子貢曰：『夫子之文章，可得而聞也；夫子之言性與天道，不可得而聞也。』」

〔註3〕《論語·八佾》：「子曰：『人而不仁，如禮何？人而不仁，如樂何？』」意謂人若不仁，則禮樂形同虛設《孟子·盡心下》：「仁也者，人也。合而言之，道也。」意謂仁就是人的本質。由此可見，儒家將人的價值定在仁。

〔註4〕參見《孟子·公孫丑上》。

爲仁義禮智根於心，〔註5〕於是從心善說性善。〔註6〕總而言之，儒家以心說性，人有仁義之心，仁義便是人性本善的依據。《道德經》中沒有「性」字，只有「德」字，〈第五十一章〉說：「道生之，德畜之。」意謂「德」是道性顯現於人的存在本質；所以「常德不離」〔註7〕，才能保持道性。總之，老子的「德」是素樸天眞，無心自然。《莊子》內篇也不見「性」字，但是「德」其實等同於「性」字，如：〈德充符〉所謂「德」是「成和之脩」的「和」。〔註8〕外雜篇討論「德」、「性」較多，如：〈馬蹄〉將德性界定爲無知無欲，素樸自然。〔註9〕因此，儒家的仁義之性〔註10〕，道家的素樸之德，成爲中國哲學心性論的兩大主流。

　　從以上敘述可知：儒家的心性內涵就在仁義，道家的心是無知無欲，德是和諧素樸，那麼《管子》四篇的心性內涵是什麼？〈內業〉：

　　凡人之生也，天出其精，地出其形，合此以爲人；和乃生，不和不生。

　　凡人之生也，必以平正，所以失之，必以喜怒憂患。

　　天主正，地主平，人主安靜。

第一段引文說明人的生成過程，第二、三段引文則是說明了人的天性。本文第四章第一節〈精存自生〉中已經提到：天地是道的化身，在天地「和」合之中，天之「精」、地之「形」化而爲人，所以「和」是生命構成的要件；倘若失去了「和」，人便失去生機。另外，「正」、「平」也是來自天地的本性，天地的「正平」落實在人心就是「靜」，所以人應該「象天地之德，安靜自處」

〔註5〕《孟子‧盡心上》：「君子所性，仁義禮智根於心。」

〔註6〕《孟子‧滕文公》：「孟子道性善，言必稱堯舜。」

〔註7〕《道德經‧第二十八章》：「知其雄，守其雌，爲天下谿。爲天下谿，常德不離，復歸於嬰兒。知其白，守其黑，爲天下式。爲天下式，常德不忒，復歸於無極。知其榮，守其辱，爲天下谷。爲天下谷，常德乃足，復歸於樸。」常德是素樸，如嬰孩一般天眞自然。

〔註8〕徐復觀：《中國人性論史》，（臺北：商務印書館，1987年3月），頁369。

〔註9〕《莊子‧馬蹄》：「同乎無知，其德不離；同乎無欲，是謂素樸；素樸而民性得矣。」

〔註10〕《孟子‧告子上》：「告子曰：『性，猶杞柳也；義，猶桮棬也。以人性爲仁義，猶以杞柳爲桮棬。』」
《莊子‧天道》：「老聃曰：『請問，仁義，人之性邪？』孔子曰：『然。君子不仁則不成，不義則不生。仁義，眞人之性也，又將奚爲矣？』」從以上兩段引文，可知儒家以仁義爲人性，在戰國時代已成普遍認知。

〔註11〕。天地「和」才能生萬物，所以人的存在條件就是「和」，天地之性落
實於人心，內化而爲人性〔註12〕，所以「正」、「平」、「靜」，便是人的心性內
涵。〈內業〉又說：

> 察和之道，其精不見，其徵不醜，〔註13〕平正擅匈，論治在心，此
> 以長壽。

此段大意在探討如何體察「和」的存在，雖然「和」的精微之處並非肉眼可
見，它的徵象難以類比，但是「和」就表現在「平正擅匈」，意謂心胸平和中
正，「平」是平和，「正」是中正，心胸平和不偏失，才能不受制於外物；所
以調理身心和諧的關鍵，就在使心居於主導地位，這就是「論治在心」。心胸
平正，心居其位，於是九竅循理，身心達到整體和諧，才是養生長壽之道。
足見心胸「平正」顯現了生命是處在「和」的狀態。

反之，當人生命處於不「和」的狀態，也會心失平正，原因就在於情緒
的牽動和外物的干擾。〈內業〉說：

> 凡心之刑〔註14〕，自充自盈，自生自成；其所以失之，必以憂樂喜
> 怒欲利。能去憂樂喜怒欲利，心乃反濟。彼心之情，利安以寧，勿
> 煩勿亂，和乃自成。

「凡心之刑」指「心之實情」，意謂心的實況是具有源源不絕的動力，可以自
我充盈，自我生成。但是心若受到憂、樂、喜、怒、欲、利的影響，便失去
生機和動力，憂、樂、喜、怒是情感的活動，欲、利是心知的作用，情緒的
鼓盪和心知的執著，都會使人迷亂心性，躁動不安。《管子》四篇認爲最有利
於心的狀態是安寧，煩亂則是心失平正的致命傷。所以去除導致煩亂的誘因，
自然就能恢復原本的安寧和諧。

「心」的本然狀態是平正安寧，因此應當返性以靜，〈內業〉：

> 凡人之生也，必以平正，所以失之，必以喜怒憂患，是故止怒莫若

〔註11〕 張舜徽：《管子四篇疏證》，收錄於《張舜徽集》，（武漢：華中師範大學出版
社，2005 年 12 月），頁 324。

〔註12〕 《論語・陽貨》：「性相近也，習相遠也。」《荀子・正名》：「生之所以然者謂
之性。」所以性是指萬物天生自然的本質，就人而言就是人性。

〔註13〕 張舜徽：《周秦道論發微・管子四篇疏證》：「微猶形也，醜猶類也。謂天出其
精而不見精之所在，地出其形而不見其形之相類也。」筆者以爲「精」和「微」
都是針對「和」而言，因爲主詞是「察和之道」。頁 324。

〔註14〕 「刑」即是「形」，和「情」同義，意指「實情」，「凡心之刑」指「心之實情」。
詳見本文第三章第二節〈化育萬物謂之德〉。

> 詩，去憂莫若樂，節樂莫若禮，守禮莫若敬，守敬莫若靜。內靜外
> 敬，能反其性，性將大定。

憂、樂、喜、怒、欲、利等因素，將會導致心煩意亂，〈內業〉主張以詩歌來遏止怒氣，以音樂來消除煩憂，以禮儀來節制逸樂；總而言之，以敬慎來守住禮樂教化，而守住敬慎的態度莫過於心靜。由此可見，靜是內心的狀態，敬是表現於外的態度，由內靜而外敬，回歸本性，性情才能穩定。由此可見，《管子》四篇主張「和」是決定生命狀態的關鍵，心是性、情的主導：當生命處在和諧狀態，心是靜，性情是平正安寧；反之，當生命失去和諧，心中煩亂，多欲好利，情感則是喜、怒、憂、患起伏不安，天性定不住，於是違反性情而有為妄作。面對人心的浮動造作，《管子》四篇主張以詩歌禮樂等教化來安定情感，使心回歸清靜，如此才能固守天生本性。心若不靜必導致本性不定，情感不安，所以返性、定性就從保持心靜做起。

〈內業〉又說：

> 天主正，地主平，人主安靜。春秋冬夏，天之時也。山陵川谷，地
> 之枝也。喜怒取予，人之謀也。是故聖人與時變而不化，從物而不
> 移，能正能靜，然後能定。

喜、怒、取、予是人為造作，聖人效法天地之德，無心無為，與時俱進卻能變而不化，應對外物卻能從而不移，這是因為聖人心「正」而「靜」，才能夠堅定本性而不移易。所以心能「正」、「靜」，性就能「定」，聖人不化、不移正是因為「性定」的緣故。反之，心躁動不安，隨物勢流轉，必將迷失本性。

〈白心〉說：

> 和以反中，形性相葆。一以無貳，是謂知道。

意謂生命處在和諧的狀態，回歸中正之道，形體便能保住天性。若能專心定性，堅守中正平和之道，這就是體道悟道的表現。因為人性來自道性，保性便能與道相通，由保性而「知道」，這便是修養的進境。總之，靜心之道在於中正平和，心靜才能定性、保性。

綜合以上所述，《管子》四篇認為人的天生本性就是「和」、「平」、「正」、「靜」。「和」就整體生命而言，「和」顯現於心則是「平」、「正」、「靜」，「心」牽動「性」，心靜則性定而不變，心亂則性移而遷，所以修養的起點就在「心」。

「心」是修道的起點，所以〈內業〉對於道和心之間的關係，有如下的說明：

> 夫道者所以充形也，而人不能固。其往不復，其來不舍。謀乎莫聞
> 其音，卒乎乃在於心，冥冥乎不見其形，淫淫乎與我俱生。

道充滿在吾人形體之中，但是人們不能固守它，因為它無所不在，無法把握。雖然道是不見其形，不聞其聲，但它終究存在於人心之中，與人同生而並處。「心」是道的棲止之所，〈內業〉又說：「心靜氣理，道乃可止。」足見人之所以不能使道留止，原因就出在心不靜，氣不理，導致道「其往不復，其來不舍」。前面說過：心靜可以定性，而「心靜氣理」可以與道同在，足見《管子》四篇的修養工夫是「心靜」之後，更要「氣理」，也就是調理心氣達到和諧的狀態。〈白心〉說：「和以反中，形性相葆。一以無貳，是謂知道。」所以「和」就是心靜氣理，如此才能由定性而知道，由知道而得道。

如何達到「心靜氣理」的和諧狀態？〈內業〉說：

> 彼道之情，惡音與聲，修心靜音〔註15〕，道乃可得。

「情」是實情之意，「音與聲」意指世俗的形色聲光，為何說「道惡音與聲」？那是因為形色聲光足以刺激耳目感官，於是「以物亂官，以官亂心」，導致心不靜，氣不理，如此便無法使道留止。所以「修心靜意」的工夫，就是要恢復心的正平，以「心」論治九竅，於是心靜氣理，便能得道。〈內業〉又說：「心能執靜，道將自定。」意謂心靜可以保性，也可以使道自定而留止。所以「修心靜意」和「心靜氣理」意義相通，都是得道的關鍵。

至於「修心靜意」的「意」，包含何種涵義？「心」與「意」又有何關聯？〈心術下〉說：

> 心之中又有心，意以先言，意然後形，形然後思，思然後知。

「意以先言」說明了先有「意」，後有「言」，「形」是成形、顯現之義，所以「意」從萌發到成形，於是形諸言語，發動思慮，反覆思慮之後就產生知。這段文字說明了「意」的發生和演變的過程，「意」當指意念而言，所以「心之中又有心」，即是心中之意念，第一個「心」指本心，第二個「心」就是「意」，指心的活動。由此可見，心以「意」為起點，進而展開「言」、「思」、「知」等一連串的活動。

〈內業〉也有類似的說法：

〔註15〕王念孫：《讀書雜志・卷八・管子第八》：「修心靜音」當做「修心靜意」，「意」之為「音」乃借字耳。第四冊（臺北：台灣商務印書館，1978 年 12 月），頁22。

治之者心也，安之者心也。心以藏心，心之中又有心焉。彼心之心，
　　音〔註16〕以先言，音然後形，形然後言，言然後使，使然後治。

《管子》四篇主張心治則官乃治，心安則官乃安，〔註17〕足見心能「治」也
能「安」。「治」是修心的工夫，「安」是心治的結果。所謂「心以藏心，心之
中又有心焉」，顯示心有兩個面向，一個是安定不移的本心，一個是能動能治
的心，如此才能發揮「自生自成，自充自盈」的作用。所謂「心以藏心」，第
一個心是本心，第二個心是指心的作用，意謂心之自身含藏著「治」的功能，
經由治心的工夫，使煩亂之心回歸中正平和，所謂「和以反中」便是由治心
而後安心。如此，心安於自己，不離於道，本心即是道心。

　　「彼心之心」，所指稱的是「心之意」，「意」成形之後，可以「言」、「使」、
「治」。「言」是言語表達，讓意念顯現於外；「使」是行動，執行意念的指令；
「治」是治心的修養工夫，使心安於自身，與道合一。〈內業〉這段文字說明
了「意」具有「治心」的功能，這也是道德實踐之所以可能的心性基礎。〈心
術下〉則從「意」、「言」、「思」、「知」，說明了知識或智慧的來源。

　　關於這兩段文字的歧異，郭沫若指出：「一言思辯過程，一言意志過程。
蓋弟子二人聽一先生之言而筆記有誤。思與使，知與治，音相近也。今無由
斷其孰是。」〔註18〕筆者贊同郭沫若以「思辯過程」和「意志過程」來詮釋
「意」的看法，至於「思與使，知與治，音相近也」，乃弟子筆記之誤的推斷，
則不免流於主觀揣想。筆者以爲：兩段文字的歧異之處，不是孰是孰非的問
題，而是凸顯了「意」的雙重功能。〈內業〉強調意志的過程，〈心術下〉強
調思辯的過程，雖然兩者論述的重點不同，但對於「心」的內涵和功能都有
深入的闡發，這也是《管子》四篇在「心學」方面重要的貢獻。

　　綜合以上所述，「心」牽動「性」，心不和則性不定，導致情感過度而傷
身害性。「心」的活動稱爲「意」，「意」產生思維，使人獲取知識或智慧；「意」
產生意志，促使人力求身心之安頓，由修道而得道。關於心、性、意三者之
間的關係簡圖如下：

〔註16〕王念孫舉〈心術下〉「意以先言」爲例，認爲兩「音」字亦讀爲「意」，謂意
　　　　在言之先。同前註。
〔註17〕〈內業〉：「我心治，官乃治；我心安，官乃安。」
〔註18〕郭沫若：《郭沫若全集》第六冊《管子集校》，（北京：人民出版社，1982年），
　　　　頁440。

〈心術上〉說：「德者，道之舍，物得以生。」所以「德」是道性顯現於人性之中。〈內業〉說：「正形攝德，天仁地義，則淫然而自至。」足見《管子》四篇的德性，除了包含了道家的「無」，又包含了儒家的「仁義」。另外〈內業〉的養氣工夫可以達到「見利不誘，見害不懼，寬舒而仁」的境界，而「內靜外敬」的修心之道也採行儒家禮樂教化，足見《管子》四篇的「德」，以及心性修養，都包含儒家的思想成分。總之，《管子》四篇也是從心說性，以德爲性，所以德性的內涵是平、正、靜、和，以及仁義。由此可見，儒家的仁義之性，道家素樸之德，融鑄成《管子》四篇的心性論。

二、修心而正形

心是形軀官能的主導，所以〈內業〉說：「我心治，官乃治；我心安，官乃安。」這說明了心是修養的起點，心治、心安，耳目也隨之安定。〈心術上〉說：「夫心有欲者，物過而目不見，聲至而耳不聞也。」一旦心中充滿嗜欲，於是視而不見，聽而不聞，足見心治與否，影響了耳目官能。反之，心若無欲則耳聰、目明。耳目之官屬於形體，心治則官乃治，形乃正，所以當以修心爲先，其次正形。〈內業〉說：

> 道也者，口之所不能言也，目之所不能視也，耳之所不能聽也，所以修心而正形也。人之所失以死，所得以生也，事之所失以敗，所得以成也。

人無法透過口說、目視、耳聞來掌握道的存在，卻可以經由「修心而正形」來體察道的存在。道是人的生、死、成、敗之關鍵，所以人不能離道而存在，必須致力於修道才能與道同在，「修心而正形」便是得道的關鍵。治心、安心就是修心，官乃治，官乃安就是正形。所以《管子》四篇的修養工夫以養心和養形爲兩大主軸，稱爲「修心而正形」。

爲何既要修心又要正形？那是因爲《管子》四篇將人的身心視爲修道的場域。〈心術上〉說：

> 潔其宮，開其門。宮者，謂心也。心也者，智之舍也。門者，謂耳目也，耳目者，所以聞見也。

這裡明白指出「宮」就是「心」，「門」就是耳目，既然心是智之舍，修心便極爲重要。《管子》四篇往往以「宮」、「門」、「館」、「舍」等空間概念來比喻人的身心耳目。例如〈內業〉說：「敬除其舍，精將自來。」這說明了清潔館舍，精氣就會來臨，修道之人不僅要使精氣「自來」，更要將精氣「存藏」，所以〈內業〉提出以身心爲「精舍」的觀念。成爲「精舍」的條件是：「定心在中，耳目聰明，四枝堅固」，因此「修心」可以使精自來，「正形」可以使精存藏。〈心術上〉說：

> 虛其欲，神將入舍。掃除不潔，神乃留處。

> 神者至貴也，故館不辟除，則貴人不舍焉，故日不潔則神不處。

這裡的「舍」指的是心，因爲「虛其欲」是就心而言。意謂虛靜無欲，「神」就會來到心中；掃除不潔就是摒除多欲，「神」才能留駐。因爲「神」是至貴的，修道者必須修心以待之、迎之。另外，〈白心〉說：「德之來，從於身。」意指德的朗現，落實在人的身上。足見身心是「精舍」，也是「德之舍」，是「道」、「德」、「精」、「神」的棲止、朗現之所，這就是《管子》四篇以「修心而正形」爲修養重心的原因所在。

《管子》四篇「舍」的觀念與《莊子》有關。〈人間世〉說：「虛室生白，吉祥止止。」其中「虛室」將心比成居室，「鬼神將來舍」的「舍」也是心的比喻。足見《管子》四篇「舍」的觀念大抵源於《莊子》而略有不同：《管子》以「舍」指整體身心或單指心，《莊子》則是以「室」和「舍」來比喻心。〈內業〉又指出：倘若「內困外薄」，於是「生將異舍」。〔註19〕意謂內在困頓和外在壓迫，導致身心失調，生機必將退出「屋舍」，所以維護身心的和諧，才能保有生機，也是修道的基本條件。

既然心是居室，保持潔淨便極爲重要，否則貴客〔註20〕不會降臨而留止。

〔註19〕 〈內業〉：「慢易生憂，暴傲生怨，憂鬱生疾，疾困乃死。思之而不捨，內困外薄。不蚤爲圖，生將異舍。」陳鼓應注釋：「內」指心。「外」指內心所思慮之事。「薄」同「迫」。「生」，生命。「異」同「遜」，退讓、離開。「舍」，指軀體。參見《管子四篇詮釋—稷下道家代表作》，（臺北：三民書局，2003年2月），頁115。

筆者以爲：憂、怨、疾即是內困，若不能捨棄慢易、暴傲、憂鬱等習性，並且心思外馳，則是內外交迫，生機必將遠離身軀。

〔註20〕 〈心術上〉：「神者至貴也。故館不辟除，則貴人不舍焉。」這裡的貴人指「神」。〈內業〉說：「敬除其舍，精將自來。」這裡的「敬」字也說明了「精」也是貴客。總之，先將「舍」保持潔淨，那麼「道」、「德」、「精」、「神」等貴客都將自來、留駐，此即是得道。

修心而正形才能維護館舍的潔淨，如此「道」、「德」、「精」、「神」等貴客便能來止。〔註21〕「修心而正形」意謂修心之後，更進一步要正形，雖然工夫有先後，必須不間斷地逐步進展，更重要的是養心和養形兼備，兩者不可偏廢。

　　修心在正形之先，而修心當從嗜欲的調節做起。〈內業〉說：

　　　　凡人之生也，必以其歡，憂則失紀，怒則失端，憂悲喜怒，道乃無處。愛欲靜之，遇亂正之，勿引勿推，福將自歸。

人生在世往往追求歡樂，因此倘若失去歡樂，憂悲、憤怒隨之而來，憂傷使人生活失序，憤怒使人行為失當，所以憂、悲、喜、怒等情緒的鼓盪波動，使道無法安止於身心之「舍」。憂、悲、喜、怒源於人心的愛欲，面對這種狂亂失序的行為，必須「靜之」，「正之」，不招引紛爭，不涉入亂局，福祉必然回歸自身。「福」來自道的留駐，亦即「吉祥止止」之意。由此可見，「愛」、「欲」使心不靜、不正，導致行為失紀、失端，使人離道越來越遠。因此「靜之」、「正之」即是治心的方法，「靜之」即是虛靜無欲，「正之」即是回歸正道。

　　〈心術上〉說：

　　　　人迫於惡，則失其所好；怵〔註22〕於好，則忘其所惡，非道也。故曰：不怵乎好，不迫乎惡。惡不失其理，欲不過其情。

人若受制於厭惡之事，就會失去所喜好之事；反之，人若耽溺於所喜好之事，就會疏忽了原本厭惡之事，這些行為都違反常道。換言之，好惡、愛欲遮蔽了本心原有的清明，反而失去所喜好之事物，召來所厭惡之事。所以面對心中的好惡、愛欲，應當靜之，正之，而正靜其心的依據就在於情理，也就是好惡不背離道理，愛欲不違反常情。「情」是人情，「理」是道理，二字已經說明人皆有好惡、愛欲，不必然導致心煩意亂，重點就在於逾越「情理」，不知節制，於是心失平正。因此所謂「去欲」、「無欲」，更精確地說，其實是「節欲」，而以情理為節制的依據。

　　《道德經·第三十七章》說：

〔註21〕〈白心〉的「德之來」，〈內業〉的「精將自來」，〈心術上〉的「神將入舍」，〈內業〉的「道乃可止」；「來」、「止」二字說明了身心是貴客的留駐之「舍」。

〔註22〕王念孫：《讀書雜志·卷七·管子第六》：尹所見本，本作「不休乎好」，故云：休，止也。不止人好利之情。……怵與誘通，誘也。頁136。

化而欲作，吾將鎮之以無名之樸。無名之樸，夫亦將無欲。不欲以
靜，天下將自定。

萬物在演化過程中，逐漸走向文明，而遠離自然，世俗社會的人文活動充滿
五色、五味、五音，再加上名利財貨的牽引，〔註23〕使人私欲萌動，甚至過
度膨脹，導致人心狂亂迷失，有爲妄作。老子主張「鎮之以無名之樸」，亦即
執政者以無爲處之，「不見可欲，使民心不亂」〔註24〕，如此才能導正民心的
盲動，天下自然而然就恢復安定。此章旨在強調面對百姓化而欲作，導致天
下紛亂的困局，君主的對應之道；《管子・心術上》則是強調對治嗜欲充益的
個人修養之道，雖然兩者所討論的範圍、對象各有不同，但是問題的癥結和
對治的方法卻是相通的。「愛欲靜之」和「不欲以靜」，都主張虛靜節欲，才
能順合情理；「遇亂正之」和「鎮之以無名之樸」，都強調回歸正道，才能導
正盲動迷亂之心。虛靜無爲是道家的修養工夫，《管子・心術上》一方面遵循
道家的價值歸趨，但又主張以情理爲節欲的依歸，具有儒家思想的傾向。

〈心術上〉主張以情理爲節欲的依歸，〈內業〉則強調禮樂教化有助於
情感的調節，這些都是儒家思想的成分。〈內業〉指出：喜怒憂患使人失去
平正，所以主張以人文活動配合內在的修養來加以調節，那就是「內靜外
敬」。〔註25〕「外敬」是透過詩歌禮樂等人文活動，來導正喜怒憂樂的失序，
這已吸納了儒家思想的禮治；「內靜」則是治心的工夫，即是上述的「靜之」、
「正之」。從以上兩個例證可知，《管子》四篇的修養工夫分爲內外兩方面：
對內以道家的虛靜無爲治心，對外則輔以儒家的人文禮樂活動，呈現了儒道
融合的思想特質。

由上述的說明可以歸納出以下的結論：《管子》四篇的修心工夫，簡言之
就是「內靜」；「內靜」所要對治的是「多欲」，及其所引發的紊亂失序，以達
到中正平和的目標。〈心術上〉對於「去欲」的工夫進程有深入的闡述：

去欲則宣，宣則靜矣；靜則精，精則獨立矣；獨則明，明則神矣。

從去欲到宣、靜、精、獨立，都是修心、治心的過程，至於明和神則是修養

〔註23〕《道德經・第十二章》：「五色令人目盲，五音令人耳聾，五味令人口爽，馳
騁畋獵令人心發狂，難得之貨令人行妨。」

〔註24〕《道德經・第三章》：「不尚賢，使民不爭。不貴難得之貨，使民不爲盜。不
見可欲，使民心不亂。」

〔註25〕〈內業〉：「凡人之生也，必以平正，所以失之，必以喜怒憂患，是故止怒莫
若詩，去憂莫若樂，節樂莫若禮，守禮莫若敬，守敬莫若靜，內靜外敬，能
反其性，性將大定。」

之後的成效。意謂節制過度的欲求，心就會宣明暢達而平靜；心若平靜就會精純，精純的心就能獨立自主，不受制於外物；內心靈活自由，就能清明觀照，而有神明智慧。由此可見，多欲使心不暢達、不平靜、不自由，於是被物欲遮蔽，而失去原有的清明，這就是「以物亂官，以官亂心」所造成的結果。「多欲」往往緣於耳目之官與外物相接之後，外在的聲色財貨是誘因，內心的不正、不靜才是主因，唯有「靜之」，「正之」，才能從憂、悲、喜、怒的陷溺中超拔出來。總之，「內靜」的根本方法就是節欲。〈內業〉說：「節其五欲，去其二凶。不喜不怒，平正擅匈。」五欲當指耳目官能之欲求，二凶則泛指憂、悲、喜、怒之害，唯有節欲去害，才能讓心胸〔註26〕回歸平正。所以〈內業〉說：「節欲之道，萬物不害。」

　　修心的目標就是內靜，方法就在節欲，使心恢復平正。能夠做到內心平正，就是「中得」、「內得」〔註27〕。修心之後，更進一步要正形，何謂正形？〈內業〉說：

> 凡食之道：大充，傷而形不臧；大攝，骨枯而血沍。充攝之間，此
> 謂和成。

正形的工夫就從日常飲食做起。飲食過度會傷害形體，導致健康不佳；飲食若是不足，則會造成骨骼枯槁，血液凝滯。所以飲食的飢飽都會影響血氣的運行，適度調節飲食，才能避免「飢飽失度」，總而言之，調節之道就在「和成」。飲食之道的最高原則就在維持形體的和諧，因為形體不和勢必影響血氣的運行。例如：過度飽食而不活動筋骨，血氣無法暢通，於是居於形體末梢的四肢，必定血氣不通。〔註28〕

　　由此可見，修心的目標在於「靜」，正形的目標則在於「和」。飲食之道以「和」為原則，此外，心的活動也與「和」有關。〈內業〉說：

> 能去憂樂喜怒欲利，心乃反濟。彼心之情，利安以寧，勿煩勿亂，
> 和乃自成。

憂樂喜怒是情感活動，欲利則是心中欲求，去除煩亂的根源，心就能回歸本性，這就是「和」。所以必須先去好惡、愛欲的遮蔽和干擾，才能達成「和」。

〔註26〕陳鼓應：《管子四篇詮釋——稷下道家代表作》注釋：「擅」，據有、佔據。「匈」同「胸」。頁118。

〔註27〕〈內業〉：「不以物亂官，不以官亂心，是謂中得。」「敬慎無忒，日新其德。遍知天下，窮於四極。敬發其充，是謂內得。」

〔註28〕〈內業〉：「飽不疾動，氣不通於四末。」

由心之平正帶動形體的和諧，所以「和」是從心到形的整體和諧。

因爲「心」影響「形」，所以心若不靜，「和」便難以達成。〈內業〉又說：

> 慢易生憂，暴傲生怨，憂鬱生疾，疾困乃死。思之而不捨，內困外
> 薄。不蚤爲圖，生將巽舍。食莫若無飽，思莫若勿致，節適之齊，
> 彼將自至。

慢易、暴傲是心失平正的表徵，憂鬱、怨怒則是情感失調的現象，而情感失調將會傷害形體，所以說：「憂鬱生疾，疾困乃死。」足見「心」牽動「形」，心不平正，形體不可能和諧。另外，過度思索也會耗費精神，傷害形軀的健全，所以說：「過知失生」〔註29〕。所謂「思而不捨」，意謂過度思索，導致心馳於外，於是「內困外薄」，使身心承受內外雙重壓迫。所以心失平正，一者造成情感失衡，再者傷害形體，若不早做整治，將會喪失原有充沛的生機。〈內業〉又說：「食莫若無飽，思莫若勿致」，主張飲食和思慮都必須適度調節。尹知章注：「飽食者善閉塞，致思者多困竭。」〔註30〕足見飲食和思慮都是影響「和」的重要因素。何謂「節適之齊，彼將自至」？「節」是節制，「適」是調適，「齊」是平正，對於飲食和思慮加以節制、調適，沒有飲食大充或大攝，也沒有過知或不思，逐漸導向平正，「和」就自然到來，所以修心和正形的終極目標就在「和」。

綜合以上所述，由心之「和」，繼而達到形之「和」，身心的和諧不僅是養生之道，也是修道的起點，這就是修心必先於正形的理由所在。但若省略修心的工夫，徒有正形的工夫，也無法達到「和」的境界，因爲心靜才能氣和，修心是正形的基礎，兩者雖有先後之別，但缺一不可。世俗之人追求養生長壽，往往忽視養心乃是「和」的基礎，只知經營養形之道，其實是雖智大迷。《管子》四篇主張以「修心而正形」爲修養之道，既重養心又重養形，強調心與形的整體和諧，正可破除世俗執著於養形的迷思。

〔註29〕 〈內業〉說：「凡心之形，過知失生。」〈心術下〉則詳言：「凡心之形，過知失生，是故內聚以爲原泉之不竭，表裏遂通。泉之不涸，四支堅固。」足見「過知失生」是因爲心思外馳，不能凝聚於內，生命泉源乾涸，導致形體不健全。

〔註30〕 尹知章注：「飽食者善閉塞，致思者多困竭。齊，中也。言能節食適思，常莫過中，則生將自至。」足見「節」是節制，「適」是以「中」爲依據，「和」自然就會到來。《管子校正》，唐尹知章注，清戴望校正，收錄於《新編諸子集成》第五冊，（臺北：世界書局，1983年4月），頁272。

三、從「心意定」到「氣意得」

修心而正形之後達到「和」的狀態，〈內業〉描述正形之後的狀態是：「四體既正，血氣既靜，一意搏心，耳目不淫，雖遠若近，思索生知〔註31〕。」其中「既」表示已然完成，意謂正形之後，血氣平靜，心意專一，耳目通暢，智慧通達。〈心術下〉也說：「專於意，一於心，耳目端，知遠之證。」這裡的「知遠之證」與「雖遠若近，思索生知」相通，足見「和」是從心到氣，乃至耳目官能都是各循其理，於是「形氣」達到整體的和諧；當「形氣」達到整體和諧，智慧便隨之而來。前面說到「和」的修養之道，必須注意飲食和思慮的節制調適，因為兩者都會影響血氣的運行，所以「和」的修養關鍵就在調和心與氣，達到「心靜氣理」的成果。

當「血氣既靜，一意搏心」之後，不僅可以達到「形氣」和，更可以產生極大的功效。〈內業〉說：「心氣之形，明於日月。」意謂「心氣」顯現於外，比日月還要光耀。試問何謂「心氣」？〈內業〉又說：

> 氣意得而天下服，心意定而天下聽。

這兩句在說明君主與天下人的關係，當明君「氣意得」之時，那麼天下人必然順服；若是「心意定」，那麼天下人必定聽從。「意」是心的活動，「心意定」表示君主意念堅定，顯現於形容膚色之外，〔註32〕傳遞於百姓心中，於是天下人聽從其意。「氣意得」則表示「意」貫通於形氣之中，所以天下人能感受君主的形氣之意向，於是歸順服從。從「心意定」到「氣意得」，「意」聯結了「心」與「氣」，當心意堅定而強大，於是「氣」聽命於「心」而呈顯出來，這就是「心氣之形，明於日月」。所以「心氣之形」就是「氣意」顯現於外，當君主愛民治國之心意，貫徹於形氣之中，便會產生感通的力量，使天下臣民聽從。所以「氣」能與人感通，使人順服的關鍵，就在「意」發揮了力量。

〔註31〕多數注家將「思索生知」與「雖遠若近」斷開，而與下文「慢易生憂，暴傲生怨，憂鬱生疾，疾困乃死」連讀；倘若「思索生知」與下文連讀，也不應解釋為「思索產生智慧」（陳鼓應今譯），而是強調過度思慮的弊害，因為後面數句均是使生命內困的不當行為，〈內業〉、〈心術下〉都主張：「凡心之形，過知失生」，下文亦云：「思莫若勿致。」筆者以為「雖遠若近，思索生知」連讀比較恰當，否則「雖遠若近」語意不夠完足，而且前文有「思之思之」之句，意在肯定修心正形之後，精氣至極而萬物備存，所以思索可以產生智慧。

參見張舜徽：《管子四篇疏證》，頁 323。陳鼓應：《管子四篇詮釋——稷下道家代表作》，頁 115～116。

〔註32〕〈內業〉：「全心在中，不可蔽匿。和於形容，見於膚色。」

郭沫若說「意」具有意志和思辯兩種功能，所以「意」是「心」與「氣」之間的連結，〔註33〕郭梨華則延續此說，並進一步引申發揮：

> 「意」作爲心中所藏之心，具有兩方面的功能，一爲意念，即「志」的功能；另一爲脫離感官聞見之知的「思」的功能。這一種「意」的兩種功能，提供了心在安與治之間的聯繫，即人在知與行之間的連結。〔註34〕

郭梨華將「意志」和「思辯」兩種功能，簡稱之爲「志」和「思」。並認爲「意」的功能聯繫了心的「治」和「安」，也連結了「知」與「行」。筆者以爲此處應再稍作區分：從治心到安心，從「知」到「行」，主要是「志」的作用，「思」則是知識或智慧的源頭。

郭黎華又說：

> 《管子》之「意」是連貫心中之心的「思」與「志」，同時也具有關連於「道」的可能，以作爲「言」之依據。但是這樣一種「意」的作用，並不是天生已就，而是心在活動中使然，也因此「意」是需要靜之、平之的。當「意」是平靜時，此時之意氣或說氣意是處於「物不亂官，官不亂心」狀態，是氣充美於「心」的狀態，此猶如〈內業〉所言「血氣既靜，一意摶心」，同時也是精氣之極的狀態。〔註35〕

「意」是心的活動，活動中的「意」，經過靜之、平之、正之的修養，這就是「修心靜意」。然後「一意摶心」，將意志貫徹於形氣之中，當「氣」與「心」緊密結合，才能發揮「使然後治」的效用，於是治心而後心安。當「形氣」成爲實踐「心意」的動力，這就是「心意定」而「氣意得」。所謂「氣充美於心」，就是「意氣」達到精氣之極；換言之，當「精氣」與「形氣」合而爲一，於是靈氣在心，〔註36〕達到形氣的轉化與提昇。如此便能應變無方，進而與人感通無礙。所以「意」是心的使者，意志堅定便能發揮感通和實踐的力量。

〔註33〕郭沫若：《郭沫若全集》第六冊《管子集校》，頁440。
〔註34〕郭梨華：〈儒家佚籍、《孟子》及《管子》四篇心性學之系譜〉，《哲學與文化》「出土文獻專題研究」，第394期，2007年3月，頁48。
〔註35〕郭梨華：〈儒家佚籍、《孟子》及《管子》四篇心性學之系譜〉，頁48。
〔註36〕〈內業〉：「靜則得之，躁則失之，靈氣在心，一來一逝。其細無內，其大無外，所以失之，以躁爲害，心能執靜，道將自定。得道之人，理丞而屯泄，匈中無敗。」心靜專則氣充美於心，於是形氣轉化而爲靈氣，所以說靈氣在心，而「靈氣在心」其實是「精氣之極」。詳見本文第四章第二節〈靈氣在心〉。

〈心術下〉又說：

> 是故意氣定，然後反正，氣者身之充也。行者，正之義也。充不美，
> 則心不得，行不正，則民不服。

「意氣」即是「氣意」，因爲氣充滿形體之中，所以意氣定才能回歸平正。反之，意氣不定，心意無法貫通於形氣之中，於是形氣不受意志的規範，導致氣的盲動、散逸。行爲是意志的表現，當意氣定，行爲必然正當而合乎義理；意氣不定，行爲必然悖理失當。所謂「反正」就是治心而後心安，返歸平正；倘若心失平正，不平之志流通於形氣，便會轉成惡氣〔註37〕；反之，心回歸平正，意氣定而形成善氣。所以心意決定形氣的善惡，「反正」的工夫極爲重要。

由以上論述可知：心主導氣，但是氣是否也會反過來牽動心？所謂「充不美，則心不得；行不正，則民不服。」其中「充」是就形氣而言，當形氣不充美的時候，心便失其平正，於是行爲失當，百姓必然不能順服。這說明了「心」影響「氣」，「氣」也會牽動「心」，兩者的關係是雙向而非單向。「氣」是「心」的載體，「氣」若不善或不足，便無法貫徹並執行心的意志。所以「心」要平正，「氣」要充足飽滿，「意」才能發揮作用，將心與氣凝聚成爲「氣意」，化爲實踐的動力，修道而得道；甚至將「心氣」顯耀於外，進而與人感通。

「意」的兩大功能是「志」與「思」，「志」是修道的實踐動力。至於「思」又產生何種效用？〈心術下〉說：

> 專於意，一於心，耳目端，知遠之證。

專一於「心」之「意」，於是耳目端正；耳目通暢之後，便能知遠若近。所以，從「意」到「知」，「思」是關鍵，因爲〈心術下〉說：「意然後形，形然後思，思然後知。」這就是「思」的效用。修養工夫則在於專一，專一於心，「思」就產生「知」。〈內業〉說：「氣，道乃生，生乃思，思乃知。」來自道的「知」就是智慧，稱之爲「神」。

關於「心」、「意」、「氣」三者之間的關係，簡圖如下：

$$
心 \rightarrow 意 \begin{cases} 思 \rightarrow 知 \rightarrow 神 \\ 志 \rightarrow 意氣 \rightarrow 精氣 \end{cases} \begin{cases} 感通 \\ 踐道 \end{cases}
$$

〔註37〕〈內業〉：「全心在中，不可蔽匿。和於形容，見於膚色。善氣迎人，親於弟兄。惡氣迎人，害於戎兵。」

從「心意定」到「氣意得」是「心」主導「氣」，但是「充不美，則心不得，行不正」，則說明了「氣」牽動「心」。所以《管子》四篇的修養之道，乃是養心與養氣並重，從修心靜意，調節情感，到節制飲食，都在追求「形氣」的整體和諧。養心而後心平，養氣則能氣和，心平氣和便是修道的起點，所以得道的聖人「心全於中，形全於外」，於是「中無惑意」〔註38〕，「意行似天」〔註39〕。這就是「修心而正形」的理想境界。

四、修道而得道

〈內業〉說：「道滿天下，普在民所，民不能知也。」意謂道無所不在，但是眾人無法「知」道、「解」道，唯有「心安」才能體道悟道。〔註40〕〈內業〉說：

> 大心而敢，寬氣而廣，其形安而不移，能守一而棄萬苛。

「大心而敢」是修心的成效，「寬氣而廣」則是養氣的成果，如此形體便能「安而不移」。「形安而不移」，意指形體安定而不移易，也就是「形正」之意，形正之後，於是可以專一守道，捨棄煩苛的俗務。反之，「形不正」便無法修養德性，所？以〈內業〉說：「形不正者，德不來。」由此可見，「心安」、「形安」而後形氣和，便是修道成德的起點。

《管子》四篇的「心學」，討論心和性、情的關係，認爲：心若平正則性情穩定，心失平正，則危害本性，情感失調，所以修養工夫以節欲來保持心的平正，調節飲食和情感，來維護「形氣」的和諧。心的活動稱爲「意」，「意」具有意志和思辯兩大功能，「意志」是心與氣之間的聯結，可將「形氣」化爲實踐的動力，具有與人感通的力量。「思辯」的功能產生知識或智慧，進而照知萬物，應變無方。

當修心正形之後，便能展開「精氣論」的修養與實踐，簡圖如下：

$$
\text{專心} \rightarrow \text{靜意} \rightarrow \text{摶氣}
\left\{
\begin{array}{l}
\text{心－藏精} \rightarrow \text{神明} \\[1em]
\text{性－成德} \rightarrow \text{智出上}
\end{array}
\right\}
\text{聖人－得道}
$$
（修心而正形）

〔註38〕 〈內業〉：「中無惑意，外無邪菑。心全於中，形全於外，不逢天菑，不遇人害，謂之聖人。」

〔註39〕 〈內業〉：「見利不誘，見害不懼，寬舒而仁，獨樂其身，是謂雲氣，意行似天。」

〔註40〕 〈內業〉說：「道滿天下，普在民所，民不能知也。一言之解，上察於天，下極於地，蟠滿九州。何謂解之？在於心安。」所謂「解之」就是「知」道。

修心才能專心，正形才能摶氣，由專心而摶氣，進一步藏精於胸中，於是朗現神明智慧。心性平正靜和，於是德成而智出，這就是得道的境界。以下分別敘述之：

（一）就「精」的修養而言

保持內心的潔淨，精氣自然會來到。當身心和諧而健全，成為「精舍」，而後藏精於胸中，〔註41〕此時心呈現浩然和平的境界，這便是聖人的境界。

當精存自生，內聚以為泉源，便成為「形氣」之淵，於是提供「形氣」源源不絕的動力。摶氣如神之後，「形氣」由寬氣、雲氣、靈氣，逐步提昇轉化。最後達到「靈氣在心」的境界，此與「精氣之極」相通，足見養氣即是養精。「形氣」轉化而為精氣、靈氣，於是「精」在氣中，氣在「精」中，與道合一，這就是「精氣論」的最高理想。

（二）就「神」的修養而言

心中潔淨無欲，「神」就會朗現，形體健全就能守住「神」，不致外馳而耗竭。其實「神」來朗現的前提是「精氣之極」，亦即「形氣」轉化為靈氣；靈氣在心便能如同道的無所不在，照知四方之極，獲得應變的神明智慧。所以藏精於胸中，乃是守「神」的必備條件。

（三）就「德」的修養而言

內心正靜〔註42〕，內靜外敬〔註43〕，敬守勿失，就能成德。所以說：「正形修德」，德成而智出。〔註44〕德成之後，仍須敬慎無忒，日新其德。〔註45〕所以回歸本性之後，仍須不間斷地堅守故德，日新其德，否則可能因「形氣」不和諧，而喪失德性。

《管子》四篇也是以心說性，德就是性，內涵就是正、平、靜、和，與老莊思想相通。但是德的內容又包含仁義〔註46〕，足見《管子》四篇的心性觀是以道家的德性觀為主體，吸納儒家的人性觀。一方面繼承道家思想，又兼融儒家思想的成分，形成儒道思想的綜合體。

〔註41〕〈內業〉：「敬除其舍，精將自來。精想思之，寧念治之。嚴容畏敬，精將至定。」
〔註42〕〈心術下〉：「正靜不失，日新其德，昭知天下，通於四極。」
〔註43〕〈內業〉：「守敬莫若靜，內靜外敬，能反其性，性將大定。」
〔註44〕〈內業〉：「敬守勿失，是謂成德。德成而智出，萬物畢得。」
〔註45〕〈內業〉：「敬慎無忒，日新其德。」
〔註46〕〈內業〉：「正形攝德，天仁地義，則淫然而自至。」

　　總之，「修心而正形」是實踐「精氣論」的起點，而摶氣、藏精、守神、成德的修養工夫，彼此互通相成，歸根究柢是因為道通為一。實現了「精氣論」的理想境界，就是得道的境界。「精氣論」既重視修道，又強調守道的重要性，那是因為不間斷地持守和精進，才能回歸道，所以說：「日新其德」〔註47〕，「和以反中」〔註48〕。

　　至於《管子》四篇中除了包含儒家仁義人性觀之外，另外，「意」、「中」、「新」也與儒家思想有關。以下分別說明之：

1、《管子》四篇的修心工夫強調「修心靜意」、「靜之」、「正之」，《大學》也有「誠意正心」〔註49〕之說，兩者都重視「心」和「意」之間的關係，修養工夫都是在端正心意。

2、德性的內容是平正，修養工夫是「和以反中」，「和」是修心和正形的終極目標，此又與《中庸》的「致中和」〔註50〕可以相發明。

3、〈內業〉和〈心術下〉有「日新其德」之說，對照《大學》的「苟日新，又日新，日日新」〔註51〕，可知兩者都強調「日新」的重要。

　　由以上諸例可以推斷出：《管子》四篇與《大學》、《中庸》的年代相近。郭梨華以為：《管子》之「意」關連於「心」，且又與「形、思」相關，應是襲自《大學》之「意」說。若就「形－思」之哲學作用而言，只能說《管子》之〈內業〉、〈心術下〉與《中庸》大致處於同一時代之作品。〔註52〕所以通過儒家思想成分來判定《管子》四篇的著作時代，大致與《大學》、《中庸》同時。至於《管子》四篇「意」與「心」相關連的說法，是否襲自《中庸》

〔註47〕　〈心術下〉：「正靜不失，日新其德，昭知天下，通於四極。」〈內業〉：「敬慎無忒，日新其德。遍知天下，窮於四極。」

〔註48〕　〈白心〉：「和以反中，形性相葆。一以無貳，是謂知道。」「反中」就是回歸道，也是「知道」的表現。

〔註49〕　《大學》：「古之欲明明德於天下者，先治其國；欲治其國者，先齊其家；欲齊其家者，先修其身；欲修其身者，先正其心；欲正其心者，先誠其意；欲誠其意者，先致其知，致知在格物。」
　　　　　參見朱熹：《四書集註》，（臺北：世界書局，1970年12月），頁1～2。

〔註50〕　《中庸》：「喜怒哀樂之未發，謂之中；發而皆中節，謂之和；中也者，天下之大本也；和也者，天下之達道也。致中和，天地位焉，萬物育焉。」參見朱熹：《四書集註》，頁2。

〔註51〕　《大學》：「湯之盤銘曰：『苟日新，日日新，又日新。』」參見朱熹：《四書集註》，頁3。

〔註52〕　郭梨華：〈儒家佚籍、《孟子》及《管子》四篇心性學之系譜〉，頁48。

尚待深究，此或可視爲戰國時期儒道兩家在同一課題的思維和探究上，呈現出相近和交融的觀點。〔註53〕

第二節　政治思想

　　《管子》四篇繼承道家思想的基本架構，在政治方面也承襲「無爲而無不爲」的實現原理，主張君道無爲。君道無爲的內涵包括虛靜無爲的君德，和因循禮法的君術；思想主軸則是以道家思想爲中心，結合儒家的禮治和法家的形名法術，發展出因循無爲的治術。從原始道家形上原理，進展到黃老無爲治術，《管子》四篇是思想轉化的關鍵。本節擬分爲四個部分來探討《管子》四篇的政治思想：一、何謂無爲，二、君道無爲，三、因循禮法，四、學術性格。藉此探究《管子》四篇的「精氣論」如何落實於政治，並釐清其思想特質。

一、何謂無爲

　　《道德經・第三十七章》：「道常無爲而無不爲。」這段話說明了道生萬物的實現原理就在「無爲」，因此「無爲」是天道運行的律則，也是人事行爲的準則。〈第四十八章〉說：

> 爲學日益，爲道日損。損之又損，以至於無爲。

爲學、爲道都是人生之事，老子指出：爲道在於不間斷地做「損」的工夫，直到「無爲」的境界。至於「損」的對象是什麼？〈第十章〉說：「滌除玄覽，能無疵乎？」高亨《老子正詁》註解如下：「洗垢之謂滌，去塵之謂除。《說文》：『疵，病也。』人心之欲如鏡上之塵垢，故曰：『滌除玄覽，能無疵乎！』意在去欲也。」〔註54〕足見「損」的對象是「疵」，損之又損就是「去欲」，使心恢復清明，這就是無爲的境界。

　　無爲是修道的境界，它的效益就在無不爲，所以說：「道常無爲而無不爲」。因此老子將「無爲」奉爲君主治國的圭臬。《道德經》說：

> 道常無爲而無不爲。侯王若能守之，萬物將自化。（〈第三十七章〉）

> 我無爲而民自化，我好靜而民自正，我無事而民自富，我無欲而民自樸。（〈第五十七章〉）

〔註53〕同前註，頁50。
〔註54〕高亨：《老子正詁》，（臺北：開明書店，1979年3月），頁24。

為者敗之，執者失之。是以聖人無為故無敗，無執故無失。(〈第六十四章〉)

以上三段引文的主詞是侯王、聖人，而「我」相對於「民」，當指執政者而言。可見得此處的「無為」不是廣義的人生準則，而是專指治國的原則。所以作為形上原理的「無為」，不僅是人生哲理，更是政治智慧。從〈第五十七章〉可知：君主「無為」、「好靜」、「無事」、「無欲」，於是百姓「自化」、「自正」、「自富」、「自樸」。前者是君主「無為」、「無執」，後者的「無敗」、「無失」，便是「無不為」的效益。所以「無為」指君主好靜無欲的修養，「無不為」則是治國的效益，百姓質樸富足。老子認為聖人法道無為，便如天道化育萬物一般至德功高。〈第二章〉說：

是以聖人處無為之事，行不言之教。萬物作焉而不辭。生而不有，

為而不恃，功成而弗居。夫唯弗居，是以不去。

前面說聖人無為而治，後面說：「萬物作焉而不辭」，只有天道才能以無私無為的方式來化育萬物，而且功成不居，所以稱之為「玄德」[註55]。聖人若能以天道玄德來對待百姓，不佔有，不恃功，不宰制，最後「功成身退」[註56]，那不是如同天道一般尊崇嗎？老子將聖人之治和天道並舉，可知治國之道的「無為」，乃是取法天道並以其為形上根源。

這種「天下希及之」的「無為之益」，[註57]《莊子》也繼承下來。〈在宥〉說：

何謂道？有天道，有人道。無為而尊者，天道也；有為而累者，人

道也。主者，天道也；臣者，人道也。天道之與人道也，相去遠矣，

不可不察也。

道有「天道」和「人道」之別，「天道」是無為而尊，「人道」是有為而累，君主應該捨「人道」而法「天道」，以無為治天下。所以〈在宥〉又說：「君子不得已而臨蒞天下，莫若無為。」君主效法天道，臣下遵行人道；換言之，〈在宥〉所謂「無為」，其實是「君無為而臣有為」。〈天地〉也對於君臣之道有所闡發：

〔註55〕《道德經‧第五十一章》：「生而不有，為而不恃，長而不宰，是謂玄德。」玄，深遠之意，意謂道生萬物，其德深遠而又功高。

〔註56〕《道德經‧第九章》：「功成身退，天之道。」

〔註57〕《道德經‧第四十三章》：「天下之至柔，馳騁天下之至堅。無有入無閒，吾是以知無為之有益。不言之教，無為之益，天下希及之。」

無為也，則用天下而有餘；有為也，則為天下用而不足。故古之人
貴夫無為也。上無為也，下亦無為也，是下與上同德，下與上同德
則不臣；下有為也，上亦有為也，是上與下同道，上與下同道則不
主。上必無為而用天下，下必有為為天下用，此不易之道也。

這裡首先對比出「無為」和「有為」的效能不同：以「無為」治國，則用天
下而有餘裕；以「有為」治國，則為天下所用仍嫌不足；所以治國當以「無
為」為貴。此處「無為」乃是針對君主而言，下文更進一步指出君臣不可同
道。因為君臣皆「無為」，則臣不能盡其能，稱之為「不臣」；反之，君臣皆
「有為」，則君失其位，稱之為「不主」。君臣同道的結果是君失其位，臣不
能盡其能，因此主張君之道在「無為」，才能善用天下之才；臣之道在「有為」，
便能各盡其才而為世所用。由此可見，〈天地〉和〈在宥〉都已發展出「君無
為而臣有為」的思想，此外，〈天地〉則更進一步辯證君臣同道的弊病。足見
老子「無為」的政治智慧，已經被賦予新的內容，進而轉向君道術用的闡發。

除了君臣之道的論題之外，〈天地〉對於君德也有所闡發：

天地雖大，其化均也；萬物雖多，其治一也；人卒雖眾，其主君也。
君原於德而成於天，故曰：玄古之君天下，無為也，天德而已矣。

雖然天地遼闊，萬物眾多，但是「道」化育天地萬物卻是均一的；人民百姓
雖多，但是天下以君為宗主。「其」即是「道」，這裡將君主與道並列，意謂
君主治國應效法天道，化育百姓群生均一而不偏。〈天地〉更進一步指出君主
「原於德而成於天」，此一天德就是「無為」，足見「人卒雖眾，其主君也」，
其君必是奉天德（無為）之君，如此才能遍照百姓，堪為眾民之主。〈天道〉
也說：「夫帝王之德，以天地為宗，以道德為主，以無為為常。」帝王以「無
為」為常道，就是效法天道，也是天德的展現；換言之，若能實踐「無為」
的政治理想，君德就是天德。

政治原理講求實踐，那麼「君無為而臣有為」如何落實？〈天地〉說：

以道觀言，而天下之君正；以道觀分，而君臣之義明；以道觀能，
而天下之官治；以道汎觀，而萬物之應備。

君主治國的依據是道，「言」、「分」、「能」則是指政事的內容：「言」是言行，
以道來檢視臣下的言行是否恰當，便能鞏固君位；「分」是職分，以道來檢視
臣下是否恪盡職責，便能使君臣之道上下分明；〔註58〕「能」是才能，以道

〔註58〕郭象：《莊子注》：「各當其分，則無為位上，有為位下也。」意謂君臣之道上

來檢視臣下的才能,那麼百官吏治便得以統理。所以君主以德通天地,以道行於天下,〔註59〕便是站在天道的高度,遍照一切,才能無爲而治。所謂「以道汎觀」,即是以道觀天下,那必須是具備無私的天德,和虛靜觀照的智慧,才能通達萬物之理,應變無方。〈則陽〉說:「五官殊職,君不私,故國治。」君主無私無欲,使百官各司其職,於是政治清明,天下安定,這便是「無爲而無不爲」。所以「無爲」是君德,也是君術。

老子的「無爲而無不爲」,到了《莊子》外雜篇已轉化爲「君無爲而臣有爲」,「無爲」是君德,落實而爲君術,「無不爲」的效益則是群臣任事,百姓自化。總之,「無爲」的形上原理落實於政治實務,成爲君道治術。

《管子》四篇繼承道家形上道論,也認同「無爲」是從天道到人事的行爲準則,所以君主應當法道無爲。〈心術上〉說:

> 故(聖人)必知不言〔註60〕、無爲之事,然後知道之紀,殊形異埶,
>
> 不與萬物異理,故可以爲天下始。

雖然天地萬物形勢殊異,但是「道」與萬物之「理」並無不同。所以行不言之教,處無爲之事,便可由「踐道」而「知道」,足見「無爲」就是「道紀」。聖人遵循道紀,無爲而治,便如同天道一樣,成爲天下始源。換言之,道超越於天地萬物之上,聖人也超越於臣民之上,法道無爲,聖人便是道的化身。

《道德經》主張聖人效法天道無爲而治,因此往往將天地〔註61〕、天道〔註62〕和聖人並舉,隱含有聖人法道即是天道的化身,但並未有「帝王之德」

下分明,君無爲而臣有爲。(臺北:藝文印書館,1983 年 6 月),頁 234。

〔註59〕〈天地〉:「故通於天地者,德也;行於萬物者,道也。」

〔註60〕王念孫:《讀書雜志・卷七・管子第六》:「不言」下脫「之言」二字,當爲「故必知不言之言、無爲之事。」(臺北:商務印書館,1978 年 12 月),第四冊,頁 136。

張舜徽:《周秦道論發微・管子四篇疏證》:「『不言』與『無爲』,乃君道之綱,《道德經》第二章:『聖人處無爲之事,行不言之教。』第四十三章:『不言之教,無爲之益,天下希及之。』均是分舉之例。」頁 224～225。

筆者以爲「不言、無爲之事」,爲「知」的受詞,乃是聖人法道之綱紀。故採張舜徽說法,不增「之言」二字。

〔註61〕《道德經・第五章》:「天地不仁,以萬物爲芻狗。聖人不仁,以百姓爲芻狗。天地之間,其猶橐籥乎?虛而不屈,動而愈出。多言數窮,不如守中。」

〈第七章〉:「天長地久。天地所以能長且久者,以其不自生,故能長生。是以聖人後其身而身先,外其身而身存。非以其無私邪!故能成其私。」此二章可見天地與聖人並舉。

〔註62〕《道德經・第七十七章》:「天之道,損有餘而補不足。人之道,則不然,損

的說法。到了《莊子·天道》說：「帝王之德配天地」〔註63〕，足見《莊子》外雜篇逐漸重視君德，並將君德提高到天道、天德的地位。《管子》四篇關於「無爲」的論述都集中在〈心術上〉，重在治術的發用，認爲聖人無爲，可以爲天下始，和《莊子》外雜篇一樣重視君德。所以〈心術上〉的「無爲」其實是得自道家思想的一脈傳承，進而發展出君德、君術並重的政治主張。

二、君道無爲

《管子》四篇汲取道家「無爲」的政治主張，著重實際效用，因此發展出君德和君術，並將「無爲」的原理加以轉化：以「虛」代替「無」，以「理」闡釋「道」，並將「因」發展爲形名之術。以下依照「虛和因」、「道和理」兩個要點，逐項檢視「無爲」治術的實踐與發用。

（一）「虛」和「因」

「無爲」是形上原理，也是政治智慧，《管子》四篇如何落實「無爲」的政治理想？〈心術上〉說：

> 心術者，無爲而制竅者也。

這裡的「制」是就君臣關係而言，因爲「心之在體，君之位也。九竅之有職，官之分也。」作者以人體的心和九竅來做比喻：心是君，九竅是臣。意謂心要「無爲」才能主導形軀九竅，使其運轉如常；而國君也該像心一樣，以「無爲」來統馭臣下。足見「制」就是管理，所以「心術」的主旨與「君術」〔註64〕有關。〈心術上〉說：

> 無爲之道因也，因也者，無益無損也。

此處已經明確指出：無爲治術的內涵就在「因」，「因」意指不憑藉個人意志，對於法令措施有所損益，這就是無私無爲的表現。〈心術上〉說：

不足以奉有餘。孰能有餘以奉天下？唯有道者。是以聖人爲而不恃，功成而不處，其不欲見賢。」

〈第八十一章〉：「天之道，利而不害；聖人之道，爲而不爭。」此二章可見天道、聖人並舉。

〔註63〕《莊子·天道》：「天不產而萬物化，地不長而萬物育，帝王無爲而天下功。故曰莫神於天，莫富於地，莫大於帝王。故曰帝王之德配天地。」帝王無如同天地化育萬物，將帝王與天地並舉，歸結出帝王之德配天地。

〔註64〕張舜徽：《管子四篇疏證》：「心術者，猶云主術也；君道也。……若荀卿書中有〈君道篇〉，《韓非》有〈主道篇〉，《呂覽》有〈君守篇〉，《淮南》有〈主術篇〉，此易明者也。」頁211。

因也者，舍己而以物爲法者也。感而後應，非所設也，緣理而動，

非所取也。

君主必先捨棄己見，才能「感而後應」，「緣理而動」，不主觀預設，也不妄自取捨。「因」就是因循、順應，「舍己」意同「捨己」，捨棄己見就是無私，無私才能以物爲法，無損無益。〈心術上〉又說：「故道貴因，因者，因其能者，言所用也。」足見「因」的根源是道，君主因應臣下的眞才實能，任予適當的職務。總之，「因」是道的法則，也是無爲治術。既然天道崇尚「因」，法道的君主用人也要「貴因」。

「知道之紀」的君主，必先「舍己」，才能「因」。「舍己」是無爲的修養，「因」是無爲治術，所以〈心術上〉針對君主無爲的修養和因循之術有更進一步的闡述：

不顧，言因也。因也者，非吾所顧，故無顧也。

君子之處也若無知，言至虛也。其應物也若偶之，言時適也。

「不顧」和「無知」都是捨己無私，無所顧念，才能像天地那樣無私載，無私覆；〔註65〕治國「不爲一人枉其法」，終能使「百姓被其利」。〔註66〕無知就是「至虛」，心能虛靜觀照，便能知「時」，於是適時地感而後應，緣理而動，所以〈心術下〉說：聖人之道乃是「與時變而不化，應物而不移」。

無爲的修養是因循之術的基礎，〈心術上〉又說：

君子恬愉無爲，去智與故，言虛素也。

「恬愉」、「虛素」是無爲的心靈境界，「去智與故」則是無爲的修養工夫。智巧和世故乃是有心有爲，遮蔽了心的清明，走離素樸自然。唯有去除智巧與世故，才能回歸無心自然，達到恬淡愉悅、虛靜素樸的境界。《道德經》也主張：「滌除玄覽」〔註67〕，「見素抱樸，少私寡欲」〔註68〕，意謂滌除心疵塵垢，使心恢復素樸天眞而有鏡子般的清明。〔註69〕所以〈心術上〉的「虛素」

〔註65〕 〈心術下〉：「是故聖人若天然，無私覆也；若地然，無私載也。」
〔註66〕 〈白心〉：「天不爲一物枉其時，明君聖人亦不爲一人枉其法。天行其所行，而萬物被其利。聖亦行其所行，而百姓被其利。是故萬物均既誇眾矣。」
〔註67〕 《道德經・第十章》：「滌除玄覽，能無疵乎？」
〔註68〕 《道德經・第十九章》：「絕聖棄智，民利百倍；絕仁棄義，民復孝慈；絕巧棄利，盜賊無有；此三者，以爲文不足。故令有所屬，見素抱樸，少私寡欲。」絕棄聖智、仁義、巧利才能回歸素樸。
〔註69〕 高亨：《老子正詁》：「洗垢之謂滌，去塵之謂除，說文『疵，病也』，人心之欲如鏡上之塵垢，亦即心之病也。」又說：「覽」通「鑑」，鏡也。頁24。

正是道家虛靜無爲、「復歸於樸」〔註70〕的修養境界。〈白心〉說：

> 孰能己無己乎？效夫天地之紀。

> 孰能去辯與巧，而還與眾人同道？

言詞狡辯與虛僞巧詐，都是來自私心的有爲造作，所以「去辯與巧」與「去智與故」都是虛靜無爲的工夫。君主無己、捨己，才能效法天地之紀，與眾人一同遵行大道常軌。無己、捨己、無知都是「至虛」，君子恬愉無爲是「虛素」，足見《管子》四篇中「虛」是君道無爲的重要修養工夫。所以〈心術上〉說：「虛之與人也無間，唯聖人得虛道。」道之「虛」與人並無隔閡，但是只有聖人可以修養而得，此處「虛道」指道的境界。「虛」是修養工夫，也是道的境界，與君道主術關係密切，所以〈心術上〉中「虛」的出現極爲頻繁。

「得虛道」，就是得道。所以「虛」也是道的實現原理。〈心術上〉說：

> 天之道虛，地之道靜，虛則不屈，靜則不變，不變則無過，故曰不伐。

> 虛者萬物之始也，故曰：可以爲天下始。

「虛則不屈」，出自《道德經・第五章》：「天地之間，其猶橐籥乎？虛而不屈，動而愈出。」天地之間如同排橐、樂籥是中空的，卻能「虛」而無窮，動力源源不絕。〔註71〕〈心術上〉除了承襲老子「虛」的妙用之外，又強調「靜」的效用，於是《道德經》所謂天地如橐籥之「虛」的比喻，到了《管子》四篇便直指天地之道在於「虛靜」，並主張爲人處事當效法天地之虛靜，才能有「虛則不屈，靜則不變」的效用。君主若能守「虛」則能動力不竭，實現天下萬物；守「靜」則無過失，天下可安。所以說「虛」爲萬物之始，守「虛」的君主實現百姓，如同天道而爲天下萬物之始。總之，「虛」、「靜」是天地之道，也是聖人所必須具備的修養境界。

「虛」落實於政事，可以發揮何種效益？〈心術上〉說：

> 虛者無藏也，故曰：去知則奚率求矣？無藏則奚設矣？無求無設則無慮，無慮則反覆虛矣。

〔註70〕《道德經・第二十八章》：「知其榮，守其辱，爲天下谷。爲天下谷，常德乃足，復歸於樸。」

〔註71〕王弼：《老子道德經注》：「橐，排橐也。籥，樂籥也。橐籥之中，空洞無情，無爲故虛，而不得窮，屈動而不可竭盡也。天地之中，蕩然任自然，故不可得而窮，猶若橐籥也。」參見《老子周易王弼注校釋》，樓宇烈校釋，（臺北：華正書局，1981 年 9 月），頁 14。

　　過在自用，罪在變化，〔註72〕自用則不虛，不虛則忤〔註73〕於物矣。

　　變化則爲生，爲生則亂矣。

「虛」就是「無藏」，何謂無藏？簡言之，就是「去知」，無求、無設、無慮，反覆做到「虛」的工夫，所以「無藏」便是無私。君主若是心有偏私，剛愎自用，任意變異國政，必將違背事理，於是滋生亂事。前面也說：「靜則不變，不變則無過」，「虛」和「靜」都能不變而無過，因爲「虛」則能「靜」，才不致妄作而生亂。君主若能避免過失和混亂，則是國家百姓之福。總之，君主得「虛道」，心中無私、無慮、無求、無設，便能實現無爲的政治理想。

　　〈心術上〉說：「道貴因」，又強調「唯聖人得虛道」，由此可見，《管子》四篇的君道無爲既貴「因」，又貴「虛」，所以「虛」和「因」是無爲政治思想的兩大綱領。綜合前文所述，捨己、無知、不顧，都是虛而無藏的境界，「虛」才能「因」，所以「虛」是體，「因」是用。〈心術上〉說：

　　　　是故有道之君，其處也若無知，其應物也若偶之，靜因之道也。

這裡提出「靜因之道」來詮釋君道無爲，其中「無知」就是靜，應物就是因，「靜」包涵「虛」，指無爲的修養，「因」是因循，是無爲的術用。換言之，「靜」是君德，「因」是君術。《莊子·天道》的帝王之德是以「無爲爲常」，〈心術上〉則以「靜」爲君德，以「因」爲君術，於是道家「無爲」的政治思想，具體化而爲「君德」和「君術」，這是思想的拓展和理論的落實。

　　（二）「道」和「理」

　　《道德經》中「無爲」是形上原理和政治智慧，《管子》四篇則將「無爲」的政治理想賦予具體的內容，那就是「虛」和「因」。此外，又提出「理」來代替「道」。何謂「理」？〈內業〉說：

　　　　執一不失，能君萬物。君子使物，不爲物使。得一之理，治心在於

　　　　中，治言出於口，治事加於人，然則天下治矣。

「執一」即是執道，《道德經·第三十九章》：「昔之得一者，天得一以清，地得一以寧，神得一以靈，谷得一以盈，萬物得一以生，侯王得一以爲天下貞。」此處「一」乃是天地萬物賴以生存的根源動力，所以「一」就是道。〔註74〕

〔註72〕　張舜徽：《周秦道論發微·管子四篇疏證》：「此言人君如好自用其智能，或數數變異其國政，皆足以自取覆敗。」頁228。

〔註73〕　案：「忤」當作「忤」，乖忤、抵觸、違逆之意。

〔註74〕　高亨：《老子正詁》：「此所謂一即道之別名也。蓋道者本爲一獨立之簡體，故老子又謂之一。」頁88。

君主執道蒞天下，則天下治理得宜，因此「得一之理」即是「得道之理」。得道的聖人，無論是心意〔註75〕、言語、行事都是合乎「理」，如此天下可治。〈心術上〉說：「故（聖人）必知不言、無爲之事，然後知道之紀，殊形異埶（勢），不與萬物異理，故可以爲天下始。」意謂雖然萬物的形勢各有不同，聖人處無爲，行不言之教，與萬物同理，終能成爲天下始源。萬物形勢殊異，聖人之所以「不與萬物異理」，那是因爲聖人「知道之紀」，「道」存乎心，因順萬物之理，於是聖人之「道」和萬物之「理」相合。簡言之，《管子》四篇中「君道無爲」的具體內容，就是「因循道理」，所以特別強調「因」和「理」。

〈心術上〉又說：「因也者，舍己而以物爲法者也。感而後應，非所設也，緣理而動，非所取也。」君主捨棄個人私見，無所設，無所取，這就是「虛」的修養。虛靜才能「感而後應」，於是「以物爲法」，「緣理而動」。「應」是符應，「緣」是依循，「應」和「緣」，都是「因」，亦即因循無爲之意。君主所緣之「理」，所法之「物」，就是萬物之理。萬物雖是「殊形異勢」，但是根源於道之「一」。總之，「道」是一，「理」是殊，君主法道、緣理，兩者並行而不悖。

《道德經》中提出「道」是宇宙人生最高的實現原理，全書並無「理」字。《韓非子》則以「理」解「道」。〈解老〉說：

> 道者，萬物之所然也，萬理之所稽也。理者，成物之文也；道者，
> 萬物之所以成也。故曰：「道，理之者也。」

此段大意是說：道是天地萬物的存在依據，也是人間萬理所遵循的依據。理是事物形成的法則，道是萬物生成的形上根源。下文所謂「道，理之者也」，其中「理」應作動詞解，「之」指天地萬物，意謂道是統理天地萬物的始源；換言之，道是天地萬物的總原理。關於〈解老〉中「道」和「理」的關係，陳鼓應有如下的闡釋：

> 老子未言及「理」字，然「常」的思想，已指明事物運行變化中有
> 著不變的律則存在。而後韓非在〈解老〉中，似將《老子》第十四
> 章所言「是謂道紀」之「紀」解爲「理」，並引進「理」來解釋老子
> 的「道」。〔註76〕

〔註75〕〈內業〉：「全心在中，不可蔽匿。……氣意得而天下服，心意定而天下聽。」
　　　　得道的聖人，全心在中，因此其氣意、心意可以使天下人聽服。

〔註76〕陳鼓應：《管子四篇詮釋——稷下道家代表作》，（臺北：三民書局，2003年2
　　　　月），頁128。

此說主要是延續顧廣圻、王先謙的說法，〔註 77〕《道德經》的「常」已隱含有「律則」之意，所以《韓非子・解老》以「理」解釋「道」，意謂「道紀」就是「道理」。由此可見，「道」之「常」、道之「紀」內化而爲萬物之「理」，所以道是總根源，理是分支。

〈解老〉更將「道」、「理」合爲一詞，例如：

> 夫緣道理以從事者，無不能成。……眾人之輕棄道理而易忘舉動者，
> 不知其禍福之深大而道闊遠若是也。

〈解老〉認爲：道理乃是人間行事準則，並且牽涉到成敗禍福，若不依循道理，反而妄動胡爲，則不免敗亡貽禍。由此可見，就人間萬事而言，「道」與「理」無間。《道德經》雖無「理」字，但是萬物之「理」，已包涵在「道」中了。所以《韓非子・解老》以「理」解釋「道」。《莊子》書中已有「理」的論述，更以「道」、「理」並言。足見由「道」引申出「理」的概念，乃是道家思想發展的必然趨勢。

試問：《莊子》書中「道」和「理」有什麼關係？〈天地〉說：

> 泰初有無，無有無名；一之所起，有一而未形。物得以生，謂之德；
> 未形者有分，且然無閒，謂之命；留動而生物，物成生理，謂之形；
> 形體保神，各有儀則，謂之性。

宇宙最初是「無」，無名無形，「道」是萬物的起源，宇宙渾沌而萬物尚未成形。萬物仰賴道而生，稱之爲「德」；萬物尚未成形之時已有分別，道依然運行而不間斷，稱之爲「命」；在道的作用中化生萬物，形體構成而物理具備，稱之爲「形」；形體保有精神，萬物各有其法則，稱之爲「性」。所以萬物的存在之理，是道所賦予的。就總體而言，道生物理，「道」就是「理」。所以〈繕性〉說：「道，理也。」就分別而言，道是天道，理是物理。〈天地〉說：「萬物雖多，其治一也。」意謂萬物種類繁多，但是統貫於「一」，亦即萬物之「理」統貫於「道」。總之，道是一，理是殊。

綜合以上所述，「理」有二義：一指「天理」，即天道常理；二指「物理」，即萬物之理。「天理」一詞在《莊子》書中共有三處：

> 依乎天理，批大郤，導大窾，因其固然，技經肯綮之未嘗，而況大

〔註 77〕王先謙：《韓非子集解》：採顧廣圻之見，認爲此段旨在解《道德經・第十四章》：「是謂道紀」，紀，理也。（臺北：世界書局，1983 年 4 月），收錄於《新編諸子集成》第五冊，頁 107。

輆乎！(〈養生主〉)

夫至樂者，先應之以人事，順之以天理，行之以五德，應之以自然，
然後調理四時，太和萬物。(〈天運〉)

（聖人）感而後應，迫而後動，不得已而後起。去知與故，循天之
理。(〈刻意〉)

〈養生主〉中庖丁解牛是依乎天理，亦即因應牛的天然結構，順著骨節的空
隙引刀導入，於是牛隻豁然分解。足見「因其固然」就是「依乎天理」，此
處「物理」即「天理」。〈天運〉中追求至樂之人，凡事順天應人，依循天理，
順應自然，終能與道合一，達到至樂的人生境界。〈刻意〉中聖人去除心中
的「智與故」，才能感而後應，不盲動妄作，這就是循天之理，於是免於天
災、物累和是非。《管子·心術上》說：「感而後應」，「緣理而動」；〈白心〉
也說：「去辯與巧，而還與眾人同道」；由此可推斷：《管子》四篇的「因之
術」應是源於《莊子》的「循天之理」。而「天之理」〔註78〕、「天理」都是
道之理。

至於含有「物理」意義的「理」，散見於〈外篇〉、〈雜篇〉：

道無終始，物有死生，不恃其成；一虛一滿，不位乎其形。年不可
舉，時不可止；消息盈虛，終則有始。是所以語大義之方，論萬物
之理也。(〈秋水〉)

天地有大美而不言，四時有明法而不議，萬物有成理而不說。聖人
者，原天地之美而達萬物之理，是故至人無為，大聖不作，觀於天
地之謂也。(〈知北遊〉)

〈秋水〉說明天地萬物有終始也有生死，四時年歲有其秩序，自然現象各有
「消息盈虛」，隱含其中的理序，就是〈則陽〉所說的「萬物殊理」。〈知北遊〉
也認為四時各有其法，萬物各有其理，法道的聖人必須觀察天地，通達萬物
之理，才能無為而治天下。反之，違反天地萬物之理，有為妄作，則非聖人
明君所當為。所以說：「至人無為，大聖不作。」這種「無為」的治道，乃是
君主掌握萬物之理，作為治國的依據。《管子》四篇也有同樣的說法，〈心術
下〉說：「執一之君子，執一而不失，能君萬物。日月之與同光，天地之與同
理。」君主治理天下，掌握物理，依循天理，即是「執一」、「法道」。因為「物

〔註78〕「天之理」即是「天理」之意。〈盜跖〉：「無為小人，反殉而天；無為君子，
　　　從天之理。」〈漁父〉：「同類相從，同聲相應，固天之理也。」

理」來自於「天理」，「天理」即是道，所以君主執一而不失，與日月同光，與天地同理，根本上就是與道合一，因爲「一」就是「道」。

〈秋水〉又說：「知道者必達於理，達於理者必明於權，明於權者不以物害己。」意謂修道之人由知天而知人，體悟形上之道，必能通達萬物之理，遇事循理而知所權衡，不爲外物所牽動、妨礙。爲什麼「明於權者不以物害己」？因爲「權」的價值根源就在「道」和「理」，權變不違天道，順乎常理，當然外物無礙於己。

「道」是「理」的總綱，「理」又是「權」的依據，這種「道－理－權」一體貫通的思想觀念，《管子》四篇也有類似的說法。〈心術上〉說：「事督乎法，法出乎權，權出乎道。」凡事以「法」爲督正的依據，「法」來自「權」，「權」來自「道」；所以，「道」是「法」的最高根源。於是形成「道－理－權－法」的思想架構。由此可見，《管子》四篇和《莊子》的〈外篇〉、〈雜篇〉不僅具有傳承的關係，更將法制觀念融入道家形上架構，於是「法」有了形上根源，法制的正當性也因此確立。足見《管子》四篇的「無爲」已展現道法融合的思想特質。

在中國思想史上，愼到是由道入法的轉關。〔註79〕《莊子·天下》說：

愼到棄知去己而緣不得已，泠汰於物以爲道理。……夫無知之物，
無建己之患，無用知之累，動靜不離於理，是以終身無譽。

愼到認爲「知」和「己」是掌握「道理」的障礙，導致行爲失當。所以主張棄知去己，順著物理而行，才能動靜不失理。愼到的「道理」其實是「物理」，他主張「不師知慮」，「舍是與非」，而「與物宛轉」，完全順任外在物理而行。所以〈天下〉又說：

推而後行，曳而後往。若飄風之還，若羽之旋，若磨石之隧，全而
無非，動靜无過，未嘗有罪。

愼到主張因任物理，隨物勢而行動，如飄風、羽毛般迴旋，如磨石般運轉，便能保全自我，舉措合宜，沒有過失。如此一來，凡事「緣不得已」，生命便淪爲土塊。所以愼到的學說被譏爲：「非生人之行，而至死人之理。」〔註80〕可見得愼到的「道」，使生命喪失靈動生機，有如槁木死灰一般。

〔註79〕《四庫全書總目提要》子部，卷一一七，雜家類一「愼子」：「道德之爲刑名，此其轉關，所以申、韓多稱之也。」（臺北：藝文印書館），第三冊，頁2342。

〔註80〕《莊子·天下》：「豪桀相與笑之曰：『愼到之道，非生人之行，而至死人之理，適得怪焉。』」

　　莊子重視「道」、「理」合一，由形上之「道」貫通萬物之「理」，由人間「物理」而上法「天道」、「天理」，所以「道」、「理」實為一貫，因為「道」是一切「物理」的價值根源。慎到則重在「物理」，只知順隨物理、因任物勢，雖說「塊不失道」（《莊子・天下》），其實「道」與「理」截斷，心已淪為土塊，不僅失去生命的主體自由，更失落了道的價值根源。

　　《道德經》的形上常道，到了《莊子》已有天道和萬物之理的區別，但是「道」、「理」並重；慎到則以「理」代替「道」，物理成為因循的對象，政治上主張棄私任法。〔註81〕《管子》四篇主張「君道無為」，因循萬物之理，其中「因」從道之「虛」來，「理」從道之「紀」來，價值根源仍是「道」。所以「虛」、「因」、「理」正是《管子》四篇取法天道，轉向無為治術的關鍵。

三、因循禮法

　　司馬談在〈論六家要旨〉中說道家是：「其術以虛無為本，以因循為用。」〔註82〕《管子》四篇的「君道無為」也切合此一要旨，其中「虛無」是君德，「因循」是君術，合而言之就是「靜因之道」。〈心術上〉說：「無為之道因也，因也者，無益無損也。以其形因為之名，此因之術也。」因循之術落實於政治，首在處理形名關係。

　　何謂形名？《管子》四篇有如下的說法：

　　　物固有形，形固有名，名當謂之聖人。（〈心術上〉）

　　　凡物載名而來，聖人因而財〔註83〕之，而天下治，實不傷不亂於天下，而天下治。（〈心術下〉）

雖然萬物形勢各有不同，但是有形必有名，使名實相當的稱為聖人。名是名號，形是實情，〔註84〕「名」符其「實」，即是形名相符。萬物皆有名號，聖

〔註81〕　《慎子・威德》：「法制禮籍，所以立公義也。凡立公，所以棄私也。」〈君人〉：「大君任法而弗躬，則事斷於法矣。」慎到的「道理」即是「物理」，落實於政治即是法制。收錄於《新編諸子集成》第五冊，（臺北，世界書局，1983年4月），頁3、頁6。

〔註82〕　司馬遷：《史記・太史公自序》卷一百三十，（臺北：藝文印書館），頁1350。

〔註83〕　劉績：《管子補注》：「財」同「裁」。引自張舜徽：《周秦道論發微・管子四篇疏證》，頁253。

〔註84〕　〈心術上〉：「物固有形，形固有名，此言不得過實，實不得延名。」張舜徽依據《韓非子・主道篇》：「有言者自為名，有事者自為形。形名同參，君乃

人應當依據其內涵加以裁斷，使名實相符，否則名實不符，便是「實」有所傷，「名」有所亂，如何能治天下？所以聖人行不言之教，處無為之事，循萬物之理，首在使形名相符。〈心術上〉說：「名者，聖人之所以紀萬物也。」所以形名之術是君主用來統領群臣的利器，是君術中不可忽視的一環。

如何使形名相符？〈心術上〉又進一步說明：

> 姑形以形，以形務名，督言正名，故曰：聖人，不言之言，應也。
>
> 應也者，以其為之人者也。執其名，務其應，所以成之應之道也。

這裡的「形以形」乃是衍字，[註85] 而「以形務名，督言正名」究竟是何意？就政治管理而言，名是官位名號，形是實際作為。君主依據臣下的實際作為，務求其合乎官位職責，藉此考核臣下的言行和端正行政的效能。「不言之言」之所以可能就在「應」，意謂君主執取名號，務求臣下舉措符應其職責。所以形名之術就是：君以名「因」之，而臣以形「應」之，這就是君主實現不言之教，無為之事的方法。

形名之術其實是政治管理術，對於君臣關係有所影響，因此〈心術上〉以「心」和「九竅」來比喻君臣關係：

> 心之在體，君之位也。九竅之有職，官之分也。心處其道，九竅循理。嗜欲充益，目不見色，耳不聞聲。故曰：上離其道，下失其事。毋代馬走，使盡其力。毋代鳥飛，使獘其羽翼。毋先物動，以觀其則。動則失位，靜乃自得。

心居於身體的主導地位，九竅才能循理而運作，所以君猶如心，必須虛靜，不因嗜欲充益而喪失主導地位，否則「上離其道，下失其事」。上指君上，下指臣下；君主若喪失主導地位，如何執臣之「名」，務求臣下之「形」？如此將導致臣下如耳目不能聞見，失去應有的職能。所以君臣之道，就在因循形名。〈心術上〉又進一步以馬和鳥來比喻臣下的才能，代馬而走，代鳥而飛，意謂君失其道，不僅徒勞而無功，更是埋沒臣下的專長。因此有效的管理方法，便是任臣使能，一如任馬奔馳，任鳥高飛。就形名之術而言，馬和鳥都是「名」，奔馳和高飛則是「形」。因循其「名」，責求其「形」，君臣之間上

無事焉。」言猶名也，「延」引申有「過」之意。頁244。

筆者按：整段文字在闡述形名關係，意謂「名不得過，實不得過名」，卻又「名」（言）、「實」對舉，足見「形」即是「實」。

〔註85〕張舜徽：《周秦道論發微·管子四篇疏證》：採張佩綸之見，姑當作故；「形以形」三字衍，義不可通。當作「故以形務名，督言正名，故曰聖人。」頁244。

下有道，君主居於主導地位，臣下各守其分，竭盡其能，依循職分的理序而行，所以說「九竅循理」。〈心術上〉又說：君主不急躁妄動，靜觀外在形勢的變化，否則必將喪失主導優勢，因此君主必須以靜制動，才能掌控形勢。

由此可見，爲君之道，一在因循形名，二在以靜制動，其實以靜制動也是因循，兩者都與君主的修養有關。君主的修養在於虛靜無爲，虛靜才能觀照外物的變化，進而以靜制動；無爲才能捨棄己見，因循形名，緣理而動。總之，君道無爲就是靜因之道：靜是虛靜無爲，因是因循之術。

〈白心〉又說：

> 是以聖人之治也，靜身以待之，物至而名自治之。正名自治之，奇身名廢〔註86〕。名正法備，則聖人無事。

「靜身以待之」也是指虛靜無爲的修養，「正名自治之」，則是因循形名；君主以靜制動，處理事務均能以「名」治之，名正之後自然「奇名自廢」，才能維繫法制的完備。如此上不離其道，下不失其事，這便是君道無爲的實踐與發用。所以「名正法備」才是聖人無事的關鍵。

「名正」則「法備」，至於「法」在《管子》四篇中居於何種地位？〈心術上〉說：

> 義者，謂各處其宜也。禮者，因人之情，緣義之理，而爲之節文者也。故禮者謂有理也，理也者，明分以諭義之意也。故禮出乎義，義出乎理，理因乎宜者也。法者所以同出，不得不然者也。故殺僇禁誅以一之也，故事督乎法，法出乎權，權出乎道。

「義」是凡事都能處理合宜，「禮」是因應人情之常，順著義理來制定儀節；所以「禮」的意義就在合乎理，「理」就是用來明示人情分際，彰顯內在之義。後面說：「禮出乎義，義出乎理」，意指「禮」、「義」均從「理」出，這說明了「禮」的根源就是「理」。但又說：「理因乎宜者也」，意謂「理」因順事物之宜，前文所謂「義者，謂各處其宜也」，足見「理」、「義」合一，因此禮的內涵應是「理」和「義」，「禮」必須合乎人間義理。所以說：「因人之情，緣義之理」，人情之常正是義理之所繫，禮的作用就在維繫人情義理。就道家思想而言，人道應當以天道爲依歸，天道即是天理，人間義理便是人道，所以禮的價值根源也是「道」。這段話旨在探討「禮」的內涵和

〔註86〕王念孫：《讀書雜志・卷七・管子第七》：「奇身名廢」當作「奇名自廢」，「自」與「身」相似，又誤倒於「名」字之上耳。頁2。

根源，下文又說：「法者所以同出，不得不然者也。」足見「法」和「禮」同出於道，是不得不然的設施，「殺僇禁誅」是爲了齊一天下，所以說：「不得不然者也。」君主治國凡事根據「法」來督正，因爲「法」來自權衡，權衡的根據在「道」。君主因循形名，所循之理就是「法」，依據「法」來督正群臣的效能，「督言正名」才能維護法的完備，此即是「名正法備」。所以〈白心〉說：「天不爲一物枉其時，明君聖人亦不爲一人枉其法。」明君治國秉持禮法，無私無爲，一如天道無私覆無私載，如此天下可治，百姓受益。

關於「禮」、「法」和「道」、「理」、「權」之間的關係，簡圖如下：

「道」是治國的最高原則，所以〈白心〉說：「上之隨天，其次隨人。」天指天道，人指人道，治國的依據首先是遵循天道，其次是依循人道。〈白心〉又說：

> 原始計實，本其所生。知其象，則索其形；緣其理，則知其情；索
> 其端，則知其名。〔註87〕

明君治國必須推究事物的本源，掌握事物的眞相。所謂「緣其理，則知其情」，是就「禮」而言，因順人間義理，便知人情之常；「知其象，則索其形」和「索其端，則知其名」，則是就「法」而言，根據表象和端緒，便能掌握形名。「道」是萬物的本源，所以明君秉持禮法來治國，一切禮法設施都能「原始計實」，以「道」爲本，循理而行，自然能順應人道，合乎天道。

由此可見，《管子》四篇的政治思想是禮、法並重：因循人情義理，制定禮儀節文，來安定天下民心；權衡職能，設官分職，因循形名來督正群臣；權衡人情制定國法，執法來齊一不法之徒，使天下臣民遵循法的規範，因爲法出乎道，合乎法即是合乎道。〈心術上〉說：

〔註87〕張舜徽：《周秦道論發微・管子四篇疏證》：「原始計實」乃總起下文之語，「本其所生」，乃「原始」之意，謂推原事務之所由起也。「知其象則索其形」三語，即「計實」之事，謂由表可以知裏，由此可以知彼。頁270。

> 君臣父子人間之事謂之義。登降揖讓，貴賤有等，親疏之體，謂之
> 禮。簡物小大一道〔註88〕，殺僇禁誅謂之法。

君臣、父子之間各處其宜，稱爲「義」。分別親疏、貴賤稱之爲「禮」。簡別
事物的大小，使諸事合乎道，誅殺、禁令稱之爲「法」。由此可見，《管子》
四篇的治術是以禮爲主，以法爲輔。禮可以安百姓，法可以齊天下，禮、法
根源於道，切合人情義理，必可穩定天下秩序。

　　禮樂的設立是出乎義理，合乎人情，至於法的設立與人情有何關係？〈心
術上〉說：

> 人之可殺，以其惡死也；其可不利，以其好利也。

人情之常是好利惡死，所以當人民違反禮制，政府則依法禁制其利，殺戮刑
罰，促使百姓守法循禮。所以〈心術下〉說：「凡在有司執制者之利，非道也。」
君主不講求禮治，只知藉助官吏操持刑罰來治理百姓，並不合乎道。法治是
不得已而用之，濫用刑罰則已違反道理。〈心術下〉又說：

> 昔者明王之愛天下，故天下可附；暴王之惡天下，故天下可離。故
> 貨之不足以爲愛，刑之不足以爲惡。貨者愛之末也，刑者惡之末也。

明君治國本於愛天下之心，則萬民歸附順從；暴王治國出於惡天下之心，則
民心分崩離析。施予財貨不足以廣愛天下，施以刑罰未必是危害天下。因爲
財貨和刑罰，都是愛與惡的細微末節。君主只知賞以財貨，不足以使民聽服；
只知施以刑罰，也不足以禁暴止亂。足見治天下之術不在於財貨、刑罰，而
在於因循禮法。《管子》四篇的政治理想是君德與君術兼備，因此君主徒有愛
天下之心，有德而無術，便不足以治天下。

　　總而言之，明君治國的最高原則是「道」，治術則以「禮」爲首，以「法」
爲輔。雖有治國之術，仍須回歸君德，如此才能德與術兼備。〈心術下〉說：

> 心安是國安也，心治是國治也。治也者心也，安也者心也。治心在
> 於中，治言出於口，治事加於民。故功作而民從，則百姓治矣。所
> 以操者非刑也，所以危者非怒也。民人操，百姓治，道其本，至也。

心安則國安，心治則國治，說明了君德有益於治國安民。君主有治國之心而
後發於言，行於事，於是百姓服從而天下治。足見操持天下不在於刑罰和君

〔註88〕張舜徽：《周秦道論發微・管子四篇疏證》：「未」一作「末」，丁士涵、郭嵩
燾二家以爲「末」爲「大」字之誤。「簡物小大一道」，指法之本體言；「殺僇
禁誅」，乃就法之作用言。頁 219。

威〔註89〕，其根本在於「道」。〈內業〉也說：「賞不足以勸善，刑不足以懲過。氣意得而天下服，心意定而天下聽。」說明了君心與民心的感通，勝過威嚴的震懾和刑罰的效用；換言之，德是本，法是末。所以《管子》四篇重視君主的修養，明君治國因循禮法，乃是出於虛靜心；以禮爲主，以法爲輔，不濫用刑罰，乃是出於愛天下之心；所以說心安則國安，心治則國治。愛天下之心，即是儒家所謂仁，由此可見，《管子》的君德乃是以道家的「虛」，融合儒家的「仁」。君術則是以「道」爲依歸，禮治和法治並用。

　　綜合以上所述，《管子》四篇的君道無爲，其思想結構如下：

　　由此可見，《管子》四篇所謂「道貴因」，乃是從道家的「道法自然」〔註90〕、「因自然」〔註91〕，轉化爲愼到的「因」萬物之理，〔註92〕落實到政治便是「因」人情、義理，而有禮制和法制，君主「因」臣下之能而有形名法術。總之，《管子》四篇的君道無爲，落實到政治治術便是因循禮法，形成以道家爲宗，兼融儒家、法家的政治思想。

四、學術性格

　　《管子》四篇強調「禮」和「法」都是根源於道，藉以證明「君道無爲」是形上之道落實於人間政治。就君德而言：虛靜無私，以靜制動，這是法道無爲。就君術而言：「禮」合乎義理，源於道；「法」出乎權，也是源於道。因循形名也是緣理、法道，名正法備之後，便可「法無法」〔註93〕，此即是

〔註89〕張舜徽：《周秦道論發微・管子四篇疏證》：「操者，把持也。危猶畏也。謂把持萬民，不在刑；而使民畏服，不在怒。」頁260。由此可見，「怒」乃是指君主的威嚴怒氣。

〔註90〕《道德經・第二十五章》：「人法地，地法天，天法道，道法自然。」

〔註91〕《莊子・德充符》：「莊子曰：『吾所謂無情者，言人之不以好惡內傷其身，常因自然而不益生也。』」這裡的「因自然」乃是摒除好惡，法道無爲。

〔註92〕《愼子・因循》：「天道因則大，化則細，因也者，因人之情也。」頁3。愼到從「因」萬物之理，轉向「因人之情」，於是「因」遂由天道逐步落實於人道。

〔註93〕《管子・白心》：「能者無名，從事無事。審量出入，而觀物所載。孰能法無

《管子》四篇的無爲而治。

　　無爲的形上原理，老子將它視爲待人處事的人生哲理，奉爲治國的圭臬，《道德經》中僅有治國的原則，例如〈第六十章〉：「治大國若烹小鮮。」並對於儒、法家之治有所批判，[註94] 全書並不涉及治術的探討。《莊子》的〈外篇〉、〈雜篇〉已將「無爲」的抽象原理，具體化而爲帝王之德，並由「道」衍生出「理」的概念。慎到認爲「天道因則大」[註95]，主張因循物理，任法爲治。[註96]《管子》四篇則汲取老莊「虛」和「無」的智慧，吸納儒家的仁心和禮制，以及法家的法制；並融合慎到的「因」，講求形名法術，建構成「君道無爲」的政治思想。「君道無爲」的內涵是君德與君術並重，亦即以虛靜和仁心爲君德，以因循禮法爲君術。所以《管子》四篇承襲老、莊、慎到的思想養分，將「無爲」的政治智慧落實而爲君道治術。

　　《管子》四篇的政治思想承襲老子的「無爲」而來，但是轉化出三個主要概念：「虛」、「理」、「因」。「虛」是君德，「因」是君術，「理」是禮法的規範。三者之間的關係如下：

$$
\begin{array}{ccc}
天 & 無 & 道 \\
\downarrow & \downarrow & \\
人 & 虛 \to 因 \to 理 &
\end{array}
$$

　　就思想特質而言，「虛」從道之「無」而來，「因」從法道來，「理」從天道來，所以仍以道家的道論爲價值歸趨。司馬談〈論六家要旨〉：「虛者，道之常也；因者，君之綱也。群臣並至，使各自明也。」[註97] 足見「因」和「虛」是道家無爲的形上原理落實於政治的重要關鍵，針對「因」和「虛」

　　法乎？始無始乎？終無終乎？弱無弱乎？」其中「法無法」，第一個「法」是動詞，「無」指虛靜無爲的修養，所以「法無法」之義同於《道德經·第六十三章》：「爲無爲，事無事，味無味。」所以秉持無爲的態度來執法，即是「法無法」。

〔註94〕《道德經·第十七章》：「太上：下知有之，其次親而譽之，其次畏之，其次侮之。信不足焉，有不信焉。悠兮其貴言，功成事遂，百姓皆謂：我自然。」其中「親而譽之」指儒家之治，「其次畏之，其次侮之」指法家之治。

〔註95〕參見《慎子·因循》，頁3。

〔註96〕《慎子·威德》：「法雖不善，猶愈於無法，所以一人心也。……法制禮籍，所以立公義也。凡立公，所以棄私也。」頁2～3。
　　〈君人〉：「大君任法而弗躬，則事斷於法矣。法之所加，各以其分，蒙其賞罰而無望於君也。是以怨不生而上下和矣。」頁6。

〔註97〕司馬遷：《史記·太史公自序》卷一百三十，（臺北：藝文印書館），頁1350。

這一部分，《管子》四篇的「君道無爲」，與司馬談所論的道家要旨似乎是相應契合的。

司馬談所謂的道家其實是黃老學派，那麼《管子》四篇是否即是黃老學派？陳鼓應說：

> 至於「無爲」的觀念，稷下道家則賦予其具有時代性的新內涵。……黃老派將「無爲」導向君與臣之間的職能分工原則上。……以此，黃老將「無爲」引進刑名法治的思想，這對老子的原意有著嶄新的內容。〔註98〕

《管子》四篇的「君道無爲」，關於君臣之間職能的分工，主張「君無爲而臣有爲」，並將「無爲」解釋爲「因」，亦即因循形名法治，這的確是《管子》四篇對於老學的繼承和改造。另外，陳鼓應認爲《管子》四篇中「道」、「理」並言，這在黃老著作中尤爲重要，因爲「理」在黃老思想中，是特就「道」落實在人事層面，特別是政治作爲上取法天道，而有的行事原則。因此「理」這一概念，具有連接抽象的形上之道與具體人事作爲的關鍵意義。〔註99〕因此陳鼓應依據「因循」和「道理」這兩個思想成分，將《管子》四篇歸屬於黃老學派。

「道理」和「因循」是《管子》四篇「無爲」的思想綱要，確實合乎黃老思想的特質，不過，吳光則看法略有不同，認爲應是黃老學派形成之前的早期道家。吳光說：

> 無爲之道是至高無上的，道發而爲人間之理（德），禮、義、刑法皆「因循」自然之「理」而生。這是禮、法緣於道、德的思想，與老子所謂「失道而後德，失德而後仁……禮者忠信之薄而亂之首也」（《老子·德篇》）的思想很不一樣的。〔註100〕

《管子》四篇繼承、發揮與改造老子之學，「無爲」的內涵是「因循道理」，「因」使道治和禮治、法治互相結合，「理」是禮、法的依據，「理」又源於道，於是《管子》四篇從老學排斥禮、法，轉變爲吸收禮、法。〔註101〕這種轉變說明了道家思想的發展，逐漸往融合儒、法的方向邁進，所以《管子》是研究道家思想發展史的重要典籍。〔註102〕

〔註98〕陳鼓應：《管子四篇詮釋——稷下道家代表作》，頁32～33。
〔註99〕同前註，頁128～129。
〔註100〕吳光：《黃老之學通論》，（杭州：浙江人民出版社，1985年），頁97～98。
〔註101〕同前註，頁96～97。
〔註102〕同前註，頁93。

熊鐵基也認為《管子》四篇雖具黃老之學的特點，但仍不是黃老。他說：

> 四篇以「道論」統率仁義禮法，具備黃老之學的特點，但又不很完
> 善，而且，它既不引老子，也不提黃帝，還沒有打出「黃老」的牌
> 子。這些篇章被人收入《管子》，或為稷下先生之作，但作者自己都
> 還不明確自己應屬於何家何派？顯然，這幾篇的作者既不屬於當時
> 影響「天下」的儒、墨、楊諸家，又不是什麼隱者，他們的學派還
> 在形成之中，一時還推不出一個權威的代表人物來。〔註103〕

細究《管子》四篇的內容，確實未曾稱引黃帝、老子，這和黃老學派有意識
地稱述黃帝、老子有所不同，尚未形成兼綜陰陽、儒、墨、名、法、道各家
思想的「黃老之學」理論體系。雖然嚴格說來，《管子》四篇還不算是黃老學
派，但是對於黃老學說的理論建構，具有一定的貢獻。熊鐵基說：《管子》四
篇兼采他家學說，注重治世之道、南面之術，以為仁、義、禮、法皆「出乎
道」，強調其存在的必要性和合理性，是「不得不然」也。這就為以後新道家
用「道論」來解釋仁義禮法，同時「采儒墨之善，撮名法之要」打下了理論
基礎。〔註104〕

綜合以上所述，《管子》四篇的政治思想是融合道、儒、法三家思想，以
道為宗，形成「虛」、「因」、「理」的思想架構，已為黃老學說打下理論基礎。
從先秦道家過渡到黃老道家，《管子》四篇具有關鍵地位。本文第二章第一節
已歸納出黃老之學的基本要素在於：「道論」、「無為」、「因循」，並分別從這
三個面向去檢視《管子》四篇的學術性格，〔註105〕再加上本章聚焦於「無為」
政治思想的討論，因此筆者得出以下結論：《管子》四篇出自稷下道家，雖已
具備「黃老之學」的特質，但並未形成黃老學派，所以不宜逕稱為「黃老」，
應稱為「稷下道家」或「稷下黃老」較為妥當。

〔註103〕熊鐵基：《秦漢新道家》，（上海：上海人民出版社，2001年3月），頁36～37。
〔註104〕同前註，頁36。案：熊鐵基稱「黃老」為新道家。
〔註105〕詳見本文第二章第一節〈稷下學宮與稷下道家〉，頁22～31。

第六章　戰國時期心氣論的發展與比較

　　《管子》四篇的「精氣論」是以心爲修養起點，因此調理心氣關係顯然極爲重要。這種心氣關係的論述和孟子的「知言養氣」，以及《莊子・人間世》的「心齋」，三者之間有相近之處，也有相異之處，由此展開一場學術對話，表現了百家爭鳴的學術氛圍。本章第一節以孟子的「知言養氣」爲核心，第二節以莊子的「心齋」工夫爲核心，分別與《管子》四篇心氣論進行比較，藉以探究戰國時代心氣理論的發展概況。

第一節　孟子「知言養氣」

　　《孟子・公孫丑上》從公孫丑與孟子的一段對話，〔註1〕引出孟子「四十不動心」，以及「知言養氣」的修養工夫，最後點出「浩然之氣」乃是養氣工夫的理想境界。其中關於心氣關係的論述，與《管子》的「精氣論」似乎有其相通之處，因此引發了後世學者的學術論辯。郭沫若首先指出孟子因襲《管子》的學說，學界多採此說。關於這個論題，必先釐清兩家思想內容，才能判定思想發展的先後，亦即何者承先，何者啓後。本文第四章第二節已經討論過《管子》四篇的心氣理論，因此本節以孟子的「知言養氣」爲討論核心，再進一步展開對照分析，釐清兩家思想的關係。

一、君子有三戒

　　在孟子提出「養氣論」之前，孔子以「血氣」來描述人生不同階段的生理狀態。《論語・季氏篇》說：

〔註1〕《孟子・公孫丑上》：「公孫丑問曰：『夫子加齊之卿相，得行道焉，雖由此霸王不異矣。如此，則動心否乎？』孟子曰：『否。我四十不動心。』」

> 孔子曰：「君子有三戒：少之時，血氣未定，戒之在色；及其壯也，
>
> 血氣方剛，戒之在鬥；及其老也，血氣既衰，戒之在得。」

何謂血氣？朱熹註：「血氣，形之所待以生者，血陰而氣陽也。」〔註2〕由此可知，血氣是形體賴以生存的動力。孔子認為人的血氣生命是有限的，所以每個階段的血氣狀態不同。年少之時，尚在發展階段，所以是血氣未定；壯年之時，則是血氣正值強盛階段；年老之時，則是血氣逐漸衰敗。既然每個階段的血氣狀態不同，生活方式理應隨之不同，因此孔子主張必須適時「戒之」。何謂「戒」？朱熹註：「隨時知戒，以理勝之，則不為血氣所使也。」〔註3〕足見「戒」的目的就在以「理」勝血氣，才不致為血氣所牽動，造成生命的迷失錯亂。足見「戒」是自我節制的理性力量，也是一種修養工夫。

朱熹《四書集註》引范氏註曰：

> 聖人同於人者，血氣也；異於人者，志氣也。血氣有時而衰，志氣
> 則無時而衰也。少未定、壯而剛、老而衰者，血氣也；戒於色、戒
> 於鬥、戒於得者也，志氣也。君子養其志氣，故不為血氣所動，是
> 以年彌高而德彌劭也。〔註4〕

血氣未定的階段，必須克制「色」；血氣方剛之時，必須克制「鬥」；血氣已衰之時，必須克制「得」。「色」、「鬥」、「得」都是來自身心對於感情、名利、財貨的欲求，當內心的欲求「驅動」了血氣，必將妨礙血氣的運行。血氣有時而盡，所以為保持身心的和諧，必須以理智克制欲求的盲動。戒色、戒鬥、戒得便是以志氣對治血氣，將生命引向道德修養，才能成為品德高尚的君子。

孔子只論血氣，並未直接討論心和氣的關係。但是「戒」的修養工夫，是理性力量，也是志氣的表現。此段文獻與孟子的養氣論是否有關？

二、知言與養氣

孟子之所以提出「知言養氣」的工夫，出自〈公孫丑上〉孟子和公孫丑的一段對話。公孫丑問孟子若位居齊國卿相得以顯耀天下，是否因此而動心？孟子回答他：「否，我四十不動心。」孔子四十而不惑〔註5〕，孟子四十不動

〔註2〕朱熹：《論語集註》，（臺北：世界書局，1980 年 12 月），頁 116。

〔註3〕同前註。

〔註4〕同前註。

〔註5〕《論語・為政》：子曰：「吾十有五而志于學，三十而立，四十而不惑，五十而知天命，六十而耳順，七十而從心所欲、不踰矩。」

心，這都是修養有成的證明。不動心並非天生而就，必須通過不間斷的修養，才能達到如此境地。於是此段對話以「不動心」為起點，逐漸轉向「不動心有道」的討論。

　　孟子先舉出北宮黝和孟施舍的養勇之道，說明兩人的不動心之道就在於養勇。首先要問：北宮黝如何養勇？〈公孫丑上〉：

　　北宮黝之養勇也，不膚撓，不目逃。思以一毫挫於人，若撻之於市朝。不受於褐寬博，亦不受於萬乘之君；視刺萬乘之君若刺褐夫，無嚴諸侯；惡聲至，必反之。

北宮黝面對危難的時候，總是以肉身抵抗，絕不退縮。他認為若有絲毫受到羞辱，好比在市集被當眾撻伐那般難堪。他不受辱於匹夫，也不受辱於王公貴族；刺殺萬乘之君如同刺殺匹夫，完全不畏懼諸侯的威勢。一旦遭受惡言惡語，必定立即反擊。足見北宮黝的不動心是不屈不撓，無畏生死存亡，無視於貴賤尊卑。朱熹說：「黝蓋刺客之流，以必勝為主而不動心者也。」〔註6〕因為追求必勝，所以北宮黝以對抗和征服來養勇。

　　至於孟施舍又如何養勇？〈公孫丑上〉：

　　孟施舍之所養勇也，曰：「視不勝猶勝也。量敵而後進，慮勝而後會，是畏三軍者也。舍豈能為必勝哉？能無懼而已矣。」

孟施舍「視不勝猶勝也」，所以不畏戰敗。他認為強敵在前，先行衡量敵人的實力，考慮勝負，才能決定何時前進會敵，這是畏懼三軍的表現。所以孟施舍不追求必勝，追求的是自勝，表現出不計勝負成敗，勇往直前的無懼精神。朱熹說：「舍蓋力戰之士，以無懼為不動心。」〔註7〕兩人都是以血氣之勇來達到不動心，因此不動心之道就在於養勇；所不同的是北宮黝以征服他人、追求必勝為勇，孟施舍則是以戰勝自己、無所畏懼為勇。孟子雖未指出何者勝出，但是孟子認為孟施舍之勇「守約」而近於曾子，〔註8〕意謂孟施舍的養勇之道更為切要而近理，言外之意是孟施舍略勝一籌。〔註9〕自我超越比爭勝鬥氣需要更大的勇氣，所以孟施舍之勇確實勝過北宮黝。

〔註6〕朱熹：《孟子集註》，頁37。

〔註7〕同前註。

〔註8〕《孟子·公孫丑上》：「孟施舍似曾子，北宮黝似子夏。夫二子之勇，未知其孰賢，然而孟施舍守約也。」

〔註9〕朱熹：《孟子集註》：「賢，猶勝也。約，要也。言論二子之勇，則未知誰勝；論其所守，則舍比於黝，為得其要也。」頁37。

唐君毅先生說：

> 自信能勝而求勝者，自恃其氣之足以勝人者也。知不必勝，而能自
> 勝其畏懼之情，則是無勝人之氣可恃，而能自歛其氣，以自補其氣
> 虛歉，更不有虛歉之感者也。此乃自充其氣之虛，使之實，故尤難
> 于自恃其氣之足以勝人者，原有實足據者也。然此孟施舍之工夫，
> 仍只是直在氣上用之自制工夫，而未能本義以養氣。在氣上用工夫，
> 而自恃其氣者，氣或不足恃；自制其氣者，其自制之力，亦有時而
> 窮。〔註10〕

雖然孟施舍的自歛其氣，尤勝北宮黝的自恃其氣，但是兩者都在氣上用工夫。
然而血氣有時而盡，自制力有時而窮，徒以血氣之勇來鍛鍊不動心之道，終
將耗竭消散，不能長久。

除了北宮黝、孟施舍的血氣之勇，孟子又以曾子爲例，展示另一種不動
心之道。〈公孫丑上〉：

> 昔者曾子謂子襄曰：「子好勇？吾嘗聞大勇於夫子矣：自反而不縮，
> 雖褐寬博，吾不惴焉？自反而縮，雖千萬人吾往矣。」

孔子曾經闡述大勇之道：當人反躬自省，自省而理不直，即使匹夫在前，
豈能不畏懼？反之，自省而理直，即使面臨千萬大軍，也毫不畏懼。所以
大勇不在於戰勝對手，也不在於自求無懼，而是在於反求諸己，順理而行。
足見曾子的養勇之道與北宮黝、孟施舍顯然不同。就工夫而言：北宮黝、
孟施舍只在氣上做工夫，以血氣爲後盾；曾子則是在心上做工夫，以義理
爲後盾。所以北宮黝、孟施舍之勇是血氣之勇，曾子之勇則是義理之勇。
由此可見，修養工夫的路數不同，所成就的勇氣，其層次、境界便大不相
同。

從上述三者生命型態可知：不動心之道可以從血氣去養勇，也可以反求
本心展現大勇。至於先於孟子不動心的告子，其不動心之道又是如何？〈公
孫丑上〉：

> 不得於言，勿求於心：不得於心，勿求於氣。

「言」指用來傳達意念和思慮的言語，也是人我之間溝通的媒介。當外在的
言辭無法通達的時候，告子選擇「捨置其言」，不往心上推究其理。對外在事

〔註10〕唐君毅：《中國哲學原論·原道篇》卷一，（臺北：學生書局，1984年1月），
頁249。

物感到困惑不安的時候，告子則固守其心，不求助於氣。〔註11〕告子從封閉其心，固守其氣，步步後退，如此便切斷自我與外在世界的通路，退出天下而困守自我之內。於是外在的言語不能擾亂其心，外在的事物不能擾亂其氣，這就是告子的不動心。

　　針對告子的不動心，孟子提出如下的批判：「不得於心，勿求於氣，可；不得於言，勿求於心，不可。」孟子肯定告子不以「心」亂「氣」的對應之道，但是不贊同封閉其心的作法。「不得於言，勿求於心」，形同自我封閉，於是人我、主客之間彼此隔絕，固然守住「氣」，但生命也因此陷於孤立隔絕。這與儒家的人生價值大異其趣，因爲儒家主張「推己及人」〔註12〕，「士以天下爲己任」〔註13〕，由小我生命推擴至大我群體，乃至與天地同體流行，所以孟子不贊同告子這種不動心之道。

　　孟子不贊同告子的不動心之道，那麼孟子如何達到不動心？〈公孫丑上〉：

　　　　夫志，氣之帥也；氣，體之充也。夫志至焉，氣次焉。故曰：持其
　　　　志，無暴其氣。

孟子的不動心不是「勿求於心」的內外隔絕，而是以志帥氣。此段文字點出「志」和「氣」的關係，也界定了「氣」的涵義。氣充滿在形體之中，所以此「氣」就是孔子所謂「血氣」，意指形軀血氣。何謂「志」？趙岐注：「志，心所念慮也。」〔註14〕志來自心的意念、思慮，意指志向或意志。孟子認爲志可以統帥氣，志一旦發動，氣便隨之而動。因此孟子的不動心之道就在於「持其志，無暴其氣」。一方面持志，一方面守氣，使其不暴亂。公孫丑又提出如下的疑問：既然志是氣之帥，只需持其志便可主導氣，爲何又再強調「無暴其氣」？因此孟子進一步解釋「氣」對「志」的影響。〈公孫丑上〉：

　　　　志壹則動氣，氣壹則動志也。今夫蹶者，趨者，是氣也，而反動其心。

〔註11〕朱熹：《孟子集註》：「告子謂於言有所不達，則當捨置其言，而不必反求其理於心；於心有所不安，則當力制其心，而不必更求其助於氣，此所以固守其心而不動之速也。」頁38。

〔註12〕《論語‧雍也》：「夫仁者，己欲立而立人，己欲達而達人，能近取譬，可謂仁之方也已。」朱熹注：「近取諸身，以己所欲譬之他人，知其所欲亦猶是也。然後推其所欲以及於人，則恕之事而仁之術也。於此勉焉，則有以勝其人欲之私，而全其天理之公矣。」簡言之，朱子稱立人達人之舉爲「推己及人」。

〔註13〕《論語‧泰伯》：「曾子曰：『士不可以不弘毅，任重而道遠。仁以爲己任，不亦重乎？死而後已，不亦遠乎？』」

〔註14〕趙岐：《孟子注》，《十三經注疏》第八冊，（臺北：藍燈文化事業公司），頁54。

心志專一就能牽動血氣，反之，血氣專一也會動搖心志，例如跌倒或疾行，就是專一的氣牽動其心，足見心和氣是雙向互動的。所以必須一方面持志，又必須一方面養氣，使專一的心和專一的氣，本末貫通，才不致心志消沉、氣餒暴亂。總之，養心才能「持其志」，養氣才能「無暴其氣」。所以孟子不像告子那樣封閉其心，只知固守生命之氣，孟子是透過養心和養氣雙向並行，來達到不動心的境地。

「不得於言」的時候，告子採取「勿求於心」，使自己不動心；孟子則是返求本心，展開「知言」的工夫，用心推究。〈公孫丑上〉說：

> 詖辭知其所蔽，淫辭知其所陷，邪辭知其所離，遁辭知其所窮。生於其心，害於其政；發於其政，害於其事。

言辭的功用在於傳遞心意，可以是溝通人我之間的橋樑。但是世間言辭不免真假虛實互相參雜，不切實情的言辭適成人我之間溝通的障礙，所以必先洞穿言辭的表象，進而掌握其真實內涵，才不致迷亂困惑，這便是「知言」的工夫。偏執一端的言辭，必定遮蔽了部分實情；浮誇放肆的言辭，必定有所陷溺；邪僻不正的言辭，必然是偏離正道；閃爍遁逃的言辭，必定是道理虛歉。人心偏蔽不正，才會以詖辭、淫辭、邪辭、遁辭來掩飾偽裝，混淆視聽。聽者若不能知言，必定遭受矇蔽，因而舉措失當。總之，心有偏邪，必定妨害行事，執政者心若不正，必定危害政務。所以必先知言，才能明辨是非真假，不致擾亂心志。

《論語·堯曰》：「不知言，無以知人也。」〔註15〕足見孔子也注重知言的修養，知言才可以、知人，所以孟子的知言工夫，乃是前有所承，闡發孔子的思想的精髓。朱子認為知言是盡心、知性的表現，對於天下之言，窮究其理，才能明察是非得失。〔註16〕所以「不得於言」的時候，孟子並未封閉其心，而是「反求諸己」，以心知言，盡心面對外在一切是非榮辱。總之，知言是知人、明是非的修養工夫。

孟子的不動心之道不是養血氣之勇，也不是消極守氣，孟子說：「我知言，我善養吾浩然之氣。」因此孟子的不動心之道乃是知言和養氣並行。知言是貫通內外的養心工夫，至於養氣工夫又如何展開？〈公孫丑上〉說：

〔註15〕《論語·堯曰》：「孔子曰：『不知命，無以為君子也。不知禮，無以立也。不知言，無以知人也。』」

〔註16〕朱熹：《孟子集註》：「知言者，盡心知性，於凡天下之言，無不有以究極其理，而識其是非得失之所以然也。」同註1，頁40。

> 其爲氣也至大至剛，以直養而無害，則塞于天地之間。其爲氣也配
> 義與道；無是，餒也。是集義所生者，非義襲而取之也。行有不慊
> 於心，則餒矣。

孟子養氣的目的就是要將形軀血氣養成浩然之氣，所謂「至大至剛」，意謂此氣浩大而且剛正。浩然之氣之所以可以充塞於天地之間，正是因爲配義與道。「道」是天道，「義」指仁義，趙岐注：「義謂仁義，可以立德之本也。」〔註17〕換言之，義是道德的根本。以天道、仁義爲根源，將形軀血氣轉化爲至大至剛的浩然之氣，生命便從有限趨向無限，由小我通向天地。反之，失去道義的涵養支持，形軀血氣便會消散匱乏。

　　浩然之氣如何養成？孟子說：「以直養而無害。」所謂「直」就是正直，「害」就是妨礙，以正道涵養血氣，亦即配義與道，而不妄加妨礙干擾。孟子又以宋人揠苗助長爲喻，說明倘若不循正道去養氣，一心躁進求快，養氣不成反而妨礙氣的壯大。更進一步說，如何配義與道？那就是集義，一如曾子以義理反躬自省；「行有不慊於心，則餒矣」，意謂行事有愧於心，那麼氣就消餒了。所以事事必反躬自省，這便是集義的漸進工夫，而非襲取一義來作爲知言的依據。告子因爲主張「仁內義外」〔註18〕，所以「不得於言」的時候，只能「勿求於心」，無法以內在之義作爲「言」的判斷依據，當然不能知言，於是自絕於外，而退守於內。曾子、孟子都是仁義內在於心，才能反求諸己，一方面知言，另一方面則配義與道，涵養道德勇氣。

　　集義是在心上反躬自省，也是養心的工夫，所以孟子的養氣工夫仍是透過養心來達成的，足見養心正所以養氣，兩者是本末一貫的工夫，不能截然二分。簡言之，知言養氣的工夫乃是以心知言，以心養氣。

　　北宮黝、孟施舍的養勇，和曾子的大勇，可以印證「以志帥氣」的道理。北宮黝以必勝之志養勇，挺身面對強敵，不膚撓，不目逃，不因強權威勢而挫損銳氣。孟施舍以自勝之志培養勇氣，不計較勝負成敗，憑藉勇氣，一往無回。北宮黝和孟施舍只知進不知退，正如老子所言「勇於敢」〔註19〕。曾子以義理爲志，判斷是非曲直，當進則進，當退則退，使進退合宜，無論進

〔註17〕趙岐：《孟子注》，頁55。
〔註18〕《孟子·告子上》：「告子曰：『食色，性也。仁，內也，非外也。義，外也，非內也。』」
〔註19〕《道德經·第七十三章》：「勇於敢則殺，勇於不敢則活，此兩者或利或害。」

退皆是勇氣的表現，此正如老子所言：「勇於不敢」〔註20〕。以上諸家都掌握到「志壹則動氣」的道理，但孟子更進一步關注到「氣壹則動志」，所以說：「持其志，無暴其氣。」足見孟子的心氣觀念更爲周密精深。另外，告子不動其心，內守其氣，知退不知進，也是深知「心動」則「氣動」的道理。足見孟子對於心氣關係的掌握有進於上述諸人，乃是切合人性的常理。

孟子秉其仁心善性，以道義爲志，一方面知言，明辨是非善惡；一方面以志帥氣，於是道義的涵養使形軀血氣逐漸轉化爲浩然之氣。從心到志，從志貫徹到氣，這便是知言養氣的修養路徑。此一修養途徑簡圖如下：

```
                    道
                    |
知言 ← 心（仁義禮智）→志（道義）→氣（配義與道）→浩然之氣
外                        內
```

孟子的志，有別於北宮黝的必勝之志，孟施舍的自勝之志，乃是道義之志，與曾子相同。透過上述養心工夫，道德意志貫徹於形軀血氣，逐漸轉化爲至大至剛的浩然之氣，所以行事進退合宜，無所畏懼。總之，孟子不動心不是血氣之勇，而是取法曾子的義理之勇。

關於孟子的「知言養氣」，唐君毅先生以智、仁、勇來加以詮釋：

> 知言者即知他人之言也。己能養氣以有大勇，又能知人言以有智，此即是兼勇與智之學，勇之本則在集義。此蓋孟子以集義成勇，而以知言成智，以求孔子所謂仁之學歟。〔註21〕

孟子四十不動心，來自配義與道，持志養氣的修養工夫。所謂仁者不憂，知者不惑，勇者不懼。知言所以不惑，其心配義與道所以不憂，其氣至大至剛所以不懼。因爲不惑不憂不懼，所以不動心，才能化爲智仁勇的實踐動力。所以通過知言養氣的工夫，養成浩然之氣，包含了智仁勇三達德，這是孟子承續孔子思想，進而發揚光大的證明。儒家開發出的人生價值是：士志於道，〔註22〕任重而道遠，〔註23〕殺身成仁，〔註24〕捨身取義，〔註25〕倘若缺乏浩

〔註20〕同前註。

〔註21〕唐君毅：《中國哲學原論・原道篇》卷一，頁248。

〔註22〕《論語・述而》：「子曰：『志於道，據於德，依於仁，遊於藝。』」

〔註23〕《論語・泰伯》：「曾子曰：『士不可以不弘毅，任重而道遠。仁以爲己任，不亦重乎？死而後已，不亦遠乎？』」

〔註24〕《論語・衛靈公》：「子曰：『志士仁人，無求生以害仁，有殺身以成仁。』」

然之氣的支撐，如何能完成使命，實踐道德理想？孟子說：「富貴不能淫，貧賤不能移，威武不能屈。」〔註26〕倘若不能知言養氣，又如何能成爲大丈夫？價值理想不是抽象的空談，需要源源不絕的道德勇氣才能實現，孟子提出「知言養氣」的工夫，開拓了價值理想的實踐進路，也豐富了儒學的內涵。

根據《孟子・滕文公下》記載，孟子對戰國時代如此描述：

> 楊朱、墨翟之言盈天下。天下之言，不歸楊則歸墨。楊氏爲我，是無君也。墨氏兼愛，是無父也。無父無君，是禽獸也。

在孟子看來，楊墨之言乃是邪說謬言，因此力闢楊墨。孟子的知言養氣一方面回應告子的不動心之道，另一方面也間接回應了楊墨之言。例如：北宮黝、孟施舍猶如墨家之徒，憑藉血氣之勇，摩頂放踵，流落天下，生命終將流於蒼涼悲壯。告子封閉其心，守住生命之氣，如同楊朱捨棄天下，卻困守於內，生命必將流於封閉孤絕。揚朱保存自我卻捨棄天下，墨家奔赴天下卻失落自我。儒家所崇尚的生命價值就在於己立立人，己達達人；〔註27〕換言之，一方面保存自我，讓生命在修養中成長茁壯，另一方面立人達人，承擔天下。唐君毅先生說：「孟子蓋以養浩然之氣立己，以知言之學知人。」〔註28〕足見知言不僅是知人之道，更是立人達人之道，養氣則是立己達己之道。所以孟子的知言工夫，由內在自我通向天下，一旦養成充塞於天地的浩然之氣，則又由自我通向宇宙天地。總之，「知言養氣」的工夫正是由內而外，由小而大的成德之路。所謂「充實而有光輝之謂大」〔註29〕，正是浩然之氣的寫照。

戰國時代戰火頻仍，政治傾軋，人民的生命遭逢困頓險惡之境，因此當代哲人對於生命問題多所關注。在楊墨盛行的時代，當代人的價值歸趨不是傾向楊朱，就是追隨墨家，於是形成兩種極端的人生觀：其一，爲了回歸自我而割捨天下，其二，爲了奔赴天下而失落自我。孟子回應時代課題，以「知

〔註25〕《孟子・告子上》：「生，亦我所欲也；義，亦我所欲也。二者不可得兼，舍生而取義者也。」

〔註26〕《孟子・滕文公下》：「居天下之廣居，立天下之正位，行天下之大道；得志與民由之，不得志，獨行其道；富貴不能淫，貧賤不能移，威武不能屈。此之謂大丈夫。」

〔註27〕《論語・雍也》：「子貢曰：『如有博施於民而能濟眾，何如？可謂仁乎？』子曰：『何事於仁，必也聖乎！堯、舜其猶病諸！夫仁者，己欲立而立人，己欲達而達人。能近取譬，可謂仁之方也已。』」

〔註28〕唐君毅：《中國哲學原論・原道篇》卷一，頁252。

〔註29〕《孟子・盡心下》：「可欲之謂善。有諸己之謂信。充實之謂美。充實而有光輝之謂大。大而化之之謂聖。聖而不可知之之謂神。」

言養氣」的修養之道，試圖化解楊、墨學說的流弊，並且給出人生方向，既保存自我，又能承擔天下。從孔子的「君子三戒」到孟子的「知言養氣」，生命由內而外，由小而大，人格氣象逐步開闊壯大，終能與天地同其德，於是儒家所開發的成德之路，更為具體而完備。

三、「浩然之氣」與「浩然和平」的學術論辯

戰國時代關於「氣」的討論極為盛行，有孟子的「知言養氣」之說，也有《管子》四篇的「精氣論」，許多學者針對兩家學說的相近之處，探討二者的傳承關係，往往指向孟子受到《管子》四篇的影響。引發問題的關鍵就在於：《孟子·公孫丑上》的「浩然之氣」和《管子·內業》的「浩然和平」二詞近似；第二個原因則是《管子》四篇包含儒家思想成分；基於上述兩項原因，於是形成思想先後的學術論題。學界傾向主張孟子的「浩然之氣」乃是受到稷下道家，尤其是《管子》四篇的影響。此一結論是否確然無誤？以下先從各家論述的重點展開討論。

（一）郭沫若《十批判書》和胡家聰《管子新探》

郭沫若在〈稷下黃老學派的批判〉一文中，首先斷定孟子之說出自稷下學派的影響。他說：

> 有「靈氣在心」的人，是「見利不誘，見害不懼，寬恕〔註30〕而仁，獨樂其身」的。這所謂「靈氣」，在我看來，毫無疑問便是孟子的「浩然之氣」，〈內業篇〉也正說：「精存自生，其外安榮；內藏以為泉原，浩然和平，以為氣淵」。孟子顯然是揣摩過〈心術〉、〈內業〉、〈白心〉這幾篇重要作品的。只是孟子襲取了來，稍微改造了一下。〔註31〕

郭沫若斷定是孟子襲取《管子》四篇的思想，第一個論據是：「靈氣」即是「浩然之氣」。

第二個論據是：孟子為了回應告子的不動心，所以告子之說先於孟子。他說：

> 在孟子談浩然之氣的時候，他是因為說到告子比他先不動心。告子主張「不得於言勿求於心，不得於心勿求於氣」，分明就是〈內業篇〉

〔註30〕《管子·內業》：「見利不誘，見害不懼，寬舒而仁，獨樂其身，是謂雲氣，意行似天。」所以「寬恕而仁」應作「寬舒而仁」。

〔註31〕郭沫若：《十批判書·稷下黃老學派的批判》，收錄於《郭沫若全集》第二冊，（北京：人民出版社，1982年），頁165。

所說的「不以物亂官，不以官亂心」。告子據我看來便是一位宋鈃、
尹文派的學者。孟子說及告子之不動心和他之所以不同，因而及於
浩然之氣，可見這種觀念的獲得孰先孰後。〔註32〕

因爲郭沫若主張《管子》四篇是宋鈃、尹文的著作，而告子屬於宋、尹學派，
言外之意便是《管子》四篇啓發了孟子的氣論。

　　第三個論據是：「配義與道」的「道」屬於道家的思想成分。他說：

「靈氣」在主張本體觀的道家本與「道」爲一體，事實上也就是「道」
的別名，而孟子談浩然之氣也來一個「配義與道」，「道」字便無著
落，這分明是贓品的透露了。〔註33〕

　　第四個論據是：除了浩然之氣外，《孟子》文字多處受《管子》影響。例
如：「養心莫善於寡欲」〔註34〕，「萬物皆備與我」〔註35〕，「上下與天地同流」
〔註36〕。

　　郭沫若根據以上四項理由，推論出孟子襲取《管子》四篇的思想，其中
「贓品」一詞，充滿嚴厲批判和貶抑的意味。

　　胡家聰的《管子新探》也說：「儒家大師孟軻曾在齊國活動，與稷下學者
多有接觸，曾受道家思想影響。」〔註37〕並認爲郭沫若上述的說法分析得極
有道理，於是列出五項對照資料〔註38〕來支持郭沫若的說法，其中並無義理
分析，看不出來爲何認爲郭沫若分析得極有道理。然後便做出和郭沫若相似

〔註32〕郭沫若：《十批判書‧稷下黃老學派的批判》，頁166。
〔註33〕同前註。
〔註34〕語見《孟子‧盡心下》：「養心莫善於寡欲。」
〔註35〕語見《孟子‧盡心上》：「萬物皆備於我矣，反身而誠，樂莫大焉。強恕而行，
　　　　求仁莫近焉。」
〔註36〕語見《孟子‧盡心上》：「夫君子所過者化，所存者神，上下與天地同流，豈
　　　　曰小補之哉！」
〔註37〕胡家聰：《管子新探》，（北京：中國社會科學出版社，1995年5月），頁325。
〔註38〕第一項：《孟子‧公孫丑上》的「浩然之氣」與《管子‧內業》的「浩然和平」
　　　　互相對照。第二項：《孟子‧告子上》的「耳目之官不思，而蔽於物」與《管
　　　　子‧內業》的「不以物亂官，不以官亂心」互相對照。第三項：《孟子‧盡心
　　　　下》的「山徑之蹊，間介然用之而成路」與《管子‧內業》的「摶氣如神，
　　　　萬物備存」互相對照。第四項：《孟子‧盡心下》的「養心莫善於寡欲」與《管
　　　　子‧內業》的「凡心之刑，自充自盈，自生自成。……能去憂樂、喜怒、欲
　　　　利，心乃反濟」互相對照。第五項：《孟子‧盡心上》：「夫君子所過者化，所
　　　　存者神。上下與天地同流。」與《管子‧內業》的「一物能化謂之神，一事
　　　　能變謂之智」互相對照。詳見胡家聰：《管子新探》，頁325。

的結論：

> 上列《孟子》引文與道家〈內業〉對應之處，如「善養吾浩然之
> 氣」、「養心莫善於寡欲」以及所謂「上下與天地同流」等，明顯
> 是從〈內業〉襲取過來而又加以改造，納入了孟子儒家思想體系。
>
> 〔註39〕

顯然胡家聰的論述也是和郭沫若同一立場，除了補充資料之外，並無新出的觀點。

（二）陳鼓應《管子四篇詮釋──稷下道家代表作》

除了郭沫若與胡家聰之外，陳鼓應也認為孟子的氣論極可能受到稷下道家的影響。

第一個論據是兩家思考模式相同：

> （孟子）「養氣」基本上是一種氣之內聚的修養工夫，而其展現「萬
> 物皆備於我」的成效則是氣的外放所造成的作用。從由內聚與外放
> 的思考模式來比對孟子與稷下道家，孟子的氣論思想極可能受到稷
> 下的影響。〔註40〕

他認為氣的「內聚」與「外放」是兩家共同的思考模式。

第二個論據是提出理論的時間先後：

> 孟子談「氣」是受了稷下學人告子的引發，告子或許是稷下道家的
> 成員之一。孟子的心氣說不僅是受人引發而非出於主動、自動的，
> 而且從《孟子》整本書來看，它的氣論是偶發性的，而《管子》四
> 篇則是系統性的論述。〔註41〕

他認為孟子的氣論是出於偶發，是被動回應告子之說而有的理論，不像《管子》四篇是有系統的論述。然而這些推斷都沒有舉出證據來支持。

第三個論據是思想屬性的問題：

> 孔子不言氣，因此孟子講氣應納入齊文化或稷下道家的思想領域內
> 來理解。〔註42〕

〔註39〕同前註。

〔註40〕陳鼓應：《管子四篇詮釋──稷下道家代表作》，（臺北：三民書局，2003 年 2
月），頁 52。

〔註41〕同前註。

〔註42〕同前註，頁 111。

他認爲儒家思想體系沒有關於「氣」的討論，因此孟子的養氣說應該是受到外來思想的啓迪或刺激。另外，針對〈內業〉的「正形攝德，天仁地義」，他提出如下的看法：

> 所謂「天仁地義」，天地是一仁義之德境界的呈現，在這裡已經將天地予以人倫化。這說法和老莊有極大不同。老子的天是一自然狀態，……莊子講天地或者作爲一物理存在，或者作爲一精神的境界，這種境界是藝術性而非倫理性的，但是稷下道家將天地予以道德化，這樣的看法和老莊分歧，卻和孟子相通，孟子將天地人倫化可能是本於稷下道家。〔註43〕

既然《管子·內業》的「天地」和老莊不同，卻與孟子相通，爲何遽下結論說是孟子受稷下道家影響，而不是《管子·內業》襲取儒家仁義之說？這樣的論斷未免偏頗。

　　總之，陳鼓應分別從心氣論的思考模式、理論提出的先後、思想屬性等三個面向，來證明孟子承襲《管子》四篇的說法。

（三）白奚《稷下學研究——中國古代的思想自由與百家爭鳴》

　　郭沫若最早判定孟子受《管子》四篇影響，針對這個說法，白奚提出辯駁。他認爲：

1、關於告子的「不得於言，勿求於心」，旨在強調不要意氣用事，要控制住自己的氣，〈內業〉：「不以物亂官，不以官亂心」則在說明不要讓外物擾亂視聽和本心，要保持本心的正靜。郭沫若將二者畫上等號，未免失之勉強。〔註44〕

2、孟子所謂「配義與道」之道，實乃儒家之「道」，而非採自道家。郭沫若認爲此「道」字乃是襲自道家的「贓品」，說法失之武斷。〔註45〕此後，侯外廬在《中國思想通史》中指出：孟子對「浩然之氣」的論述完全是「學舌」，是「剽竊」，並且「在『配義與道』上露出了馬腳。」〔註46〕此一說法過於激勇，涉及人身攻

〔註43〕同前註，頁104。

〔註44〕白奚：《稷下學研究——中國古代的思想自由與百家爭鳴》，（北京：三聯書店，1998年9月），頁163。

〔註45〕同前註，頁165。

〔註46〕侯外廬：《中國思想通史》第一卷，（北京：人民出版社，1995年10月），頁359。

擊，其實只是踵步郭沫若的説法而已。〔註47〕

白奚雖然不贊同郭沫若的論據，但試圖從文化淵源和思想內涵兩個角度來證明：孟子的心氣論是受到《管子》四篇的啓發。

首先從文化淵源來看，他認爲齊國人重視養生，相信神仙世界的存在和渴望長壽永生，在這樣的文化背景之下，齊人很早就把心和氣聯繫起來考慮，把行氣，治氣視爲養心、養生的重要手段。〔註48〕所以氣論是齊國文化的產物，《管子》的「精氣論」正是在齊國文化土壤孕育出來的。他說：

> 〈內業〉循此路數繼續發展，並將這種齊人固有的氣論同當時流行
> 於齊國的老子的道論結合起來，最終將氣論發展成一個完備的理論
> 體系。……當齊人用他們通過養生術發展出來的氣論來解釋世界的
> 本原和萬物的生成以及人的生命和精神現象時，便受到業已在齊國
> 流行的道論的啓發與影響，推出了獨創的精氣學說。〔註49〕

所以「精氣論」是齊文化和老子道論結合的產物，也是道家氣論和儒家學說結合的初步嘗試。歸而言之，白奚認爲《管子》四篇的思想具有三大淵源，那就是老子道論、孔子儒學、齊國氣論。它啓示了孟子，才有了儒家的心氣論，使儒家心性學說有了長足發展。〔註50〕

再者，白奚根據兩家思想內涵進行比較，從孟子的「浩然之氣」、「存夜氣」、「氣志之辨」等三個論題，和《管子》的心氣論互相對照，證明孟子確實受到《管子》心氣論的啓發和影響。茲將白奚的論點歸納如下：

1、「浩然之氣」與《管子》的心氣論〔註51〕

兩家都強調先天本有、後天修養和最高境界。

（1）強調先天本有

孟子說善性乃人所固有，《管子》說：精氣（道）乃是人心中所本有。

（2）重視後天修養

孟子認爲欲望使人放失本心，所以不僅要「寡欲」、「求放心」，更要「存心」、「養心」、「盡心」；《管子》則主張「虛其欲」、「反其

〔註47〕白奚：《稷下學研究——中國古代的思想自由與百家爭鳴》，頁165。
〔註48〕同前註，頁174。
〔註49〕同前註，頁174～175。
〔註50〕同前註，頁175。
〔註51〕同前註，頁176～180。

性」，積聚精氣而使其「內藏」於心。

（3）追求最高境界

孟子透過擴充善性，存心養心，達到「萬物皆備於我」、「上下與天地同流」的最高境界。《管子》則透過積聚精氣，「內藏」、「中得」，達到「摶氣如神，萬物備存」的最高境界。所不同之處在於：孟子的浩然之氣表現出儒家剛直的特徵，成為道德實踐的動力；《管子》四篇則重在達到和平寧靜的精神狀態。

2、「存夜氣」與《管子》的心氣論〔註52〕

〈內業〉以「內靜外敬」的修養工夫保住精氣的本然狀態；孟子以「存夜氣」的修養工夫，保持住心的本然狀態，不使外物干擾而喪失良知。此正是孟子借用《管子》氣論的形式，表達了道德修養的內容，將《管子》的相關理論納入儒學系統之中，加以鎔冶改鑄，使之儒學化。

3、「氣志之辨」與《管子》的心氣論〔註53〕

《管子》主張氣服從於心，強調心對氣的控制作用，〈內業〉：「心靜氣理，道乃可止。」說明了心發揮理性作用，才能使情緒平靜下來。但是心與氣的關係是雙向的、相互的，氣雖受心的支配，但也不是完全被動的，也能夠反作用於心。這表示心和氣具有對立統一的關係。

《孟子·公孫丑上》：「夫志，氣之帥也；氣，體之充也。」志即是心志、意志或理性，氣指勇氣、意氣，此句表達了心志對氣的主導和控制。又說：「氣壹則動志」，因此主張「持其志，毋暴其氣」，防止意氣用事，喜怒失度，使自己的行為永遠符合理性和道德的標準。可見得孟子吸收《管子》關於心氣辯證關係的思想，納入自己的心性學說的體系之中。

白奚認為孟子的「浩然之氣」、「存夜氣」、「氣志之辨」和《管子》四篇的心氣論，在思路、方法和目標有其一致性，「以致孟子可以毫不費力地把《管子》的『浩然和平，以為氣淵』引進自己的思想體系，毫不勉強地使之與自己的性善論結合，從容自如地使其「配義與道」，水到渠成地提出了『浩然之

〔註52〕同前註，頁180～181。
〔註53〕同前註，頁181～183。

氣』的概念。」〔註54〕這裡使用了「毫不費力」、「毫不勉強」、「水到渠成」、「從容自如」等字眼，說明孟子對於《管子》思想體系的借用、改造。筆者以爲：上述措詞用語不免流於自由心證，想像猜測的成分居多，立場上不夠客觀而有失持平。

最後他對於兩家思想的相通相近之處，做出如下的結論：

> 我們既不能視之爲偶合，也不能簡單地說成是一家對另一家的「學舌」或「剽竊」，而應當承認他們都是獨立提出的。相通相似之處表明兩家關心的問題存在著某種一致性，遵循著相同的邏輯規律。兩家一個是探討道德修養，一個是探討身心修養，在「心」這個交匯點上取得了共識，在一定意義上說，兩家探討的是同一運動過程，其相通相似正表明了它們各自從自己的角度獨立地揭示了該運動過程的內在規律。這就使得此種分屬不同學派的理論具備了吸取結合的可能，而孟子游齊並接觸齊學，便使得這種可能變成了現實。〔註55〕

在這個結論裡，白奚承認兩家學說的獨立性，而且是同一時代運動思潮的產物，所以有相似的思考邏輯和規律，這和前文認定是孟子受《管子》心氣論的影響，立場上並不統一。而白奚認定孟子吸收《管子》的心氣論，此一立論是以地域文化爲前提，亦即：精氣論是齊國文化的產物，《管子》是齊國稷下學派的作品，而孟子曾經游齊，所以兩家思想相通相近之處，必然只有一個可能，那是《管子》影響孟子，絕不可能是孟子影響《管子》。倘若抽掉這個前提，究竟是誰影響誰，便沒有必然的定論。

因此對於這個論點必須上推到氣論的淵源，白奚也說：

> 氣論萌芽於春秋，到了戰國方始蔚爲大觀，孟子的氣論有明顯的戰國特色。氣論顯然不是儒家的創造，從儒家學說的承續發展來看，如果撇開了與同時代別家學說的聯繫，孟子的氣論就會有突兀之感，因此說它吸取了其他學派的成果是比較合適的。〔註56〕

總之，氣論乃是齊文化的產物，這是白奚的立論基礎；孟子曾經游齊，便成爲《管子》影響孟子的重要的證據。再加上「浩然之氣」和「精氣論」的思

〔註54〕同前註，頁179。
〔註55〕同前註，頁183。
〔註56〕同前註，頁168。

考邏輯相似，所以從文化淵源和思想內涵兩方面來看，白奚的結論仍是：孟子的氣論乃是因襲、改造《管子》的學說而來。雖然白奚不同意郭沫若等人所提出的論據，但結論仍是殊途同歸。

四、《孟子》與《管子》四篇心氣論的關係

綜合以上諸家對於孟子養氣論和《管子》心氣論的討論，儘管切入角度各有不同，結論卻是一致偏向孟子受《管子》的啟發和影響。郭沫若首先提出孟子因襲《管子》之說，其後侯外廬、胡家聰延續其說，但未能提出有力證明，或者只有結論沒有分析；陳鼓應則是著眼於《管子》中的儒家思想成份，但對於儒家思想的傳承軌跡，未能精確掌握；白奚對於兩家思想的比較分析著力甚多，更以齊文化為基點展開論述，避免了前述二家論證上的疏漏，但是對於孔子與《管子》之間的關係不免前後矛盾，甚至在推論孟子與《管子》的互動關係時，參雜了主觀的猜測想像，因此結論仍是傾向稷下道家影響孟子。

白奚已針對郭沫若的「贓品」之說提出辯駁，筆者大致同意，但是白奚的部分觀點和結論，以及上述諸家的說法，仍有商榷之必要。因此筆者將從「思想內涵」和「思想傳承」這兩個面向來加入討論，除了回應上述諸家的說法，並藉此釐清孟子的「養氣論」和《管子》的「精氣論」二者之間的關係。

（一）思想內涵

關於思想內涵的論述，白奚著墨較多也較為深入，孟子心氣論和《管子》四篇的心氣論思考模式大致相似，但仍有差異，以下筆者將針對「心」和「氣」的思想內涵，以及修養工夫，分別加以分析說明。

1、就「心」的內涵而言

《管子‧內業》說：「心能執靜，道將自定。」又說：「中不靜，心不治。」足見《管子》四篇的「心」主「靜」。反之，當「心」被官能欲望、憂樂喜怒的情緒所佔滿，原本充盈的心不再虛靜，如此便違離了道。〔註57〕惟有去除嗜欲、情緒的干擾，使心「虛」而「靜」，才能進一步由修道而得道。

〔註57〕《管子‧內業》：「凡心之刑，自充自盈，自生自成；其所以失之，必以憂樂喜怒欲利。能去憂樂喜怒欲利，心乃反濟。」

此外,「心」是含藏「精氣」〔註58〕、「靈氣」〔註59〕之所,也是智慧的根源,〔註60〕但前提必須是使心達到「定」〔註61〕、「靜」、「正」〔註62〕、「全」〔註63〕的境地。總之,《管子》四篇的「心」和道家的「虛靜心」〔註64〕相通,是修道成德、存養精氣的起點。

《孟子‧盡心上》說:「君子所性,仁義禮智根於心。」足見孟子的「心」是道德創造的根源,因此當他人遭受不幸之時,便發而爲「不忍人之心」〔註65〕。《孟子‧告子上》又說:「心之官則思,思則得之,不思則不得也。」〔註66〕足見「心」可以判斷是非,知言而明理,不像告子價值依據在外,只能困守於內。總之,孟子對外以心「知言」,對內從心「立乎其大」〔註67〕,確立道義之志,養成浩然之氣。

由此可見,《管子》四篇的「心」是「虛靜心」,孟子則是「道德心」;雖然兩家「心」的內涵並不相同,但都認同「欲」的盲動是遮蔽「心」的障礙,所以修養工夫都重在「去欲」和「寡欲」,以維護「心」的本然狀態。

2、就「氣」的內涵而言

《管子》四篇「氣」的內涵較爲豐富,分爲形上的「精氣」和形下的「形氣」,「精氣」來自於道,「形氣」內在於形軀之中。「氣」經過積蓄之後,具有充沛的能量,可形成善氣或惡氣,而修心便是決定善惡的關鍵。修心之後將「精氣」藏於胸中,提供「形氣」轉化的能源,於是養成善氣,而非惡氣,進而達到靈氣在心,與道合一的境界。

〔註58〕 《管子‧內業》:「定心在中,耳目聰明,四枝堅固,可以爲精舍。」

〔註59〕 《管子‧內業》:「彼道自來,可藉與謀。靜則得之,躁則失之,靈氣在心,一來一逝。」

〔註60〕 《管子‧心術上》:「心也者,智之舍也。」

〔註61〕 《管子‧內業》:「定心在中,耳目聰明,四枝堅固,可以爲精舍。」

〔註62〕 《管子‧內業》:「正心在中,萬物得度。」

〔註63〕 《管子‧內業》:「心全於中,形全於外,不逢天菑,不遇人害,謂之聖人。」

〔註64〕 《道德經‧十六章》:「致虛極,守靜篤,萬物並作,吾以觀復。」意謂「虛靜」才能觀照。

〔註65〕 《孟子‧公孫丑上》:「孟子曰:『人皆有不忍人之心。先王有不忍人之心,斯有不忍人之政矣。』」

〔註66〕 《孟子‧告子上》:孟子曰:「耳目之官不思,而蔽於物。物交物,則引之而已矣。心之官則思;思則得之,不思則不得也。此天之所與我者,先立乎其大者,則其小者不能奪也。此爲大人而已矣。」

〔註67〕 同前註。

　　孟子的「氣」和孔子一樣，用來指涉血氣，代表人的生理狀態。血氣生命可以經由涵養而壯大，轉化爲「浩然之氣」。「浩然之氣」是配義與道，所以也是與道合一的境界。

　　就理想境界而言，「浩然之氣」和「浩然和平」的精氣，都是以道爲依歸，境界相通。所不同的是，「浩然之氣」強調剛正，因爲剛正所以具備道德勇氣；「浩然和平」強調和平，因爲精氣和平才能靈明而神，與萬物感通無礙。

　　至於「存夜氣」或「平旦之氣」意指清明之心所展現的清明之氣，如此便能做正確的道德判斷。《管子》四篇認爲心若清明則展現而爲「神」，〔註68〕或「靈氣」，是智慧的來源。前者指涉道德，後者指涉智慧，兩者意義並不相同。所以「存夜氣」或「平旦之氣」在《管子》四篇中找不到相對應的論述。此乃孟子思想的獨創之處，並未受《管子》四篇的啓發或影響。

　　總之，孟子並無「精氣」和「惡氣」的概念，只有血氣和道德勇氣的觀念，兩家關於「氣」的內涵根本並不相同。

3、就修養工夫而言

　　「浩然和平」的精氣是透過積聚的方式去存養、內藏，提供形氣（血氣）轉化的能源；「浩然之氣」也是通過集義、直養的方式去擴充，經由「志」的統帥引導，血氣生命逐漸壯大，轉化而爲道德勇氣。從存養而壯大、轉化之模式，兩者修養工夫的模式大致相通。

　　孟子主張「以志帥氣」，又說「氣壹則動志」，認爲心氣關係是互相牽動的。《管子》四篇也是「心」主導「氣」，心之「意」可貫徹於「形氣」之中；〔註69〕反之，氣不充美則動志。〔註70〕足見兩者都認同心氣關係是雙向互動的，思想模式相近。

　　兩者修養工夫都是以「心」爲起點，以心對治「欲」，孟子強調「寡欲」，《管子》強調「去欲」。關於「氣」的修養，孟子只說「無暴其氣」，實則以心知言，以心養氣；簡言之，重視「修心」而不強調「正形」。《管子》四篇

〔註68〕　《管子・心術上》：「世人之所職者精也，去欲則宣，宣則靜矣；靜則精，精則獨立矣；獨則明，明則神矣。」去欲之後，內心清明寧靜於是智慧清明，朗現「神」的境界。

〔註69〕　《管子・內業》：「氣意得而天下服，心意定而天下聽。」其中「心意定」和「氣意得」代表「心」主導「氣」，心之「意」貫徹於「形氣」之中，則天下百姓聽服。詳見本文第五章第一節，頁173～175。

〔註70〕　《管子・心術上》：「氣者，身之充也；行者，正之義也。充不美，則心不得。」氣不充美，則心不得，意謂氣不充美則動志。

重視「心」和「氣」之間的協調，如「心靜氣理」、「摶氣如神」等工夫，這樣才能避免惡氣的形成。足見《管子》是心氣交相養，既修心又正形，養氣工夫則較孟子更爲豐富周詳。

至於兩家修養工夫也有不同之處，孟子強調對外的工夫就在「知言」，對內的工夫是「養氣」；《管子》的對外的工夫，則強調「不以物亂官，不以物亂心」，旨在隔絕外物對欲望的牽動，並無「知言」之類相關論述；至於《管子》四篇強調「修心而正形」，孟子則無「正形」之類的相關論述，其中「正形」的工夫，類似告子「勿求於心」的守氣工夫。總之，「知言」和「正形」是兩家修養工夫的不同之處。

由此可見，兩家對於「心」和「氣」的定義各有不同，心氣關係的思考模式相近，理想境界都是與道合一；至於修養工夫則有所不同：孟子著重在養心，《管子》則是強調「修心而正形」，養心和養氣並重。難以據此斷定孟子因襲《管子》學說。

（二）思想淵源

孟子和《管子》之間所引發的學術爭議，除了因爲「浩然」二字相同之外，另一關鍵就在於《管子》四篇包含儒家思想，學界往往據此主張孟子受《管子》四篇啓發。筆者以爲部分論據過於牽強，茲辨析如下：

1、儒家思想

（1）配義與道

郭沫若和侯外廬，緊扣「配義與道」的「道」字來立論，認定「道」是道家專屬，所以是孟子受到稷下道家或《管子》四篇的影響。徐復觀先生認爲：「道」是先秦各家的共同命題，[註71] 白奚也認爲：「配義與道」的「道」實乃儒家之「道」，而非釆自道家，[註72]「道」並非是道家獨有的哲學範疇。[註73]「道」是中國哲學普遍概念，《論語》中不乏關於「道」的論述，例如：「志於道」[註74]、「君子憂道不憂貧」[註75]、「道之不行，乘桴浮

〔註71〕徐復觀：《中國人性論史》：「先秦時代，最大的共同命題是『天』、『道』、『德』、『性』、『命』等；但各家各人各處所說的內容並不相同。」（臺北，台灣商務書局，1987年3月），頁431。

〔註72〕白奚：《稷下學研究——中國古代的思想自由與百家爭鳴》，頁165。

〔註73〕同前註，頁163。

〔註74〕《論語‧述而》：「子曰『志於道，據於德，依於仁，游於藝。』」

〔註75〕《論語‧衛靈公》：「子曰：『君子謀道不謀食。耕也，餒在其中矣；學也，祿

於海」〔註76〕……論者不察，據此認定孟子的「配義與道」不是儒家思想的產物，未免偏頗狹隘。

（2）靈氣在心

郭沫若以「靈氣在心」的「見利不誘，見害不懼，寬舒而仁，獨樂其身」來證明《管子》影響孟子，並不具說服力。雖然「靈氣在心」可以到達「見利不誘，見害不懼，寬舒而仁，獨樂其身」的境地，其中「見利不誘，見害不懼」是智和勇的表現；換言之，「靈氣」也包涵智、仁、勇的人格氣象，和「浩然之氣」的道德勇氣有相通之處。孔子曾說君子之道有三：「仁者不憂，知者不惑，勇者不懼。」〔註77〕難道孟子不能直接承襲孔子的思想養分，反而必須仰賴稷下道家的啓發？於是「浩然之氣」竟淪爲「贓品」、「剽竊」、「學舌」的低劣評價，就思想傳承的軌跡和學術發展的脈絡來看，這樣的說法並不合常理。

《孟子·滕文公下》說：「富貴不能淫，貧賤不能移，威武不能屈，此之謂大丈夫。」其中「富貴不能淫」和「見利不誘」相通，「威武不能屈」和「見害不懼」相通，我們只能推論出：當面臨外物的利害威迫之時，浩然和平的「靈氣」，和大丈夫的「浩然正氣」，都可以達到「不動心」的境地，此乃修養有成的結果。但是「靈氣在心」的境界是寬舒和平，而「浩然之氣」則是至大至剛，兩者境界並不相同。無法據此推論出《管子》四篇啓發孟子的思想。

此外，「靈氣在心」的「萬物備存」和「浩然之氣」的「萬物皆備於我」〔註78〕，看似相通，但是前者強調智慧靈覺的感通，後者則強調道德的感通。因此郭沫若認爲「浩然之氣」與「靈氣在心」相通，此說並不恰當。

（3）天仁地義

陳鼓應認爲《管子·內業》的「天仁地義」，有別於老莊思想，已將天地人倫化，因此推斷孟子將天地人倫化，可能是本於稷下道家。〔註79〕筆者以

在其中矣。君子憂道不憂貧。』」
〔註76〕《論語·公冶長》：「子曰：『道不行，乘桴浮于海。從我者其由與？』」
〔註77〕《論語·憲問》：「子曰：『君子道者三，我無能焉：仁者不憂，知者不惑，勇者不懼。』子貢曰：「夫子自道也！」
　　　　《論語·子罕》：「子曰：『知者不惑，仁者不憂，勇者不懼。』」
〔註78〕《孟子·盡心上》：「孟子曰：『萬物皆備於我矣，反身而誠，樂莫大焉。強恕而行，求仁莫近焉。』」反身而誠是道德自覺，所以「萬物皆備於我」之樂，不是智慧靈覺，而是道德感通。
〔註79〕陳鼓應：《管子四篇詮釋——稷下道家代表作》，頁104。

爲這個例證只能說明《管子》四篇受到儒家思想的影響，若說孟子受稷下道家的影響，則是本末倒置，何況孟子並無將天地人倫化的論述。

（4）禮樂教化

白奚認爲《管子》氣論的倫理色彩來自孔子，[註80] 孔子重視禮，《管子》也重視禮，白奚所舉的例證並非《管子》四篇，而是〈牧民〉的「國之四維」[註81]，雖然〈心術上〉和〈內業〉也有禮樂的教化的觀念，[註82] 但若因此主張孔子影響《管子》，《管子》再去影響孟子，未免迂迴而武斷。

白奚雖然肯定《管子》的「精氣論」受到儒家影響，但又認爲：它啓示了孟子，才有了儒家的心氣論，使儒家心性學說有了長足發展，[註83] 這樣的論斷讓人充滿疑惑。試問：既然儒家可以影響《管子》，爲何不能直接影響孟子？何必等待《管子》建構出心氣論再回頭來影響孟子？思想可以縱貫傳承，也可以橫向移植，究竟孟子的養氣論是來自孔子的傳承、影響，還是來自齊國稷下《管子》橫的移植，不能據此下定論。

綜合上述諸家的論述，關於孔子、孟子和《管子》思想傳承的脈絡，歸納如下：

孔子
↓
管子→ 孟子

這樣的傳承脈絡顯得迂迴而不合常理。筆者以爲孔子、孟子、《管子》三者之間的關係，應是縱貫的傳承，和橫向的對話，簡圖如下：

[註80] 白奚：《稷下學研究——中國古代的思想自由與百家爭鳴》，頁 175。

[註81] 《管子·牧民》：「國有四維，一維絕則傾，二維絕則危，三維絕則覆，四維絕則滅，傾可正也，危可安也，覆可起也，滅不可復錯也。何謂四維？一曰禮、二曰義、三曰廉、四曰恥。」

[註82] 《管子·心術上》：「節怒莫若樂，節樂莫若禮，守禮莫若敬。外敬而內靜者，必反其性。」
〈內業〉：「止怒莫若詩，去憂莫若樂，節樂莫若禮，守禮莫若敬，守敬莫若靜，內靜外敬，能反其性，性將大定。」兩段文字都說明禮樂活動可以安定人心，回歸本性。

[註83] 白奚：《稷下學研究——中國古代的思想自由與百家爭鳴》，頁 175。

　　二家因爲時代相近，爲了回應時代的共同論題，因此各自提出不同的見解和看法，何況孟子的「養氣論」和《管子》的「精氣論」，雖然彼此的思考模式有相近之處，但對於「心」和「氣」的定義並不相同，甚至差異極大，未必能據此判定是孟子影響《管子》，還是《管子》影響孟子。

2、齊國氣論

　　白奚認爲氣論是齊文化的產物，眞正將氣論系統化，並使之獲得了完整的理論形態的，乃是東方濱海的齊人，具體來說主要就是《管子》四篇的「精氣論」。〔註84〕因爲認定氣論是齊文化的專利，而孟子曾經遊齊，便成爲孟子受《管子》影響的重要證據。如此論斷便受限於地域觀念，完全忽視思想傳播無遠弗屆的力量。倘若地域決定文化內涵，那麼《管子》四篇的作者必須遊魯，才能深受儒家文化的洗禮，也必須遊楚才能吸收老子道論的精華。白奚承認老子道論由楚地傳至齊地，形成稷下道家，那麼齊國的氣論也可以傳播至其他地域，成爲其他思想家的養分。所以拘泥於地域文化，藉此斷定孟子受到《管子》四篇的影響，僅是主觀推測，並無直接的證據。

　　陳鼓應認爲孔子不言氣，所以孟子言氣應是受到齊文化的影響，〔註85〕這和白奚的說法互相呼應。如前所述，《論語・季氏》以血氣說明人生不同階段的生理狀態，而且「戒」字隱含有自我節制的理性力量，此或可啓發孟子創造出持志帥氣的養氣工夫。所以陳鼓應此說不符實情。

　　張岱年在《中國哲學大綱》中提到：

> 《管子》的〈心術〉上下和〈內業〉篇，年代與孟子約略同時。孟子曾講「浩然之氣」，〈內業〉有「浩然和平，以爲氣淵」之語，用詞有類似之處，但孰先孰後不易考定。〔註86〕

對於年代相近，用詞類似的兩家學說，在無法獲得有力證據的支持，不逕下斷語，這才是嚴謹的學術態度。與其在證據或論證不足的情況下，便遽下結論，倒不如保持存疑的態度，才能免於偏頗和武斷。

　　總之，以地域文化來斷定孟子和《管子》心氣論的關係，不是解決爭端的有效途徑。白奚也承認：「氣論萌芽於春秋，到了戰國方始蔚爲大觀，孟子

〔註84〕白奚：《稷下學研究——中國古代的思想自由與百家爭鳴》，頁174。

〔註85〕陳鼓應：《管子四篇詮釋——稷下道家代表作》，頁111。

〔註86〕張岱年：《中國哲學大綱》第五章〈心之諸說〉附註，（臺北：藍燈出版社，1992年4月），頁291。

的氣論有明顯的戰國特色」〔註87〕，「如果撇開了與同時代別家學說的聯繫，孟子的氣論就會有突兀之感。」〔註88〕所以氣論已成爲戰國時代的共同學術論題，孟子不必因爲遊齊才受到《管子》的影響，他可以上承孔子「君子有三戒」的啓發，也可以回應告子所謂「不得於言，勿求於心；不得於心，勿求於氣」的說法，提出知言養氣的修養之道。論者不必因此斷定孟子的氣論乃是偶發之說，進而否定其思想的原創性和學術價值。此外，孟子和《管子》都不約而同地揭露了「心－志－氣」之間的雙向關係，並各自提出不同的修養方法。有了孟子、告子的論辯和對話，再加上《管子》的「精氣論」，這便足以證明：心氣論乃是戰國學術的重要課題。

面對時代問題，進而回應時代問題，這才是一位傑出思想家應有的表現。孟子基於文化使命，時代感特深，不僅力闢楊墨，也批判農家、縱橫家，回應告子所謂「生之謂性」〔註89〕、「仁內義外」〔註90〕，以及「不動心之道」，所以孟子回應戰國時代心氣理論，而有知言養氣之說，並非偶發突兀之舉。因此筆者不贊同孟子因襲《管子》之說，而當視爲學術對話。戰國時代的思想家聚焦於心氣論，彼此論辯、對話或思想融合，正展現出百家爭鳴、思想勃興的時代氛圍。

第二節　莊子「聽之以氣」

《管子》四篇「精氣論」是戰國時期心氣理論方面的重要著作，孟子代表儒家提出「知言養氣」之說，兩家都探討了心與氣之間的互動關係。約與孟子同時的莊子，則提出「聽之以氣」的「心齋」工夫，代表道家心氣理論發言。《管子》四篇的「精氣論」除了承襲道家思想成分，也有獨到的創見，究竟它和莊子的氣論，彼此之間如何展開對話？此爲本節的論題核心。

一、「心齋」的工夫進程

馮友蘭在《中國哲學史新編》中提到：《莊子》中所說的修養方法有兩種：一種叫「心齋」，一種叫「坐忘」。「心齋」的方法見於《莊子・人間世》。〈人

〔註87〕白奚：《稷下學研究——中國古代的思想自由與百家爭鳴》，頁 168。
〔註88〕同前註，頁 168。
〔註89〕詳見《孟子・告子上》。
〔註90〕詳見《孟子・告子上》。

間世〉的工夫要求心中「無知無欲」，達到「虛一而靜」的情況，在這種情況下，「精氣」就集中起來。這是〈內業〉、〈白心〉等篇的方法。〔註91〕因此認為《莊子·人間世》是《管子》〈內業〉、〈白心〉的作者手筆。筆者以為：單從修養工夫的相近，來斷定作者是誰，似乎不夠周全；反過來說，這也可能是《管子》的〈內業〉、〈白心〉承襲《莊子·人間世》的思想。這背後還牽涉到著作年代的先後，以及思想傳承的問題。筆者擬由《莊子·人間世》的思想討論起。

　　人生兩大問題，一是如何面對自己，二是和如何面對外在世界。孟子以「知言」來面對外在的世界，以「養氣」來安頓自我，進而提昇自我；莊子則是以「心齋」的工夫來面對自己，以「聽之以氣」來對待外物。〈人間世〉說：

　　　　若一志，〔註92〕無聽之以耳，而聽之以心；無聽之以心，而聽之以
　　　　氣。聽止於耳，心止於符。氣也者，虛而待物者也。唯道集虛。虛
　　　　者，心齋也。

「心齋」不是祭祀之齋，而是指修心的工夫。就道家思想而言，萬物來自道的生成，因此生命本是自然而和諧。但是形體的拘限，外物的牽引，都會造成生命的困苦不安，於是心不再是虛靜無心，氣不再是和諧自然，生命便離道越來越遠。所以修養工夫就在調理心、氣，使其回歸道的無限性。

　　「心齋」的工夫第一步是「一志」，郭象注：「去異端而任獨也。」〔註93〕陳壽昌《南華眞經正義》說：「無雜念也。」〔註94〕足見「一志」就是專一心志之意。「志」指心中意念的動向，當人除去雜念、異端，將意念收攝於內，這就是專一心志。接著又說：「無聽之以耳，而聽之以心」，意謂專一心志之後，更進一步在面對外在物象時，不憑藉耳目之官去應對，而是要「聽之以心」。「耳」涵蓋耳、目、口、鼻等感官知覺，孟子稱之為「耳目之官」，耳目之官是人與外物交接的第一道關口。《孟子·告子上》說：

〔註91〕馮友蘭：《中國哲學史新編》第二冊，（臺北：藍燈出版社，1991 年 12 月），頁 137～138。

〔註92〕劉文典作「一若志」，「若」指「汝」。王叔岷認爲「一」下疑脫「汝」字，亦即「若一汝志」。
　　　　總之，兩者都認爲語意上應是指稱顏回的「汝」或「若」，意謂專一你的心志。
　　　　筆者以爲重點在「一志」，「若」作「汝」，置於「一」之前，亦可通。

〔註93〕郭象：《莊子注》，（臺北：藝文印書館，1983 年 6 月），頁 86。

〔註94〕陳壽昌：《南華眞經正義》，（臺北：新天地書局，1977 年 7 月），頁 57。

　　　　耳目之官，不思而蔽於物，物交物，則引之而已矣。

人心之所以受到外物的遮蔽，那是因為耳目之官與外物交接之時，心被外物牽引所致。所謂物交物，兩個「物」字，一指外物，另一「物」字則是指感官，因為耳目之官也是物。耳目之官「不思」，意謂耳目之官不具備思慮、節制的功能，於是心若執著於外物，產生物欲，心也就隨感官物欲奔馳於外。

　　　　孟子所謂「物交物」，說明了感官與外物的牽引糾葛，乃是人生常態；莊子則關注到「心」與「物」的纏鬥不休，形成生命困境。〈齊物論〉說：

　　　　大知閑閑，小知閒閒；大言炎炎，小言詹詹。其寐也魂交，其覺也

　　　　形開，與接為構，日以心鬥。

大知和小知，大言和小言都是社會萬象，吾人身處其間難免蒙受侵擾。夜寐之時，往往心魂與外物糾葛不清；白日醒覺之時，則是敞開形軀官能與外物相接應，於是內心日日與外物爭鬥不休。「形開」是指敞開耳目官能，耳目之官是人心與外物的中介，也是人心由內而外的關口。三者之間的關係簡圖如下：

　　　　　　　　　　外物→耳目之官→內心

孟子所說的「物」，莊子所謂的「知」與「言」，都是透過耳目直通內心，構成人心的牽引或壓迫。孟子認為「耳目之官不思」，「心之官則思」[註95]，所以要人從養心做起，於是〈盡心下〉說：「養心莫善於寡欲。」莊子則是要人先做到「一志」，進而「無聽之以耳，而聽之以心」。

　　　　王邦雄先生說：

　　　　人物有感官物欲，自然物有物象，物象牽引物欲，人的生命就在物

　　　　象流轉物欲爭逐中流落迷失。而物象進來第一關要通過感官。所以，

　　　　人與物接，不能用耳去聽，而要用心去聽，因為耳的功能僅止於聽，

　　　　聽到了也就被拉走了，它沒有反省選擇的能力。……不用感官聽，

　　　　而用心聽，如此人生就可從外求取的路上，走回自己。[註96]

當人無法專一心志，隨著感官物欲而奔馳於外，不免耽溺於五色、五音、五味的感官世界中。[註97] 所以「無聽之以耳，而聽之以心」，便是捨棄向外尋

〔註95〕《孟子·告子上》：「心之官則思：思則得之，不思則不得也。此天之所與我者，先立乎其大者，則其小者不能奪也。此為大人而已矣。」心之官則思，乃是天所賦予的功能，所以養心就是立其大者。

〔註96〕王邦雄：《中國哲學史》，（臺北：空中大學，2002年5月），頁161。

〔註97〕《道德經·第十二章》：「五色令人目盲，五音令人耳聾，五味令人口爽，馳騁畋獵令人心發狂，難得之貨令人行妨。是以聖人為腹不為目，故去彼取此。」

求感官逸樂之路，回歸生命內在的修養之路。因此「無聽之以耳」代表生命
由外而內的重大轉向。

當人超離感官的世界，將生命的能量收攝於內，達到「無聽之以耳，而
聽之以心」的境地，莊子進一步又要人「無聽之以心」，因為心會蔽於物，也
會蔽於知，莊子稱之為「心知」。徐復觀先生說：

> 莊子對於心的警惕，特為突出，主要原因，是因為「知」的作用，
> 是從心出來的。而知的作用，一則擾亂自己，不合養生之道；一則
> 擾亂社會，為大亂之源。所以他要「外於心知」。〔註98〕

「心知」是每個人心中所設定的價值標準，它來自於人對於外物的好惡和執
著。所以「心知」的「心」是分別心，「知」則是成見之知。〈齊物論〉已指
出人間社會有大知、小知之別，再加上個人的心知，就在內外之知的交相煎
迫之中，人心不再是虛靜自然。倘若眾人各自執取心知來互相對待，就會滋
生是非爭端，產生人我對立的紊亂現象。所以說：「心知」是傷害自己，擾亂
社會的來源。

所以「無聽之以心」就是要「徇耳目內通，而外於心知」〔註99〕，意謂
外物順著耳目之官通向內心，必須摒除心知的干擾。如何做到「外於心知」？
那就是「虛」的工夫，虛靜無心才能無知無欲，不致遭受「心知」的遮蔽。
下一句又說：「唯道集虛」，意謂心一虛靜道就來止，當道貫通於心、氣之中，
整體生命便能與道冥合。

唐君毅先生說：

> 心齋之功，唯在一其志，而盡其心之虛，至無心，而只有待物之氣。
> 實則此無心者，唯是無一般之心。由心齋之功，至於至虛，只有氣
> 以待物，仍是此心之事。德充符言：「以其知，得其心；以其心，得
> 其常心。」其言由知以至心，以至常心，正與此篇所謂以耳聽，以
> 心聽，以氣聽三者相當。則心之虛，至於只以氣待物，即謂只以此
> 由心齋所見得之常心，以待物也。……由心之虛，至於若無心，使
> 所聽之言與其義，皆全部攝入於心氣之事也。此時一己之心氣，唯
> 是一虛，以容他人之言與其義，通過之、透過之。〔註100〕

〔註98〕徐復觀：《中國人性論史》，（臺北：商務印書館，1987 年 3 月），頁 380。

〔註99〕《莊子・人間世》：「夫徇耳目內通而外於心知，鬼神將來舍，而況人乎！」

〔註100〕唐君毅：《中國哲學原論・原道篇》卷一，（臺北：學生書局，1984 年 5 月），頁 367。

「虛」指修心的工夫，「待物」的是「氣」，當生命回歸道的無心無為，心是常心，氣是自然，於是他人之言與義才能「純客觀地進來，純客觀地出去，而不加一點主觀上地心知的判斷」〔註101〕。一如〈應帝王〉所謂：「至人之用心若鏡，不將不迎，應而不藏。」足見「心齋」工夫所開顯的境界，便是心如明鏡，如此才能虛而待物，應物而不藏。

由此可見，從「一志」到「外於心知」，再到「虛而待物」，都是在心上做工夫，「聽之以氣」仍是以「心」為修養起點，並非在「氣」上做工夫。第一步是「一志」，將心收攝於內，那麼外在的五色、五音、五色、名利財貨都不足以分散心志，氣便不致奔逐外馳；第二步是「外於心知」，因為「志」若專注於物欲、心知，那麼氣也隨其逞強妄作，如何能「聽之以氣」？所以第三步便要做到「虛」的工夫，使心回歸本然的無心、常心，不再是成心、分別心。因此「心齋」的修養進程簡圖如下：

一志 → 外於心知 → 虛而待物

關於「唯道集虛」的「集」，就境界而言，「集」指道的聚集；就工夫而言，「集」指工夫的積漸。倘若道的朗現如靈光乍現而隨即消逝，那麼心便不是常心，所以必須不斷地「損之又損，以至於無為」〔註102〕。《道德經·第十六章》也說：「致虛極，守靜篤」，從「極」和「篤」二字，便可知老子強調虛靜工夫必須經過「致」和「守」的積累精進，這和「唯道集虛」的工夫義有相通之處。一如孟子的浩然之氣也是「集義所生」，所以從「集」字便可發現：儒道兩家都強調修養工夫必須持續漸進，才能達到境界的提昇。莊子「心齋」的工夫便由「聽之以耳」，進展至「聽之以心」，再達到「聽之以氣」的進境。

總之，「心齋」是「由耳而心，由心而氣的工夫修養，是由外而內，由有心而無心的超拔解消的歷程。」〔註103〕

另外，「心齋」和「坐忘」工夫其實相通。〈大宗師〉說：「墮肢體，黜聰明，離形去知，同於大通，此謂坐忘。」其中「墮肢體」意謂拋開形軀執著，也就是「離形」；「黜聰明」意指去掉心知執著，也就是「去知」。所以「離形」

〔註101〕徐復觀：《中國人性論史》，頁381。
〔註102〕《道德經·第十八章》：「為學日益，為道日損。損之又損，以至於無為。無為而無不為。取天下常以無事，及其有事，不足以取天下。」
〔註103〕王邦雄：《中國哲學史》，頁162。

就是「無聽之以耳，而聽之以心」；「去知」就是「無聽之以心，而聽之以氣」。〔註104〕「同於大通」意謂坐忘之後，生命乃是「道通爲一」，此與心齋的「唯道集虛」境界相通。所以心齋的「虛」，如同坐忘的「忘」，使人心回歸原有的清明，發出智慧的靈光，才能「聽之以氣」，進而與天地萬物合而爲一。

二、莊子以心養氣

如前所述，莊子的「聽之以氣」是在心上做工夫，亦即以「心」調理「氣」。莊子「心齋」的心氣觀念基本上承襲自老子而來。《道德經》關於心氣關係的討論，集中於〈第五十五章〉：

心使氣曰強，物壯則老，謂之不道，不道早已。

老子發現：當「心」驅動了「氣」，強行妄作，脫離道的常軌，如此必定導致「氣」的提早耗竭。另外〈第三十三章〉也說：「強行者有志。」心使氣是因爲志的強行，足見心若出問題，「無心」變成「有心」，「有心」成爲「志」，於是從「心」到「志」，從「志」到「氣」，生命逐漸悖離常道。所以〈第三章〉的修養工夫便要「虛其心，實其腹；弱其志，強其骨」。去掉「志」的虛妄逞強，「心」才不會宰制「氣」，形成生命的壓迫和傷害。所以莊子的「外於心知」其實也是延續老子「虛其心，弱其志」的修養路數。「聽之以氣」的境界必先去掉耳目、心知的遮蔽，回歸無心無爲。無心是就心的修養而言，亦即虛心弱志；無爲是就氣的修養而言，亦即由「專氣致柔」的工夫，達到赤子嬰兒一般的和氣。

《道德經・第十章》說：「專氣致柔，能嬰兒乎？」專氣致柔是修養工夫，至於「嬰兒」一詞究竟何義？河上公注曰：「守精氣使不亂，則形體能應之而柔順。內無思慮，外無政事，則精神不去也。」王弼注曰：「專，任也，致極也，言任自然之氣。致，至柔之和，能若嬰兒之無所欲乎，則物全而性得矣。」綜合兩家的注釋，可歸納出「嬰兒」一詞包含以下涵義：無思慮，無所欲，形體、精神和天性呈現完整安好的狀態。足見「嬰兒」並非實指，而是比喻專氣致柔之後所達到的生命境界。

檢視《道德經》中關於「赤子」、「嬰兒」、「嬰孩」等詞的篇章，可以探究出深藏其中的涵義。如〈第二十章〉：「我獨泊兮其未兆，如嬰兒之未孩。」意謂生命淡泊純樸，猶如嬰兒未經世俗的汙染。〈第二十八章〉：「常德不離，

〔註104〕同前註，頁163。

復歸於嬰兒。」意謂保有本性常德，回歸嬰兒般的初生之境。〈第五十五章〉：「含德之厚，比於赤子。」意謂涵養德性使其日益深厚，如同赤子一般。「含德之厚」與「常德不離」意義相近，說明了「嬰兒」一詞並非事實義，而是境界義，其內涵就在常德深厚。總之，上述「含」、「不離」、「歸」都是工夫義，透過專氣致柔的工夫，使天真常德不離生命本身，甚且日益深厚；縱使稍有違背捨離，透過修養工夫必可回歸天真常德，亦如〈第十六章〉所謂的「歸根復命」之意。所以老子是用「赤子」、「嬰兒」、「嬰孩」來代表修道之後的生命境界，工夫就在「專氣致柔」。河上公、王弼兩家對於「嬰兒」一詞的註解，大致相通。「無思慮」、「無所欲」即是淡泊之意；「精神不去」、「物全而性得矣」即是「常德不離」、「含德之厚」。所以「赤子」、「嬰兒」在《道德經》中代表修道成德的理想境界。

「專氣致柔」是老子養氣的工夫，「專」是專一持守的意思，「氣」指自然之氣，〔註105〕「致」是致極、到達的意思，「柔」指氣的柔和、柔順；意謂將「氣」專守於形體之內，持續不間斷地修養，直到柔和順暢的極致。〈第四十二章〉說：「萬物負陰而抱陽，沖氣以為和。」萬物本是來自陰陽沖虛的「和氣」，所以「專氣致柔」是一種歸根復命的工夫，使生命之氣回歸自然和諧，而天真常德也在「和氣」中相即不離，日益深厚。由此可見，通過「專氣致柔」的修養工夫，才能「常德不離，復歸於嬰兒」。

總之，老子透過「虛心弱志」的工夫達到虛靜無心，以「專氣致柔」的工夫達到和氣無為，無心無為才能回歸常道常德。所以老子的「專氣致柔」仍是在心上做工夫，而非在氣上做工夫。

莊子「心齋」的修養工夫，其中「一志」、「無聽之以耳」就是「專」的工夫，「外於心知」就是心知退出，不干擾氣的運行，使氣和諧通暢，這就是「致柔」。當人回歸赤子嬰兒的天真常德，面對客觀世界就能「虛而待物」、「聽之以氣」。所以老莊都是在心上做工夫，以心調理氣，無心無為，回歸常道之自然。

除了〈人間世〉的「心齋」工夫，莊子如何調理心氣關係？〈應帝王〉說：「遊心於淡，合氣於漠，順物自然而無容私焉。」何謂「淡」？何謂「漠」？後面說：「順物自然而無容私焉」，所以「淡」、「漠」應是無私而自然。其中

〔註105〕王弼：《老子道德經注》，收錄於《老子周易王弼注校釋》，樓宇烈校釋，（臺北：華正書局，1981 年 9 月），頁 23。

無私是就心而言，自然是就氣而言。簡言之，「遊心於淡」意謂無心，「合氣於漠」意謂無為。徐復觀先生說：

> 「遊」是形容心的自由自在地活動。不是把心禁錮起來，而是讓心不挾帶欲望、知解的自由自在地活動，此即是遊心於淡。氣是指綜合性地生理作用。……「合氣於漠」是形容無欲望目的的生理活動。〔註106〕

「遊」是無心而自由，「遊心於淡」則不受限於物欲的牽引，如同老子所謂「虛心弱志」；「合」是專注凝聚，「合氣於漠」則不被心志強行宰制，如同老子的「專氣致柔」。所以〈應帝王〉調理心氣的方法和「心齋」的方向一致，都是在心上做工夫，以「心」調理「氣」；簡言之，就是以「無心無為」為修養總綱。

「遊」代表自由之意，〈應帝王〉的「遊心於淡」說明了心的自由，〈大宗師〉的「遊乎天地之一氣」，則說明了氣的自由；足見莊子追求的生命境界，是從「心」到「氣」的整體自由。做到「心齋」、「坐忘」，無心無為的修養工夫，於是「心」的自由，帶動了「氣」的自由。當身心和諧，精神自由，悠遊於宇宙天地，這種生命境界即是「逍遙遊」理境的實現。「逍遙遊」的境界也是先有解消的工夫，進而高蹈遠引，遊心於天地之間，無入而不自得。在莊子看來，人間無不可遊，人生無非遊也。〔註107〕

徐復觀先生掌握了「遊」的真諦，但是將「氣」說成生理活動，此說則有待商榷。既然「遊心於淡，合氣於漠」，回歸無心無為的常道，那麼「氣」便不再只是生理活動。足見「氣」有層次之別。王邦雄先生將《莊子·內篇》的氣分成三層涵義：

> 一是就存在格局而言，心與德皆寄身在形氣形物中，此氣是中性的，僅表述萬物形構的基本材質，是「通天下一氣耳」的氣。
>
> 二是就存在的困局而言，心會起知的作用，而知的本質是執，如是，「吾生也有涯」的氣，被牽引而追隨「知也無涯」的心知而走，這是被心知制約下的氣。

〔註106〕徐復觀：《中國人性論史》，頁385～386。

〔註107〕王夫之：《莊子解》：「逍者，嚮於消也，過而忘也。遙者，引而遠也，不局於心知之靈也。故物論可齊，生主可養，形可忘而德充，世可入而害遠，帝王可應而天下治，皆胎合於大宗以忘生死；無不可遊也，無非遊也。」（臺北：里仁書局，1984年9月），頁1。

三是就修養工夫所開顯的境界而言，無聽之以心，心知不起執著，不去宰制氣，而給出自在的天空，聽之以氣即是心知釋放出來的氣，在主體修養的靜觀之下，萬物皆自得的氣，是「遊乎天地之一氣」的氣，氣已融入萬物，而與萬物無隔。〔註108〕

所以「聽之以氣」的氣不是「存在格局」的氣，也不是「存在困局」的氣，而是「修養工夫所開顯的境界」，與道同體流行的「氣」。徐復觀先生所說的「氣是指綜合性地生理作用」，此爲第一層次的「氣」；至於「合氣於漠」意謂心氣皆是自由自在，與道合一，不再是第一層次的生理活動的「氣」，應屬第三層次的「氣」。

徐復觀先生又說：「莊子若眞是不在心上立腳，而只落在氣上，則人不過塊然一物。與愼到沒有分別，……」〔註109〕從這段話可以對照出面對生命存在困境，對治之道不外乎是心、氣兩路：莊子以心調理氣，開出自由逍遙的精神境界，愼到則是在氣上做工夫，使生命淪爲土塊，所以愼到一路代表生命價值的沉落。

針對此一論題：王邦雄先生認爲從宋榮子、告子、愼到的思想代表生命逐步沉落的過程。宋榮子以「見侮不辱」來化解人生困境，「定乎內外之分，辨乎榮辱之境」〔註110〕，將生命定於內，以求免於外來之辱，放棄了外在的世界。〔註111〕

告子「不得於言，勿求於心」，守住內心的孤明；「不得於心，勿求於氣」，雖然保有生命血氣的自然清暢，但只能自我放逐於生理官能之場。〔註112〕

愼到「棄知去己，而緣不得已」〔註113〕，乃是去掉心知，於是「無用知之累」〔註114〕；拋開自己，於是「無建己之患」〔註115〕；將生命投入不得不

〔註108〕王邦雄：〈《莊子》心齋「氣」觀念的詮釋問題〉，《淡江中文學報》，第十四期，2006 年 6 月，頁 29。

〔註109〕徐復觀：《中國人性論史》，頁 382～383。

〔註110〕《莊子・逍遙遊》：「故夫知效一官，行比一鄉，德合一君而徵一國者，其自視也亦若此矣！而宋榮子猶然笑之。且舉世而譽之而不加勸，舉世而非之而不加沮，定乎內外之分，辯乎榮辱之境，斯已矣。」

〔註111〕王邦雄：《中國哲學論集》，（臺北：臺灣學生書局，1983 年 8 月），頁 163～165。

〔註112〕同前註，頁 165。

〔註113〕《莊子・天下》：「夫無知之物，無建己之患，無用知之累，動靜不離於理，是以終身無譽。故曰至於若無知之物而已，無用賢聖，夫塊不失道。」

〔註114〕同前註。

如此的自然物勢中，只能隨波逐流。〔註116〕

　　所以宋榮子的「見侮不辱」，相當於告子的「不得於言，勿求於心」，從外在世界退出，只守住了心。告子不只從外在世界退出，也從心退出，「不動心」的結果是只守住了氣。慎到不僅「勿求於心」，甚且「勿求於氣」，從心、氣的存在困局退出，放棄外在世界，也放棄內在自我。所以天下豪傑相與笑之曰：「慎到之道，非生人之行而至死人之理，適得怪焉。」〔註117〕從宋榮子、告子、慎到，生命步步後退，失落了外在世界，也失落了自我，連帶地也失落了形上之道的價值根源。

　　綜合以上諸家學說，其生命沉落的過程，大致如下：從外在世界撤退到內心世界，再從內心世界撤退到氣的生理官能，更從生理官能撤退，淪為無知無己的土塊。簡言之，從外而內，從心而氣，生命逐步沉落。其過程簡圖如下：

外在世界（言）　　→心　　→氣　　→土塊
　　　　　宋榮子　　告子　　慎到

　　莊子以心養氣，展開「心齋」、「坐忘」的工夫，因此心是道心常心，氣是柔和順暢。面對外在世界，摒除「耳目」和「心知」的干擾，以虛靜心觀照萬物，此即是「聽之以氣」的真諦，因此生命與天地萬物同體流行。〈人間世〉說：「乘物以遊心，託不得已以養中。」莊子敞開無限自由的心，馳騁人間並修養身心，既通向外在世界，也保住內心的清明與生命的和諧，因此開發出逍遙自在的生命境界。沒有宋榮子的隔絕外在世界，困守於內；也不是告子以「不動心」自我封閉，只剩生理官能的「氣」；更不像慎到棄知去己，生命淪為虛無。莊子的生命境界是由小而大，由大而化，〔註118〕不斷地向上超越；而非由外而內，由心而氣，逐步向下沉落。足見生命方向不同，境界高低也截然不同。

　　從老子的「專氣致柔」到莊子的「聽之以氣」，道家的修養工夫顯然是立足於心，並不特別強調養氣的步驟。透過養心的工夫進程，逐步帶動氣的提

〔註115〕《莊子・天下》：「見侮不辱，救民之鬥，禁攻寢兵，救世之戰。以此周行天下，上說下教，雖　天下不取，強聒而不舍者也，故曰上下見厭而強見也。」此處描述宋鈃之言行，宋鈃即是宋榮子。
〔註116〕王邦雄：《中國哲學論集》，頁166。
〔註117〕參見《莊子・天下》。
〔註118〕吳怡：《逍遙的莊子》，（臺北：新天地書局，1973年5月），頁53～54。

昇與轉化，於是氣不再只是生理作用，而是心氣合一，和諧自由。因此修養之道就在以心養氣，無心無為。

三、莊子「心齋」與《管子》四篇的關係

馮友蘭說：《莊子‧人間世》中「心齋」一段文字與〈內業〉、〈心術下〉相近，當是出自宋尹學派之手。〔註119〕關於這個說法，可以從兩個方向來加以考察，一是著作時代的先後，二是思想內部的比較分析。

就時代先後來看，究竟是《莊子》襲取《管子》四篇，還是《管子》四篇襲取《莊子》？李存山列舉了兩書相同的部份，認為兩者或在思想上相承，或在文辭上相襲。〔註120〕又根據學術界一般承認的觀點，進一步推斷兩者的關係。他認為：《莊子》內篇是莊子本人的作品，《莊子》外、雜篇是莊子後學對莊子思想的紀錄和發揮（其中有的作于莊子稍後，有的作于戰國末期或秦漢之際）。梁啟超的《古書真偽及其年代》曾經指出過：「莊子不是抄書的人。」姚際恆《古今偽書考》也說：「莊子之書洸洋自恣，獨有千古，豈蹈襲人作者！」所以李存山斷定《莊子》內篇不可能襲取《管子》思想。又說：

> 《管子》四篇凡與《莊子》內篇相合者，當全是取之于《莊子》；凡
> 與《莊子》外、雜篇相合者，可能互有相襲，但外、雜篇中作于稍
> 後者，亦有的作于《管子》四篇之前。〔註121〕

因此他做出如下的結論：《管子》四篇不僅「揣摩」過《莊子》內篇，而且「揣摩」過《莊子》外、雜篇中較早作品。而且《管子》四篇應當作於孟子、莊子思想之後。〔註122〕

所以依照著作年代的考核，《莊子》內篇早於《管子》四篇，馮友蘭認為《莊子‧人間世》中「心齋」的工夫與〈內業〉、〈白心〉相近，當是出自兩篇的作者之手；此說與著作年代不符，很難成立。

至於就思想內部來看，可以從《莊子‧人間世》「心齋」的修養工夫、修養境界兩方面切入，來對照《管子》的〈內業〉、〈白心〉的工夫和境界，看兩者是否相近相襲；更進一步以《莊子》內篇和《管子》四篇的心氣關係加

〔註119〕馮友蘭：《中國哲學史新編》，頁137～138。
〔註120〕李存山：《中國氣論探源與發展》，（北京：中國社會科學院，1990年12月），頁151～153。
〔註121〕同前註，頁154。
〔註122〕同前註，頁155。

以比較，考察兩者的思想架構是否相同，如此便可辨明二者之間的關係。以下分別就思想內部考察之。

（一）修養工夫和境界

莊子「心齋」的修養工夫主要在於「一志」、「外於心知」、「虛而待物」，那麼〈內業〉、〈白心〉的修養工夫又是如何進行？

莊子「一志」的工夫，主要的目的在於避免耳目官能對於外物的執著。〈內業〉也說：「不以物亂官，不以官亂心。」耳目官能是內心與外物交接的主要門戶，所以耳目之官是第一道防線，〈內業〉認為要防止心隨耳目之官而放逸於外，應該從治心修心做起。因為耳目之所以追逐物象，導致目盲耳聾，乃是心中有欲所致。〔註123〕所以〈內業〉說：「我心治，官乃治；我心安，官乃安。」對照莊子「心齋」的工夫從「一志」做起，兩者觀念是相通的。

雖然〈內業〉中並無「一志」之類的文辭，但是本文第六章第一節「修養工夫論」中已經提到：「意」包含有「志」的意義，所謂「一意摶心，耳目不淫」，這和心齋的「一志」意思是相通的。總而言之，兩者都主張從心去治理耳目官能，足見《莊子‧人間世》的「心齋」和《管子‧內業》的修養方向大致相同。

除了〈內業〉之外，〈心術上〉說：「潔其宮，開其門，去私毋言，神明若存。」這裡也是從心去治理耳目官能，其中「宮」比喻心，「門」比喻耳目。意謂潔淨其心，去除好惡嗜欲；敞開耳目，才能掌握外在事物，獲得智慧神明。「神明若存」的境界和〈人間世〉的「虛室生白」，都是強調由修心而展現智慧靈光，兩者的境界也有相通之處。〈心術上〉又將心和耳目比喻成君臣關係，心是君，耳目是官，認為心應該主導耳目官能，耳目才能發揮效用。〔註124〕從以上諸例可知，《管子》四篇關於以心治理耳目官能的修養工夫，和《莊子‧人間世》的「無聽之以耳」相比，討論得更為詳細而深入。

〔註123〕《管子‧心術上》：「嗜欲充益，目不見色，耳不聞聲。」「夫心有欲者，物過而目不見，聲至而耳不聞也。」這段文字說明了，心中之欲，遮蔽了耳目的聞見功能。

〔註124〕《管子‧心術上》：「心之在體，君之位也。九竅之有職，官之分也。耳目者，視聽之官也，心而無與視聽之事，則官得守其分矣。」

　　至於「外於心知」，旨在防止心被遮蔽，才能由無心而無爲；〈內業〉的「修心靜意」，也是淨心的工夫，但是〈內業〉並未涉及心知執著的討論，而是討論情緒和欲求對於心性的傷害。〈內業〉說：「凡心之刑，自充自盈，自生自成；其所以失之，必以憂樂喜怒欲利。能去憂樂喜怒欲利，心乃反濟。」莊子所謂「外於心知」的工夫，在〈內業〉則是「去憂樂喜怒欲利」，避免情緒的過度、失衡，去除心中的好利貪欲，使心回歸平正。此外，〈內業〉又說：「節其五欲，去其二凶。不喜不怒，平正擅匈。」由此可見，治心之道在於節制情感和貪欲。

　　莊子「心齋」的「虛而待物」、「聽之以氣」，是透過「虛」的工夫達到無心無爲的境地，亦即虛靜的常心，柔和的氣，進而觀照萬物。在〈內業〉中並無明顯可見、相類近似的文句，但是「一意摶心」、「摶氣如神」，強調心、氣的專一，這和「心齋」中「虛一而靜」的工夫，也可互相會通。另外，〈心術上〉所謂「虛其欲，神將來舍」，則是以「虛」的工夫，達到智慧神明，這與「虛一而靜」的工夫也可互相發明。

　　「心齋」的修養工夫和庖丁解牛的「官知止而神欲行」相通，「官」指「聽之以耳」的耳目之官，「知」指「聽之以心」的心知執著，因此「神欲行」乃是「官知止」之後的「聽之以氣」。「官知止」的工夫就是「一志」和「外於心知」，亦即停止耳目感官和心知活動的干擾，而是以「氣」聽之，以「神」遇之。這和《管子》四篇中「精氣之極」、「靈氣在心」的境界——「萬物備存」和「通於四極」〔註125〕，兩者相通。

　　總之，莊子「心齋」的工夫、境界與《管子》四篇相近相通之處，不限於〈內業〉、〈白心〉，而是遍及《管子》四篇，因此僅以〈內業〉和〈白心〉的「虛一而靜」、「無知無欲」的工夫，認定《莊子・人間世》的「心齋」是出自〈內業〉、〈白心〉作者的手筆，顯然並非確論。因爲《管子》四篇「精氣論」的思想承襲自老子、莊子，因此四篇之中所呈現的工夫和境界和老莊思想相通之處，這是必然的現象。若主張《莊子・人間世》出自《管子》〈內業〉、〈白心〉的手筆，不僅不合乎著作年代先後，也違反思想傳承的常理。

（二）心氣的互動關係

　　從老子的「專氣致柔」到莊子的「聽之以氣」，可以看出道家所認知的心

〔註125〕《管子・心術下》：「正形飾德，萬物畢得。翼然自來，神莫知其極。昭知天下，通於四極。」

氣關係有如下兩項特點：一是心爲氣的主導；二是以「心靜氣和」爲修養目
標。心若有志，有心知，則氣爲心所宰制，失去原有的和諧順暢，一者傷害
身體，不道早已；二者行爲失當，逞強妄爲。所以修養工夫是以心養氣，無
心無爲，修養到「心靜氣和」的境地才能回歸常道。至於「氣」如何調養，
老子《道德經》和《莊子》內篇並未提出論述。

　　關於「氣」的調養，《管子》主張「修心而正形」，亦即心氣交相養，以
養心、修心爲先，以養形、養氣爲輔。〈內業〉的「心靜氣理」就是以心調理
氣，亦即是修心以正形。因爲他認爲「心全於中，形全於外」，所以修心的成
果將會顯現在形容、膚色之上，凝聚爲生命之氣。〔註126〕所謂「心氣之形，
明於日月」，就是心氣緊密結合的修養成果。

　　針對「氣」的修養，〈內業〉從飲食攝取的適度去追求「和成」之道，使
血氣流通四肢末梢，所以《管子》的養氣工夫仍是以「和」爲目標，這和老
莊思想並無不同。雖然說「心全」才能「形全」，但是形不正則無法貫徹修心
的成果，〈心術下〉的「形不正者德不來」，就說明了正形的重要。正形也有
助於修心，所以〈內業〉說：「四體既正，血氣既靜，一意摶心，耳目不淫。」
這說明了正形之後有助於心意的專一。另外，成爲「精舍」的條件也必須是
定心在中，耳目聰明，四肢端正。從以上例證便可知《管子》四篇強調正形
的原因。

　　總而言之，修心的目的在於「得」，亦即「內得」〔註127〕、「中得」〔註128〕；
正形的目的在於「守」，〈內業〉的「中守不忒」〔註129〕，意謂正形攝德之後，
仍須持守於心中而無所差失。另外，〈內業〉說：「大心而敢，寬氣而廣，其形
安而不移，能守一而棄萬苛。」說明了形體安和才能守住「道」，不隨外在俗務
而棄守「寬氣」的境界。

　　總之，就心氣關係來看，《管子》四篇所強調「正形」、「養氣」工夫，和
老莊以心養氣的路數有所不同，〈內業〉、〈白心〉的作者如何能寫出思想不一

〔註126〕　〈內業〉：「全心在中，不可蔽匿。和於形容，見於膚色。善氣迎人，親於弟
　　　　　兄，惡氣迎人，害於戎兵。不言之聲，疾於雷鼓。心氣之形，明於日月，察
　　　　　於父母。」
〔註127〕　〈內業〉：「敬慎無忒，日新其德。遍知天下，窮於四極。敬發其充，是謂內
　　　　　得。」
〔註128〕　〈內業〉：「不以物亂官，不以官亂心，是謂中得。」
〔註129〕　〈內業〉：「正形攝德，天仁地義，則淫然而自至。神明之極，照知萬物，中
　　　　　守不忒。」

致，修養工夫迥異的作品？所以從著作年代和思想內部兩方面來看，馮友蘭的說法很難成立。

四、小結

孟子的「知言養氣」、莊子心齋的「聽之以氣」與《管子》的「精氣論」，三者都針對心氣關係提出相近或相異的見解，並對於生命價值的開發提供不同面向的引導，在三家的論辯對話中，吾人可以勾勒出戰國時期心氣論的基本輪廓，那就是建構出「心－志－氣」的義理規模。

孟子的心氣觀念是「以志帥氣」，「氣壹則動志」，所以要「持其志，無暴其氣」，透過心的「集義」和「配義與道」，以道義之志引導血氣生命，進而轉化為浩然之氣。

莊子的「心齋」從「一志」、「外於心知」，達到專一心志、虛靜無欲，生命之氣便從耳目感官和心知的壓迫中獲得釋放，恢復和諧自然，於是與道合一專注凝聚的氣，便能「虛而待物」，與天地萬物無隔。

《管子》四篇一方面從「修心靜意」、「心靜氣理」，從修心治心去專一心志，並調理形氣；所謂「心意定而意氣得」，便是從心去積聚精氣，到達浩然和平的境地，進而摶氣，轉化為靈氣。另一方面，從飲食去維繫形氣之和，由正形去保證修心的成果。其養氣進路乃是以養生為起點，以得道為終極理想。

所以三家的修養工夫都是從心到志，從志到氣，足見基本思想架構都是「心－志－氣」，這是戰國時代心氣論的共同特色。惟一不同的是：《管子》四篇於養心之外也注重養氣的工夫。換言之，孟子、莊子是單向的以心養氣，《管子》四篇則是雙向進行，一方面由養心而養氣，另一方面也由正形去強化修心的效果。

至於「氣」的內涵，未經修養的氣都是自然血氣，修養之後的氣都是與道合一的境界。孟子是「配義與道」的浩然之氣，氣的內容是道德義理，特質是壯大、剛正。莊子的氣，是「同於大通」的自然和諧，內容是「無」。《管子》四篇的氣是由「形氣」去吸納「精氣」，轉化為「靈氣」，雖然強調浩然和平，但是和莊子一樣都是「和氣」，充分展現道家思想的特色。

另外，《管子》四篇強調「精氣」的感通效果，如〈內業〉說：「賞不足以勸善，刑不足以懲過。氣意得而天下服，心意定而天下聽。」意謂「精氣」

的感通力量超越賞罰的效果。這和莊子的「達人心」和「達人氣」〔註130〕有相通之處。孟子的「浩然之氣」強調的是道德實踐的勇氣和擔當，並不強調感通的力量。

　　儒道兩家的修養工夫都致力於「氣」的擴充和轉化，終極目標都是追求得道的境界，使有限的生命達到無限的自由，生命由小而大，由大而化，終能超凡入聖。儒家的生命自由展現在道德實踐，使「萬物皆備於我」。道家的生命自由則展現在超越形軀，悠遊於天地之間，與天地萬物融合爲一。《管子》四篇的「精氣論」也致力於「氣」的擴充和轉化，生命的自由展現爲道德的提升和智慧的靈光，其實已融合儒道兩家的精神內涵。三家都在追求生命價值的開展，與宋榮子、告子、慎到從天下退回自我，從自我退回虛無，生命價值逐步沉落，形成上下兩路的分野。從以上三家的思想對話中，不僅建構了心氣論的義理規模，也開發了生命價值的多樣性，此爲戰國心氣論的學術價值所在。

〔註130〕《莊子・人間世》：「德蕩乎名，知出乎爭。名也者，相軋也；知者也，爭之器也。二者凶器，非所以盡行也。且德厚信矼，未達人氣，名聞不爭，未達人心。而強以仁義繩墨之言術暴人之前者，是以人惡有其美也，命之曰菑人。」孔子認爲顏回以仁義繩墨之言去勸說衛君，其實是「未達人心」、「未達人氣」，救人不成反成菑人。所以「達人心」、「達人氣」便是打破隔閡，感通無礙的重要修養工夫。

第七章　歷史迴響與思想定位

　　本論文首先從價值根源和義理架構去探討《管子》四篇「精氣論」的思想內涵，並從心性修養和政治思想去檢視它的現實關懷；更以「心氣論」為核心，比較孟、莊、管三家思想之異同。簡言之，分別從理論建構、理論實踐、學說比較，一步步挖掘「精氣論」的思想精髓。本章則立足於既有的研究成果，進一步探究「精氣論」的學術價值與歷史定位。

　　本章分為三節，第一、二節分別從《荀子》、《淮南子》的思想內部，考察它們和「精氣論」之間的關係，進而掌握「精氣論」對後世產生何種影響；第三節則從「氣」概念的發展，以及「氣論」的建立，探究「精氣論」的思想定位；最後再歸納上述結論，針對「精氣論」的學術價值進行評估。

第一節　「精氣論」與《荀子》的關係

　　《管子》四篇是稷下道家的代表作，它所提出的「精氣論」對於心、氣的互動關係有深入的剖析，並主張養心與養氣兼備的修養工夫，此為戰國時期的重要學說。它的學術思想究竟產生了何種影響，此為本節的討論重心。以下就從稷下學術的總結者──《荀子》，來加以考察，探討《荀子》的思想和《管子》四篇的關聯性。

一、「心」與「氣」

　　首先從《荀子》書中關於「氣」的論述，檢證它和《管子》四篇的「氣」是否有關。《荀子‧王制》說：

水火有氣而無生，草木有生而無知，禽獸有知而無義，人有氣、有
生、有知，亦且有義，故最爲天下貴也。〔註1〕

這段話說明了，「氣」遍在於天地萬物之中，但是有「氣」未必有生，足見在
《荀子》的思想體系中，「氣」不是生命的本源，而是構成萬物的質料。水火
有氣而無生，草木有氣有生，足見水火屬於物質，草木是生命的起點，而草
木高於水火一等。禽獸有氣有生有知，比草木的無知又高一等。人類有氣有
生有知，而且有義，比禽獸更高一等，所以人是天下最爲尊貴而難得。〈禮論〉
說：「天地合而萬物生。」在天地相合中化生萬物，從水火、草木、禽獸到人
類的等級差別，荀子所要凸顯的是「知」和「義」的可貴。由此可以推斷：「知」
和「義」應是荀子思想的重心。

　　物質性的「氣」落在血肉形軀之中，就是「血氣」。〈正論〉說：「血氣筋
力則有衰。」其中「血氣」與「筋力」連言，說明了兩者都屬於生理現象（人
與禽獸皆然）。就人而言，血氣是生理現象，此外，亦可指外在的「態度」、「氣
色」、「辭氣」。例如：

今世俗之亂君，鄉曲之儇子，莫不美麗姚冶，奇衣婦飾，血氣態度
擬於女子。（〈非相〉）

故未可與言而言，謂之傲；可與言而不言，謂之隱；不觀氣色而言，
謂之瞽。（〈勸學〉）

君子之學如蛻，幡然遷之。故其行效，其立效，其坐效，其置顏色、
出辭氣效。無留善，無宿問。（〈大略〉）

「態度」、「氣色」、「辭氣」不只是血氣生理的呈現，更來自內在生命的狀態。
由此可見，在《荀子》書中「氣」的涵義，不只是「血氣」的生理現象，更
指涉內在生命的狀態。例如：

彼爭者，均者之氣也，女又美之。（〈堯問〉）

有爭氣者，勿與辯也。（〈勸學〉）

爭鬥或爭辯等行爲，都是以「血氣」爲後盾，但是鼓動「血氣」的卻是人的
欲爭之心。足見「爭氣」不只是生理活動，而是「心」主導「氣」的意志活
動。因此「氣」的意義不再只是生理血氣，而是生命的內涵。歸納上述例證，

〔註1〕王先謙：《荀子集解》，收錄於《新編諸子集成》第二冊，（臺北：世界書局，
　　　　1983年4月），頁104。本文徵引《荀子》文本採用此一版本，以下不再註明
　　　　頁碼。

可知《荀子》的「氣」包含以下兩種涵義：

　　1、物質義的氣：指形軀血氣，與筋力同屬生理現象。

　　2、精神義的氣：包括生命的內涵，以及展現於外的狀態。

　　當「氣」指涉生命內涵的時候，往往和心志、情感連結在一起。例如：〈樂論〉認爲先王設教，基於音樂「足以感動人之善心」，於是透過樂教啓發人的「善心」，進而使「善心」化解「邪汙之氣」。足見在荀子的思想體系，未經教化引導的原始之「氣」乃是「邪汙之氣」、「好鬥之氣」。可知荀子認爲血氣生命雖是有限，卻可加以調養、引導。所以〈賦〉說：「行爲動靜待之而後適者邪？血氣之精也，志意之榮也。」此段文字意謂人的行爲動靜是否適切，與血氣是否精純，志意是否榮盛有關。所以調養血氣、培養志意，是修養工夫的一部分。

　　至於荀子如何調養血氣？因爲血氣筋力有時而衰，因此調理血氣必須達到「和平」〔註2〕的境地，否則將導致「失氣而死」（〈解蔽〉）。血氣和平乃是養生的基礎，所以〈修身〉說：

　　　　扁善之度：以治氣養生，則後彭祖；以修身自強，則配堯、禹。宜
　　　　於時通，利以處窮，禮信是也。

透過「治氣」來養生，或可如彭祖一般高壽，但是養生長壽不是荀子的終極理想，他主張「修身自強」，追求道德人格的精進，以堯舜爲人格典範，以禮信爲修身內容，進而能通時達變，安處困境。

　　〈正論〉說：「血氣筋力則有衰，若夫智慮取舍則無衰。」可知荀子主張以心智的無限來整治血氣的有限，這和《論語・季氏》的「君子有三戒」觀念一致。孔子以志氣代替血氣，荀子認爲「智慮取捨則無衰」，也是以心志來調理血氣。〈禮論〉說：

　　　　凡生乎天地之間者，有血氣之屬必有知，有知之屬莫不愛其類。……
　　　　有血氣之屬莫知於人，故人之於其親也，至死無窮。

對照上述〈王制〉引文可知，「有血氣之屬」包括禽獸和人類，兩者都是「有知」，但是「人之知」又高於「禽獸之知」。因此各種飛禽走獸都能愛其同類，但是人不只愛其類，而且對於親人之愛至死無窮。〈王制〉說：「禽獸有知而

〔註2〕〈樂論〉：「故樂行而志清，禮脩而行成，耳目聰明，血氣和平，移風易俗，天下皆寧，美善相樂。」
　　　〈君道〉：「是故窮則必有名，達則必有功，仁厚兼覆天下而不閔，明達用天地理萬變而不疑，血氣和平，志意廣大，行義塞於天地之間，仁知之極也。」

－231－

無義，人有氣、有生、有知，亦且有義，故最爲天下貴也。」足見人之可貴，就在於「有義」。愛其親而至死無窮，這就是「有義」的表現。足見愛親之「義」從「有知」而來，這和孟子的「義」來自本心善端，兩者截然不同。

禽獸「有知」，人類不僅「有知」又「有義」，人類和禽獸的差別就在於「有義」，經過後天人文教化，「有知」而後能「智慮取捨」，在行爲上便能「有義」。

所以禮樂教化的基礎就在於人「有知」，人文化成而使人「有義」。簡言之，從「有知」到「有義」，禮樂教化正是關鍵所在。所以荀子的「善心」和「有義」都不是先天本有，而是來自後天的化性起僞〔註3〕。〈修身〉又說：

> 凡用血氣、志意、知慮，由禮則治通，不由禮則勃亂提僈；食飲、
> 衣服、居處、動靜，由禮則和節，不由禮則觸陷生疾；容貌、態度、
> 進退、趨行，由禮則雅，不由禮則夷固僻違，庸眾而野。故人無禮
> 則不生，事無禮則不成，國家無禮則不寧。

「修身自強」的方法就是將血氣、志意、知慮納入禮制的規範之中，於是血氣和平，志意廣大，才能通過智慮取捨，使行爲合禮。所以荀子修身以調理心和氣爲起點，使血氣和平，志意廣大。進一步通過人文禮制的引導，使「容貌、態度、進退、趨行，由禮則雅」。如此，由個人、社會乃至國家才能和諧而安定。總之，禮是一切人、事，乃至國家的規範，所以禮也是修身的價值歸趨。

〈樂論〉說：「故樂行而志清，禮脩而行成。」意謂音樂可以使心志清明，禮儀可以改變人的行爲舉止，在禮樂教化之中，人人都能「耳目聰明，血氣和平」，於是「移風易俗，天下皆寧，美善相樂。」

總而言之，荀子的修養論是以治氣養生爲起點，以修身自強爲目標，達到血氣和平，志意廣大，禮樂教化才能發揮作用。因爲人「有知」，便可以透過音樂感動善心，化掉邪汙之氣，所以說「樂行而志清」。又可透過脩禮使行爲動靜合宜，達到仁知之極，〔註4〕所以說「禮脩而行成」。由此可見，禮樂使人從「有知」進展到「有義」，這就是後天人文化成的功效。

〔註3〕〈性惡〉：「人之性惡，其善者僞也。……聖人化性而起僞，僞起而生禮義，禮義生而制法度；然則禮義法度者，是聖人之所生也。」荀子認爲人性好利、好爭，所以是惡；善從學習禮義而來，所以禮義的作用就在「化性起僞」。禮義從聖人化性起僞而來，就人文教化而言，遵循聖人之道，學習禮義之統，才能化掉人性之惡，達到人爲之善，這就是「化性起僞」。

〔註4〕〈君道〉：「是故窮則必有名，達則必有功，仁厚兼覆天下而不閔，明達用天地理萬變而不疑，血氣和平，志意廣大，行義塞於天地之間，仁知之極也。」

荀子的修身工夫是將心、氣納入禮樂的規範引導，化掉邪汙之氣。《管子‧內業》說：「凡人之生也，必以平正，所以失之，必以喜怒憂患，是故止怒莫若詩，去憂莫若樂，節樂莫若禮，守禮莫若敬，守敬莫若靜，內靜外敬，能反其性，性將大定。」這也是透過禮樂的導引，做到外敬內靜的工夫，使情感回歸平正，而後返其本性。所不同的是：《管子》四篇主張人性是平正，「氣」是自然之氣，積聚之後可能形成善氣或惡氣，不善是後天環境造成的，所以返性就能回歸平正；在荀子的思想體系中，人性是惡，「氣」是邪汙之氣，必須透過禮樂教化來感動善心，端正行為。因為善是來自後天的學習，所以必須透過人心去「知道」，才能「化性起偽」。總之，荀子的修養工夫是以心治氣，以心化性，足見「治氣養生」、「修身自強」，都環繞著「心」而展開。

荀子以「心」治氣、化性，因此如何使「心」發揮最大的功能，便極為重要。〈解蔽〉說：

> 人何以知道？曰：心。心何以知？曰：虛壹而靜。心未嘗不臧也，
> 然而有所謂虛；心未嘗不兩也，然而有所謂一；心未嘗不動也，然
> 而有所謂靜。

人生而有知，「知」的功能從「心」來，因此人可以透過「心」去「知」道，但前提是必須具備「大清明」的心。何謂「大清明」？〈解蔽〉說：「虛壹而靜，謂之大清明。」所謂「虛壹而靜」，就是虛靜專一，虛靜專一是修養工夫，因此「大清明」就是通過「虛壹而靜」而來的境界。

前面說過，荀子重視「知」和「義」，因為「義」從聖人之道、禮義之統而來，所以心如何「知道」便顯得極為重要。道就是禮義之統，〔註5〕荀子提出「虛壹而靜」的心法，目的在強化「知」的功能。透過「大清明」的心去「知道」，才能修身自強、化性起偽，由察道而行道，〔註6〕於是人便由心的「有知」，轉成行為上的「有義」。

二、「虛壹而靜」與「援法入禮」

《道德經‧第十六章》說：「致虛極，守靜篤。萬物並作，吾以觀復。」

〔註5〕　《荀子‧儒效》：「道者，非天之道，非地之道，人之所以道，君子之道也。」荀子的道是人為之道。〈性惡〉又說：「偽起而生禮義」，人為之道，就是禮義之道。總之，荀子的道是禮義之統。

〔註6〕　《荀子‧解蔽》：「知道察，知道行，體道者也。」察是明察，行是實踐，意謂知而能行，才是體道的真諦。

虛靜觀照乃是道家「無」的智慧，虛靜即是心的修養工夫。《管子》四篇承襲老子道論，〈心術上〉說：「虛無無形謂之道。」因此吾人可以透過「虛」的工夫來體道、得道；又說：「虛者無藏也。」所以「虛」是去掉心知，無求無設，無思無慮。〔註7〕「靜」是正定去欲，精明獨立，於是智慧如神。〔註8〕〈內業〉的「一意摶心」，〈心術下〉的「專於意，一於心」，都是「專一」的工夫。足見荀子「虛壹而靜」的大清明可能吸納了道家的思想成分，而與《管子》四篇的「虛」、「靜」、「一」有其相通之處。

關於荀子和《管子》的關係，陳麗桂說：

> 「虛」、「一」、「靜」的心術，絕大部分的大陸學者也都認為不及《荀子》來得完美而周賅。《荀子·解蔽》裡的許多理論，正好補全並修正了《管子》四篇的理論蔽失。〔註9〕

陳麗桂所謂「絕大部分的大陸學者」，包括馮友蘭在內，因此筆者擬以馮友蘭的說法為例，來檢視《荀子·解蔽》的「虛」、「一」、「靜」，是否較《管子》四篇的心術更為完美而周賅。

就「虛」而言，《荀子·解蔽》說：「心未嘗不臧（藏）也，然而有所謂虛。」馮友蘭說：

> 荀況認為虛和藏並不是絕對地對立的，只要不以所已有的知識妨礙將要接收的知識就是「虛」。因為人的知識和道德品質都是逐漸累積起來的。……累積其實就是「藏」。在一定條件下，「藏」有助於接受新的東西，在一定條件下，也有害於接受新的東西。荀況注重積累，又注重「虛」，其意思是，「不以所已藏害所將受。」〔註10〕

其實荀子必須強調「虛」和「藏」並不衝突，乃是因為荀子的心是「認知心」〔註11〕，心是用來「知道」，累積學力的。但是《管子》四篇的心，基本上是

〔註7〕《管子·心術上》：「虛者無藏也，故曰：去知則奚率求矣？無藏則奚設矣？無求無設則無慮，無慮則反覆虛矣。」

〔註8〕《管子·心術上》：「世人之所職者精也，去欲則宣，宣則靜矣；靜則精，精則獨立矣；獨則明，明則神矣。」

〔註9〕陳麗桂：《戰國時期的黃老思想》，（臺北：聯經出版社，1991年4月），頁147～148。

〔註10〕馮友蘭：《中國哲學史新編》第二冊，（臺北：藍燈出版社，1991年12月），頁417。

〔註11〕王邦雄〈論荀子的心性關係及其價值根源〉：「荀子的心，是虛壹而靜，此與孔孟的仁心實理不同；而其虛靜智用，不是縱貫的觀照，而是橫攝的認知，此與老子有別。」荀子的心是橫攝地認知外在知識、禮義，所以是認知心。

自充自盈、精存自生的「道心」，因此「虛而無藏」道才能朗現於心。換個角度說，荀子的道是外在的禮義之統，不是形上之道，所以必須透過「虛壹而靜」的大清明心去「認知」道的存在；《管子》四篇的道是形上之道，唯有虛靜專一，才能與道合一。

　　就「藏」的內容而言，《管子》的「虛而無藏」，指的是不藏私心、欲望；荀子的「藏」指的是藏知識。因此《管子》強調「無藏」，荀子則是肯定「藏」。既然「藏」字所指涉的內容不同，如何比較出優劣高下？許多大陸學者認為荀子的「不以所藏害所將受」更為完美而周賅，補全並修正了《管子》四篇的理論缺失，其實忽視了兩家對於「道」和「心」的定義不同，理論體系根本不同，因此無法據此斷言：《管子》四篇的心術是理論缺失，《荀子・解蔽》較為「活絡靈通」。〔註12〕

　　就「一」而言，《荀子・解蔽》說：「心未嘗不兩也，然而有所謂一。」馮友蘭認為：

> 「一」和「兩」並不是絕對地對立的。「一」是指認識或學習一件事情說的。人所要認識或學習的不只是一件事情。對於這些事情，可以「同時兼知之」。知彼一件事情須要彼一個一（「夫一」），知這一件事情需要這一個一（「此一」）。荀況注重「兩」，也注重「一」；其意思是「不以夫一害此一」。〔註13〕

《管子・心術下》說：「專於意，一於心。」其中「一」是專一，不是數量詞的一。「兼知兩事」的「兩」則是數量詞的兩，所以「專一」與「兼知兩事」並不衝突。「不以夫一害此一」，意指在認識每一件事的當下都是專一的，因為荀子重視學習的累積，所以必須強調「兼知兩事」。這對於《管子》四篇的「專一」，並無修正補全的作用。

　　就「靜」而言，《荀子・解蔽》說：「故心未嘗不動也，然而有所謂靜，不以夢劇亂知，謂之靜。」馮友蘭則提出以下看法：

> 荀況認為動和靜不是絕對地對立的，心不能不動。荀況說：「心者，形之君也，而神明之主也，出令而無所受令。」（〈解蔽篇〉）照上面所講的，心有綜合過去經驗和現在經驗的作用，有校正錯誤的作用。

　　參見《中國哲學論集》，（臺北：學生書局，1983年8月），頁43。

〔註12〕陳麗桂：《戰國時期的黃老思想》，頁147～148。

〔註13〕馮友蘭：《中國哲學史新編》第二冊，頁417。

還有掌握「正權」，指導行為的作用。它所發生的作用就是它的動。
心是經常動的，但是不以胡思亂想擾亂正常的思想活動，就是靜。
〔註14〕
《管子・內業》說：心是自生自成，自充自盈，當然是「動」的；觀照萬物
之時，不因「多欲」而擾亂心思，這是「靜」，因此心是動靜自如的。馮友蘭
認為荀子所謂「動」強調了心的作用，「靜」則是不以胡思亂想擾亂思慮。總
之，「動」指心的活動，「靜」指心的修養，兩者原本就不衝突。此處荀子區
別了「動」、「靜」所指涉的內涵不同，尤其是「不以夢劇亂知」一句，確實
將「靜」闡釋得更為周全。因為「夢劇」是心的活動，足以擾亂人心，心無
法靜定，便妨礙了「知」的功能。另外，荀子強調「夢劇」足以「亂知」，而
不說「亂心」，足見荀子的「心」的重點在於「知」，所以說荀子的「心」是
認知心。

關於荀子對「靜」的詮釋，陳麗桂認為：

> 《荀子》吸收了〈內業〉「凡心之形自充自盈，自生自成」，「我心治，
> 官乃治；我心安，官乃安。治之者心也，安之者心也。」一類的觀
> 念，強調心的主動性，對「靜」做了另一番詮釋。……只要清明的
> 理性不受汩亂，便是「靜」，並不一定要心如止水，紋風不動或全然
> 挖空。〔註15〕

其實荀子的「大清明」當下就是「心如止水」，〈解蔽〉說：「故人心譬如槃水，
正錯而勿動，則湛濁在下而清明在上，則足以見鬚眉而察理矣。微風過之，
湛濁動乎下，清明亂於上，則不可以得大形之正也。」人心如盤水動則渾濁，
即使大形之物也無法看得清楚；盤水靜則清澈，即使鬚眉一般的紋理也可看
得清晰。所以必須心如止水，才是「靜」。至於《管子》四篇也未有「紋風不
動或全然挖空」之類的主張，此處並未扣準《管子》四篇「靜」的缺失，如
何能說明荀子對於《管子》四篇的「靜」有所修正或補全？陳麗桂總結說：
荀子對於「心容」的描述和剖析，比起《管子》四篇來，確實簡潔、明快、
平實得多了。〔註16〕但是從上述例證，〔註17〕卻無法顯示出《荀子・解蔽》

〔註14〕馮友蘭：《中國哲學史新編》，頁418。
〔註15〕陳麗桂：《戰國時期的黃老思想》，頁147～148。
〔註16〕同前註。
〔註17〕陳麗桂說：「就『虛』而言，《管子》四篇以「無藏」來解釋它，《荀子》卻認
　　　　為只要『不已所已藏和所將受』，便算達到『虛』了，顯然活絡靈通許多。就

較爲簡潔、明快、平實之處。這個結論有待商榷。

　　馮友蘭認爲荀子的「虛壹而靜」對於稷下黃老學派的認識論，有所繼承也有所批判。他說：

> 荀況繼承了稷下黃老學派所說的「虛壹而靜」在認識論上的涵義，
> 但批判了它的極端性和片面性。他認爲「虛壹而靜，謂之大清明。」
> （〈解蔽〉）「大清明」也是稷下黃老學派的名詞。他們說：「鑒於大
> 清，視於大明」。（《管子·內業》）〔註18〕

馮友蘭以《管子》四篇的心學代表稷下黃老學派的認識論，本文第二章第一、二節已經討論過，《管子》四篇還不算是黃老學派，而且將問題擴大至稷下黃老學派，不如集中焦點更能扣準主題，因此筆者仍以《荀子》和《管子》四篇的討論爲核心。

　　荀子的「虛壹而靜」確實繼承了《管子》四篇的心術，例如：《管子·心術上》說：「心之在體，君之位也。九竅之有職，官之分也。心處其道，九竅循理。」意謂心是「君」，九竅是「官」，又說：「我心治，官乃治。」所以心居耳目之官的主導地位。荀子的心是「天君」，耳目是「天官」，〔註19〕心乃「神明之主」。〔註20〕兩者有相通之處。此外，《管子·內業》說：「人能正靜，皮膚裕寬，耳目聰明，筋信而骨強，乃能戴大圜，而履大方。鑒於大清，視於大明。敬慎無忒，日新其德。遍知天下，窮於四極。」這裡指出：正靜的修養使人心如盤水一般清澈，所見之物自然無所遮蔽，於是智慧通達無所不知。《荀子·解蔽》的「大清明」之說應是源於此處。總之，荀子繼承《管子》四篇的心學，此說確實可信。至於「批判修正其極端性和片面性」這一點，從上述馮友蘭所列舉例證，並未看出《荀子·解蔽》對於《管子》四篇具有批判或修正的作用。

　　白奚在《稷下學研究——中國古代的思想自由與百家爭鳴》中說道：「『虛壹而靜』這一個認識方法的提出，是受到了稷下學術特別是《管子》有關思

「一」而言，《管子》四篇說要『摶一』才能『如神』，使思慮備存，『心全於中，形全於外』。總之，必須『用志不分』，乃『凝於神』。《荀子》卻認爲心的靈妙功能原本不可小看，它既可集中於一事，也可同時兼知兩事，只要『不以夫一害此一』也就可以了。」以上大致與馮友蘭說法相近。同前註。

〔註18〕馮友蘭：《中國哲學史新編》，頁418。

〔註19〕《荀子·天論》：「耳、目、鼻、口、形，能各有接而不相能也，夫是之謂天官：心居中虛，以治五官，夫是之謂天君。」

〔註20〕《荀子·解蔽》：「心者，形之君也，而神明之主也，出令而無所受令。」

想的重大影響。」〔註21〕他的論述重點如下：

就「虛」而言，「虛」乃是「已藏」和「將受」的統一，荀子的「虛」不是心中空無一物；《管子》所謂「無藏」並非絕對排斥「藏」，它要排斥的是主觀成見和各種情感障礙。這裡，我們清楚地看到了《管子》同荀子的聯繫，荀子所謂「心未嘗不藏也」，顯然是接著《管子》的「無藏」講的。〔註22〕

就「壹」而言，《管子》中「一」與「貳」對言，意爲「專一」。〈白心〉曰：「一以無貳，是謂知道。」顯然只有心志專一，才能「不以夫一害此一」，荀子的「壹」就是《管子》的「專」和「一」，這前後兩者之間的承續關係十分明顯的。〔註23〕

就「靜」而言，荀子的「靜」乃是「動」與「靜」的統一，是動中之靜。荀子「靜」的認識方法受到了稷下道家的深刻影響。在《管子》中「靜」與「躁」相對，〈內業〉曰：「靜則得之，躁則失之。」可見此「靜」並非「寂然不動」，而是穩定情緒，防止「血氣」之躁動。在《管子》中，「靜」又指不盲動，〈心術上〉曰：「毋先物動，以觀其則。」不盲動就是不躁動，即因任自然，這就是所謂「靜因之道」。這同荀子所謂「不以夢劇亂知」是一致的。從《黃帝四經》所謂「靜」，〔註24〕經《管子》到荀子，顯然是一條連續的線索。〔註25〕

此外，荀子的「大清明」的理想境界，也是襲自《管子》。因此白奚做出如下的結論：

> 荀子「虛壹而靜」的認識方法論，不僅從概念上襲取《管子》，從思想上繼承《管子》，從論述上仿效《管子》，而且兩者所要達到的目標也是一致的。〔註26〕

白奚對於兩家在「虛」、「壹」、「靜」的對照和詮釋上，論述極爲周詳，不立足於孰優孰劣的比較，而是從思想發展的脈絡去立論，認爲荀子在概念上和

〔註21〕白奚：《稷下學研究——中國古代的思想自由與百家爭鳴》，（北京：三聯書店，1998 年 9 月），頁 289。
〔註22〕同前註，頁 289～290。
〔註23〕同前註，頁 290。
〔註24〕白奚舉出《黃帝四經》中《十大經‧順道》強調「安徐正靜」；《經法‧論》：「惠生正，正生靜，靜則平，平則寧，寧則素，素則精，精則神，至神之極，見知不惑。」則在說明「靜」的作用。頁 291。
〔註25〕白奚：《稷下學研究——中國古代的思想自由與百家爭鳴》，頁 291。
〔註26〕同前註，頁 292。

思想上都是從《管子》一脈相承而來。所以他用「接著講」、「承續關係」、「一條連續的線索」，來說明兩者之間的關係，筆者深表贊同。

　　雖然筆者大致贊同白奚以上的論述，但以下有一項說法筆者有不同的看法，必須加以澄清。白奚說：「無藏」的目的是獲得更多的精氣，而原已獲得的精氣毫無疑問是預先「藏」于心中的。別讓已進駐心中的精氣形成的「智」妨礙更多的精氣的獲得，始終保持「虛」的心態，這就是「無藏」了。〔註27〕筆者以為：「虛而無藏」是修心的工夫，重點在於去除「私心」、「欲求」、「成見」，然而藏於胸中的「智」，未必會妨礙精氣的積聚。白奚所謂的「智」乃是主觀成見和各種情感障礙，〔註28〕是〈心術上〉所謂「去智與故」的「智」，但是藏於胸中的「智」應是智慧之意，因為〈內業〉說：「精之所舍，而知之所生。」來自精氣所生的「知」（智），如何能妨礙精氣的獲得？總之，「虛而無藏」意指心中無欲，是修道、成德、藏精的基本工夫；而藏於胸中的「智」，不是主觀的情感和成見，並不會妨礙精氣的積聚。

　　荀子的「虛壹而靜」，雖然是從《管子》心學一脈相承而來，但是理論的重心不同。荀子以辯證的命題，如：「虛」和「藏」，「一」和「貳」，「靜」和「動」，與《管子》四篇展開思想對話。蔡仁厚先生說：

> 「藏、兩、動」是心一般性的作用，而「虛、壹、靜」則是心之所以為心的特性。……心虛而能容，能兼知亦能專一，「虛、壹、靜」是心的特性，亦同時是一種工夫。通過虛壹靜的工夫，即可達到「大清明」。〔註29〕

《管子》的心是道心，荀子的心是認知心，荀子將心的認知功能發揮得淋漓盡致，「目的是要總結先秦學術，解百家之蔽。」〔註30〕因此將「虛」、「一」、「靜」由修養論轉向認識論，由此可見，荀子對於《管子》四篇的心學有所繼承也有所開發。

　　除了「虛壹而靜」之外，荀子的「援法入禮」也是稷下學術一脈相承的思想產物。白奚說：

> 禮法結合的政治模式理論發端於稷下，成熟於稷下，由《黃帝四經》經慎到、尹文、《管子》到荀子，乃是一條連續線索。荀子援法入禮，

〔註27〕同前註，頁290。
〔註28〕同前註，頁290。
〔註29〕蔡仁厚：《孔孟荀哲學》，（臺北：學生書局，1984年12月），頁414～415。
〔註30〕白奚：《稷下學研究──中國古代思想自由與百家爭鳴》，頁292。

> 吸收了法治思想作爲禮制的補充，提出了一套以禮治爲主，以法治爲輔的治國方略，彌補了傳統儒家的不足，等於爲儒家的政治理論進行了一次大換血，使之活力大增。〔註31〕

《荀子·性惡》說：「禮義生而制法度」，這說明了法的根源是禮義。〈勸學〉也說：「禮者，法之大分，類之綱紀也。」足見「禮」是禮義之統，也是國家制度、法制規範的統稱，荀子的「禮」已包含「法」的觀念，此即是「援法入禮」。〈君道〉說：「隆禮至法則國有常」，足見荀子主張國君治國應當「禮法並用」，但以禮治爲主，以法治爲輔。《管子》四篇的君道治術也是「禮法並用」，〈心術上〉說：「虛無無形謂之道。化育萬物謂之德。君臣父子人間之事謂之義。登降揖讓，貴賤有等，親疏之體，謂之禮。簡物小大〔註32〕一道，殺僇禁誅謂之法。」禮、義、法的形上根源是道，由此可見《管子》四篇仍是以道家爲宗。荀子強調人道，不講天道，因此禮義之統來自先王之僞，失落了形上價值根源。總之，就政治現實層面而言，「禮法並用」乃是兩家思想的共同傾向，但是價值根源卻有所不同：《管子》的價值根源在於天道，荀子則是人道。

《管子》四篇在心性論方面有儒道融合的現象，君道治術則是禮法並用，形成以道家兼攝儒、法二家的思想特質。余明光說：「荀子雖是戰國晚期的一位儒學大師，但他確實吸收了大量的道家文化精華。」〔註33〕思想融合與創新乃是稷下學術的精神所在，荀子的「虛壹而靜」與「援法入禮」，也展現了這種學術風潮，由此亦可發現《管子》四篇對於荀子的影響。白奚認爲：作爲「稷下殿軍」的荀子，他通過對諸子百家、稷下學術的批判和吸取，建立起自己的思想體系。〔註34〕換言之，稷下之學爲荀子總結先秦學術做了必不可少的理論準備，沒有稷下之學便沒有荀子之學。足見稷下學術對荀子學說具有決定性的影響，尤以《管子》四篇爲然。

〔註31〕同前註，頁 282。

〔註32〕張舜徽：《周秦道論發微·管子四篇疏證》：「一本『未』作『末』。丁（士涵）、郭（沫若）二家，並謂『末』爲『大』之誤，是也。……簡猶差也，乃分別之意。分別事物之小大，使各得其所，而一齊之以道，此『道』即法之本體言；而『殺戮禁誅』四字，乃就法之作用言也。」

此說精詳，因此筆者依丁士涵、郭沫若、張舜徽諸家之說，將「未」改爲「大」。

〔註33〕余明光：〈荀子思想與黃老之學〉，《道家文化研究》第六輯，（臺北：文史哲出版社，2000 年），頁 174。

〔註34〕白奚：《稷下學研究──中國古代思想自由與百家爭鳴》，頁 288～289。

三、小結

綜合以上所述，《管子》四篇對於荀子的影響，可從心氣理論和政治思想兩方面來討論：

（一）心氣理論

就心而言，《荀子・解蔽》「虛壹而靜」的大清明心，對於《管子》四篇的心論有所繼承，但是荀子的心是認知心，《管子》四篇的心是道心，思想體系各有不同。

就氣而言，荀子的氣是血氣，並無形上精氣的概念；但是就修養論而言，荀子將心氣納入禮義規範之中，則和《管子・內業》的融合禮樂教化，內靜外敬的修養有相通之處。

（二）政治思想

《管子》四篇的君道無為，是以因循為治術，因循儒家的禮治和法家的法治。荀子則是以儒家禮義之統為價值根源，落實於政治則是以禮治為主，以法治為輔。荀子「援法入禮」乃是從稷下學術「禮法並用」的政治思潮一脈相承而來，《管子》四篇的「因循禮法」則其為其思想前導。

從上述的說明便可確知：荀子吸收稷下道家的思想精華，尤其是受到《管子》四篇的影響。從心氣理論和政治思想兩方面的論述來看，便可發現《管子》四篇在學術思想上所奠定的義理規模，對於後世的思想發展，產生了相當可觀的影響力。

第二節　「精氣論」與《淮南子》的關係

《管子》四篇的「精氣論」延續春秋以來的「氣」概念，並繼承了《道德經》的道論、《莊子》的氣論，以「精」貫通天人兩界，藉此說明道生萬物的過程，以及萬物的存在依據，形成「道氣論」和「心氣論」兩大思想主軸，前者屬於本體論和宇宙論，後者屬於存有論和修養論。思想養分雖源於老莊，卻創造出結構完整的理論體系，這比老子道論、《莊子》氣論更具開展性。無論是「道氣論」或「心氣論」，都闡發了獨到的見解，更與孟子的「知言養氣」說形成學術對話，並影響了荀子「虛壹而靜」的心學，實為戰國時期重要的思想論述。

《管子》四篇在戰國「氣論」中佔有重要的地位，對於漢代「氣論」也有所影響，尤以《淮南子》最為顯著。丁原明認為《淮南子》對於《管子》

四篇有所繼承和發展，[註35] 因此若要探討《管子》四篇的「精氣論」對於漢代的「氣論」的影響，應可從《淮南子》切入論題核心。

筆者將分別從「宇宙生氣」、「形神二元」、「因循無為」三個面向展開討論，藉以探究兩家思想的關係。

一、宇宙生氣

《淮南子‧要略》指出其著書目的在於：紀綱道德，經緯人事，窮究天地之理、人間之事、帝王之道，並以「道」貫串天、地、人三者，[註36] 因此《淮南子》首要之務在於建構道論。〈天文訓〉說：

> 道始於一，[註37] 一而不生，故分而為陰陽，陰陽合和而萬物生。
>
> 故曰：一生二，二生三，三生萬物。

在這段文字中可以看出《淮南子》仍是延續老子的道論，並進一步解釋《道德經‧第四十二章》的「道一生二，二生三，三生萬物」。從文章脈絡得知：二是陰陽二氣，三是陰陽沖和之氣。至於「一」是什麼？〈天文訓〉又說：

> 天墜未形，馮馮翼翼，洞洞灟灟，故曰太昭。[註38] 道始于虛廓，虛廓生宇宙，宇宙生氣。氣有涯垠，清陽者薄靡而為天，重濁者凝滯而為地。清妙之合專易，重濁之凝竭難，故天先成而地後定。天地之襲精為陰陽，陰陽之專精為四時，四時之散精為萬物。

天地未形的狀態稱之為「太始」，「虛廓」與「馮馮翼翼，洞洞灟灟」都在描繪天地未分的無形之貌，所以「虛廓」即是「太始」的階段。[註39] 「道始

[註35] 丁原明：〈《淮南子》對《管子》四篇哲學思想的繼承與發展〉，《管子學刊》1995 年第三期。

[註36] 《淮南子‧要略》：「夫作為書論者，所以紀綱道德，經緯人事，上考之天，下揆之地，中通諸理，雖未能抽引玄妙之中才，繁然足以觀終始矣。」《淮南子》漢高誘注，頁369。收錄於《新編諸子集成》第七冊，（臺北：世界書局，1983 年 4 月）。本論文徵引《淮南子》文本採用此一版本，以下不再註明頁碼。

[註37] 本作「道日規始於一」，王念孫云：「『日規』二字與上下文義不相屬，此因上文『故曰規生矩殺』而誤衍也。《宋書‧律志》作『道始於一』，無『日規』二字。」本文依王念孫校改，參見劉文典《淮南鴻烈集解》，（臺北：粹文堂書局），頁74。

[註38] 王引之云：「太昭當作太始，字之誤也。《易‧乾鑿度》曰：『太始者，形之始也。』故天地未形，謂之太始。」本文依王引之校改。詳見劉文典：《淮南鴻烈集解‧天文訓》，頁52。

[註39] 王逸注《楚辭‧天問》曰：「太始之元，虛廓無形（廓與霩同），正所謂太始生虛廓也。」詳見《淮南鴻烈集解‧天文訓》，頁52。

於虛廓」意謂道的生化作用始「虛廓」的階段，此後，道生宇宙，宇宙生氣，展開宇宙創生的歷程，此一歷程可以簡示如下：

太始（虛廓）→宇宙→氣→天地→陰陽→四時→萬物

「宇宙生氣」之後，又有天地、陰陽、四時、萬物的生成，前面說：陰陽是二，三是和氣，所以「一」就是「宇宙生氣」的「氣」。這個氣相當於《莊子・知北遊》的「通天下一氣耳」。所以〈本經訓〉說：「天地之合和，陰陽之陶化萬物，皆乘一氣者也。」意謂天地、陰陽，乃至萬物的生成都是乘一氣之化，足見《淮南子》此說源於《莊子》。

至於《淮南子》的「一氣」否即是《管子》四篇的「精」？〈天文訓〉說：「天地之襲精爲陰陽，陰陽之專精爲四時，四時之散精爲萬物。」這裡出現三個「精」字，分別是「襲精」、「專精」、「散精」，高誘注：「襲，合也。精，氣也」〔註40〕意謂陰陽來自天地的合氣，四時來自陰陽的專氣，萬物則是來自四時的散氣。足見在《淮南子》的系統中，「精」的層次等級有別，因此〈精神訓〉所謂：「煩氣爲蟲，精氣爲人。」上述「精氣」與《管子》四篇的「精氣」意義不同。因爲《管子・內業》說：「精者，氣之精者也。」所謂「精」只是精純之氣，在其理論體系中並未出現相對於「精氣」的「煩氣」、「散氣」之類的概念。總之，《管子》四篇代表道的作用的「精」，相當於《淮南子》「宇宙生氣」的「氣」，而與《淮南子》的「精」或「精氣」意義不盡相同。

《淮南子》以「氣」來解釋宇宙生成的過程，那麼「氣」是否即是宇宙創生的始源？陳麗桂說：

> 在《淮南子》的〈俶眞〉、〈天文〉、〈精神〉等篇裡，對於道體的創生、宇宙的起源，都有很詳細的描繪，推究其創生基元，卻都是「氣」。……抽離了《淮南子》一貫的楚人騷賦式的繁複鋪敘，與那些廣大、虛無的時空語詞，所剩下的，主要就是一個「氣」概念。……有了「氣」，纔有了宇宙萬有的產生。〔註41〕

他指出《淮南子》的「氣」是宇宙創生的基元，這個說法完全忽略了《淮南子》的思想體系，在「氣」之上仍有「道」。前引〈天文訓〉：「道始于虛廓，

〔註40〕劉文典：《淮南鴻烈集解・天文訓》，頁52。
〔註41〕陳麗桂：〈漢代氣化宇宙論及其影響〉，收錄於《道家文化研究》第八輯，（臺北：文史哲出版社，2000年），頁250～251。

虛廓生宇宙，宇宙生氣。」這一段文字已經點明「道」在「氣」之上。〈原道訓〉開宗明義就說：

> 夫道者，覆天載地，廓四方，柝八極，高不可際，深不可測，包裹
> 天地，稟授無形。……夫太上之道，生萬物而不有，成化像而弗宰。

《淮南子》承襲道家思想，也認為道生萬物，包覆天地，所以宇宙創生的始源不是「氣」而是「道」。《淮南子》仍是以「道」為形上實體，萬物創生的始源，陳麗桂的說法完全將《淮南子》的道論架空，此說有待商榷。

關於《淮南子》道論的特色，陳德和說：

> 《淮南子》如此形容太上道體，正是把道概念的重心放在「有」的
> 上面，「無」只是太上道體不有、弗宰、無形、無盡、無限的總持或
> 歸納而已，這是把老子《道德經》的道當成客觀實有所必然出現的
> 論調。〔註42〕

《淮南子》的道概念著重在「有」之上，道只是客觀的存在。陳德和認為這是受到稷下黃老道家的影響。他說：稷下黃老道家將「氣」概念引入形上道體的思維中，於是「精氣」成為「道」的同義詞，道之客觀實有義於焉確然不可移，《淮南子》正是承繼稷下黃老道家「精氣說」這種思考模式。〔註43〕更精確地說，《淮南子》將「氣」引進道之「有」的思考模式，其實是源於《管子》四篇。本文第四章第一節已經說明：《管子》四篇以「精」描繪道的作用，「精」就是道之「有」，所以《淮南子》的「一氣」之說，可以追溯到《莊子》的氣論，更直接受到《管子》四篇「精氣論」的影響。

《淮南子》發展道之「有」的動態作用，道之「無」只是靜態的存在，這和先秦老莊的道論存在著極大的差異。徐復觀先生說：

> 老莊對道的描述，是動態的描述；〈原道訓〉的作者則可以說是近於
> 靜態的描述。因為在老莊心目中，道與創生是不可分的。〈原道訓〉
> 的作者在這一點上繼承了老莊的思想。但他們在創生過程中，介入
> 了而且加重了氣的因素和作用。道並不是氣，於是道的創生作用，
> 不知不覺地減輕，而道自身也不知不覺地由動態轉為近於靜態的存
> 在。〔註44〕

〔註42〕陳德和：《淮南子的哲學》，（臺北：南華管理學院，1999年2月），頁106。
〔註43〕同前註，頁102。
〔註44〕徐復觀：《兩漢思想史》卷二，（臺北：學生書局，1985年3月），頁213。

於是在《淮南子》的理論系統中，道和創生作用分開，道的創生作用便由「氣」所取代。所以《淮南子》雖然保存了道之「無」的形上特性，卻積極從道之「有」去建構氣化宇宙論了。

　　《太平御覽》〔註45〕卷一〈天部〉「元氣」部分，引《淮南子》：「道始生虛廓，虛廓生宇宙，宇宙生元氣有涯垠。」〔註46〕此段引文與現行《淮南子‧天文訓》有所出入，原文為「宇宙生氣」，並無「元氣」一詞；但〈泰族訓〉說：「因天之威，與元同氣。」其中隱含有「元氣」的概念。直到董仲舒才提出「元氣」一詞，《春秋繁露‧王道篇》說：「元者，始也，言本正也。道，王道也。王者，人之始也。王正則元氣和順，風雨時，景星見，黃龍下。王不正則上變天，賊氣竝見。」〔註47〕董仲舒認為天有天氣，地有地氣，人有人氣；而天德主施，地德主化，人在天地施化中而有氣。〔註48〕「元」是始之意，所以「元氣」應是天地萬物的始源。福永光司認為：在漢武帝時，「元氣」一詞已經確定了。〔註49〕自此之後，「元氣」概念普遍流行起來。

　　劉長林說：「漢代有關氣的敘述比戰國時更為豐富多樣，無論在深度上或在廣度上都有重大發展，形成了系統的氣的學說。首先是『元氣』概念的提出。」〔註50〕「元氣」概念的提出，乃是自戰國以來「氣論」的重大發展，「元氣」已成為漢代普遍流行的概念，所以河上公詮釋《道德經》時，使用「精氣」來詮釋〈第二十一章〉的「其中有精」，〔註51〕以及〈第十章〉的「專氣致柔」；〔註52〕又以「元氣」來詮釋〈第四十二章〉的「沖氣以為和」，認為「萬物中皆有元氣」。〔註53〕本文第四章第二節已推論出：在河上公的思想體系中「精氣」即是「元氣」。〔註54〕此後，「元氣」遂成為「氣論」的思想主流。

〔註45〕　（宋）李昉：《太平御覽》，收錄於《欽定四庫全書》子部十一‧類書類。
〔註46〕　（宋）李昉：《太平御覽》，第五冊，頁3。
〔註47〕　董仲舒：《春秋繁露‧王道》，（台北：中華書局，1975 年 3 月），頁 21。
〔註48〕　董仲舒：《春秋繁露‧人副天數》：「天德施，地德化，人德義。天氣上，地氣下，人氣在其間。」頁 64。
〔註49〕　詳見《氣的思想——中國自然觀和人的觀念的發展》第三章〈秦漢時期氣的思想〉，小野則精一、福永光司、山井涌主編。（上海：上海人民出版社，1980年 3 月），頁 131。
〔註50〕　詳見劉長林：〈說氣〉，頁 112～113。
〔註51〕　河上公：《老子道德經河上公章句》，（北京：中華書局，1993 年 8 月），頁 86。
〔註52〕　同前註，頁 34。
〔註53〕　同前註，頁 169。
〔註54〕　詳見本論文第四章第二節〈靈氣在心〉。

從戰國時期《莊子》的「一氣」，到《管子》四篇的「精氣」，再到漢代的「元氣」，思想發展的脈絡清晰可見，「氣」的思想內涵越來越豐富，對於後世學術的影響也愈見深遠。

二、形神合一

關於人的生成，《淮南子‧精神訓》說：「精神，天之有也；而骨骸者，地之有也。……夫精神者，所受於天也；而形體者，所稟於地也。」意謂精神得自於天，形體得自於地，所以《淮南子》是形神二元論。〔註55〕《管子‧內業》說：「天出其精，地出其形。」其存有論架構則是精形二元，只是《管子》四篇並無「精神」一詞，而且「精」和「神」意義有別，「精」是精氣，「神」是智慧。《淮南子》的「神」與《管子》四篇的「精」是否相同？〈泰族訓〉說：「道者，藏精於內，棲神於心。」這裡「精」和「神」同義，意謂道之「精」棲止於人的心，稱之爲「神」；換言之，人的「神」或「精神」來自道之「精」。《管子‧內業》的「精」也是藏於心，由此可見，《淮南子》的「神」相當於《管子》四篇的「精」或「精氣」。據此推論：《淮南子》的形神二元，相當於《管子》四篇的精形二元，兩者的存有架構相當。

《淮南子‧主術訓》說：「天氣爲魂，地氣爲魄。」這裡又與子產的「魂魄說」〔註56〕連結，「魂」來自於天，「魄」來自於地，所以「魂」與精神同一層次，「魄」與形體、骨骸同一層次；換言之，「魂」屬精神，「魄」屬形體。足見子產的「魂魄說」，通過《管子》四篇和《淮南子》的闡發，發展出「精神」與「形體」二元的生命觀，流傳至今已經成爲普遍通行的觀念。

《淮南子》的存有論架構是形神二元，但在修養論方面又分解爲「形」、「氣」、「神」三元。〈原道訓〉說：

> 形者，生之舍也；氣者，生之充也；神者，生之制也。一失位，則
> 三者傷矣。

這裡顯示「形」、「氣」、「神」各有職司。形體是生命的寄寓之所，「舍」的概念在《管子》四篇極爲常見，如：〈內業〉的「精舍」〔註57〕。「氣者生之充」

〔註55〕陳德和：《淮南子的哲學》，頁 178～179。
〔註56〕詳見本文第二章第三節〈「氣論」的思想淵源〉。
〔註57〕《管子‧心術上》：「潔其宮，闢其門。宮者，謂心也。心也者，智之舍也。」「德者道之舍，物得以生。」「虛其欲，神將入舍。」 這些「舍」字都是將身心比喻成住所空間，「宮」字亦然。

如同《管子‧心術下》：「氣者，身之充也。」這裡的「氣」是血氣之意。〈泰族訓〉已經指出道之「精」內在於人即是「神」，「神」是精神之意，也是生命的主宰。《淮南子》認為：形、氣、神三者，若其中一項未能安頓好，必定導致整體的傷害。所以修養工夫便是以形、氣、神為核心，使「形」安其位，「氣」當其充，「神」守其宜。〔註58〕

至於《淮南子》修養工夫的進程如何展開？〈泰族訓〉說：

> 治身，太上養神，其次養形。……神清志平，百節皆寧，養性之本也。肥肌膚，充腸腹，供嗜欲，養生之末也。

這裡區別出修身的價值層級，修身的最高價值在於「養神」，「養形」乃是次要的。因為〈原道訓〉說：「以神為主者，形從而利；以形為制者，神從而害。」意謂以精神為主導，則形軀順服而有利生命；反之，以形軀物欲為主導，則精神受牽制，終將危害生命。因此治身應當以「養神」為最高目標。後面說：「養性」的根本在於「神清志平」與「百節皆寧」，前者屬於修心的成果，後者屬於正形的結果；簡言之，「養性」的根本就在於修心而正形。因為「道」棲神於心，必先做好修心的工夫，如此才能「志平」而「神清」，進而使形體安寧，與道合一。由此可知：《淮南子》修養工夫進程乃是以「養性」為起點，而以「養神」為最高目標。

下文又指出：從肌膚、腸腹去追求嗜欲的滿足，乃是「養生」的末節。這裡又以「本」、「末」對比出「養性」和「養生」的價值高低，意謂「養性」乃是治身的根本大道，而「養生」則是枝微末節，不足為取；足見修身治身的進路在於「養性」，而非「養生」。做好修身養性的基本工夫之後，便可逐步邁向「養神」的終極目標。所以說：「太上養神，其次養形。」至於「養形」與「養生」有何不同？前面說：「養性」的內容在於修心與正形，足見「養形」的目的在於使「百節皆寧」，形體獲得安頓，而「養生」則以追求嗜欲的滿足為目標；因此「養形」與「養生」兩者目的不同。總而言之，「養神」的起點在「養性」，而非「養生」。

〈原道訓〉又進一步指出「養神」的工夫：

> 夫精神氣志者，靜而日充者以壯，躁而日耗者以老。是故聖人將養其神，和弱其氣，平夷其形，而與道沈浮俯仰。

〔註58〕 《淮南子‧原道》：「故夫形者非其所安也而處之則廢，氣不當其所充而用之則泄，神非其所宜而行之則昧。」

此處「靜」和「躁」應是就「心志」而言，至於「日充者以壯」、「日耗者以老」指的是「精神」、「血氣」的狀態；意謂人的心志平靜，則血氣日益充實而精神浩壯；反之，倘若心志躁動，則血氣日益耗損而精神衰老。因爲心志會主導血氣，影響精神，如同《道德經・第五十五章》所言：「心使氣曰強。物壯則老，謂之不道，不道早已。」所以若要使精神氣志充實浩壯，那就必須「養神」。至於如何養神呢？前面提出「靜」，後面又點出「和弱其氣，平夷其形」，意指血氣和平，形體端正；由此可見，調養「精神氣志」必先以「靜」修心，以「和」正形。前面說過：養性之本在於「神清志平，百節皆寧」，透過「靜」的修心工夫，達到「神清志平」的效果；透過「和」的正形工夫，使「百節皆寧」。足見養性的工夫就從調節氣志開始。

前面說過《淮南子》的生命結構是形神二元，修養論則以形、氣、神爲主，於形、神之外又標舉「氣」的地位，似乎與形神二元不合，筆者以爲「氣」是血氣，血氣充滿於形體之中，仍屬「形」的範疇，所以兩者並不衝突。此外，〈原道訓〉又出現「精神氣志」、「形神氣志」，兩處都有「氣志」一詞，筆者以爲《淮南子》雖然並不像孟子、《管子》四篇直接討論「心」和「氣」的相對關係，但是提出「氣志」的概念，其中「氣」指血氣，「志」指心志，這說明了《淮南子》也重視「心」、「氣」的協調。如前所述，養神之道在於調養精神氣志，亦即以「靜」修心，以「和」正形，這也是在調理心氣關係。因爲心氣協調，形才能安，否則「一失位，三者（形、氣、神）傷矣。」當人心靜、氣和，而且血氣充實、精神壯盛，便可與道同體流行。由此可見，《淮南子》的修養論乃是以道爲依歸，所以〈原道訓〉又說：「形神氣志，各居其宜，以隨天地之所爲。」形神氣志隨天地之所爲，即是與道合一。

總而言之，「養神」之本在於「養性」，修心以「靜」，正形以「和」。先做到心氣調和的「養性」工夫，才能進一步「養神」。

針對調節心氣的修養工夫，〈精神訓〉又有更深入的說明：

> 是故血氣者，人之華也，而五藏者，人之精也。夫血氣能專于五藏而不外越，則胸腹充而嗜欲省矣。胸腹充而嗜欲省，則耳目清、聽視達矣。耳目清，聽視達，謂之明。

> 夫孔竅者，精神之戶牖也，而氣志者，五藏之使候也。耳目淫于聲色之樂，則五藏搖動而不定矣；五藏搖動而不定，則血氣滔蕩而不休矣；血氣滔蕩而不休，則精神馳騁於外而不守矣。

《淮南子》認為血氣、五臟是形軀生命的精華，當血氣專於五臟，則內在充實飽滿而欲望減省，於是耳目清明。足見使血氣專於五臟，便是安頓形體的首要工夫。〈精神訓〉又說：耳目是精神的門戶，氣志是五臟的主宰。當耳目淫於聲色之樂，導致血氣動搖，於是精神隨耳目而外馳。《淮南子》的人生修養追求的是形體與精神合一，當形骸守不住精神，生命便陷入困頓之境。所以想要守住精神而不外馳，必先使血氣專於五臟。如何使血氣專於五臟而不外越？因為氣志是五臟的主宰，所以必須從調節氣志著手，使血氣專於五臟。血氣專於五臟，得力於「志」與「氣」的協調，於是心氣調和，形體便能獲得安頓。當形體安頓之後，才能守住精神而不外馳；否則形體不正，精神失守，如此形神分離，如何與道合一？

綜合以上所述，調節氣志的目的在於調和心氣關係，亦即以「靜」修心，以「和」調氣，於是心靜、氣和則形體平正，而形體平正則精神內守，如此便是形神合一。換言之，調節氣志，使心氣和諧，乃是《淮南子》修養工夫的根本。因此筆者歸納出《淮南子》的修養工夫簡圖如下：

調節氣志（心靜→氣和）→形正（血氣定→耳目清）→精神守

〈齊俗訓〉說：「身者，道之所託，身得則道得。」因為形體是道之所託，所以安頓形體便是得道的基本工夫。上述調節氣志與養性工夫，便是從修心正形而得身，使血氣專於五臟，精神內守而不外馳，進而追求形神合一，與道融合的境界。可見得修身養形的重要性。〈泰族訓〉說：「太上養神，其次養形。」前面說過：養神的基礎在於養性，而養性的根本在於調節氣志，修心而正形；所以就實踐的先後而言，養形為先，養神為後；就價值位階而言，養神為上，養形其次。因為身為道之所託，從養形進展到養神，使「藏精於內，棲神於心」的道如實朗現。於是形神合一，便可與道合一。由此可見，養形則身得，養神則道得。

司馬談〈論六家要旨〉說：「凡人所生者神也，所託者形也。神大用則竭，形大勞則蔽，形神離則死。」雖然神是形之主，但是神託生於形，所以必須養形才能安定精神，進而使精神與形體合一，最後才能得道。否則精神虛耗、形體勞累，形體與精神分離，終將走向死亡。

《管子》四篇在修養論方面是以修道成德為目標，工夫進程則是以「精」、「氣」、「神」為主。〈內業〉說：「天主正，地主平，人主安靜。」因此落實於身心就必須做到「心靜氣理」。〈內業〉又說：「彼心之情，利安以寧，勿煩

勿亂，和乃自成。」這裡強調「和」對於養心的重要性。所以《管子》四篇也是以「靜」與「和」來調節心氣關係，於是心氣調和、四體端正，才能成為「精舍」。當「精氣」積聚到達浩然和平的程度，一方面可以提供「形氣」轉化的能量，進而獲得智慧。所以《管子》四篇的修養工夫是修心而正形，養心與養形兼具：因為養心可以存藏精氣，調理形氣，進而獲得神明智慧；養形的目的不在於長壽永生，而是為了「藏精」、「摶氣」、「守神」，使養心的工夫由積漸而提升至得道的境界。

經過上述的分析和比較，可歸納出以下的結論：兩家的存有結構都是形神二元，修養工夫都是以「靜」養心，以「和」養氣，目的在於追求「精神」與道合一。《管子》四篇的修養工夫是養心與養形兼具，養心的目的在得道，養形的目的在於守道，理想境界是精氣與形氣合一，進而轉化為靈氣，獲得神明。從「形神合一」到「心道合一」，正是兩家共通的價值理想。以養形守道為起點，以養心得道為目標，也是兩家共通的修養進路。足見兩家的價值理想和工夫進程大致相通。此外，《淮南子‧齊俗訓》的「身者，道之所託」，正是承襲《管子》四篇「精舍」的概念而來；所以調節心氣關係便成為正形（《管子》四篇）、養形（《淮南子》）的基本工夫。

兩家也有不同之處：在《管子》四篇中「精」是貫通天人的一氣，所以修養論便以「精」為核心，展開「精」與「氣」，「精」與「神」辯證關係的探討，對於存精、摶氣、養神等工夫的剖析，較為深入而且層次分明；另外，對於生命之氣有更精詳的掌握，並從善氣、惡氣、寬氣、雲氣、靈氣等不同面向，展示形氣的轉化與提升的可能。這些都是《淮南子》所未曾出現的精闢見解。

在《淮南子》的思想架構中，「精」的涵義併入「神」的範疇，合為「精神」一詞，所以修養論著重於「形」、「神」關係的探討，以「氣」為兩者的樞紐，理論較為簡明扼要，此與司馬談〈論六家要旨〉中形神二元的觀念完全符合，代表黃老道家的生命觀。

三、因循無為

《淮南子》的道論主要從老子來，其氣化宇宙論則是來自《管子》四篇的「精氣論」，在政治思想方面和《管子》四篇一樣，崇尚「無為」，並重新闡發「無為」的內涵。〈脩務訓〉說：

或曰：「無爲者，寂然無聲，漠然不動，引之不來，推之不往。如此
者，乃得道之像。」吾以爲不然。嘗試問之矣：「若夫神農、堯、舜、
禹、湯，可謂聖人乎？」有論者必不能廢。以五聖觀之，則莫得無
爲，明矣。

世人所認知的「無爲」乃是寂然不動，無所作爲，〈脩務訓〉的作者以設問
的方式提出論辯：首先以神農、堯、舜、禹、湯等「聖人憂民」的事蹟爲例，
〔註59〕反駁「無爲」是不動、不爲的謬解。既然「無爲」不是寂然不動，無
所作爲，那麼「無爲」究竟是何意？〈脩務訓〉說：

若吾所謂無爲者，私志不得入公道，嗜欲不得枉正術，循理而舉事，
因資而立功，推自然之勢，〔註60〕而曲故不得容者，事成而身弗伐，
功立而名弗有，非謂其感而不應，攻而不動者。

所謂「無爲」的「無」乃是就「心」而言，私志和嗜欲都是有心，私志會干
擾公道，嗜欲會扭曲正術，有心則有爲，「入公道」和「枉正術」就是有爲，
所以「無爲」的「無」便在於去除私志和嗜欲，因此「不得」就是「損」的
工夫，達到「虛靜無心」，才不致有爲妄作。由此可見，「無爲」的「無」即
是「虛靜無心」之意。

接著又說：「循理而舉事，因資而立功」，意謂執政者只要因循事理和自
然之勢，私志、嗜欲等「曲故」便無法干擾公道、正術，如此便可成就事功。
由此可見，「循理而舉事」、「因資而立功」即是因循道術（公道和正術）而建
立事功。總而言之，此段文字闡發了「無爲」的眞諦不是「感而不應」、「攻
而不動」，而是「虛靜無心」、「因循道術」。在「無爲」之外，又強調「因循」
的重要性，將老莊道家的「無爲」賦予新意，於是《淮南子》的「無爲」幾
乎等於「因循」的同義詞。

〈脩務訓〉這段文字和《文子・自然篇》借老子之口所闡釋的「無爲」

〔註59〕 如神農教民播種五穀，嚐百草而一日遇七十毒；堯立孝慈仁愛，爲民治水除
　　　　害；舜作室、樹穀，使民各有家室，興利而除害；禹決江疏河，平治水土，
　　　　定國安邦；湯輕賦薄斂，布德施惠，振民困窮。詳見《淮南子・脩務訓》。
〔註60〕 本作「因資而立，權自然之勢」，依王念孫校改爲「因資而立功，推自然之勢」。
　　　　王念孫以爲「因資而立」下脱一字，《文子・自然篇》作「因資而立功」，「立
　　　　功」與「舉事」對舉。〈氾論篇〉、〈說林篇〉均有「因資而立功」之句。又「權
　　　　自然之勢」當依《文子》作「推自然之勢」。
　　　　〈原道篇〉有「因其自然而推之」，〈主術篇〉有「推不可爲之勢」，故「權」
　　　　應改爲「推」。參見劉文典：《淮南鴻烈集解》，頁36。

大致相同。〔註 61〕足見將「無為」重新詮釋，並賦予實用性，乃是黃老道家的時代課題。《淮南子》又進一步舉例說明「有為」和「無為」的區別。〈脩務訓〉說：

> 若夫以火熯井，以淮灌山，此用己而背自然，故謂之有為。若夫水之用舟，沙之用鳩，泥之用輴，山之用樏，夏瀆而冬陂，因高為田，因下為池，此非吾所謂為之。

從以上例證可知，《淮南子》認為違反自然的活動就是「有為」，順應自然的舉措，便不算「有為」；所謂「因高為田，因下為池」的「因」，便是《淮南子》所認定的「無為」。「有為」和「無為」的差別就在是否因循自然，足見「因循自然」乃是《淮南子》賦予「無為」的新定義。

至於老子「無為而無不為」的原理，《淮南子》又如何加以詮釋？〈原道訓〉：

> 是故聖人內修其本，而不外飾其末，保其精神，偃其智故。漠然無為，而無不為也；澹然無治也，而無不治也。所謂無為者，不先物為也；所謂無不為者，因物之所為。所謂無治者，不易自然也；所謂無不治者，因物之相然也。

《淮南子》認為內修其本，保其精神的聖人，必可去其私心、智故，做到漠然無為，澹然無治。此處在「無為」之外，又強調「無治」，並將「無為」與「治世」結合，經世之心極為明顯。這裡以「不先物為」來詮釋「無為」，因為「先者難為知，後者易為攻也」，所以「無為」就當「處後不爭」。「無治」則是「不易自然」，亦即因順自然之意。至於「無不為」，就是「因物之所為也」，「無不治」就是「因物之相然也」；由此可見「無不為」和「無不治」的效益來自「因」的發用。至於何謂「因」？〈原道訓〉又說：「循道理之數，因天地之自然。」天地之自然乃是常道之理，所以「因天地之自然」就是「循道理之數」，「因」就是「因循」，因循自然便是法道無為。

〈原道訓〉將「無為」解釋為處後不爭，不易自然；「無不為」則是因循道理。足見「無為」指虛靜無心的修養工夫，「無不為」的效益來自因循道理。再對照〈脩務訓〉以「因循自然」詮釋「無為」，兩者都將重點放在「因循自然」。由此可見，《淮南子》對於「無不為」的實際效益，極為重視。〈原道訓〉

〔註 61〕《文子・自然篇》：「老子曰：所謂無為者，非謂其引之不來，推之不去，迫而不應，感而不動，堅滯而不流，捲握而不散，謂其私志不入公道，嗜欲不挂正術，循理而舉事，因資而立功，推自然之勢，曲故不得容，事成而身不伐，功立而名不有。」收錄於《守山閣叢書》，頁 117～118。

在「無爲而無不爲」之外，又強調「無治而無不治」，用意在落實「無爲而治」的政治理想；而且在「漠然無爲」、「澹然無治」之前，又強調「聖人內修其本」，如此便可以歸納出：「無爲」、「無治」是指「內聖」的工夫，「無不爲」則是「外王」的術用。

〈原道訓〉將「無爲」和「無不爲」分開詮釋，〈詮言訓〉則是以道術、體用的區別來詮釋「無爲」：

> 無爲者，道之體；執後者，道之容。無爲制有爲，術也；執後之制
> 先，數也。放於術則強，審於數則寧。

「無爲」是道的本體，「執後」是道的表徵，所謂「術也」、「數也」都是道之用。詳言之，無爲以制有爲，執後以制先，就是道之用，這就是前面說的「因循道理」。這裡以「體」、「用」或「道」、「術」來詮釋「無爲」，對照〈原道訓〉的「無爲而無不爲」，可以歸納出：《淮南子》乃是以「無爲」爲體，以「無不爲」爲用；「無爲」是道，「無不爲」是術。這就是司馬談〈論六家要旨〉所謂：「其術以虛無爲本，以因循爲用。」

《淮南子》將「無爲」、「執後」的原理運用於實際政治，稱之爲「君道無爲」。〈詮言訓〉說：

> 君執一則治，無常則亂。君道者，非所以爲也，所以無爲也。何謂
> 無爲？智者不以位爲事，勇者不以位爲暴，仁者不以位爲患，可謂
> 無爲矣。

智、仁、勇皆就君主的才能而言，君主不因其權位而任智、逞勇、好仁，這就是君道無爲；反之，君主任智、逞勇、好仁，便是有心有爲，如此必定後患無窮，弊端叢生。〈詮言訓〉認爲「君好智則倍時而任己」，失必多矣；君好勇則輕敵而簡備，才必不堪；君好與施仁，取與無定分，必遭怨怒。〔註62〕因此〈詮言訓〉說：

> 仁智勇力，人之美才也，而莫足以治天下。由此觀之，賢能之不足
> 任也，而道術之可修明矣。

〔註62〕《淮南子・詮言訓》：「君好智則倍時而任己，棄數而用慮，天下之物博而智
　　　淺，以淺澹博，未有能者也。獨任其智，失必多矣。故好智，窮術也；好勇，
　　　則輕敵而簡備，自負而辭助。一人之力以禦強敵，不杖眾多而專用身才，必
　　　不堪也。故好勇，危術也。好與，則無定分。上之分不定，則下之望無止。
　　　若多賦斂，實府庫，則與民爲仇。少取多與，數未之有也。故好與，來怨之
　　　道也。」

君主一人之智仁勇力，畢竟有其極限，憑藉有限之美才，不足以治天下，所以君主應當無心無爲，因循道理，以道爲術。〈詮言訓〉又說：「夫無爲，則得於一也。一也者，萬物之本也，無敵之道也。」此處所謂「一」，乃是萬物的根本，也是無敵之道，所以「得於一」，即是得道。由此可見，《淮南子》「君道無爲」的主張，其實是期許君主修道術，由「法道」而「得道」，實現「無爲而治」的理想。

《淮南子》主張將「無爲」的思想，落實於實際政治，除了提倡「君道無爲」，更進一步主張「君臣異道」。〈主術訓〉說：

> 主道員者，運轉而無端，化育如神，虛無因循，常後而不先也；臣道方者，〔註63〕論是而處當，爲事先倡，守職分明，以立成功也。
>
> 是故君臣異道則治，同道則亂。各得其宜，處其當，則上下有以相使也。

「虛無因循，常後而不先也」，與前文「無爲者，道之體；執後者，道之容」，兩者意義相通；換言之，「虛無因循」是道之體，「後而不先」是道之容。所以「君道主員」即是「君道無爲」，重在「因循」、「執後」。爲臣之道，重在處事得宜，堅守職分；換言之，「臣道主方」不是「執後」而是「先倡」，不是「無爲」而是「有爲」。總而言之，君臣異道，一圓一方，其實就是「君道無爲」與「臣道有爲」。

司馬談〈論六家要旨〉：「道家無爲又曰無不爲，其術以虛無爲本，以因循爲用。」又說：「虛者，道之常也。因者，君之綱也。群臣並至，使各自明也。」從上述的討論可以印證：《淮南子》的「無爲」，與司馬談所定義的道家思想特質，兩者相符。《淮南子》也是以虛無爲本，以因循爲用；君主以「因」爲綱，群臣守職分明，各效其能。所以《淮南子》無爲的政治思想，就是黃老道家的「君無爲而臣有爲」。

丁原明說：黃老學強調「無爲」的應用性、實效性和主體的自爲性，因而使其成爲一種能動的「有爲」之學。〔註64〕《淮南子》「無爲」的實用性就

〔註63〕 王念孫以爲：「臣道員者，運轉而無方」，本作「臣道方者」，以下並無「運轉而無方」四字。主道員，臣道方，方員不同道，故下文云：君臣異道則治，同道則亂也。《呂氏春秋‧圓道篇》亦云：「主執圓，臣執方。方圓不易，其國乃昌。」因此筆者依王念孫校改，作「臣道方者」。

參見劉文典：《淮南鴻烈集解》，頁11。

〔註64〕 丁原明：《黃老學論綱》，（濟南：山東大學出版社，1997年12月），頁27。

表現在君主因循禮法，群臣有爲。〈脩務訓〉特別針對「無爲」和「有爲」提出辯證，強調因循道理，凸顯了「無爲」的實用性。

《淮南子》將「無爲」轉化爲「君道無爲」的因循之術，運用在政治上就是因循法家之治和儒家之治。〈主術訓〉說：

> 法生於義，義生於眾適，眾適合於人心，此治之要也。……法者非天墮，非地生，發於人間，而反以自正。

> 法者天下之度量，而人主之準繩也。縣法者，法不法者。設賞者，賞當賞也。法定之後，中程者賞，缺繩者誅，尊貴者不輕其罰，而卑賤者不重其刑。犯法者雖賢必誅，中度者，雖不肖必無罪。是故公道通而私道塞矣。

「法」來自於眾適公義，所以「法」的精神是公平正義，不因貴賤而賞罰有別，上至國君，下至臣民都必須遵守法制的規範。《淮南子》闡發「法」的根源不是來自於天或地，而是來自人間，所以「法」的價值根源就是人間公義。國法如同天道一般，因此「人法道」落實於政治，就是遵循人間法制。「法」是治國的準繩，一切價值的依據，國君執法治國，就是「循道理之數」（〈原道訓〉）。因此「君道無爲」的第一要義就是因循法治。

前面說「君道無爲」就是「君無爲而臣有爲」，這如何落實於政治？《淮南子》主張因循刑名。〈主術訓〉說：

> 人主之術，處無爲之事，行不言之教，清靜而不動，一度而不搖，
> 因循而任下，責成而不勞。

人主之所以能夠清靜無爲，最主要就是做到守法以及知人善任。「一度而不搖」的「度」就是法度、法制，國君專一於法制而不踰越妄爲，這就是因循法治。「因循而任下，責成而不勞」，相當於《韓非子・定法》所謂「因任而授官，循名而責實」〔註65〕。「因循而任下」就是知人而後用人，「責成而不勞」就是責求臣下的效能，使職務與官位相合，君主不必勞神親爲。這就是「刑名之術」〔註66〕。國君一人之力畢竟有限，所以必須適才任用，使「小大脩短，

〔註65〕《韓非子・定法》：「術者，因任而授官，循名而責實，操生殺之權，課群臣之能者也。此人主之所執也。」收錄於《新編諸子集成》第五冊，（臺北：世界書局，1983年4月），頁304。

〔註66〕陳啓天：《韓非子校釋》：「形名，又作刑名，或名實。一切事物，有形有名。名以形稱，形依名定，形名二者，必求其合，是謂『循名責實』，……以官爲名，則職爲形，職務必求與官位相合，形名也。」簡言之，因循形名就是君

各得其宜」,「有一形者處一位,有一能者服一事」。君主用人得當,才能集合
眾智,發揮最大的效能,如此便可君逸而臣勞。

〈主術訓〉又進一步闡明國君用人的得失之道:

> 人主之一舉也,不可不慎也。所任者得其人,則國家治,上下和,
> 群臣親,百姓附;所任非其人,則國家危,上下乖,群臣怨,百姓
> 亂,故一舉而不當,終身傷,得失之道,權要在主。

君主用人得當則國家治,用人失當則國家危,國家政治的成敗得失繫於君主
一身,所以《淮南子》君道無為的第二要義就是因循刑名。

國君之所以可以因循刑名,統御群臣,除了以國法為後盾之外,更重要
的是握有權柄,可以操生殺之權。〈主術訓〉說:

> 法律度量者,人主之所以執下,釋之而不用,是猶無轡銜而馳也。
> 群臣百姓反弄其上。是故有術則制人,無術則制於人。
> 權勢者,人主之車輿也。大臣者,人主之駒馬也。……執術而御之,
> 則管晏之智盡矣。明分以示之,則蹻蹻之姦止矣。

《淮南子》認為法制是人主的轡銜,權勢是人主的車輿,大臣是人主的駒馬;
當駒馬受制於轡銜,人主的車輿才能行進,所以三者缺一不可。君主有術則
制人,無術則制於人,「術」的背後仍須以「法」和「勢」做後盾,所以法、
術、勢三者缺一不可。君主以「法」治國,以「術」和「勢」來統御臣下,
此與韓非政治思想的基本架構相通。〈主術訓〉對於「君道無為」的理想藍圖
有如下的描繪:

> 言事者必究於法,而為行者必治於官,上操其名以責其實,臣守其
> 業以效其功,言不得過其實,行不得踰其法,群臣輻輳,莫敢專君。

「言事者究於法,而為行者必治於官」,意謂任何臣下的言行舉措,都必須受
到法制的規範,如此「法」的地位才能維繫於不墜。君主執「術」掌「勢」
來統御群臣,君臣分際確立,才不致受制於權臣,君主之勢才能鞏固,所以
說「群臣輻輳,莫敢專君」。這段文字描繪出《淮南子》「君道無為」的理想
藍圖,由此可見,《淮南子》的政治思想確實是吸收了韓非的思想精華。而韓
非的政治哲學乃是由法、勢、術架構而成的,三者之間的關係是:以法為中
心,以勢、術為兩大輔翼;在國之治強的目標下,所制定的法,往下規範勢

主用人之術,監督臣下效能的管理術。(臺北:商務印書館,1985 年 12 月),
頁 963。

與術的執運，使勢與術不得逸出國法常軌，而爲君王私心密用。〔註67〕至於《淮南子》君道治術的內涵在於因循法治，因循刑名，強調君主如何以「術」和「勢」來統馭群臣，但對於法、勢、術三者之間的主從關係，以及如何制衡君主掌握勢、術的私心自爲，並未詳細討論。足見《淮南子》的政治思想是以「君」爲中心，韓非則是以「國」爲中心，兩者立足點不同。

《淮南子》除了因循法家之治，也因循儒家的德治。〈泰族訓〉說：「法者，治之具也，而非所以爲治也。」意謂法制只是治國的工具，並不是終極目標，那麼治國的理想境界是什麼？〈泰族訓〉又說：

> 治國，太上養化，其次正法。……民交讓爭處卑，委利爭受寡，力事爭就勞，日化上遷善而不知其所以然，此治之上也。利賞而勸善，畏刑而不爲非，法令正于上而百姓服于下，此治之末也。

治國的理想境界是百姓相讓不爭，甘處卑下，卻爭相付出勞力，在潛移默化中遷善向上，這就是上等的治國之道。反之，以賞罰法來治國，百姓只是畏懼刑罰而表面服從，這是下等的治國方式。這種價值取向其實源於儒家思想。《論語‧爲政篇》說：「道之以政，齊之以刑，民免而無恥。道之以德，齊之以禮，有恥且格。」這裡以政刑和德禮對舉，並指出兩種治國方式的分野，就在於羞恥心之有無，有恥、無恥代表人格的高低，而人民品格的高低，反映了政治境界的層級，這也是〈泰族訓〉作者的價值取向。此外，〈主術訓〉雖然崇尚法治，但也肯定移風易俗的重要，因爲「攝權勢之柄，其以移風易俗易矣」，意謂君主握有權勢之柄有利於移風易俗，所以在法治之上，又提出「神化」之治。〈主術訓〉說：

> 太上神化，其次使不得爲非，其次賞善而罰暴。

「使民不得爲非」和「賞善罰暴」就是〈泰族訓〉所謂「正法」，〈主術訓〉的作者也認爲這些都是消極的治國方法，因此在法治之上追求更高價值的「神化」之治。

試問：何謂「神化」？且從以下兩段文字來加以探究：

> 聖人在上化育如神，太上曰，我其性與，其次曰，微彼其如此乎！
> （〈繆稱訓〉）

> （舜）執玄德於心，而化馳若神。……未發號施令而移風易俗者，其唯心行者乎？法度刑罰何足以致之也。（〈原道訓〉）

〔註67〕王邦雄：《韓非子的哲學》，（臺北：東大圖書，1977年8月），頁235。

從這兩段引文可知,「化」是化育、感化之意,「神」是如神、若神之意,旨在描繪此種治國方式的神妙不可測。神化之效就是移風易俗,使民遷善而不自知,因此百姓自認是天性使然,如此則刑罰虛設而無用。另外,〈原道訓〉則又強調「神化」之效來自君主的「執玄德於心」。至於「神化」之治如何實現?《淮南子》更進一步提出「養化」和「精誠感通」。

何謂「養化」?〈泰族訓〉說:

> 先王之教也,因其所喜以勸善,因其所惡以禁奸。故刑罰不用,而威行如流;政令約省,而化耀如神。故因其性則天下聽從,拂其性則法縣而不用。

先王教化人民,首重因順人民之喜、惡,進而勸善、禁奸,於是刑罰不用、政令簡約,達到「神化」的效果;反之,拂逆人民之喜惡,縱使嚴法高懸,亦不足以治天下。足見〈泰族訓〉肯定人民之性乃是喜善而惡奸,並且進一步點出:人民之性本是「仁義之性」〔註68〕。由此可見,「養化」的因民之性,即是因其「仁義之性」,如此才能勸善、禁奸,達到移風易俗的「神化」之效。所以君道無爲的第三要義就是因循民性,此即爲「養化」。

至於何謂「精誠感通」?〈主術訓〉說:

> 塊然保眞,抱德推誠,天下從之,如響之應聲,景之像形,其所修者本也。刑罰不足以移風,殺戮不足以禁奸,唯神化爲貴。至精爲神。

這裡也強調移風易俗的「神化」之治,比起刑罰殺戮的法治最爲可貴。後面接著說:「至精爲神」,足見「神化」來自君主的至精感人。至精之所以感人乃是「塊然保眞」的緣故,唯有具備全性保眞的內聖工夫才能感通於人,進而達到「神化」的效果。另外,〈泰族訓〉也說:

> 故聖人養心,莫善於誠,至誠而能動化矣。今夫道者,藏精於內,棲神於心,靜漠恬淡,訟繆胸中,邪氣無所留滯,……

> 故聖人者懷天心,聲〔註69〕然能動化天下者也。故精誠感於內,形氣動於天,則景星見,黃龍下,祥鳳至,醴泉出,嘉穀生,河不滿溢,海不溶波。

〔註68〕《淮南子・泰族訓》:「人之性有仁義之資,非聖人爲之法度而教導之,則不可使鄉方。」〈泰族訓〉肯定人性有仁義之資,所以移風易俗的「神化」之治才有實現的可能,由此可見〈泰族訓〉具有儒家思想的傾向。

〔註69〕「聲然」,俞樾以爲當作「罄然」,嚴整之意。詳見劉文典《淮南鴻烈集解・泰族訓》,頁55。

〈主術訓〉的「至精」，在〈泰族訓〉則是「至誠」、「精誠」，因此所謂「執玄德於心」的「玄德」其實是至精、至誠、精誠。〈覽冥訓〉也說：「精神形於內，而外諭哀於人心。」足見至精、至誠、精誠都是「精神形於內」，所以具有感通的力量。

「至誠」來自於天心，也來自於道的「藏精於內」，所以至誠、至精都是來自天道，在這裡可以發現儒道融合的痕跡。「道者藏精於內」即是《管子‧內業》的「藏精於胸中，可以爲聖人」；「至誠而能動化」則是來自《中庸》的「唯天下至誠爲能化」；《淮南子》將《管子‧內業》的「精」和《中庸》的「誠」結合成爲「精誠」，並強調「精誠感於內」具有感通力量。《管子‧內業》曾說：「心氣之形，明於日月，察於父母。賞不足以勸善，刑不足以懲過。氣意得而天下服，心意定而天下聽。」這裡已經指出：當心與氣合而爲一，顯現於外，可以使天下人順服、聽從；其中心氣合一，即可達到「精氣」或「靈氣」在心的境界，這和《淮南子》「精誠感通」、「化民易俗」的「神化」思想相通。由此可推斷出：「精誠感通」之說應是得自《管子》四篇的啓發。

總之，《淮南子》無爲的政治思想，是以「虛無」爲君德，以「因循」爲君術，其實就是「君無爲而臣有爲」的黃老思想；因循之術表現在政治上，就是因循法制，因循刑名，因循民性。以道家「無爲」爲價值核心，吸納法家的法治和儒家的德治，形成了儒、道、法的思想融合，確實是黃老思想的成熟之作。

《管子》四篇的「無爲」也是以「虛無」爲君德，以「因循」爲君術，具備「君無爲而臣有爲」的黃老思想特質。其因循治術方面，雖也是融合儒、道、法三家思想的精髓，但是在法治方面，只有「法」、「術」的運用，並未形成法、術、勢三者合一的觀念，而且認爲「法」源於道，這和《淮南子》顯然不同。〔註70〕《淮南子》時代較爲晚出，顯然吸納了韓非的思想精華，《管子》四篇時代早於韓非，因此並未受到韓非思想的啓迪。兩者的差異乃是時代先後所使然，如此亦可窺見思想演進的軌跡。《管子》的〈心術〉和《淮南

〔註70〕《管子‧心術上》：「義者，謂各處其宜也。禮者，因人之情，緣義之理，而爲之節文者也。故禮者謂有理也，理也者，明分以諭義之意也。故禮出乎義，義出乎理，理因乎宜者也。法者所以同出，不得不然者也。故殺僇禁誅以一之也，故事督乎法，法出乎權，權出乎道。」此處說明法與禮同出於義、理，但又更進一步點出「法出乎道」，所以「法」的最高根源是「道」；至於《淮南子》是「法生於義」，所以兩家「法」的最後根源有所不同。

子》的〈主術〉都是闡發「君道無爲」的作品，通過兩家思想的對照比較，
正可窺知黃老思想由初期邁向成熟的發展歷程。

四、小結

丁原明以司馬談的〈論六家要旨〉爲標準，判定黃老之學的特質，認爲
「黃老學」具備三項特點：

> 一是「道」論（「氣化」論或規律論）；
>
> 二是「虛無爲本，因循爲用」的「無爲」論；
>
> 三是在對待百家之學上「采儒墨之善，撮名法之要」。〔註71〕

本文從道論、氣化論、存有論和政治思想，去檢視《淮南子》的思想內涵，
證明它的確是典型的黃老著作，也可看出《淮南子》與《管子》四篇的「精
氣論」存在著繼承的關係，尤其是政治思想方面發展得更爲成熟完備，成
爲黃老學派的集大成之作。《管子》四篇的「精氣論」，從治身通向治國，
融合儒、道、法三家思想的精華，初步具備黃老之學的特質，理論雖未臻
完備，卻奠定了黃老之學的基本規模，可說是《淮南子》的思想前導。

第三節　「精氣論」的思想價值

在戰國以前「氣」的概念已經形成，到了老莊道家將「氣」與「道」聯
結，奠定了「氣論」的義理規模，《管子》四篇則是繼承道家「氣論」的理論
架構，更進一步提出「精氣論」，這對於「氣論」的發展有何貢獻？「精氣論」
在思想史上具有何種地位？此爲本節所要探討的核心問題。本文討論的程序
如下：一、釐清「精氣」與「魂魄」的關係，二、闡述「精氣論」的思想開
展，三、確立「精氣論」的思想定位；透過這些面向的分析討論，進而闡發
「精氣論」的學術價值。

一、「精氣」與「魂魄」的關係

有些學者認爲「精氣」思想可能源於子產的「魂魄說」。《左傳》昭公七
年記載子產對於「魂魄」的解釋：「用物精多，則魂魄強，是以有精爽至於神
明。」〔註72〕他認爲魂魄的強度與日常的生活供養有關，魂魄強則死後可以

〔註71〕丁原明：《黃老之學論綱》，頁3～4。

〔註72〕《左傳》昭公七年，收錄於《十三經注疏》第六冊，（臺北：藍燈出版社），
頁764。

化成淫厲，就連匹夫匹婦也不例外，何況是王公貴胄？不少學者將此處的「用物精多」解釋爲「物精」的多寡，並將「精氣」與「魂魄」聯結，試圖證明《管子》四篇「精氣論」源自子產的「物精說」。例如：祝瑞開在《先秦社會和諸子思想新探》一書中指出：〈心術下〉派的「精氣說」，是古代「氣」的學說，特別是子產的「物精說」的繼承和發展。他說：

> 子產曾用所謂「物精」來說明人的「靈魂」及其來源。……古代祇是用「氣」以及陰陽變化來說明萬物和生命的起源，對於生命和精神現象如何產生並沒有回答。子產認爲物質中有所謂「精」即「精華」構成生命和精神現象，這就把問題推進了一步。這是素樸的唯物主義觀點。〔註73〕

他認爲《老子》反對子產的觀點，主張「精」存在於本體的「道」之中；而《管子‧心術》派則反對《老子》，他們吸收當時自然科學的成果，和繼承古代唯物主義哲學的基礎上，使「精」和物質的「氣」結合起來，指出「氣之精者也」是「天出」，發展了古代「氣」和子產「物精」的唯物主義哲學，取得更精緻、完整而統一的形態。〔註74〕

　　綜合祝瑞開的說法，他認爲「物精」乃是物質中的精華，子產用它來解釋靈魂及其來源；《管子》所謂「精氣」是氣之精華，「精」提昇了「氣」的物質性，所以「精氣」是「物」和「精」的結合。《管子》四篇用「精氣」來解釋生命的來源和精神現象，如同子產用「物精」來解釋靈魂，所以「精氣論」是子產的「物精說」的繼承和發展。

　　其後金春峰在《漢代思想史》中提到：「在中國傳統思想中，什麼東西都可以成精，……這些精都有它的物質基礎，都是由物精發展而成的。」〔註75〕他認爲「精」仍是以物質爲基礎，「物精」可以轉化爲「精」。裘錫圭在《稷下道家精氣說的研究》一文中，則舉例證明「物精」之說，又說玉含有較多的精，所以古有「食玉」之風。〔註76〕以上這些敍述都在支持並補充「物精」

〔註73〕祝瑞開：《先秦社會和諸子思想新探》，（福州：福建人民出版社，1981年），頁205。
〔註74〕同前註。
〔註75〕金春峰：《漢代思想史》，（北京：中國社會科學院，2006年2月），頁465～466。
〔註76〕裘錫圭：《稷下道家精氣說的研究》，收錄於《道家文化研究》第二輯，（臺北：文史哲出版社，2000年），頁180～181。

的說法。近來陳德興的《氣論釋物的身體哲學——陰陽、五行、精氣理論的身體形構》，也沿用「物精說」來闡述「氣論」。他說：

> 子產講「物精」時並沒談到氣，《左傳》、《國語》論「六氣」、「陰陽之氣」、「天地之氣」時也沒談到精。論言「精氣」是將「精」的原始意涵，加上氣的物質屬性來的，「精氣」也就用來指稱「氣」裡面較精粹、特別、對那股神祕活力有所繼承的部分。……「物精」信仰及「食玉」之風也在「精氣說」成型之後以另一種方式發展開來……。〔註77〕

這裡將「精」和「氣」分開解釋，意謂「精」是精微、神秘的，具有主動的作用，「氣」則是物質屬性。「精」概念和「氣」概念合而為「精氣」，則是後起的觀念。又說：《管子》的「精氣」被視為萬物同一的形構基礎，亦為萬物生命存續、精神狀態等神秘現象的決定性因素。〔註78〕總而言之，「精」是生命精神的來源，「氣」是形構的物質基礎。

　　以上說法都將子產的「用物精多」解釋成「物精說」，並認為「物精」與「精氣」有關。筆者推斷：論者可能著眼於《管子・內業》的「凡物之精」，試圖為「精」與「物」二字找到思想源頭，於是將「用物精多」約化為「物精」一詞，如此「用物精多」便可與「凡物之精」有所聯結，最後推論出「精氣論」源於子產「物精說」。再者，由於「精氣」含有「氣」的物質成分，所以「精氣論」屬於唯物主義。

　　此外，裘錫圭又根據《左傳》昭公二十五年：「心之精爽，是謂魂魄。」〔註79〕以及《易・繫辭上》：「精氣為物，遊魂為變，是故知鬼神之情狀。」〔註80〕他從這兩段文字斷定：「魂氣」就是「精氣」；並認為這和〈內業〉精氣流於天地而為鬼神的說法是一致的。〔註81〕裘錫圭不僅主張「精氣」就是「魂氣」，甚至認為老子論道「其中有精」的說法，是受到《管子》四篇影響。〔註82〕

〔註77〕陳德興：《氣論釋物的身體哲學——陰陽、五行、精氣理論的身體形構》，（臺北：五南圖書公司，2009年1月），頁66。

〔註78〕同前註，頁41。

〔註79〕《左傳》昭公二十五年：「心之精爽，是謂魂魄。魂魄去之，何以能久？」頁887。

〔註80〕《周易・繫辭上》，收錄於《十三經注疏》第一冊，頁146。

〔註81〕裘錫圭：《稷下道家精氣說的研究》，頁179。

〔註82〕同前註，頁192。

由上述說法可以歸納出以下幾個論題：一、「精氣說」和子產的「物精說」是否有關？二、「精氣」是否即是「魂魄」或指「靈魂」、「魂氣」？三、「魂魄」與《老子》有何關聯？四、《老子》的「其中有精」是否受到《管子》四篇的影響。

關於第一個問題，首先必須追問何謂「物精」？「物精」一詞應是從「用物精多」而來，孔穎達《正義》：「若其居高官而任權勢，奉養厚則魂氣強。故用物精而多，則魂魄強也。……物謂奉養之物，衣食所資之總名也。」〔註83〕楊伯峻注：「物謂養生之物，衣食住所資者。既精美且多。」〔註84〕所以「用物精多」是指養生物資的豐厚精美。下文「其取精也多矣」，楊伯峻注：「取物之精亦多矣。」〔註85〕足見「物」是物資，「精」用作形容詞，有精美、精良之意，意謂養生之物豐厚而精美，魂魄必強。由此可以證明「用物精多」的「精」不是「精氣」，子產並無「物精」之說，也沒有使用「物精」來解釋「靈魂」，所以主張《管子》四篇的「精氣論」源於子產的「物精說」，顯然不能成立。

至於「精氣」與「魂魄」是否有關？參照《左傳》昭公二十五年相關的記載：「心之精爽，是謂魂魄。魂魄去之，何以能久？」〔註86〕楊伯峻注：「精爽猶言精明。」〔註87〕此處「精」字意指精明，並非「精氣」之意。足見「魂魄」與「心」的精明有關，而且「魂魄」的強弱攸關壽命的長短。所以依據《左傳》的文獻記載，並不能證明「魂魄」就是「精氣」。但《左傳》昭公七年子產所謂「用物精多，則魂魄強，是以有精爽至於神明」，此處「精爽」也是精明之意。《正義》曰：「此言從微而至著耳。精亦神也，爽亦明也；精是神之未著，爽是明之未昭。」〔註88〕意謂從心之精爽修養之後便可以至於「神明」。《管子》的「精氣」也必須在心的虛靜、潔淨的狀態下才能存藏，而且〈內業〉、〈心術下〉都有到達「精氣之極」可以獲得「神明」智慧的說法；所以「魂魄」的強弱、「精氣」的積聚，都取決於心的精明。更進一步說，「心之精爽而至於神明」，與《管子》四篇的「精氣」至極而到達「神明」之境，

〔註83〕《左傳》，頁764。
〔註84〕楊伯峻：《春秋左傳注》，（臺北：洪葉文化，1993年5月），頁1292。
〔註85〕同前註，頁1293。
〔註86〕《左傳》《十三經注疏》，（臺北：藍燈出版社），頁887。
〔註87〕楊伯峻：《春秋左傳注》，頁1456。
〔註88〕《左傳》，頁764。

兩者意義相通。總而言之，「魂魄」的強弱與「精氣」的積聚，都與精神狀態有關，足見「魂魄」與「精氣」的概念其實相近。

那麼《管子》四篇的「精氣說」是否源於子產的「魂魄說」？子產以「形」釋「魄」，以「陽氣」解釋「魂」，並未提到陰氣，後世注家便以陰陽二氣解釋「魂魄」，認爲「魂」是氣，「魄」是形。〔註89〕《管子·內業》說：「凡人之生也，天出其精，地出其形，合此以爲人；和乃生，不和不生。」意謂人的生命是「精」和「形」的和成，亦即「精」內在於「形」中，因此「精」和「形」是生命的二元結構，這與「形魄」、「氣魂」的生命結構相似。換言之，「魄」代表形氣，「魂」代表精氣。此外，《管子》四篇的修養論主張「修心而正形」，「修心」可以存養「精氣」，「正形」則是調理「形氣」，這也是「形魄」、「魂氣」觀念的延伸。由此可見，「精氣」可能就是「靈魂」、「魂氣」，《管子》四篇的「精氣論」可能是「魂魄」觀念的進一步發展。

《老子》與子產的「魂魄說」是否有關？《道德經·第十章》：「載營魄抱一，能無離乎？」河上公注：「營魄，魂魄也。人載魂魄之上得以生，當愛養之。……一者，道始所生，太和之精氣也，故曰一。」〔註90〕此章河上公將「營魄」解釋爲「魂魄」，並指出「一」乃是道所生的「精氣」。李存山據此主張《老子》對於子產的「魂魄」說有所繼承和發展。他認爲「載營魄抱一」就是精神與肉體合一，亦是陰陽合和之意。〔註91〕其實河上公所謂「載營魄抱一」，是指守住「精氣」與道合一，使「魂靜」而心定，「魄安」而延年；〔註92〕並非指精神與肉體合一，而是使魂魄合於道；何況河上公之說代表漢代氣化宇宙論的觀點，未必合乎《老子》原意。此外，除了此段文獻，《老子》並無與「魂魄」相關的論述，即使「營魄」意指「魂魄」，未必就能證明《老子》對於子產「魂魄」說有所繼承和發展，此一推論有待商榷。

《老子》與子產「魂魄說」的關係並不明顯，至於《道德經·第二十一章》說：「恍兮惚兮，其中有物。窈兮冥兮，其中有精。」這裡的「其中有精」不可能受到《管子》四篇的影響。其中原因是：一者不符合時代先後的次序，

〔註89〕 詳見本文第二章第三節〈「氣論」的思想淵源〉，頁54～55。

〔註90〕 河上公：《老子道德經河上公章句》，（北京：中華書局，1993年），頁34。

〔註91〕 李存山：《中國氣論探源與發微》：「《老子》強調『抱一』，這是因爲《老子》認爲陰陽本從一氣而生，陰陽合和成爲人，這個人是『沖氣以爲和』的一個統一體。……老子之生命觀是使人不發生精神與肉體的分裂。」（北京：中國社會科學出版社，1990年12月），頁88。

〔註92〕 河上公：《老子道德經河上公章句》，頁34。

二者義理上也不相應，本文第三章第一節〈虛無無形謂之道〉、第四章第一節的〈精存自生〉，已經討論過兩者之間的關係，此處不再贅述。

　　綜合以上所述，《管子》四篇的「精氣論」可能是《左傳》「魂魄說」的進一步發展，更精確地說，它其實是承襲自春秋、戰國以來「氣」思想的發展成果，最主要是繼承老莊道家的「氣論」架構，進而建構出獨有的「精氣」理論。所以討論「精氣論」的思想淵源和學術成就，應該放在整體「氣論」發展史來檢視比較恰當。唯須澄清的是：「精氣論」絕非源於「物精說」，「精氣」不是精微、神秘的物質，所以「精氣論」也不是唯物主義哲學。

二、「精氣論」的思想開展

　　在古典文獻中，「氣」原本隱含有秩序、規律的觀念，後來發展為說明宇宙現象的哲學概念，老莊道家又進一步在道論的體系下建構氣論，形成「道氣論」和「心氣論」兩大思想主軸。《管子》四篇的「精氣論」依循著老莊「氣論」的既有成果，在「道氣論」和「心氣論」兩個面向都有所開展。「精氣」一方面代表道的作用，另一方面則代表生命的動力來源，所以「精氣論」包含有宇宙論和存有論不同面向的意義。以下分別敘述之：

（一）道氣論

　　所謂「道氣論」探討的是形上之道與氣的關係，但是這個命題在《管子》四篇則為「道」與「精」的關係。它首先將「精」與「氣」結合起來，建構出「精氣論」。一方面繼承《老子》的「道論」，以「精」說明道的作用；另一方面接續《莊子》的「氣論」，以「精」說明天地萬物的生成。所以《管子》四篇的形上架構其實是老子「道論」，和莊子「氣論」的結合。

　　《道德經》的道具有「無」和「有」的雙重特性，《管子》四篇的道論也保有道之「無」的形上特性，但〈內業〉指出「精」化生為日月、星辰、五穀、鬼神，足見《道德經》中關於道生萬物的功能，在《管子》四篇已為「精」所取代，所以「精」即是道之「有」。〔註93〕

　　《莊子‧知北遊》有「通天下一氣」的說法，又說：「夫昭昭生於冥冥，有倫生於無形，精神生於道，形本生於精，而萬物以形相生。」其中「形本生於精」的意義，與道生萬物的作用有關，但此處並未點出「一氣」和「精」的關係。《管子》四篇將道生萬物的動能稱為「精」，舉凡天地、日月、星辰、

〔註93〕詳見本文第三章第一節〈虛無無形謂之道〉。

鬼神，乃至聖人、常人，都是「精氣」所化生，「精」就是「精氣」；〔註94〕足見《莊子・知北遊》的「一氣」，相當於《管子》四篇的「精氣」。但是《莊子》的「一氣」仍包含陰陽二氣，《管子》四篇中只有「道」與「精氣」的關係，並未出現陰陽二氣的相關論述，這點與老莊的「氣論」明顯不同。

　　《管子》四篇的形上架構是「道」與「德」，〈心術上〉說：「虛無無形謂之道。化育萬物謂之德」。道是「動不見其形，施不見其德」，所以道雖是虛無無形，卻是作用無窮，就其生養萬物稱之為「德」；總而言之，「道之與德無間」（〈心術上〉）。前面說過，道的作用稱為「精」，道畜養萬物稱之為「德」，兩相對照便可歸納出：「精」和「德」都是道之「有」。但是兩者意義仍有所區別：「精」強調生命的動力來源，「精」朗現於「心」；「德」則是強調生命的存在本質，「德」存在於「性」。

　　總之，「精」與「德」都是「道之有」，但嚴格說來，「精」不是「德」。由此可見，《管子》四篇發揮《老子》道論，立足於「道之有」，而建構出「精氣論」，對於道家思想有繼承也有創新。

　　《管子》四篇保存《老子》之「道」的形上位階，並以「精氣」代替《莊子》的「一氣」，雖然並無陰陽二氣的觀念，卻強調「和氣」的重要性。總而言之，「精氣」是道的作用，具有形上性格，並非指精微、神秘的物質。

（二）心氣論

　　在《管子》四篇中，「精」代表形上之道的作用，〈內業〉又說：「天出其精，地出其形，合此以為人，和則生，不和不生。」足見「精」就是道的「和氣」，在道生萬物的過程中，內在於人的形體之中，所以「精」也是萬物生命的動力來源。

　　《管子》四篇中的「氣」包含兩個層次：一是形上意義的「氣」，稱之為「精」或「精氣」，代表道的作用，也是萬物的生命來源；二是形下意義的「氣」，就是「形氣」或「血氣」。當「形氣」與意志結合，可以形成「善氣」或「惡氣」，亦可顯發於外，進而與外物或他人感通。

　　雖然「精」內在於人的生命之中，但必須透過修養工夫才能留住「精氣」，而不致散失。當「心」維持在虛靜無欲的狀態，「精氣」便可朗現於心；接著，透過「心」與「氣」的調和，使形體端正而成為「精舍」，此即是「修心而正

〔註94〕詳見本文第四章第一節〈精存自生〉。

形」的工夫。當「精氣」積聚到達浩然和平的境地，提供「形氣」轉化的泉源，於是「精」在「氣」中，「形氣」可以逐次轉化爲「寬氣」、「雲氣」，當它提昇爲「精氣」或「靈氣」，便是得道的境界。此外，當「精氣」積聚到達極致的境地，靈氣在心，於是心與道合一，進而獲得智慧，稱之爲「神」。

〈內業〉說：「德成而智出」，又認爲「精氣」至極便可到達「神」的效果，「智」從成德而來，「神」從聚精而來，「智」和「神」都是指觀照的智慧，所以「智」與「神」同義。由此可見，「存精」可以「成德」，「養精」與「成德」工夫其實是相通的。

總而言之，《管子》四篇的修道成德之路，就從調和心氣關係開始，進而展開存精、摶氣、養神的工夫歷程，所以「精氣論」的實踐進路就以調理心氣關係爲起點，從「心」與「氣」合一，邁向「心」與「道」合一，由修道而得道，追求生命的轉化與提昇。

《管子》四篇從老子的「道之有」和莊子的「一氣之化」，建構出「精氣論」，以「精氣」貫通天人兩界，在「道氣論」和「心氣論」兩方面都有精闢的論述，成爲戰國時期闡揚「氣論」的重要著作。其「氣論」的表述方式是以「精」取代「氣」，思想架構簡圖如下：

如圖所示，此一思想架構與道家「氣論」大致相當；〔註95〕由此可見，《管子》四篇「精氣論」繼承道家「氣論」的義理規模而有所開展。

三、「精氣論」的思想定位

從《左傳》、《國語》的史料呈現，戰國以前的思想界認爲：維繫天地秩序的是「天地之氣」和「六氣」。到了戰國時代，老子《道德經》主張維繫天地秩序的是「道」，並將「道」與「氣」連結起來，提高了「氣」的地位；《莊子》仍保存「六氣」、「雲氣」、「天氣」、「地氣」等觀念，但以「一氣」說明

〔註95〕詳見本文第二章第三節〈「氣論」的思想淵源〉。

萬物的變化消長，奠定了「氣論」的規模；《管子》四篇接續老莊思想的既有成果，以「精氣」說明天地萬物的創造，也以「精氣」說明生命內涵，建構出貫通天人的思想體系，尤其是「心氣論」方面的論述，開創出豐碩的學術成果，並與戰國時代的學術思潮相呼應。

「心氣論」的開展乃是戰國學術的重要成就，這應當溯源於春秋時代。《左傳》有「曹劌論戰」的「勇氣說」，〔註96〕《孫子兵法‧軍爭》則有「三軍可奪氣，將軍可奪心」〔註97〕的說法；兩者都隱含有「心」、「氣」互動的觀念。到了戰國時期已發展為「心氣論」，蔚為學術風潮：一方面運用在戰場上，成為兵法戰術；另一方面則發揮在心性修養的工夫論上，並引發各派思想家的思想論辯，成為儒道兩家的重要學術論題。

「心氣論」如何運用於兵法上？關於此點，楊儒賓有詳盡的論述，他說：

> 戰國時期，兵家重氣是個很普遍的現象，吳起論用兵四機，首要者即是「氣機」（《吳子兵法‧論將篇》），司馬穰苴亦言戰「以氣勝」，且力主新氣勝舊氣（《司馬兵法‧嚴位篇》）。尉繚子亦言：「將之所以戰者，民也；民之所以戰者，氣也。氣實則戰，氣奪則走。」（《尉繚子‧戰威》）又言：「戰在治氣。」（〈十二陵〉）凡此種種，皆顯示作戰時，除要掌握可計量的物質能量外，如何深入無形無象的身心深處，藉以鼓舞之或摧毀之，已成為當時統兵者一項重要的工作。

〔註98〕

從以上文獻可知，「氣」在戰場上的重要性。他認為：1972 年在山東銀雀山出土的《孫臏兵法》，在〈延氣篇〉中孫臏將氣分成激氣、利氣、厲氣、斷氣、延氣諸種，並指出如何獲得這些氣的方法，此篇乃是辨析士氣最精微的一篇文章。〔註99〕從〈延氣篇〉〔註100〕的論述可知：孫臏透過激氣、利氣、厲氣、斷氣、延氣等方式來掌控士氣，方法極為精到，顯見戰國時期已有專屬兵法

〔註96〕《左傳》莊公十年，頁 164。
〔註97〕《孫子兵法》收錄於《新編諸子集成》第八冊，（臺北：世界書局，1983 年 4 月）。
〔註98〕詳見楊儒賓編：《中國古代思想史中的氣論及身體觀——導論》，（臺北：巨流出版社，1993 年 3 月），頁 36。
〔註99〕同前註。
〔註100〕孫臏：《孫臏兵法‧延氣》：「合軍聚眾，〔務在激氣〕。復徙合軍，務在治兵利氣。臨竟（境）近適（敵），務在癘（厲）氣。戰日有期，務在斷氣。今日將戰，務在沍（延）氣。」（北京：文物出版社，1975 年）。

的「氣論」。在戰場上決定勝負的因素，除了武器軍備等物質條件之外，軍士的心、氣狀態也是重要的關鍵；整頓軍備固然重要，無形的心氣力量也不可忽視，因此「治氣」乃成為兵法家的重要課題。

「心氣論」運用在戰場上，成為兵法戰術，也成為思想家的學術課題，老子、莊子、孟子、告子、《管子》四篇、荀子，都有相關的論述。例如：老子說：「心使氣曰強」〔註101〕，莊子主張「無聽之以心而聽之以氣」〔註102〕，孟子主張「以志帥氣」、「養浩然之氣」，〔註103〕《管子》四篇則說「藏精於胸中」、「靈氣在心」，〔註104〕荀子也將「治氣養心之術」〔註105〕納入禮樂教化之中。〔註106〕儘管各家學術觀點不同，主張各異，但卻大致呈現出一個共同的思想歸趨，那就是：將形下之「氣」與形上之「道」聯結，以修心為起點，追求心氣關係的和諧，進而強調轉化、擴充、提昇，因此修養工夫以朗現「道」的境界為終極理想。由此可見，戰國思想家不約而同地將「生命之氣」納入「道」的系統之中，形成天人一貫，道氣合一的思想體系。

綜合以上所述，可知戰國時期「氣論」有兩大進展：

（一）從「天地之氣」、「六氣」發展成「道氣論」。

（二）從「生命之氣」發展而為「心氣論」。

從上述的學術成果可知：屬於「氣論」發展史上第二階段的戰國時期，不僅是「氣概念臻於成熟」〔註107〕，應該說是「確立氣論的思想規模」。

管子《四篇》在「道氣論」和「心氣論」兩方面都提出精闢的見解，繼承老莊又有別於老莊，實為戰國「氣論」的重要著作。陳德興說：

> 《管子》四篇以「精氣」思想統論整個天人體系，縱貫四篇不見陰
> 陽、五行之蹤跡，而純以「精氣」論道，這樣一種道論在先秦典籍
> 中實屬特別。〔註108〕

〔註101〕參見《道德經‧第五十五章》。
〔註102〕參見《莊子‧人間世》：「若一志，無聽之以耳而聽之以心，無聽之以心而聽之以氣！聽止於耳，心止於符。氣也者，虛而待物者也。唯道集虛。虛者，心齋也。」
〔註103〕參見《孟子‧公孫丑上》。
〔註104〕參見《管子‧內業》。
〔註105〕參見《荀子‧修身》。
〔註106〕參見《荀子‧禮論》、〈樂論〉等篇章。
〔註107〕劉長林：〈說氣〉，頁111～112。
〔註108〕陳德興：《氣論釋物的身體哲學——陰陽、五行、精氣理論的身體形構》，頁68。

從春秋以來「氣」概念的形成，到戰國時代老莊「氣論」的奠基，《管子》四篇的作者繼承前代學術成果，又創造出新的思想架構，尤其是在「心氣論」方面，開展出提供生命轉化提昇的修養論，又與孟子的「知言養氣」說分庭抗禮，實爲戰國「氣論」的傑出著作，此後又影響漢代的「元氣論」，在「氣論」發展史上具有承先啓後的地位。

四、《管子》四篇的學術價值

　　通過以上三節的討論，可以看出《管子》四篇的「精氣論」在戰國學術中占有重要的位置，對於漢代學術也極具影響力。它的「心氣論」成爲《荀子》禮論的思想依據，影響了《荀子》心學的創發，以及「援禮入法」的政治主張。它對於《淮南子》的影響尤其顯著，從它的「道論」、「氣論」、「存有論」、「無爲論」，都可以找到思想傳承和轉化的軌跡。因此若要判定「精氣論」的學術價值，可以從「道氣論」、「心氣論」和「無爲術」三個面向來進行討論：

　　（一）道氣論

　　《管子》四篇的「精氣論」接續春秋以來「氣」概念的發展，從《老子》的「道論」到《莊子》的「氣論」，建構出「精氣論」，內容以「道氣論」和「心氣論」爲思想主軸，主要是以「精氣」來說明道的作用，以及萬物的生命來源；於是「精氣」貫通天人兩界，「天地之氣」和「生命之氣」合而爲一，此一理論架構奠定了漢代「元氣論」的發展基礎，具有承先啓後的地位。

　　《淮南子》繼承《管子》四篇「精氣論」的思想規模，將道和創生作用分開，於是道的創生作用爲「氣」所取代，《淮南子》保存了道之「無」的形上特性，並從道之「有」去建構氣化理論，這點顯然是受到「精氣論」的影響。

　　（二）心氣論

　　《管子》四篇對於「精」和「神」之間的辯證關係，剖析得極爲透徹，形成今人所共知的「精神」概念，對於「形氣」的轉化提昇也有深入的探討。「精舍」的觀念證明了身體就是修養的道場，「修心而正形」的修養論，強調養心和養形不可偏廢，並辯證兩者之間的關係：養心的終極目標在於「得道」，養形則是爲了「守道」。此說可破除世人偏重養生長壽的迷思。

　　其「心氣論」在戰國時代和孟子的「知言養氣說」互相輝映，提供心性

修養和生命哲學豐富的理論基礎。此外，其修心的工夫又啓發了荀子「虛壹而靜」的思想，並提供解蔽的依據，成爲荀子吸納道家思想的重要橋樑。它在存有論方面提出「精」、「氣」、「神」等核心概念，《淮南子》也大致繼承下來，所不同的是，《淮南子》的生命結構是「形」、「氣」、「神」，並以「氣」爲樞紐，注重「形」、「神」關係的調和，此後形神二元的觀念成爲黃老道家生命哲學的主流。

（三）無為術

將老子「無爲」的形上原理，賦予「因循」的新意，並爲「法」找到形上根源，於是「無爲而無不爲」的實現原理，落實爲君德和君術，形成兼容儒、道、法三家思想精華的政治主張。《淮南子》繼承《管子》四篇的政治思想，也是「以虛無爲本，因循爲用」，亦即因循儒家的德治、法家的法治，形成「君無爲而臣有爲」的黃老治術。所以，《管子》四篇「無爲」的政治思想，是先秦道家過渡到黃老道家的思想轉關，開啓了黃老道家的發展方向，並奠定漢代黃老之學邁向成熟的基礎。

從以上三個面向，可以大致掌握《管子》四篇的學說價值，它的學術成果在《荀子》和《淮南子》中都可以找到思想傳承的軌跡，足見其學說影響深遠。至於「精氣論」在「氣論」發展史上更具有承先啓後的地位，此即《管子》四篇的學術價值所在。

第八章　結　論

壹、研究成果

經過以上幾個章節的討論之後，本文大致可以得出以下結論：

一、關於《管子》四篇的學術背景

稷下學宮乃是基於政治需求而建立的學術機構，稷下學者一方面為國獻策，另一方面則致力於學術研究，並透過著作和論辯進行學術活動。稷下學宮的設立促進了學術的勃興，形成百家爭鳴的局面，也提供了《管子》的思想養分，對於戰國學術的發展具有重大的貢獻。

《管子》非一時一人之作，並非出自春秋時代管仲之手，而是戰國諸子，尤其是稷下學者依託管仲之名的集合之作。基於齊王富國強兵的政治需求，全書主要探討治國原理以及與實際政務相關的經濟、農業、兵法等論述，內容包羅萬象，保存了戰國時代各學派的重要學說。

《管子》四篇為稷下道家的代表作，其形上原理繼承老子的道論，以道之「德」為心性內涵，並吸納儒家的仁義；政治思想則以道家的「無為」吸納儒家的禮治，和法家的法治，形成儒、道、法思想的融合，初步具備黃老之學的特質。嚴格而言，仍不是黃老道家，因此應當歸屬於稷下道家，而不是法家或雜家。

二、關於「精氣論」的價值根源

老子建構了以「道」為中心的形上架構，《管子》四篇承襲其義理規模，

也是以「道」爲形上根源，以「德」爲人性內涵。所不同的是，《管子》四篇的「道」僅保存形上特性，道的作用逐漸被天地和精氣所取代。「德」則吸納了儒家的仁、義、禮，重視情感的調節，並肯定人文禮樂的教化功能。

所以《管子》四篇一方面承襲道家思想的形上架構，另一方面又創造出新的思想內涵。

三、關於「精氣論」的義理架構

《管子》四篇「精」的觀念，從老子道的作用衍化而來，「精」一方面是道的作用，另一方面則是生命的動力來源。

在《管子》四篇中，「氣」經常與「精」混淆不清，因此筆者釐清二者的關係：「氣」包含「精氣」和「形氣」兩層涵義；「精氣」來自於形上之道，「形氣」則落在形體之中。「形氣」可以透過心對「精氣」的積聚涵養，提昇轉化而與道合一，此一境界稱爲「靈氣」。

「神」來自心的虛靜無欲，也是精氣凝聚的結果，「神」是觀照的智慧，可以與萬物感通。

四、關於「精氣論」的實踐與發用

《管子》四篇的作者繼承道家思想精髓，建構出貫通天人的「精氣論」，在理論實踐方面提出「修心而正形」的修養工夫，以及「君道無爲」的政治理想。

就修養工夫而言，透過心的虛靜無爲，和形體的持續維護，亦即養心與養形並行，才能進一步做到搏氣、藏精、成德、守神，終而成爲得道的聖人。

就政治理想而言，君主虛靜無爲，因循刑名禮法，使臣下發揮所能，使百姓順服聽從，如此便是「無爲而無不爲」的具體實踐。

「精氣論」的理想境界在於成爲聖人，無爲的君主也是聖人，由此可知《管子》四篇的「君道無爲」乃是繼承老子「聖人無爲」的思想，更進一步開發出政治管理技術。君主從個人身心修養乃至於治國之術，都包含在「精氣論」的思想體系之中，足見「精氣論」的建構，提供國君從修身乃至治國的理論依據，具備黃老之學的雛形。

五、關於「精氣論」與孟子、莊子的關係

心氣理論是戰國時期重要的學術論題，《管子》與孟子、莊子等思想家，

都回應此一時代課題，各自站在學派的立場提出主張，進行學術對話。

孟子代表儒家提出「知言養氣」之說，莊子代表道家提出「聽之以氣」的「心齋」工夫，《管子》則代表稷下道家提出「精氣論」，三者都探討了心、氣之間的互動關係，並提出修養的進程。雖然三家的修道進路各有不同，但卻表現出共同的思想歸趨——強調生命價值的開發，主張由小我通向宇宙天地，終極理想則是與萬物合而爲一。總之，三家都主張即有限而無限，追求生命的理想境界。

孟、莊、《管》三家的心氣理論，在思想論辯和對話中，豐富了戰國學術的內容，也展現了中國哲學崇尚人文關懷的思想特質。

六、關於「精氣論」的歷史迴響與思想定位

荀子與《管子》四篇的關係，從荀子對於心氣的討論，可知處理心氣關係乃是戰國學術共通的課題；荀子「虛壹而靜」的心學，源於《管子》四篇的修心工夫，但是前者屬於認識論，後者屬於修養論。《管子》四篇實爲荀子吸納道家思想的重要橋梁。

《淮南子》的氣化論、存有論、無爲論，大致承襲自《管子》四篇的義理規模，將黃老思想的特質發展得更爲成熟完備。從《管子》四篇到《淮南子》，正可說明從稷下道家邁向黃老道家，其中思想發展的軌跡。

「精氣論」的思想主軸有二：「道氣論」和「心氣論」，前者屬於「形上根源」，後者屬於「存有架構」；本文已分別在第三、四章詳論其思想內涵。從「道氣論」又開展出「因循無爲」的政治理想；「心氣論」則開展出「浩然和平」的精神境界。由治身通向治國的思想特質與黃老之學相符。其思想定位應爲老莊道家過渡到黃老學派的重要關鍵。

筆者透過《管子》四篇的「精氣論」，第一，探究心性修養與生命價值的開發，關於「氣」的提昇與轉化，在此找到理論依據；第二，探究戰國學術的發展概況，發現：從老莊道家到黃老學派，《管子》四篇展示了思想遞嬗的過程；第三，從孟、莊、《管》三家心氣理論的對照中，體悟出中國哲學家關懷時代，也關心生命問題，對於生命價值的開發，提出精闢的見解，進而發展出豐富而多元的生命哲學。

貳、研究心得

一、確立概念的範疇

　　《管子》四篇中「精」和「氣」二字的使用偶有混淆，造成義理解讀上的糾葛，「精」往往因此被解釋爲物質性的存在，筆者透過整體系統的觀照和比較，確立「精」、「氣」的範疇。尤其是「精」與「神」之間也有混淆的現象，經過文字的剖析，筆者釐清二者之間的關係：「精」不是「神」，「神」是「精」積聚到達極致的結果。「神」是智慧之明，不是鬼神的降臨，也不是通靈之意。此外，「精」與「德」都是道之「有」，但「精」指道生萬物的動能，「德」指道內在於人的本質。確立了意義的範疇，就不致如陳鼓應等多位學者認爲：「精」等於「神」，「德」等於「精」；或如馮友蘭等人認爲：「道」等於「氣」。即使上述概念或有部分相通之處，但意義界定不清，將會削弱論述的精密度。因此筆者將釐清意義範疇列爲首要工作。

二、解決學術爭議

　　在本論文的研究過程中，面臨許多學術爭端，例如：《管子》四篇究竟歸屬於齊法家，還是黃老學派？孟子「知言養氣」說與《管子》「精氣論」究竟何者原創，何者因襲？凡此種種爭議，學者各有立說，筆者先深入文本進行爬梳的工作，進一步羅列各家說法，通過對照比較其論述的得失，最後釐清糾葛。例如：關於孟子「浩然正氣」與《管子》四篇「浩然和平」的學術問題，筆者跳開因襲與原創的爭議，將它還原到時代氛圍和學術環境中，進而掌握戰國時代百家爭鳴的學術成就。

三、建立理論架構

　　筆者以爲任何理論的提出，內部必定存在著立體架構，文字的表述可能流於平面，因此筆者一方面爬梳文本的理路，另一方面則以圖表標示出隱藏的思想架構，希望透過一目瞭然的圖表，使抽象的思想更爲具體。例如：「道」與「精」之間的關係，「精氣論」的整體架構，「精」、「氣」、「神」之間的關聯性，「精氣」與「形氣」之間轉化的過程，修養工夫的進程等，筆者都嘗試藉由簡單圖示來顯現研究成果，俾能有助於文本的深層理解與整體掌握。

四、闡發經典奧義

筆者以爲《管子》四篇最大貢獻就在於存有論和修養論，它對於人的「志」、「意」、「精神」的課題，闡發得極爲精闢，有助世人對心性的掌握。尤其是「精舍」的提出，充分說明了養心與養形不可偏廢，啓示後人：身心合一乃是一切修養的起點；並不像後世儒者一味標榜養心，卻貶抑養形。更值得注意的是，《管子》四篇提出以下獨到的見解：心氣的強力凝聚，可能形成善氣，也可能形成惡氣。此一現象在人間世確實可以獲得驗證，對於人格的養成，提供了一套合理的解釋。以上研究心得，對於個人處世之道，以及在教育耕耘、學術研究等方面，都有深刻的啓發。

參考書目

一、《管子》專書及相關研究

1. 戴望：《管子校正》，唐尹知章注，收錄於《新編諸子集成》第五冊，臺北：世界書局，1983。

2. 王念孫：《讀書雜志》，臺北：商務印書館，1978。

3. 俞樾：《諸子平議，管子平議》，收錄於《新編朱子集成》第八冊，臺北：世界書局，1983。

4. 王叔岷：《諸子斠正・管子斠正》，臺北：世界書局，1964。

5. 于省吾：《管子新證》，臺北：樂天出版社，1970。

6. 凌汝亨：《管子輯評》，臺北：中華書局，1970。

7. 〔日〕安井衡：《管子纂詁》，臺北：河洛圖書出版社，1976。

8. 羅根澤：《管子探源》，收錄於《諸子考索》，九龍：學林書店，1977。

9. 郭沫若等：《管子集校》，《郭沫若全集》歷史篇，卷五、六、七、八，北京：人民出版社，1984。

10. 張舜徽：《周秦道論發微・管子四篇疏證》收錄於《張舜徽集》，武漢：華中師範大學，2005。

11. 婁良樂：《管子評議》，臺北：文史哲出版社，1973。

12. 徐漢昌：《管子思想研究》，臺北：學生書局，1990。

13. 胡家聰：《管子新探》，北京：中國社會科學出版社，1995。

14. 顏昌嶢：《管子校釋，管子校釋》，湖南：嶽麓書社，1996。

15. 陳鼓應：《管子四篇詮釋——稷下道家代表作》，臺北：三民書局，2003。

16. 張固也：《《管子》研究》，濟南：齊魯書社，2006。

二、古典文獻及相關注本（依經史子集排序，注本隨附於後）

1. 《左傳》，收錄於《十三經注疏》第七冊，臺北：藍燈文化事業。

2. 楊伯峻：《春秋左傳注》，臺北：洪葉文化事業，1993。

3. 《國語》，臺北：九思出版社，1978。

4. 司馬遷：《史記》，臺北：藝文印書館。

5. 班固：《漢書‧藝文志》，臺北：藝文印書館。

6. 河上公：《老子道德經河上公章句》，北京：中華書局，1993。

7. 王弼：《老子道德經注》，收錄於《新編諸子集成》第三冊，臺北：世界書局，1983。

8. 魏源：《老子本義》，收錄於《新編諸子集成》第三冊，臺北：世界書局，1983。

9. 朱謙之：《老子校釋》，臺北：世界書局，1968。

10. 高亨：《老子正詁》，臺北：開明書店，1979。

11. 王淮：《老子探義》，臺北：商務印書館，1985。

12. 郭象：《莊子》，臺北：藝文印書館，1983。

13. 王夫之：《莊子解》，臺北：里仁書局，1984。

14. 王先謙：《莊子集解》，收錄於《新編諸子集成》第四冊，臺北：世界書局，1983。

15. 郭慶藩：《莊子集釋》，收錄於《新編諸子集成》第三冊，臺北：世界書局，1983。

16. 慎到：《慎子》，逸文一卷，清錢熙祚校，收錄於《新編諸子集成》第五冊，臺北：世界書局，1983。

17. 趙岐：《孟子注》，收錄於《十三經注疏》第八冊，臺北：藍燈文化事業。

18. 朱熹：《四書集注》，臺北：世界書局，1980。

19. 王先謙：《荀子集解》收錄於《新編諸子集成》第二冊，臺北：世界書局，1983。

20. 王先慎：《韓非子集解》，收錄於《新編諸子集成》第五冊，臺北：世界書局，1983。

21. 陳啓天：《韓非子校釋》，臺北：商務印書館，1985。

22. 孫武：《孫子兵法》，收錄於《新編諸子集成》第八冊，臺北：世界書局，1983。

23. 孫臏：《孫臏兵法》，北京：文物出版社，1975。

24. 劉文典：《淮南鴻烈集解》，臺北：粹文堂書局。

25. 朱熹：《朱子語類》，臺北：華世出版社，1987。

26. 章學誠：《文史通義》，臺北：華世出版社，1980。

27. 張文虎：《舒藝室隨筆》，臺北：文海出版社，1966。

三、相關學術論著（依作者姓氏筆劃排序，同一作者依出版先後排序）

1. 丁原明：《黃老學論綱》，濟南：山東大學出版社，1997。
2. 〔日〕小野澤精一等：《氣的思想》，上海：上海人民出版社，1980。
3. 方東美：《原始儒家道家哲學》，臺北：黎明文化事業公司，1987。
4. 王邦雄：《韓非子的哲學》，臺北：東大圖書公司，1977。
5. 王邦雄：《老子的哲學》，臺北：東大圖書公司，1982。
6. 王邦雄：《中國哲學論集》，臺北：學生書局，1983。
7. 王邦雄、楊祖漢、高柏園：《中國哲學史》，臺北：空中大學，2002。
8. 王邦雄：《老子道德經的現代解讀》，臺北：遠流出版社，2010。
9. 白奚：《稷下學研究——中國古代的思想自由與百家爭鳴》，北京：三聯書店，1998。
10. 牟宗三：《才性與玄理》，臺北：學生書局，1975。
11. 牟宗三：《心體與性體》，臺北：正中書局，1985。
12. 牟宗三：《中國哲學的特質》，臺北：學生書局，1987。
13. 牟宗三：《中國哲學十九講》，臺北：學生書局，1991。
14. 任繼愈主編：《中國哲學發展史——先秦卷》，北京：人民出版社，1983。
15. 李杜：《中國哲學思想中的天道與上帝》，臺北：聯經出版公司，1978。
16. 李存山：《中國氣論探源與發微》，北京：中國社會科學出版社，1990。
17. 李志林：《氣論與傳統思維方式》，上海：學林出版社，1990。
18. 吳怡：《逍遙的莊子》，臺北：新天地書局，1973。
19. 吳光：《黃老之學通論》，杭州：浙江人民出版社，1985。
20. 吳光：《儒道論述》，臺北：東大圖書公司，1994。
21. 余英時：《士與中國文化》，上海：上海人民出版社，1987。
22. 余明光：《黃帝四經與黃老思想》，哈爾濱：黑龍江人民出版社，1989。
23. 金受申：《稷下派的研究》，臺北：商務印書館，1971。
24. 林明照：《先秦道家的禮樂觀》，臺北：五南圖書公司，2007。
25. 胡適：《中國古代哲學史》，臺北：遠流出版社，1986。
26. 胡家聰：《稷下爭鳴與黃老新學》，北京：中國社會科學出版社，1998。
27. 侯外廬：《中國思想通史》第一卷，北京：人民出版社，1995。
28. 唐君毅：《中國哲學原論‧導論篇》，臺北：學生書局，1984。
29. 唐君毅：《中國哲學原論‧原性篇》，臺北：學生書局，1984。
30. 唐君毅：《中國哲學原論‧原道篇》，臺北：學生書局，1986。

31. 徐復觀：《中國人性論史・先秦篇》，臺北：商務印書館，1994。

32. 徐復觀：《兩漢思想史》卷二，臺北：學生書局，1985。

33. 袁保新：《老子哲學之詮釋與重建》，臺北：文津出版社，1997。

34. 祝瑞開：《先秦社會和諸子思想新探》，福州：福建人民出版社，1981。

35. 張心澂：《偽書通考》，臺北：商務印書館，1970。

36. 張岱年：《中國哲學史史料學》，收錄於《張岱年全集》第四卷，石家莊：河北人民出版社，1996。

37. 張岱年：《中國哲學大綱》，臺北：藍燈文化事業，1992。

38. 張立文：《道》，北京：中國人民大學出版社，1989。

39. 張立文：《氣》，北京：中國人民大學出版社，1990。

40. 張立文：《中國哲學範疇發展史——天道篇》，臺北：五南圖書公司，1996。

41. 張立文：《中國哲學範疇發展史——人道篇》，臺北：五南圖書公司，1997。

42. 張秉楠：《稷下鉤沉》，上海：上海古籍出版社，1991。

43. 黃漢光：《黃老之學析論》，臺北：鵝湖出版社，2000。

44. 郭沫若：《青銅時代》，收錄於《郭沫若全集》歷史篇，第一卷，北京：人民出版社，1984。

45. 郭沫若：《十批判書》，收於《郭沫若全集》歷史篇，第二卷，北京：人民出版社，1984。

46. 梁啓超：《諸子考釋》，臺北：中華書局，1957。

47. 梁啓超：《古書眞偽及其年代》，臺北：中華書局，1973。

48. 梁啓超：《先秦政治思想史》，臺北：中華書局，1977。

49. 陳鼓應：《莊子今註今譯》，臺北：商務印書館，1997。

50. 陳鼓應：《老莊新論》，上海：上海古籍出版社，1997。

51. 陳鼓應：《管子四篇詮釋——稷下道家代表作》，臺北：三民書局，2003。

52. 陳榮捷：《中國哲學論集》，臺北：中央研究院中國文哲研究所，1994。

53. 陳德和：《淮南子的哲學》，嘉義：南華管理學院，1999。

54. 陳德和：《道家思想的哲學詮釋》，臺北：里仁書局，2005。

55. 陳麗桂：《戰國時期的黃老思想》，臺北：聯經出版事業公司，1991。

56. 陳麗桂：《秦漢時期的黃老思想》，臺北：文津出版社，1997。

57. 陳德興：《氣論釋物的身體哲學——陰陽、五行、精氣理論的身體形構》，臺北：五南圖書公司，2009。

58. 黃俊傑：《孟子思想史論》，臺北：東大圖書公司，1991。

59. 馮友蘭：《中國哲學史新編》第一、二冊，臺北：藍燈文化事業，1991。

60. 勞思光：《中國哲學史》，香港：香港中文大學崇基書院，1980。

61. 傅佩榮：《儒道天論發微》，臺北：學生書局，1985。

62. 楊儒賓主編：《中國古代思想中的氣論及身體觀》，臺北：巨流出版社，1993。

63. 楊儒賓：《儒家身體觀》，臺北：中央研究院文哲所籌備處，1996。

64. 熊鐵基：《秦漢新道家》，上海：人民出版社，2001。

65. 蒙文通：《中國哲學思想探源》，臺北：臺灣古籍出版社，1997。

66. 蔡仁厚：《孔孟荀哲學》，臺北：學生書局，1994。

67. 錢穆：《先秦諸子繫年》，臺北：東大圖書公司，1986。

68. 錢穆：《莊老通辨》，臺北：聯經出版社，1995。

69. 蔣伯潛：《諸子通考》，臺北：正中書局，1978。

70. 劉笑敢：《莊子哲學及其演變》，北京：中國社會科學出版社，1993。

71. 劉蔚華、苗潤田：《稷下學史》，北京：中國廣播電視出版社，1992。

72. 劉榮賢：《莊子外雜篇研究》，臺北：聯經出版社，2004。

73. 嚴靈峰：《老莊研究》，臺北：中華書局，1966。

74. 顧頡剛等：《古史辨》四、五、六冊，臺北：藍燈文化事業，1987。

四、期刊論文

1. 丁原植：〈《老子》哲學的存有論〉，臺北：《哲學與文化》（月刊），1998，第三期。

2. 丁原植：〈精氣說與精神、精誠兩觀念的起源〉，北京：《中國哲學》（月刊），1998，第七期。

3. 王邦雄：〈《莊子》心齋「氣」觀念的詮釋問題〉，臺北：《淡江中文學報》，2006.6，第十四期。

4. 王葆玹：〈老子與稷下黃老之學〉，北京：《哲學研究》，1990。

5. 王鳳賢：〈論孔、孟和管、荀在道德修養上兩條不同的思路〉，濟南：《管子學刊》，1994，第一期。

6. 朱伯崑：〈《管子》四篇考〉，《中國哲學史論文集》第一輯，濟南：山東人民出版社，1979。

7. 朱伯崑：〈再論管子四篇〉，北京：《中國哲學史》，1995，第三、四期。

8. 〔日〕池田知久：〈《老子》的「道器論」〉，《道家文化研究》第十四輯，臺北：文史哲出版社，2000。

9. 〔日〕谷中信一：〈《老子》與《管子》〉，濟南：《管子學刊》，1994，第二期。

10. 〔日〕谷中信一：〈《管子》中的秩序與和諧觀〉，《道家文化研究》第十五輯，臺北：文史哲出版社，2000。

11. 〔日〕赤塚忠：〈《莊子》中的《管子》心術系統學說〉，臺北：《哲學與文化》「莊子哲學專題」，2006.7，第 386 期。

12. 李道湘：〈從《管子》的精氣論到《莊子》氣論的形成〉，濟南：《管子學刊》，1994，第一期。

13. 馬非白：〈管子內業篇集注〉，濟南：《管子學刊》，1990，第一、二、三期。

14. 馬非白：〈管子內業篇之精神學說及其他〉，濟南：《管子學刊》，1998，第四期。

15. 孫開泰：〈關於侯外廬先生論《管子·白心》等篇著者問題的一次談話〉，太原：《晉陽學刊》（季刊），1994，第一期。

16. 孫開泰：〈稷下學宮創建于齊威王初年考辨〉，濟南：《管子學刊》，1994，第一期。

17. 孫開泰：〈稷下黃老之學對孟子思想的影響〉，《道家文化研究》第六輯，臺北：文史哲出版社，2000。

18. 張忠宏：〈《管子》中〈內業〉及〈心術上〉二篇的思想內涵〉，臺北：臺灣大學先秦哲學研討會論文，1998。

19. 張廣保：〈原始道家的道論與心性論〉，北京：《中國哲學》，2000，第六期。

20. 陳鼓應：〈先秦道家研究的新方向——從馬王堆漢墓帛書「黃帝四經」說起〉，《道家文化研究》第六輯，臺北：文史哲出版社，2000。

21. 陳鼓應：〈道家在先秦哲學史上的主幹地位〉，《道家文化研究》第十輯，臺北：文史哲出版社，2000。

22. 陳德和：〈管子心術上篇義理疏解〉，臺北：《鵝湖月刊》，1992，第一期。

23. 陳麗桂：〈漢代的氣化宇宙論及其影響〉，《道家文化研究》第八輯，臺北：文史哲出版社，2000。

24. 陳麗桂：〈先秦儒道的氣論與黃老之學〉，臺北：《哲學與文化》「中國哲學氣論專題」，2006.8，第 387 期。

25. 陳福濱：〈導言：中國哲學氣論專題〉，臺北：《哲學與文化》，「中國哲學氣論專題」，2006.8，第 387 期。

26. 郭梨華：〈儒家佚籍、《孟子》及《管子》四篇心性學之系譜〉，臺北：《哲學與文化》「出土文獻專題研究」，2007.3，第 394 期。

27. 曾振宇：〈氣的哲學化歷程〉，遼寧：遼寧師範大學學報（社科版），1996，第四期。

28. 楊蔭樓：〈《管子》道論的特色〉，濟南：《管子學刊》，1991，第四期。

29. 楊儒賓：〈論「管子·白心、心術上下、內業」四篇的精氣說與全心論〉，

臺北：《漢學研究》，第九卷第一期，1991。

30. 楊儒賓：〈論《管子》四篇的學派歸屬問題——一個孟子學觀點〉，臺北：《鵝湖學誌》，1994.12，第十三期。

31. 裘錫圭：〈稷下道家精氣說的研究〉，收錄於《道家文化研究》第二輯，臺北：文史哲出版社，2000。

32. 劉蔚華、苗潤田：〈黃老思想源流〉，濟南：《文史哲》季刊，1986，第一期。

33. 劉長林、胡奐湘：〈《管子》心學與氣概念〉，濟南：《管子學刊》，1993，第四期。

34. 滕復：〈黃老哲學對老子"道"的改造和發展〉，北京：《哲學研究》，1986，第九期。

35. 樂愛國：〈《管子・內業》篇新探〉，濟南：《管子學刊》，1992，第四期。

36. 蔡德貴：〈試論稷下齊法家的哲學思想〉，濟南：《管子學刊》，1993，第一期。

37. 蕭兵：〈道家哲學的原子論——兼論《老子》的氣、精、信〉，北京：《中國哲學》，1997，第八期。

五、中華民國學位論文

（一）博士論文

1. 婁良樂：《管子評議》，臺灣師範大學中國文學研究所，1972。

2. 徐漢昌：《管子思想之綜合研究》，政治大學中國文學研究所，1988。

3. 張忠宏：《戰國黃老的「天道」與「道」——以《黃帝四經》及《管子四篇》為中心》，臺灣大學哲學研究所，2003。

4. 李玟芳：《《管子》形上思想探究——以「道」「氣」「心」為主軸的構建》，輔仁大學哲學研究所，2004。

5. 黃源典：《先秦道家之意義治療意蘊研究》，淡江大學中國文學研究所，2006。

6. 鄭維亮：《聖多瑪斯「獨立自存的存有本身」概念與《管子四篇》「氣」概念比較研究》，輔仁大學宗教研究所，2008。

7. 陳佩君：《先秦道家的心術與主術——以《老子》、《莊子》、《管子》四篇為核心》，臺灣大學哲學研究所，2008。

（二）碩士論文

1. 楊志祥：《管子富強政策之研究》，臺灣師範大學國文研究所，1971。

2. 葉明德：《管子政治思想之研究》，政治大學政治研究所，1974。

3. 林秀惠：《管子教育思想研究》，中國文化學院中國文學研究所，1980。

4. 施昭儀《管子道法學述義》，輔仁大學中文研究所，1985。

5. 韓毓傑：《管子與子產法治思想之研究》，政治作戰學校法律學研究所，1990。

6. 趙敏芝：《《管子》戰略思想之研究》，中央大學哲學研究所，1992。

7. 莊曙瑜：《《管子・幼官圖》析論》，中山大學中國文學研究所，1996。

8. 陳逸昭：《管子法治思想之研究》，政治大學政治研究所，1997。

9. 馬耘：《《管子》〈內業〉等四篇研究》，輔仁大學哲學研究所，1999。

10. 莊錫濱：《管子的管理哲學》，政治大學公共行政研究所，1999。

11. 陳政揚：《「管子四篇」的黃老思想研究》，南華大學哲學研究所，2000。

12. 連金峰：《《管子》思想初探》，輔仁大學中文研究所，2002。

13. 林怡玲：《試探《管子》「精氣」說中的信息科學》，中山大學中文研究所，2003。

14. 巫夢虹：《《管子》四篇思想研究》，中央大學中國文學研究所，2004。

15. 黃敏郎：《《管子》「德」思想之初究》，輔仁大學哲學研究所，2005。

16. 陳秀娃：《稷下《管子》四篇與荀子心論之對比》，政治大學哲學研究所，2006。

17. 賴姿卉：《《管子》氣論研究》，東吳大學哲學研究所，2007。

六、中國大陸學位論文

（一）博士論文

1. 池萬興：《《管子》研究》，西北師範大學（中國古代文學），2003。

2. 周俊敏：《管子》經濟倫理思想研究，湖南師範大學（倫理學），2003。

3. 楊玲：《先秦法家思想比較——以《管子》、《商君書》、《韓非子》為中心》，浙江大學（古典文獻學），2005。

4. 翟建宏：《管子經濟思想研究》，鄭州大學（中國古代史），2005。

5. 湯曾：《《管子》經濟倫理思想》，東南大學（倫理學），2007。

6. 郭麗：《管子》文獻學研究，浙江大學（古典文獻學），2007。

7. 萬英敏：《《管子》管理哲學思想研究》，華東師範大學（中國古典文獻學），2008。

（二）碩士論文

1. 易德生：《《管子》農學研究》，華中師範大學（歷史文獻學），2002。

2. 陳小普：《匡世之方 治國之術——《管子》管理心理思想探析》，陝西師範大學（基礎心理學），2002。

3. 唐青：《管子的管理哲學與現代企業的戰略管理探討》，武漢科技大學（管

理科學與工程），2002。

4. 楊立宏：《《管子‧輕重》篇的貨幣調控思想》，東北財經大學（經濟思想史），2003。

5. 吳金甌：《《管子》的管理倫理觀及其現代轉化》，湖南師範大學（倫理學），2003。

6. 呂華僑：《《管子》思想初探──以法律思想爲主》，中國社會科學院研究生院（中國古代史），2004。

7. 管正平：《《管子》及其禮法思想》，華東師範大學（古典文獻學），2004。

8. 葛宗梅：《試析《管子》中的用財思想》，吉林大學（中國古代史），2005。

9. 劉偉鵬：《《管子》思想對企業文化建設的啓示》，山東師範大學（文藝學），2005。

10. 方曙光：《《管子》社會思想及發展觀的重構》，安徽大學（社會學），2005。

11. 遇方慶：《《管子》政治哲學探析》，山東大學（中國哲學），2005。

12. 耿振東：《《管子》的文學價值》，山東師範大學（中國古代文學），2006。

13. 楊青利：《《管子》與《孟子》經濟倫理思想之比較》，廣西師範大學（倫理學），2007。

14. 王樂芝：《《管子》行政倫理思想研究》，吉林大學（歷史文獻學），2007。

15. 楊晴：《《管子》的社會管理思想研究》，山東師範大學（專門史），2007。

16. 趙亞麗：《論《管子》的經濟哲學思想》，華僑大學（馬克思主義哲學），2007。

17. 劉洪霞：《《管子》犯罪預防思想研究》，西南政法大學（法律史），2007。

18. 王海成：《《管子〉四篇研究》，陝西師範大學（中國哲學），2007。

19. 黃永晴：《《管子》的法律思想探析》，湘潭大學（法學理論），2008。

20. 瓦永乾：《《管子》的法律思想研究》，山東大學（法學理論），2008。

21. 王潔：《《管子》同義詞語研究》，廣西師範大學（漢語言文字學），2008。

22. 孔春英：《《管子》助動詞研究》，西南大學（漢語言文字學），2008。

23. 崔增磊：《《管子》農業生產經驗研究》，河南大學（中國古代史），2008。